कबीर : नई सदी में दो

कबीर और रामानंद : किंवदंतियाँ

कबीर : नई सदी में-2

कबीर और रामानंद

किंवदंतियाँ

डॉ. धर्मवीर

वाणी प्रकाशन

वाणी प्रकाशन
4695, 21-ए, दरियागंज, नयी दिल्ली 110 002

फ़ोन : +91 11 23273167 फ़ैक्स : +91 11 23275710

शाखाएँ

अशोक राजपथ, पटना 800 004, बिहार

कॉफ़ी हाउस कैम्पस, महात्मा गांधी मार्ग, इलाहाबाद 211 001, उत्तर प्रदेश

महात्मा गांधी अन्तरराष्ट्रीय हिन्दी विश्वविद्यालय, वर्धा 442 001, महाराष्ट्र

www.vaniprakashan.in
marketing@vaniprakashan.in
sales@vaniprakashan.in

KABEER : NAI SADI MEIN–2
Kabeer Aur Ramanand : Kimvadantiyan
by Dr. Dharmveer

ISBN : 978-81-8143-253-7
Criticism

संस्करण 2004
आवृत्ति 2018

मूल्य : ₹ 350

सिटी प्रेस, दिल्ली-110 095 में मुद्रित

वाणी प्रकाशन का लोगो मक़बूल फ़िदा हुसेन की कूची से

भावी दलित लेखकों को
जो देश की सारी बोलियों में अपने गुरुओं की ढूंढ मचा देंगे

–धर्मवीर

भूमिका

दलित की ब्राह्मण चिन्तन से कोई लड़ाई नहीं है। गलती तब होती है जब ब्राह्मण चिन्तन दलित पर अपनी बात थोंपता है। वह चाहता है कि उस का जबरन विश्वास किया जाए लेकिन यह दलित पर निर्भर होना चाहिए कि वह उस का विश्वास करे या विश्वास न करे। विश्वास के लिए बाध्य करना किसी को बैल की तरह खूँटे से बांध कर गुलाम बनाना है। यह सभ्यता की निशानी नहीं है।

दलित का तजुर्बा है कि विश्वास में अविश्वास छिपा होता है। उस ने इतिहास से सबक सीखा है कि समाज का काम संविधान और कानून के द्वारा लिखत-पढ़त में चलना चाहिए। बिना लिखत-पढ़त का कोरा विश्वास धोखा होता है। इस धोखे की गुंजाइश खत्म की जानी है। सही बात है, जब विश्वास की लम्बी-चौड़ी बात कही जाती है तो साथ में गूँठे-दस्तक की छोटी बात भी कर ली जाए। इस से ब्राह्मण चिन्तन डरता क्यों है ? इस में हर्ज क्या है ? यदि मन साफ है तो इस में परेशानी क्या है ? दलित का कहना है कि बात ब्रह्मचर्य के पालन पर जोर देने की नहीं है बल्कि जारकर्मी को कानून में दंड देने की जरूरत की है। जो भी जार नहीं है, आज के राज्य की लोकतान्त्रिक व्यवस्था में, वह इस मामले में दलित का साथ देने के लिए आगे आए। इस में भले लोगों का क्या बिगड़ता है ?

इस मामले में दलित कहीं भी गलत नहीं है क्योंकि भाषा में कथनी और करनी का भेद रखने वाले बौद्धिकों का, साहित्य में जारकर्म को फैलाने वाले साहित्यकारों का और दर्शनशास्त्र में पारमार्थिक सत्ता और व्यावहारिक सत्ता की अनिर्वचनीयता पैदा करने वाले तार्किकों का विश्वास नहीं किया जा सकता। किंवदन्ती और संस्कृति के नाम पर ब्राह्मण को झूठ बोलने का अधिकार दिया जा सकता है लेकिन उसे यह अधिकार नहीं दिया जा सकता कि दलित उस का विश्वास भी करेगा। दोनों के बीच संवाद का यही समझोता है। इस समझोते को बिगाड़ने की कोशिश में नीयत खराब है। ब्राह्मण झूठ बोलता रहे और दलित उस का अविश्वास करता रहे—यह भी दलित समस्या का एक मुकम्मिल समाधान हो सकता है। असल में, दलित चिन्तन की आधी समस्याएँ तब समाप्त हो जाती हैं जब वह किसी का विश्वास करने या विश्वास न करने के अपने अधिकार को कायम रख कर उस का स्वतन्त्रतापूर्वक इस्तेमाल करता है। यह उस का अपना मामला होना चाहिए कि वह भाषा, साहित्य और दर्शन के क्षेत्र में किसी प्रक्षेप्तकार की ठगाई में नहीं आएगा। ब्राह्मण चिन्तन को उदारवादी बन कर दलित के इस वाजिब अधिकार से कोई आपत्ति नहीं होनी चाहिए।

स्वतन्त्रता दिवस, 1999 —धर्मवीर

त्रिवेन्द्रम

अनुक्रम

संकेत विवरण

1. क०ग्रं०भ०स्व०मि० — कबीर ग्रन्थावली, संजीवनी व्याख्या सहित, सम्पादक एवं भाष्यकार डा० भगवत स्वरूप मिश्र, विनोद प्रकाशन मन्दिर, हास्पिटल रोड, आगरा-3, तृतीय संस्करण, 1977

2. कबीर मन्सूर — कबीर मन्सूर, स्वामी श्री परमानन्द, अनुवादक पं० माधवाचार्य, मै० खेमराज श्री कृष्णदास, लक्ष्मी वेंकटेश्वर स्टीम प्रेस, बम्बई-400004, संस्करण 1988

3. क०ह०प्र०द्वि० — कबीर, हजारी प्रसाद द्विवेदी, हिन्दी ग्रन्थ रत्नाकर कार्यालय, बम्बई-4, तृतीय परिवर्द्धित संस्करण, 1950 ई०

4. बी०टी०अ०दा० — बीजक, टीकाकार अभिलाष दास, पारख प्रकाशक कबीर संस्थान, प्रीतम नगर, इलाहाबाद-211001, परिशोधित एवं परिसीमित पंचम संस्करण, ईस्वी 1993

5. बी०व्या०अ०दा० — बीजक, व्याख्याकार अभिलाष दास, पारख प्रकाशक कबीर संस्थान, प्रीतमनगर, सुलेमसराय, इलाहाबाद-211001, छठी बार, सन् 1995 ई०

6. ह०प्र०द्वि०ग्रं० — हजारी प्रसाद द्विवेदी ग्रन्थावली, राजकमल प्रकाशन प्राइवेट लिमिटेड, 8, नेता जी सुभाष मार्ग, नई दिल्ली-110 002, प्रथम संस्करण, अगस्त, 1981

दूसरा खण्ड

कबीर और रामानंद : किंवदन्तियाँ

अध्याय - 1

साक्ष्य का अभाव

क. डा० हजारी प्रसाद द्विवेदी का मत

ख. कई किंवदंतियाँ क्यों ?

ग. आनंदभाष्य की मुँहजबानी कहानी

घ. ब्रह्मसूत्र की वैतरणी

ङ. पोथियों के प्रमाण

क. डा० हजारी प्रसाद द्विवेदी का मत

डा० वीर भारत तलवार ने मेरे मत के विरोध में लिखा है कि मैंने यह गलत नतीजा निकाल लिया है कि डा० हजारी प्रसाद द्विवेदी जी कबीर को वैष्णव साबित कर रहे हैं। लेकिन डा० तलवार ने एक अन्य महत्त्वपूर्ण सवाल और किया है। वे लिखते हैं–"रामानंद कबीर के गुरु नहीं थे–इसे साबित करने के लिए खुद धर्मवीर ने कोई सबूत नहीं दिया ....।"[1] उन के इस प्रश्न से मैं ज्यादा खुश हुआ हूँ। यह मेरे लिए उन का सौंपा हुआ काम है जिसे मैं पूरी जिम्मेदारी और ईमानदारी से पूरा करूँगा और सिद्ध करूँगा कि रामानंद कबीर के गुरु कतई नहीं थे। लेकिन उस से पहले जो प्रश्न मैं पूछना चाहता हूँ वह डा० तलवार से है। उन्होंने मेरे शब्दों को बड़ी गौर से पढ़ा, इस बात की मुझे बेहद खुशी हुई, लेकिन मुझे दुख इस बात का है कि उन्होंने डा० द्विवेदी की पुस्तक बेगौरे हो कर क्यों पढी। जो सवाल उन्होंने मुझ से पूछा है, वह सवाल उन्हें मुझ से पहले डा० द्विवेदी से पूछना चाहिए था। उन्हें अपने लेख में यह जरूर लिखना चाहिए था कि 'रामानंद को कबीर के गुरु साबित करने के लिए खुद डा० हजारी प्रसाद द्विवेदी ने कोई सबूत नहीं दिया.....।'[2]

बताया जा सकता है कि इस विषय को ले कर डा० द्विवेदी ने कैसी शुरूआत की है। वे अपनी पुस्तक के आठवें अध्याय 'ब्रह्म और माया' के पहले पैरे की शुरूआत करते हुए लिखते हैं–"सभी परम्पराएँ इस बात का समर्थन करती हैं कि कबीर दास का रामानंद के साथ संबंध था। कबीर दास ने स्वयं स्वीकार किया है कि रामानंद ने उन्हें चेताया था पर क्या चेताया था और स्वयं क्या चेते हुए थे इस विषय में नाना

मुनियों के नाना मत हैं।"[3] यहाँ डा० द्विवेदी भले ही कुछ कहें लेकिन डा० तलवार को यह पूछना चाहिए था कि 'सभी परम्पराओं' का तर्क क्या है। एक दूसरी परम्परा यह भी है कि कबीर के गुरु रामानंद नहीं थे। डा० द्विवेदी ने इस परम्परा का ध्यान क्यों नहीं रखा ? कहना यह है कि डा० तलवार ने डा० द्विवेदी द्वारा मानी गई परम्परा पर प्रश्न चिह्न नहीं खड़ा किया लेकिन मेरी परम्परा से वे तत्काल सबूत माँग बैठे हैं। फिर, डा० द्विवेदी ने यहाँ तक सबूत-विरोधी काम किया है कि कबीर के नाम पर प्रचलित प्रक्षिप्त अंश को कबीर की वाणी मान लिया है। 'काशी में हम प्रगट भए हैं रामानंद चेताए'[4]—में 'प्रगट' शब्द एकदम इस पंक्ति को प्रक्षिप्त बना देता है। 'प्रगट' शब्द ऐसा अर्थ देता है जो कबीर के विचार से मेल नहीं खाता। फिर, मेरी परम्परा के कबीर पंथी मानते हैं कि इस में कबीर ने रामानंद को चेताया था। रामानंद आदमी से छुआछूत बरतते फिरते थे—उन के पास अक्ल नाम की चीज नहीं थी—ऐसे रामानंद को कबीर ने चेतावनी दी थी।

डा० तलवार मुझ से प्रमाण मांगते हैं कि मैं सिद्ध करूँ कि कबीर के गुरु रामानंद नहीं थे। लेकिन इस के साथ ही उन्हें यह भी लिखना चाहिए था—"रामानंद कबीर के गुरु थे—इसे साबित करने के लिए आज तक किसी द्विज लेखक ने कोई सबूत नहीं दिया है।" मैं समझता हूँ, तब उन की बात पूरी हो जाती। आखिर, ऐसा क्यों हुआ कि डा० द्विवेदी के झूठे कथन को डा० तलवार ने भारतीय साक्ष्य अधिनियम, 1872 की धारा 112 के तहत निश्चायक सबूत मान लिया है तथा मेरे सच्चे कथन को उस की धारा चार के तहत सत्य मानने की अनुमति नहीं दी है ? डा० द्विवेदी ने लिखा है—"लोक प्रसिद्धियों में बताया गया है कि अन्धेरे में गंगा तट पर सोए हुए कबीर के शरीर पर रामानंद जी के खड़ाऊँ पड़ गए थे और वे 'राम- राम' कह उठे थे। रामानंद से कबीर के दीक्षा लेने की यही कहानी है।"[5] इस बारे में इस के बाद वे लिखते हैं—".... कबीर ने जहाँ कहीं भी रामानंद का नाम लिया है, वहाँ उन का नाम बड़े गौरव और श्रद्धा के साथ लिया है। जैसे—

सतूगुरु के परताप ते मिटि गयो सब दुःख दंद।
कह कबीर दुविधा मिटी, गुरु मिलिया रामानंद।।

इस से सिद्ध होता है कि कबीर वस्तुतः रामानंद के शिष्य थे और उन्हीं से उन्हें राम नाम का अपूर्व मंत्र मिला था।"[6] लेकिन सत्य यह है कि जिस 'सत्य कबीर की साखी' नाम की किताब से उन्होंने यह साखी उद्धृत की है वह पूर्णतः प्रक्षिप्त है जिसे श्री युगलानंद ने संपादित किया है।[7]

जब कबीर हिन्दू धर्म को नकारते हैं तो पूरे हिन्दू धर्म को नकारते हैं—तब वे इस हिन्दू या उस हिन्दू में अन्तर नहीं करते। तब उन के लिए हिन्दुत्व के वेद और पुराण, सांख्य और वेदान्त तथा शैव और वैष्णव के अंदरूनी भेद गायब हो जाते हैं।

लेकिन कबीर के इस हिन्दू न होने का सब से गहरा अर्थ यह है कि वे हिन्दुओं के सारे धर्मग्रन्थों को नकारते हैं। इस का मूल अर्थ क्या है ? इस का मूल अर्थ यह है कि कबीर एक ओर से सभी हिन्दू गुरुओं को नकारते हैं। हिन्दू न होने का पूरा अर्थ यही है। लेकिन डा० द्विवेदी ने इस मामले में क्या किया ? रामानंद को कबीर का गुरु बताने में वे यह भूल ही गए कि कबीर ने अपने आप को 'ना हिन्दू' कहा है। डा० द्विवेदी उस खतरे को भली-भाँति जानते थे जो रामानंद को कबीर का गुरु कहने में निहित है। इसलिए अपनी पुस्तक कबीर में 'ब्रह्म और माया' के शीर्षक के आठवें अध्याय की शुरूआत उन्होंने यह लिख कर की थी—"सभी परम्पराएँ इस बात का समर्थन करती हैं कि कबीर दास का रामानंद के साथ संबंध था।"[8] असल में, यहाँ वे यह कहने में हिचक रहे थे कि कबीर के गुरु रामानंद थे। इस जगह उन की हिम्मत नहीं हुई कि रामानंद को कबीर का गुरु बता दें। लेकिन यह काम उन्होंने पृष्ठ-95 के बजाय 10वें अध्याय 'बाह्याचार' में पृष्ठ-140-41 पर चोरी से किया है। उन्होंने लिखा है कि कबीर को 'इस प्रकार के कराल द्वन्द्व से, संशय और दुविधा से छुड़ा सकने वाले युग गुरु रामानंद ही थे। इस विषय में उन लोगों को भले ही संदेह हो जो कबीर दास के नाम पर उल्टा-सीधा मत मतान्तर चलाना चाहते हों, स्वयं कबीर दास को कोई संशय नहीं था—

"सद्गुरु के परताप तै मिटि गयौ सब दुख दंद।
कह कबीर दुविधा मिटी, गुरु मिलिया रामानंद।।

(स०क०स० 1/8)'[9]

ऊपर उद्धृत यह 'स०क०स०' क्या है ? यह वही 'सत्य कबीर की साखी' नाम की पुस्तक है जिस का पहले जिक्र किया जा चुका है। इसे नवम्बर, 1908 ई० को श्री युगलानंद ने संकलित और संपादित किया था। डा० द्विवेदी ने इस साखी से पहली साखी नहीं रखी जो इस प्रकार है—

"कबीर रामानंद को, सतगुरु भये सहाय।
जग में जुगति अनूप है, सो सब दई बताय।

(सत्य कबीर की साखी 1/7)"[10]

डा० द्विवेदी ने इस पुस्तक के बारे में लिखा है—"श्री युगलानंद जी की 'सत्य कबीर की साखी' का भी मैंने इस ग्रन्थ में उपयोग किया है जिस का सम्पादन सं० 1600 और सं० 1842 की प्रतियों के आधार पर किया हुआ बताया गया है।"[11]

आश्चर्य है कि डा० द्विवेदी ने इतनी कमजोर और प्रक्षिप्त पुस्तक को कबीर की वाणी माना है। जबकि कबीर के अन्य साहित्य में रामानंद को गुरु मानने के प्रमाण नहीं मिलते, इस पुस्तक में दो साखियाँ लगातार मिलती हैं। लेकिन इन दो साखियों की

बात छोड़ी जाए तो इस पुस्तक की अन्य साखियों से एकदम पता चल जाता है कि यह पुस्तक आधुनिक भाषा में जाली है। इस की कुछ साखियाँ देखी जा सकती हैं–

1. गुरु को मानुष जो गिनै, चरणामृत को पान।
ते नर नरकै जाहिगें, जन्म जन्म होय स्वान।।[12] 1/18

2. जो कामिनी परदा रहै, सुने न गुरु मुख बात।
सो तो होगी शूकरी, फिरै उघारे गात।।[13] 3/12

क्या ये साखियाँ कबीर के दर्शन से तनिक भी मेल खाती हैं ? क्या कबीर यह मानते थे कि किस अपराध के कारण मनुष्य को क्या योनि मिलती है ? यहाँ आदमी को 'कुत्ता' और औरत को 'सूअरी' की योनियों में जाने का विधान बताया गया है। क्या पुनर्जन्म के सिद्धान्त में अविश्वास रखने वाले कबीर ऐसी ऊल-जलूल साखियाँ गा सकते थे ? लेकिन डा० द्विवेदी ने इन साखियों को कबीर की ही माना है। यहाँ तक हुआ है कि उन्होंने 'कबीर ग्रन्थावली' को उद्धृत करते हुए लिखा है–"जन्म-जन्मान्तर से नाना भव चक्र में घूमते हुए कबीर दास थक गए थे, दुःख के बोझ ने जब उन्हें लाचार बना दिया था, वे हारे हुए योद्धा की भाँति संसार को सूना देख रहे थे, ठीक ऐसे ही समय गुरु का साक्षात्कार हुआ।"[14] ऐसे समय वे कबीर को वैष्णव भी कह गए हैं जब उन्होंने लिखा है–"धन्य है वह सुन्दरी जिस ने वैष्णव पुत्र पैदा किया, जिस ने राम नाम का सुमिरन कर के निर्भयता पा ली। सारी दुनिया भटकती ही रह गई।"[15] उन्होंने बिलकुल पौराणिक भाषा में कबीर की प्रशंसा कर डाली है जब अपनी पुस्तक में लिखा है–"कबीर दास मनुष्य थे, पर इस प्रेम-रस के पान से देवता हो गए।"[16] बताइए, जो कबीर हिन्दुओं के देवताओं को अपने पैर की धूल के बराबर भी नहीं मानते, उन्हें डा० द्विवेदी देवत्ता होने का पौराणिक तोहफा दे रहे हैं। कबीर पौराणिक प्रशंसा के ऐसे किसी तोहफे को कीचड़ में ही रुंदल और सान सकते हैं। यह डा० द्विवेदी का कबीर को समझने का तरीका है। अन्त में वे 'सन्त कबीर की साखी' नाम की जाली पुस्तक से पुनः उद्धृत कर के इस अध्याय का अन्त इस साखी से करते हैं–

"भक्ति द्राविड़ ऊपजी, लाए रामानंद।
परगट किया कबीर ने, सप्तद्वीप-नवखंड।। (स०क०साखी 15/1)"[17]

तो, ऐसी पुस्तक को डा० द्विवेदी ने कबीर की वाणी के लिए प्रमाण माना है जो इस युग की किसी पौराणिक गप्प से कम नहीं है। इस के संकलनकर्ता युगलानंद की लिखत देखिए जो इस पुस्तक की प्रस्तावना में इस प्रकार है–"बस उपरोक्त वचन को पूरा करने के हेतु सं० 1155 वि० में भारतवर्ष में प्रकट हो कर भारतवासियों को काल के प्रबल अत्याचार से बचाने का उद्योग आरम्भ किया। पाठकगण ! यही सत्य गुरु सत्य कबीर साहब हैं जिन्होंने दो सौ वर्ष तक सामान्य रीति से सत्य सामान्य धर्म का उपदेश कर अत्याचारियों के अत्याचार को रोक रखा परन्तु दो सौ वर्ष के पश्चात अब वह

समय आ गया कि, प्रकट रूप से सत्य धर्म का उपदेश किया जावे .....। इस के उपरान्त 1455 वि० जेठमास वसीयत को काशी के लहर तालाब में बालक स्वरूप से प्रकट हो कर सत्य हंसों के कार्य्य साधन को आरम्भ किया।"[18] तब क्या ऐसे युगलानंद को कबीर के बारे में प्रमाण माना जाना चाहिए कि रामानंद उन के गुरु हैं ? उल्टे, पता चलता है कि इन युगलानंद महोदय ने यहाँ तक लिखा है–"सद्गुरु ने कोई विशेष धर्म चला कर नवीन धर्म स्थापकों की पंक्ति में नाम लिखाने की इच्छा कभी भी प्रकट नहीं की।"[19] तो, कबीर काशी में बालक स्वरूप में प्रकट हुए हैं और उन्होंने हिन्दू धर्म से अलग अपने धर्म की स्थापना नहीं की, इस पुस्तक को लिखने में यही इन हिन्दू स्वामी महोदय का मुख्य मन्तव्य है।

डा० द्विवेदी ने अपनी पुस्तक 'कबीर' में लिखा है–"सब थे पर कोई राम-नाम में लीन नहीं था। सद्गुरु (= रामानंद ?) की कृपा से कबीर दास को यह महामंत्र मिल गया था।"[20] चतुराई देखी जा सकती है कि 'रामानंद' के आगे प्रश्नवाचक चिह्न लगाया गया है लेकिन बात इतने पक्के ढंग से कही गई है कि उस का कोई दूसरा अर्थ नहीं छोड़ा गया है। डा० द्विवेदी पूछते हैं–"फिर वह वस्तु भी क्या है जिसे रामानंद से पा कर कबीर जैसा मस्तमौला फक्क्ड़ हमेशा के लिए उन का कृतज्ञ हो गया ?"[21] वे स्वयं उत्तर देते हुए लिखते हैं–"राम नाम रामानंद का अद्वितीय दान था।.... राम और उन की भक्ति ये ही रामानंद की कबीर को देन हैं।"[22] उन्होंने एक अन्य स्थल पर लिखा है–"कबीर दास ने माया के संबंध में जो कुछ कहा है, वह वस्तुतः वेदान्त द्वारा निर्धारित अर्थ में ही। खूब सम्भव है कि कबीर दास ने भक्ति-सिद्धान्त के साथ ही माया संबंधी उपदेश भी रामानंदाचार्य से ही पाया था ...।"[23] पढ़ कर आश्चर्य होता है कि यह भी डा० द्विवेदी ने ही लिखा है–"रामानंद-प्रवर्तित राम धारा कबीर में एक रूप धारण करती है और तुलसी दास में दूसरा।"[24] यहाँ डा० द्विवेदी ने कबीर और तुलसी को एक ही गुरु की शिष्य परम्परा में रख कर सत्य का एकदम गला घोंट दिया है। लेकिन रामानंद को कबीर की छूत से एकदम बचाते हुए उन्होंने यह भी लिखा है–"रामानंद ने स्वयं रामचन्द्र के अवतार और चरित्र को ही लोक और काल के उपयोगी बताया था।"[25]

डा० द्विवेदी की कबीर के बारे में इस कपोल-कल्पना के बाद अब जरा कुछ और गहरे उतरा जाए। डा० द्विवेदी ने लिखा है–"रामानंद के प्रधान उपदेश अनन्य भक्ति को कबीर ने शिरसा स्वीकार कर लिया था। बाकी तत्वज्ञान को उन्होंने अपने संस्कारों, रुचि और शिक्षा के अनुसार एकदम नवीन रूप दे दिया था। अब तक हम उन के संस्कारों की चर्चा करते आए हैं। यहाँ वेदान्त शास्त्र के उन सामान्य सिद्धान्तों की चर्चा कर लेना आवश्यक है कि जिन का प्रभाव उन के पदों और साखियों में है और, खूब सम्भव है, जिन का ज्ञान उन्हें रामानंद जी के सत्संग से प्राप्त हुआ था। यही ज्ञान कबीर दास को अक्खड़ सिद्धों और योगियों की परम्परा से अलग कर देता है।"[26] यह

डा० द्विवेदी का सब से खतरनाक कथन है। इस में उन्होंने अपने बेतरकीब विचारों को रामानंद के पक्ष में जामा पहनाने की कोशिश की है। उन्होंने पहले ही यह तानाशाही चला दी है कि यह प्रश्न बहुत कुछ गौण हो जाता है कि कबीर ने जो कुछ रामानंद से चेता था वह रामानंद के चेते हुए ज्ञान का कौन-सा रूप है। इस के बाद वे दृढ़ता के साथ बता भी रहे हैं कि कबीर ने रामानंद की अनन्य भक्ति को शिरसा स्वीकार कर लिया था। पहली बात यह है कि कबीर उस रूप में भक्त नहीं हैं जिस रूप में रामानंद का वैष्णव ब्राह्मण भक्त था। कबीर वैष्णव नहीं थे तो फिर उन को वैष्णव रामानंद का शिष्य कैसे कहा जा सकता है ? फिर, रामानंद को छोड़ कर क्या कबीर किसी अन्य परम्परा में अपने भगवान को याद नहीं कर सकते थे ? क्या कबीर की परम्परा बिना भगवान की थी ? ईश्वर को मानने के लिए क्या हर किसी के लिए रामानंद को गुरु मानना जरूरी था ? यदि आज हमें कबीर के दादा का नाम याद नहीं है तो क्या हम यह अनुमान लगा लेंगे कि कबीर के कोई दादा नहीं थे ? यदि ब्राह्मणों ने अपने पुरखों के नाम लिख रखे हैं तो क्या इस का मतलब यह भी है कि दलितों के कोई पुरखे ही नहीं थे ?

पूछा जाए कि डा० द्विवेदी के इस वाक्य का क्या अर्थ है कि बाकी तत्व-ज्ञान को कबीर ने अपने संस्कारों, रुचि और शिक्षा के अनुसार एकदम नवीन रूप दे दिया था। इस का मतलब यही है कि दलित के पास अपना कोई तत्व-ज्ञान नहीं है। डा० द्विवेदी के समर्थकों को समझना चाहिए कि जैसे कबीर की भक्ति ब्राह्मण रामानंद वैष्णव की भक्ति से भिन्न थी, ऐसे ही कबीर का तत्व-ज्ञान भी रामानंद ब्राह्मण के तत्व-ज्ञान से भिन्न था। ऐसा हो नहीं सकता था कि ब्राह्मण की कोई भक्ति या उस का कोई तत्व-ज्ञान जुलाहे कबीर के संस्कारों, रुचियों या परम्परा में खप सकता था। असल में, ब्राह्मण की कोई बात दलित के दिमाग में नहीं खपती। ब्राह्मण की भक्ति छुआछूत की भक्ति होती है तथा ब्राह्मण का तत्व-ज्ञान शूद्र को शिक्षा न देने का है। आखिर, बताया जाए कि ब्राह्मण की कौन-सी बात दलित के दिलो-दिमाग में अमृत की वर्षा बन कर उतरेगी ? ब्राह्मण के पास क्या है जब उस की भक्ति में छुआछूत है और उस के तत्व-ज्ञान में शूद्र दूर खड़ा है ? उस के सिवा यदि कुछ है तो वह धोखा और भ्रम है जिस के चक्कर में कबीर के बालक आने वाले नहीं हैं।

डा० तलवार ने मुझ से सबूत माँगा है कि मैं यह सिद्ध करूँ कि कबीर के गुरु रामानंद नहीं थे लेकिन उन्हें डा० द्विवेदी की इस मान्यता पर भी शंका प्रकट करनी चाहिए थी कि 'खूब सम्भव है कि कबीर को यह ज्ञान रामानंद जी के सत्संग से प्राप्त हुआ था।' डा० द्विवेदी के पास सम्भाव्यता क्यों है, सबूत क्यों नहीं है ? यह बिना सबूत के भी ब्राह्मण की सम्भाव्यता को सहज स्वीकार्य और प्रामाणिक मानने की मानसिकता क्यों है ? आखिर, कबीर के सामने ब्राह्मण के पास वेदान्त की अनिर्वचनीयता के सिवा और कौन-सा दूसरा ज्ञान है जिस का यहाँ बखान किया जा

रहा है ? यह भी दुख की बात है कि सिद्धों और योगियों का बिना विश्लेषण किए कबीर को उन से जोड़ दिया गया है। यह ऐसा ही भ्रम है मानो कबीर और तुलसी को—दोनों को—भक्त या संत कहा जा रहा है। दलित योगी अलग थे और द्विज योगी अलग थे, ऐसे ही, दलित सिद्ध अलग थे और द्विज सिद्ध अलग थे। सौभाग्य से, डा० द्विवेदी ने हिन्दी के तथांकथित भक्ति काल से पहले योगियों और सिद्धों की तो खोज की है लेकिन दुर्भाग्य से, वे योगियों और सिद्धों में दलितों और द्विजों की अलग-अलग खोज नहीं कर पाए जो निहायत जरूरी थी। वास्तव में, तत्व-ज्ञान के लिए कबीर को किसी वेदांती की, योगी की और सिद्ध की अपाहिजगिरी की आवश्यकता नहीं थी। कबीर के पास अपनी परम्परा का, और ब्राह्मण की परम्परा से भिन्न, एक मुकम्मिल तत्वज्ञान मौजूद था। कबीर ने अपनी उसी परम्परा को जोरदार और सम्मानयोग्य ऊँचाई दी है। इसलिए कबीर न हिन्दू बने हैं और न मुसलमान बने हैं बल्कि उन्होंने इन सब से भिन्न अपनी एक अलग मूलधारा विकसित की है। उन्होंने साफ शब्दों में गर्जना की है—

> सन्तो, धोखा कासूँ कहिए ?
> गुण में निरगुण निरगुण में गुण, बाट छाड़ क्यूँ बहिए ?
> अजरा-अमरा कथै सब कोई, अलख न कथणा जाई।
> ना तिस रूप-बरण नहीं जाके, घटि घटि रहयो समाई।।
> प्यंड-ब्रह्मण्ड कथै सब कोई, आदि-रु अन्त न होई।
> प्यंड-ब्रह्मण्ड छाड़ि जे कथिए कहै कबीर पिव सोई।।[27]

यहाँ कबीर वेदान्त की पूरी शब्दावली से बाहर खड़े हैं। कबीर को, एक तरह से, ब्राह्मणों के सगुण, निर्गुण, अजर, अमर, वर्ण, पिंड, ब्रह्माण्ड—इन शब्दों से दार्शनिक चिढ़ है। इस रणनीति में कुछ भी बुराई नहीं है कि जब ब्राह्मण सगुण की बात करता है तो कबीर को निर्गुण की बात करनी पड़ती है और जब ब्राह्मण निर्गुण पर धावा बोलना चाहता है तो कबीर लौकिक प्रेम में सुख पाने लगते हैं। कबीर को खूब मालूम है कि ब्राह्मण न सगुण की भक्ति करता है और न वह निर्गुण का ज्ञान रखता है। ब्राह्मण इन शब्दों को धोखा देता है, वह इन शब्दों के माध्यम से लोगों को ठगता है। कबीर के हिसाब से ब्राह्मण न आस्तिक है और न नास्तिक, वह इन शब्दों का केवल व्यापार करता है। उस ने धर्म के क्षेत्र में सच्चाई को खरीदने के लिए शब्दों की मुद्रा खड़ी की है। यह ब्राह्मण के पास बाह्याचार है जिसे कबीर पाखंड कह कर खंडित करते हैं। समझना केवल यह है कि कबीर की दृष्टि से ब्राह्मण का सगुण ही पाखण्ड नहीं है बल्कि उस का निर्गुण भी पाखण्ड है। इस बात को ले कर कबीर सगुण और निर्गुण में कोई अन्तर नहीं करते। कबीर के हिसाब से ब्राह्मण ने धर्म और ईश्वर को बेच कर खाया है तथा कण्ठी-माला धारण कर के उस ने अपने उदर की क्षुधा मिटाई है। यदि ईश्वर

की पूजा से उस का पेट नहीं भरता तो वह तत्काल कह देता है—"यह ले अपनी कण्ठी माला।" लेकिन डा० द्विवेदी का प्रयास यह रहा है कि तत्ववाद के नाम से वे कबीर को ब्राह्मणी शब्दावली के जाल में मछली मान कर फँसा लेंगे लेकिन उन की इस पकड़ में कबीर आने वाले नहीं हैं। ऐसी स्थिति में मानो डा० द्विवेदी ने शतरंज की चाल खेलते हुए बाजी जीत लेनी चाही है कि कबीर के पास तत्त्व-ज्ञान नाम की कोई चीज ही नहीं है। लेकिन सच यह है कि कबीर को ब्राह्मणी शब्दावली के अनुरूप तत्त्ववादी घोषित होने की कोई खुशी नहीं है क्योंकि उन्हें ब्राह्मण से कोई इनाम नहीं पाना है।

डा० द्विवेदी ने अपना मत इन शब्दों में रखा है—"इस प्रकार यह अनुमान असंगत नहीं जँचता कि रामानंद जी के मत में भक्ति ही सब से बड़ी चीज थी, तत्ववाद नहीं। उन के शिष्यों में और सम्प्रदाय में अद्वैत वेदान्त का पूर्ण समादर है, तथापि वे स्वयं विशिष्टाद्वैतवाद के प्रचारक थे। इसी तरह उन के शिष्यों में केवल एक बात को छोड़ कर अन्य बातों में काफी स्वतंत्रता का परिचय पाया जाता है। यह बात है भक्ति—अनन्य भक्ति। उन के कितने ही शिष्य उन की भाँति वर्णाश्रम व्यवस्था को नहीं मानते, जीवों का ब्रह्म से भेद नहीं मानते और कितने ही यह तक नहीं मानना चाहते कि दिव्य गुणों से भगवान का सगुणत्व भी सिद्ध होता है और सम्पूर्ण वेदान्त-शास्त्र सगुण ब्रह्म का ही प्रतिपादक है (1, 1-2)। केवल एक ही बात उन के शिष्यों में समान भाव से समाहित है : अनन्य भक्ति ही मोक्ष का अव्यवहित उपाय है। प्रपत्ति या शरणागति ही मोक्ष का परम साधन है।"[28]

जाने डा० द्विवेदी ने यह क्या गोरख-धन्धा लिखना सीख रखा है कि उन के इस उद्धरण का इतना ही मतलब निकाला जा सकता है कि कबीर, कबीर नहीं हैं और रामानंद, रामानंद नहीं हैं। वास्तव में, डा० हजारी प्रसाद द्विवेदी ने कबीर को रामानंद का शिष्य सिद्ध करने के लिए कबीर को कबीर नहीं रहने दिया और रामानंद को रामानंद नहीं रहने दिया। चाहे सिद्धान्तों और युक्तियों का मेल न बैठे लेकिन डा० द्विवेदी द्वारा ब्राह्मण को कथित अछूत का गुरु अवश्य घोषित किया जाना है। इस मामले में इस से बड़ी सिद्धान्तहीनता और बेईमानी की बात दूसरी क्या होगी कि डा० द्विवेदी ने रामानंद की कसौटी उन के आनन्दभाष्य की मानी है जो आज तक कहीं उपलब्ध नहीं है। जोर से और कान में चिल्ला कर बताया जा सकता है कि अभी तक रामानंद का भाष्य विद्वानों के लिए खे-कुसुम है और जो रामानंद का भाष्य बताया गया है, जिसे डा० द्विवेदी ने अपनी पुस्तक में प्रामाणिक माना है, वह सौ प्रतिशत प्रक्षिप्त सिद्ध हो चुका है। ऐसी स्थिति में डा० द्विवेदी की मान्यता का क्या हश्र हो सकता है—यह एक विचारणीय मुद्दा है।

अज़ीब बात है, गुरु शिष्य को भाग और घटा के सवाल सिखा रहा है लेकिन शिष्य को गुणा और जोड़ के सवाल याद हो रहे हैं ! गुरु शिष्य को अंग्रेजी पढ़ाता जा रहा है लेकिन शिष्य को अरबी याद होती जा रही है। कुछ तो तुक की बात हो। फिर,

ऐसी किसी भक्ति में भी आग लगी कही जाएगी कि वर्णाश्रम-व्यवस्था में मनुष्य को अछूत माना जाए। इस में भक्ति का नाम बदनाम है या यह भक्ति दलित में और द्विज में दो-फाड़ है। मनुष्य को अछूत कह कर उस का अपमान करने वाले रामानंद को भगवान की भक्ति का प्रचार करने वाला नहीं कहा जा सकता। फिर, जब रामानंद, रामानंदाचार्य भी हैं तो ऐसा नहीं कहा जा सकता कि वे किसी तत्ववाद के कायल नहीं थे। यदि उन के शिष्यों ने उन के तत्ववाद को स्वीकार नहीं किया तो वे उन के शिष्य कैसे कहे जाएँगे ? उन के जिस शिष्य ने अलग तत्ववाद जहाँ से खोजा, सीखा या लिया है वे-वे उन के गुरु कहे जाएँगे, रामानंद क्यों ? लेकिन इन सवालों पर विचार किए बिना डा० द्विवेदी को उल्टा-सीधा लीप-पोतने की पड़ रही है। यह एक बिलकुल बेहूदा तर्क होगा कि अंग्रेजों से लड़ने वाले सारे भारतीय लोग गाँधी जी के शिष्य थे। इसी कारण, हिन्दी के तथाकथित भक्ति काल में हर वह आदमी जो भगवान में विश्वास रखता है, रामानंद का शिष्य नहीं कहा जा सकता।

वस्तुतः, डा० द्विवेदी से इस बारे में गलती पर गलती होती गई है। कारण यह है कि बिना आगे-पीछे का विचार किए वे इस झूठे आधार को मान कर चले हैं—"सभी परम्पराएँ इस बात का समर्थन करती हैं कि कबीर दास का रामानंद से संबंध था।"[29] होना यह चाहिए था कि वे उन परम्पराओं की जाँच-परख करते। लेकिन जाँच-परख करने के बजाय उन्होंने ऐसी परम्पराओं को पुराण मान कर उन में ज्यों का त्यों विश्वास कर लिया। उन्होंने परम्पराओं पर एक बार भी शक जाहिर नहीं किया। उन के तर्क की आधारशिला ही गलत है। झूठी परम्परा और ब्राह्मणी प्रक्षेप को सही मान कर वे बाद में कबीर और रामानंद में तालमेल बैठा रहे हैं। जब तालमेल नहीं बैठता तो कबीर को कबीर नहीं रहने देते और रामानंद को रामानंद नहीं रहने देते। वे इस का उल्टा क्यों नहीं सोच सके ? वे पहले यह तय कर सकते थे कि कबीर और रामानंद में कुछ भी सामान्य नहीं है और बाद में निष्कर्ष निकाल सकते थे कि परम्परा झूठी है और कबीर की वाणी में प्रक्षेप जोड़े गए हैं। लेकिन चूँकि वे ब्राह्मण कुल में उत्पन्न हुए हैं इसलिए उन के लिए झूठी परम्परा को निभाना और प्रक्षेप को मान्यता देनी जरूरी थी। इसलिए कबीर और रामानंद के बीच के संबंध का कोई संतोषजनक समाधान और उचित उत्तर देने के बजाय वे केवल अपनी बात कहते चले गए हैं जिस में उन के अन्तिम शब्द इस प्रकार हैं—"ऐसी हालत में यह बहुत गौण हो जाता है कि कबीर ने जो कुछ रामानंद से चेता था वह रामानंद के चेते हुए ज्ञान का कौन-सा रूप है।"[30] जब उत्तर देना वश में नहीं है तो प्रश्न ही गौण बता दिया गया है। किसी भी हालत में अपनी हार नहीं माननी है, अफवाह पर आधारित पौराणिक रूप की अपनी परम्परा और मान्यता पर एक बार भी प्रश्न चिह्न नहीं लगाना है। लेकिन डा० द्विवेदी जो चाहे लिखें और जो चाहे कहें पर क्या डा० तलवार को अपना पूछना जारी नहीं रखना चाहिए ? डा० तलवार ने अपने लेख में लिखा है—"हजारी प्रसाद द्विवेदी हिन्दी के पहले

और अकेले आलोचक हैं जिन्होंने कबीर के वास्तविक रूप को और उस के क्रान्तिकारी महत्त्व को जनता के सामने लाने की कोशिश की। 1940 के दशक से ले कर हाल के वर्षों तक जब हिन्दी में दलित साहित्य का कोई आन्दोलन नहीं था—द्विवेदी जी की किताब को पढ़ कर ही मेरे जैसे बहुत से सवर्ण हिन्दू विद्यार्थियों ने कबीर के क्रान्तिकारी महत्त्व को समझा और वर्ण व्यवस्था तथा जाति-भेद के खिलाफ सोचने का रास्ता पाया था।"[31] ऐसे समय पूछने को जी चाहता है कि उन्होंने और उन जैसे तमाम सवर्ण हिन्दू विद्यार्थियों ने डा० द्विवेदी से कबीर के बारे में क्या सब कुछ ठीक सीखा था। डा० द्विवेदी इस महत्वपूर्ण सामाजिक प्रश्न पर रोक लगा रहे हैं, उसे गौण बता रहे हैं कि उपनिषद, गीता और ब्रह्मसूत्र के आचार्य हो कर किस शास्त्रीय परम्परा के अन्तर्गत ब्राह्मण रामानंदाचार्य जुलाहे कबीर के गुरु बन सकते थे। फिर कबीर में क्रान्ति कहाँ से रह गई जब वे डा० द्विवेदी के अनुसार मूलतः भक्त थे और समाज-सुधार उन के यहाँ फोकट का माल है ? उन के अनुसार, "कबीर दास का यह भक्त रूप ही उन का वास्तविक रूप है।"[32] उन्होंने लिखा है—"कबीर धर्मगुरु थे। इसलिए उन की वाणियों का आध्यात्मिक रस ही आस्वाद्य होना चाहिए ....।"[33] इसलिए मेरा कहना यह है कि कबीर में यदि क्रान्ति देखनी है तो डा० द्विवेदी द्वारा किए गए उन के विवेचन से हटना पड़ेगा क्योंकि डा० द्विवेदी ने मूल कबीर की क्रान्ति की आग पर प्रक्षेप का ठण्डा पानी डाला है।

डा० हजारी प्रसाद द्विवेदी 'रामभक्ति की दो शाखाएँ' शीर्षक से लिखते हैं— "स्वामी रामानंद द्वारा प्रचारित राम भक्ति ने दो मार्गों में अपने-आप को प्रकट किया। निर्गुणमार्ग के रूप में उस का विकास कबीर, दादू आदि निर्गुण परम्परा के भक्तों में हुआ। परन्तु स्वयं स्वामी रामानंद निर्गुण मार्ग के उपासक नहीं थे। उन की लिखी समझी जाने वाली पुस्तकों से उन का सगुणोपासक होना ही सिद्ध होता है।"[34] वे अपनी पुस्तक 'सूर-साहित्य' में कबीर, तुलसी और रामानंद के संबंध में लिखते हैं— "रामानंद प्रवर्तित रामधारा कबीर में एक रूप धारण करती है और तुलसी दास में दूसरा।"[35] मेरा पूछना यह है कि डा० वीर भारत तलवार ने इस जगह डा० द्विवेदी के इस मत पर शंका प्रकट क्यों नहीं की। यह ब्राह्मण चिन्तक भूसे और गोबर को एक साथ रखे जा रहा है और कोई उसे रोकने वाला नहीं है। क्या हिन्दू चिन्तक की यह व्याख्या डा० अम्बेडकर द्वारा खोजी गई पहेलियों में एक और नई पहेली नहीं जुड़ती है ? जब रामानंद की परम्परा तुलसी में प्रकट हुई है तो कबीर पर उसे जबरन क्यों लादा जा रहा है ? यह अन्तर दो ध्रुवों का अन्तर है। मिलान कर के देखा जाए तो निर्गुण और सगुण का यह अन्तर 'लोक और वेद' के खण्डन और मण्डन में आ कर लड़ता है। कबीर लोक और वेद दोनों के विरोधी हैं तो तुलसी लोक और वेद दोनों के पक्षधर हैं। खुद डा० द्विवेदी ने कबीर के नाम से निम्न साखी को मान्य किया है—

पीछे लागा जाइ था, लोक बेद के साथि।
आगे थैं सद्गुर मिल्या, दीपक दीया हाथि।।[36]

उधर, खुद डा० द्विवेदी ने ही तुलसी की इस चौपाई को अपनी पुस्तक में उद्धृत कर के उस का अर्थ दिया है–

सरजू नाम सुमंगल मूला।
लोक बेद मत मंजुल मूला।।[37]

"लोक और वेद, दो किनारों में वेगपूर्वक बहती हुई यह मानसनंदिनी पवित्र सरयू की धारा के समान बह निकली है।"[38]

यह कैसा रामानंद गुरु है कि कबीर के हाथ में दीपक थमा रहा है कि लोक और वेद के पीछे मत चल, इन में से किसी की बात मत मान, तथा तुलसी के कानों में मंत्र फूँक रहा है कि केवल लोक और वेद के भीतर रह, इस के बाहर जाने का पाप मत कर ? यह अपने तथाकथित दो शिष्यों को जुदा-जुदा ज्ञान दे रहा है–यह गुरुमुख है या कपट नीति ? क्या ब्राह्मणी परम्परा में गुरु ऐसा ही करते हैं ? क्या वे अपने शिष्यों को आपस में मुर्गों की तरह लड़ाने में आनन्द लेते हैं ? इस के विपरीत, दलित चिन्तन जिस ब्राह्मणी परम्परा को जानता है वह ब्राह्मण द्रोण द्वारा दलित एकलव्य के अँगूठा काटने की है। असल में, ऐसे ब्राह्मण को गुरु कहना भी उचित नहीं है क्योंकि वह गुरु के नाम पर धब्बा होता है।

डा० हजारी प्रसाद द्विवेदी विद्वान की तरह कोई तर्क नहीं देते बल्कि एक अनपढ़ और अशिक्षित की तरह अपनी बात सामने रखते हैं–"लोक प्रसिद्धियों में बताया गया है कि अन्धेरे में गंगा तट पर सोए हुए कबीर के शरीर पर रामानंद जी के खड़ाऊँ पड़ गए थे और वे 'राम-राम' कह उठे थे। रामानंद से कबीर के दीक्षा लेने की यही कहानी है।"[39] लेकिन दलित चिन्तन को पुराण की यह 'कहानी' नहीं बल्कि इतिहास का 'सच' चाहिए। डा० द्विवेदी के पास वह इतिहास का सच कहाँ है ? उन का कोई विद्यार्थी उन से इस सवाल को क्यों नहीं पूछता ? प्रखर बुद्धि के लोग भी गूँगे हो कर उन की बात क्यों माने जा रहे हैं ? तेजस्वी व्यक्तित्व के धनी व्यक्ति दाब में आने का व्यवहार क्यों करते हैं ? जो सवाल मुझ से किए गए हैं, पलट कर, वे ही सवाल डा० द्विवेदी से क्यों नहीं किए जाते ? उन की बात आँख मूंद कर श्रद्धा-भक्ति से क्यों मान ली गई है ? यदि ब्राह्मण चिन्तन की मान्य लोक-प्रसिद्धि यह है कि कबीर के गुरु रामानंद थे तो दलित चिन्तन की मान्य लोक-प्रसिद्धि यह है कि कबीर का रामानंद से दार्शनिक युद्ध हुआ था। तब इन दो लोक-प्रसिद्धियों में कौन-सी एक सही हो सकती है ? इस की जाँच के लिए किसी विद्वान को हिन्दू समाज की वर्ण-व्यवस्था, जाति-प्रथा और अस्पृश्यता का ज्ञान होना चाहिए। उसे वेदान्त के उपनिषद, ब्रह्मसूत्र और गीता के भाष्यों का पता होना चाहिए। आश्चर्य की बात है कि इन मामलों में कोई विदेशी

विद्वान भूल कर जाए तो उसे क्षमा किया जा सकता है लेकिन ऐसी चालाकी डा० हजारी प्रसाद द्विवेदी नाम के धनी-मानी सर्वज्ञ कर रहे हैं जिन्हें इन विषयों में रत्ती-रत्ती का पता है।

फिर यह, 'रात के अन्धेरे', 'गंगा तट', 'रामानंद की खड़ाऊँ' और 'कबीर के शरीर' की कहानी क्या है ? डा० द्विवेदी के बजाय उर्वशी सूरती ने इस कहानी को अपनी भावभीनी भाषा में अलंकृत किया है। उन के अनुसार यह कहानी इस प्रकार है–

"कबीर ने अपने आप में अभाव की ऐसी अकथनीय पीड़ा का अनुभव किया जिस की पूर्ति संसार की किसी वस्तु से होना सम्भव न था। वे भगवत-प्रेमी सद्गुरु की खोज में चल पड़े और स्वामी रामानंद को गुरु के रूप में प्राप्त करने के लिए अत्यन्त अधीर और व्याकुल हो उठे। उन्होंने सुन रखा था कि स्वामी रामानंद निम्न जाति और मुसलमानों को अपने शिष्य रूप में स्वीकार नहीं करते। इस से वे बड़े असमंजस में थे और गुरु कृपा को सुलभ बना दे ऐसी किसी युक्ति की खोज में व्यस्त हो उठे। उन्होंने स्वामी रामानंद के नित्यक्रम की जानकारी प्राप्त की। उन्हें उन के कृपालु कारुणिक हृदय का परिचय मिला और अपने हृदय में अत्यन्त दीन भाव धारण कर मन ही मन परमात्मा को निमित्त मान कर अपने भावी सद्गुरु से प्रार्थना करने लगे–"हे गुरुदेव, मैं तो निस्साधन और हीन जाति का हूँ। आप गुरु हैं तो अपनी गुरुता का निर्वाह कर मुझे उबार लीजिए।" इस प्रार्थना से ही कबीर के चित्त को समाधान मिल गया। वे द्विधा मुक्त हो कर एक दिन प्रातःकाल पंच गंगा घाट की सीढ़ियों पर जा के लेट गए और गुरु की प्रतीक्षा बड़ी उत्कंठा से करने लगे। उन के मन में था कि "मैं सीधे-सीधे उन के पास जाऊँगा तो मुझे उन के चरण छूने का मौका न मिलेगा, अनजान में भी उन का चरण स्पर्श मिल जाए तो वही मेरे साधन जुटा देगा। मैं अपनी भावना निवेदन कर क्षमा माँग लूँगा और जो प्रायश्चित बतावेंगे कर लूँगा, परन्तु मेरे गुरु तो वे ही होंगे। मैंने सुना है कि उन के चरण स्पर्श से ही परमात्मा की प्राप्ति हो जाती है, मैं इस के लिए सब कुछ करने को तैयार हूँ। क्या मेरा भाव देख कर भी वे द्रवित न होंगे ? मुझ पर कृपा न करेंगे ? सुना तो है कि वे सब को भक्ति का अधिकारी मानते हैं।" ऐसे मन ही मन उधेड़बुन करते हुए वे गुरु के पद स्पर्श की आशा में बड़ी आतुरता से अपने मन को लगाए हुए चुपचाप स्थिर लेटे रहे।

"सुबह चार बजे का समय था। उन के शरीर में गुरु चरणारविंद के स्पर्श की कल्पनाओं से ही रोमांच हो आता था, गुरु कृपा के सौभाग्य की आशा में नेत्रों में आँसू छलक आते थे। कबीर ने खड़ाऊँ की खट-खट सुनी। स्वामी रामानंद सीढ़ियाँ उतरने लगे और अचानक 'राम-राम' बोलते हुए वहीं रुक गए। रामानंद

सोच रहे थे कि किस को मेरे पैरों की चोट लग गई ? धन्यता की आनन्दानुभूति में कबीर उठ खड़े हुए। नतमस्तक हो कर कृपा के लिए प्रार्थना करते हुए बताया "गुरु देव, मैं कबीर हूँ। आप की शरण में आने के लिए यही एक उपाय था। अपराध क्षमा करेंगे।"

"स्वामी रामानंद शिष्य हृदय की आर्तता और आतुरता को तत्क्षण समझ गए और 'राम' नाम की मंत्र दीक्षा दी।"[40]

इस जनश्रुति की शुरूआत श्याम सुन्दर दास ने अपनी पुस्तक 'कबीर ग्रन्थावली' की भूमिका लिख कर की थी। बाद के अन्य हिन्दू लेखक इसे इसी रूप में अपनाते चले गए हैं। उर्वशी सूरती ने इसे कुछ ज्यादा विस्तार दे कर लिखा है। यह कई जगह मनोवैज्ञानिक और काव्यात्मक हो गई है। लेकिन इस उद्धरण से कुछ बातें सामने आती हैं। इसी में लिखा गया है कि रामानंद किसी निम्न जाति या मुसलमान को अपना शिष्य नहीं बनाते थे। इसलिए कबीर के लिए रामानंद का शिष्य बनना अकल्पनीय था। इसलिए, कबीर ने रामानंद का शिष्य बनने के लिए यह असाधारण युक्ति सोची। इस का मतलब है कि वे गुरु के सामने जाने का कोई सुलभ रास्ता नहीं अपना सकते थे। कबीर और कबीर के रूप में सारे शूद्रों, अन्त्यजों और मुसलमानों के लिए यह रास्ता बंद था। प्रश्न किया जा सकता है कि वह रास्ता कबीर के लिए बंद क्यों था ? रामानंद यदि इतने दयालु थे तो उन्होंने यह रास्ता स्वयं क्यों नहीं खोला था ? इस रास्ते को बंद रखते हुए रामानंद का 'रामानंदपन' क्या रहा ? सच बात यह है कि रामानंद अपने ब्रह्म सूत्र के अनुसरण में शूद्रों के लिए वेद विद्या का रास्ता बंद कर चुके थे। उन्होंने इस तरफ से अपनी आँखें वेदान्त के कारण अन्य आचार्यों के समान मींच रखी थीं। इस घटना से उल्टे यह लगता है कि जातियों के चक्कर में फँसे हुए अन्धे रामानंद की आँखें कबीर ने खोली थीं। इस घटना में कबीर रामानंद के गुरु भी ठहरते हैं। इस की व्याख्या ऐसे भी की जा सकती है कि कबीर ने अपने लिए नहीं, बल्कि रामानंद की आँखों पर वर्ण भेद और जाति भेद की पट्टी खोलने के लिए यह चोरी और डकैती डालने जैसा रास्ता अपनाया था। इस में रामानंद बहुत छोटे मनुष्य सिद्ध होते हैं। वे समाजभीरू और धर्मभीरू ठहरते हैं कि कबीर को जुलाहे जाति का होने के कारण शिष्य नहीं बना सकते थे। उन से ज्यादा दब्बू और घमंडी व्यक्ति और कौन हो सकता था ?

डा० राम कुमार वर्मा ने इस किंवदंती को अपने ढंग से सुलझाने की कोशिश की है। वे गुत्थी को पूरी तरह नहीं सुलझा सके लेकिन गुत्थी को सुलझाने के करीब पहुँच गए थे। उन्होंने ब्राह्मणों की इस फैलाई हुई किंवदंती को स्वीकार कर के भी एक महत्त्वपूर्ण सवाल खड़ा कर दिया है जो इस प्रकार है—"यह सत्य है कि रामानंद ने उपासना-क्षेत्र में जाति-बंधन को शिथिल कर दिया था और अपने शिष्यों में समाज के निम्न श्रेणी के भक्तों को भी स्थान दिया था किन्तु वे इस सिद्धान्त को जनता में प्रचलित नहीं कर सके। तत्कालीन प्रभावों से अप्रभावित रह कर केवल हिन्दू धर्म के

साम्प्रदायिक क्षेत्र में किंचित स्वतंत्रता जनता को अधिक सन्तुष्ट नहीं कर सकी। काशी के धार्मिक और सांस्कृतिक मंडल में स्वयं रामानंद अधिक स्वतंत्र नहीं हो सके। फिर वे अपनी संकुचित स्वतंत्रता से जनता को युग धर्म का स्पष्ट सन्देश भी मुक्त कंठ से नहीं दे सकते थे। जो व्यक्ति सूर्योदय के पूर्व ही पंचगंगा घाट से स्नान कर लौट आता हो, इस भय से कि किसी की कलुष दृष्टि कहीं उस पर न पड़ जाए, वह 'समभाव' के सिद्धान्त को कहाँ तक व्यावहारिक रूप दे सकेगा, यह स्पष्ट है।"[41]

डा० द्विवेदी ने 151वें पद में निम्न दो पंक्तियों को कबीर की मान्य किया है–

अति पुनीत ऊँचे कुल कहिए, सभा माहिं अधिकाई।
इन से दिच्छा सब कोई माँगे, हंसि आवै मोहि भाई।।[42]

क्या इन पंक्तियों को पढ़ कर किसी को लग सकता है कि कबीर किसी ब्राह्मण को अपना गुरु बनाने की सोच सकते थे ?

शिष्य बनने या बनाने का एक खास अर्थ होता है। इस का खास अर्थ यह होता है कि गुरु द्वारा शिष्य को अपने खेमे में ले लिया जाता है। यदि रामानंद ने कबीर को अपना शिष्य बनाया था तो कबीर को हिन्दू बन जाना चाहिए था। क्या बात है कि तमाम जिन्दगी कबीर अपने आप को 'ना हिन्दू' कहते रहे ? ऐसा क्यों हुआ कि यदि रामानंद ने कबीर को अपना शिष्य बनाया था तो जिन्दगी भर कबीर खुद को जुलाहा कहते रहे ? शिष्य बनाने में रामानंद ने कबीर को क्या दिया था ? क्या रामानंद ने कबीर को अपना ब्राह्मणत्व दे दिया था ? क्या शिष्य होने में कबीर की जाति बदल गई थी ? क्या शिष्य बनने के बाद कबीर रामानंद के सम्प्रदाय में गद्दी के अधिकारी बन गए थे ? वेदान्त में बिना संस्कृत पढ़ाए किसी का शिष्यत्व क्या अर्थ रखता है ? यदि कबीर ने संस्कृत पढ़ी थी और वे रामानंद के शिष्य थे तो इतने तेजस्वी कबीर ने ब्रह्मसूत्र, उपनिषद और गीता पर भाष्य क्यों नहीं लिखे ? यह क्या बेईमानी चल रही है कि कबीर के गुरु रामानंद थे ? इस गुरु-शिष्य होने में रामानंद ने कबीर को क्या दिया था और कबीर ने रामानंद से क्या लिया था–कुछ तो बताया जाए। यदि ब्राह्मण द्वारा मुसलमान कबीर को शिष्य बनाया जाना वेदान्त की परम्परा में अनुमत नहीं है तो ऐसे दुष्प्रचार पर पाबन्दी क्यों नहीं लगाई जाती ? यह गंजन किस झूठ का है कि कबीर के गुरु रामानंद थे ? क्या रामानंद ने कबीर को अपना जनेऊ दिया था ? क्या कबीर ने जनेऊ स्वीकार किया था ? गुरु-शिष्य होने की प्रक्रिया की कम-से-कम एक शर्त तो बताई जाए। प्रमाण माँगे जा रहे हैं कि सिद्ध करो कि कबीर के गुरु रामानंद नहीं थे लेकिन इस के सबूत कोई नहीं देता कि कबीर के गुरु रामानंद थे। तर्कों का तर्क एक है कि आम का पत्ता अमरूद का पत्ता नहीं होता। क्या कोई ब्राह्मण गुरु किसी अछूत को यह ज्ञान दे सकता है–"तू अछूत नहीं है और तू ईश्वर है ?" क्या यह सम्भव है ?

ख. कई किंवदंतियाँ क्यों ?

उर्वशी सूरती ने लिखा है कि अगस्त्य संहिता के विवरण के अनुसार स्वामी रामानंद का जन्म तीर्थराज प्रयाग में कान्यकुब्ज ब्राह्मण पुण्य सदन तथा उन की पत्नी सुशीला के घर सम्वत् 1356 के माघ कृष्ण सप्तमी तिथि, सूर्य के सात दण्ड चढ़ने पर, सिद्धि योग, मुक्त चित्रा नक्षत्र, कुम्भ लग्न में कलियुग के 4400 वर्ष बीतने पर हुआ।[43] उन के अनुसार, रामानंद के गुरु राघवानद थे। राघवानंद रामानुजाचार्य की शिष्य परम्परा में चौथे थे। इस प्रकार रामानंद पाँचवे बैठते हैं। सिद्धान्त भेद के कारण रामानुजाचार्ग के 'श्री सम्प्रदाय' में लक्ष्मी-विष्णु के स्थान पर राघवानंद ने 'राम सीता' की प्रतिष्ठा की थी। लेकिन रामानंद का अपने गुरु राघवानंद से सामाजिक बातों को ले कर मतभेद हो गया था। राघवानंद भक्ति में जातिभेद को स्वीकार न करते हुए भी सामाजिक व्यवहार और खान-पान में उस को आवश्यक मानते थे। रामानंद को खान-पान में पंक्तिभेद के निवारण का आग्रह होने से राघवानंद की आज्ञा से उन्होंने अपना अलग सम्प्रदाय चलाया जिसे 'रामावत'–'रामानंद समुदाय' कहा जाता है।[44] उर्वशी सूरती के अनुसार, रामानंद का उस युग में सब से बड़ा क्रान्तिकारी कदम धर्मान्तर की प्रवृत्ति द्वारा मानव जाति का उद्धार करना था। उन्होंने म्लेच्छ हो जाने वाले हिन्दुओं को 'राम मंत्र' की दीक्षा और कंठी माला दे कर उन की आन्तरिक वैष्णव चेतना को जागृत किया और वैष्णवता के संस्कार से उन में आत्मनिष्ठा को इतना दृढ़ कर दिया कि विधर्मियों को पराजित होना पड़ा। उस कार्य के लिए वे स्वयं चल के अयोध्या गए और सब के लिए भक्ति का द्वार उन्मुक्त कर दिया। इस प्रकार मुसलमान से हिन्दू होने वाले वैष्णवों को 'संयोगी' कहा गया।[45]

'अगस्त्य सुतीक्ष्ण संवाद' के अनुसार खुद रामानंद की अपने शिष्यों समेत अवतार भावना इस प्रकार बताई गई है–

भक्त का नाम	पार्षद का नाम	भक्त का नाम	पार्षद का नाम
1. रामानंद	नारायण	8. कबीर	प्रह्लाद
2. अनंतानंद	ब्रह्मा	9. भावानंद	जनक
3. सुरसुरानंद	नारद	10. सेन	भीष्म
4. सुखानंद	शंकर	11. घना	बलि
5. नर हर्यानंद	सनत्कुमार	12. गालवानंद	शुकदेव
6. योगानंद	कपिल	13. रमा दास	यमराज
7. पीपा	मनु	14. पदमावती	लक्ष्मी[46]

लेकिन कबीर हिन्दुओं के इस अवतारवाद के सख्त खिलाफ हैं। उन के ईश्वर ने न तो दशरथ के घर अवतार लिया है, न लंकाधीश को सताया है, न वह देव योनि में अवतरित हुआ है, न यशोदा की गोद में खेला है, न ग्वालिनों के संग घूमा है। उस ने न गोवर्धन धारण किया है, न वराह रूप में वेद और धरती का उद्धार किया है। न वह गंडक में शालिग्राम बना है, न उस ने जल में मत्स्य या कूर्म रूप में भ्रमण किया है। उस ने न बद्रीनाथ में तप किया है, न परशुराम हो के क्षत्रियों को दंड दिया है। उस ने न द्वारका में शरीर त्याग किया है, न वह जगन्नाथपुरी की मूर्ति है।[47] लेकिन ऊर्वशी सूरती लिखती हैं कि स्वामी रामानंद के 'ब्रह्म राम' सीता पति राम ही थे। उन का सिद्धान्त सामने रखती हुईं वे आगे बताती हैं कि "विष्णु स्वयं राम के रूप में अवतीर्ण हुए थे। वे ही दशरथ के पुत्र जानकी जी के पति थे ओर पिता की आज्ञा शिरोधार्य कर के उन्होंने ही चौदह वर्ष पर्यन्त वनवास किया तथा चित्रकूट में रहे। उन्होंने भक्तों के भय को दूर किया, सुग्रीव को राज्य दिया तथा रावण को मार कर सब को सुख दिया।"[48] इस के विरोध में कबीर ने निर्गुण राम को माना है। उन्होंने सगुण के इस अवतार दशरथ पुत्र राम को नहीं माना है। रामानंद ने मुद्रा, तिलक, नाम, मंत्र और माला इन पाँच संस्कारों का विधान दिया था लेकिन कबीर ने इन सब का विरोध किया है।

हिन्दी साहित्य के इतिहास में नाभा दास की एक पुस्तक 'भक्त माल' बहुत चर्चित है। इस में कबीर के बारे में केवल दो छप्पय लिखे गए हैं। डा० केदार नाथ द्विवेदी बताते हैं कि दूसरा छप्पय स्वामी रामानंद से संबंधित है।[49] ये नाभा दास खुद रामानंदी वैष्णव भक्त थे जो रामानंदी सम्प्रदाय की पाँचवीं पीढ़ी में पड़ते थे। इस प्रकार, इस पुस्तक में कबीर के बारे में कुल दो छप्पय हैं जिन में से एक में उन्हें कबीर को रामानंद का शिष्य सिद्ध करने की पड़ी हुई थी। छूतवंशी लेखकों के लिए यह विषय इतना मतलब का है कि उन्हें कबीर के बारे में दो पंक्ति लिखने की आवश्यकता में एक पंक्ति उन का गुरु रामानंद को सिद्ध करने में लिखनी पड़ती है। ऐसा लगता है कि इस पंक्ति के न लिखने पर जैसे छूतवंशी लेखक कबीर के सम्बन्ध से लुट जाएँगे। आखिर, छूतवंशी लेखकों के सामने रामानंद को कबीर का गुरु सिद्ध करने की क्या आफत आ पड़ी है ? फिर, डा० केदार नाथ द्विवेदी जैसे आधुनिक लेखकों को भी यह लिखते समय जोर नहीं पड़ता कि नाभा दास के इस छप्पय के आधार पर कबीर को रामानंद का शिष्य स्वीकार किया जा सकता है। डा० केदार नाथ द्विवेदी लिखते हैं– "इस ग्रन्थ में वैचित्र्य लाने का भी प्रयास नहीं किया गया है, अतः इस की सामग्री पर विश्वास करना अनुचित नहीं कहा जाना चाहिए।"[50] डा० द्विवेदी को यह समझ में नहीं आया कि नाभा दास ने अपने दो छप्पयों में रामानंद को कबीर का गुरु कहने की एक विचित्रता तो ला दी। यदि ज्यादा छप्पय लिखे जाते तो और अधिक विचित्रता लाते। उन्हें ज्यादा विचित्रता लाने का अवसर ही नहीं मिल सका।

छूतवंशी लेखकों ने कबीर के बारे में जनश्रुतियों और गपोड़ों की कोई कमी बचा नहीं रखी है। डा० पीताम्बरदत्त बड़थ्वाल के 'योग-प्रवाह' के अनुसार विधवा ब्राह्मणी फुलवाड़ी में फूल चुन रही थी और स्वामी रामानंद के प्रश्न करने पर कि यह क्या है, उस ने उत्तर दिया 'पेट'। स्वामी रामानंद ने 'तथास्तु' कह दिया।[51] ऐसी-ऐसी जनश्रुतियाँ खड़ी कर के छूतवंशी लेखकों ने यहाँ तक सिद्ध करने की कोशिश की है कि कबीर रामानंद के ही पुत्र थे। बस, उन पर जोर यह पड़ता है कि सीधे-सीधे ऐसा कहने पर उन के रामानंद की रामानंदगिरी पर बुरा असर पड़ जाएगा। फिर, रामानंद उस विधवा ब्राह्मणी से सम्भोग करने वाले लम्पट ब्राह्मण सिद्ध हो जाएँगे। वास्तव में, छूतवंशी लेखकों को कबीर के गुरु को हिन्दू और वैष्णव सिद्ध करने की एक खुमारी सी चढ़ी हुई है। कबीर का 'कबीर ग्रन्थावली' के परिशिष्ट में 215वाँ पद किन्हीं पीताम्बर पीर के बारे में है। कबीर ने कहा है–

हज्ज हमारो गोमती तीर; जहाँ बसहिं पीताम्बर पीर।
वाहु वाहु क्या खूब गावता है; हरि का नाम मेरे मन में भावता है।
नारद सारद करहि खवासी; पास बैठी विधि कपला दासी।
कण्ठे माला जिह्वा राम; सहस नाम ले ले करो सलाम।

इस पद पर विचार करते हुए डा० मुंशी राम शर्मा का निकाला हुआ निष्कर्ष बताया गया है कि यहाँ पीताम्बर पीर से तात्पर्य भगवान राम से है।[52] इस पर और अधिक सख्त निष्कर्ष निकालते हुए डा० केदार नाथ द्विवेदी ने कहा है कि इस पद में पीताम्बर पीर के गोमती के किनारे रहने, मुख से राम नाम का मधुर उच्चारण करने और गले में कण्ठी पहनने के उल्लेख से ज्ञात होता है कि उक्त पीताम्बर पीर कोई वैष्णव भक्त रहे होंगे।[53] इन दोनों ब्राह्मणवादी लेखकों में से कोई यह नहीं सोच सका कि यदि पीताम्बर पीर को वैष्णव मानते हो तो कम-से-कम कबीर को मुसलमान मानो क्योंकि कबीर अपनी हज की, अपने पीर की और अपने सलाम की बात कर रहे हैं।

रामानंदी सम्प्रदाय के एक प्रमुख विद्वान भगवदाचार्य की पुस्तक 'रामानंद-दिग्विजय' में कबीर के बारे में नीचे लिखी जानकारी दी गई है–

1. भार्या वियोग से व्यथित आकाशगामी किसी देवता के वीर्य स्खलन से काशी के लहर तालाब में कमल पत्र पर कबीर का जन्म हुआ था।
2. स्वामी रामानंद ने अपनी मृत्यु निकट जान कर अनंतानंद, सुरसुरानंद, भावानंद, नरहरियानंद, गालवानंद, योगानंद, पीपा, धन्ना, कबीर, रैदास और सेन को विभिन्न स्थानों में धर्म-प्रचार करने के लिए भेजा, जिन में कबीर को धन्ना, रैदास और सेन के साथ काशी रह कर धर्म और भक्ति प्रचार करने का आदेश मिला।[54]

3. पौराणिक शैली पर लिखी गई पुस्तक 'अगस्त्य संहिता' की सूची में सुखानंद का एक नाम और गिना दें तो रामानंद के तथाकथित शिष्यों की संख्या को दो भागों में इस प्रकार बाँटा जा सकता है—

पहली सूची	**दूसरी सूची**
अनंतानंद	पीपा
सुरसुरानंद	धन्ना
भावानंद	कबीर
नरहरियानंद	रैदास
गालवानंद	सेन
योगानंद	पदमावती
सुखानंद	

पूछने की बात यह है कि पदमावंती को छोड़ते हुए दूसरी सूची के संतों को नीचे लिखे अनुसार नाम क्यों नहीं दिए गए—

पीपानंद	रैदासानंद
धन्नानंद	सेनानंद
कबीरानंद	

यदि ये संत सच में रामानंद के शिष्य होते तो इन के नाम भी 'आनंद' जोड़ कर बनाए जा सकते थे।

असल में, गुरु अपने शिष्य को नया नाम दिया करता है। अपने गुरु से मिलने से पहले विवेकानंद, विवेकानंद नहीं थे और दयानंद भी दयानंद नहीं थे। इसी प्रकार रामानंद के शिष्यों में अनंतानंद से ले कर सुखानंद तक के नाम गुरु-शिष्य परम्परा के नाम हैं। यदि पीपा से ले कर सेन तक के नाम वाले संत रामानद के शिष्य थे तो गुरु द्वारा इन को धार्मिक नाम क्यों नहीं दिए गए ? परम्परा के अनुसार, इन के घरेलू नाम मिटा कर अन्यों की तरह नए आध्यात्मिक नाम दिए जाने चाहिए थे। वैसे मजेदार बात यह है कि डा० केदार नाथ द्विवेदी अपने इसी शोध ग्रन्थ 'कबीर और कबीर पंथ' में डा० बड़थ्वाल के मत की समीक्षा करते हुए लिखते हैं कि इन द्वादश महात्माओं में से किसी ने भी अपने को स्वामी रामानंद का शिष्य होना स्वीकार नहीं किया है।[55]

रामानंद के एक शिष्य चेता दास बताए गए हैं। कहते हैं कि इन्होंने 'प्रसंग पारिजात' नाम का ग्रन्थ लिखा था। इस ग्रन्थ के अनुसार, 'स्वामी रामानंद ने कबीर को निम्न जातियों में भक्ति प्रचार का आदेश दिया।'[56] पूछा जा सकता है कि रामानंद ने कबीर को निम्न जातियों में ही भक्ति का प्रचार करने का आदेश क्यों दिया। क्या कबीर उच्च कही जानी वाली जातियों में भक्ति का प्रचार करने के लिए अयोग्य ठहराए

गए थे ? क्या कबीर ने अपने मत का प्रचार सभी जातियों में नहीं किया था ? सोचा जा सकता है कि यह किताब तभी लिखी गई होगी जब कबीर का निम्न जातियों में प्रचार हो गया होगा। इसलिए यह किताब उतनी पुरानी नहीं हो सकती जितनी कही जाती है।

ब्राह्मण लेखकों ने कबीर और रामानंद को गड्डमड्ड कर दिया है। वे हर तरह से कबीर को वैष्णव सिद्ध करना चाहते हैं। लेकिन शायद एकाध तर्क उन से छूट गया है। उन्हें कबीर को इस आधार पर भी वैष्णव सिद्ध करना चाहिए था कि कबीर प्यास बुझाने के लिए पानी पिया करते थे, इसलिए समानता के हिसाब से, कबीर रामानंद के शिष्य और वैष्णव ठहरते हैं क्योंकि रामानंद भी प्यास बुझाने के लिए पानी ही पिया करते थे। उन्हें यह भी कहना चाहिए कि चूंकि रामानंद के दो आँखे थीं और कबीर के भी दो ही आँखे थीं इसलिए भी कबीर रामानंद के शिष्य और वैष्णव माने जाने चाहिए। हरिऔध के ब्राह्मणी अनुमान को देखा जा सकता है। वे लिखते हैं—"हिन्दू धर्म विवेचन के समय उन के मुख से वे बातें निकलती हैं जिन्हें शास्त्रज्ञ विद्वानों के अतिरिक्त दूसरा कदाचित ही जानता हो। इन बातों से क्या सिद्ध होता है ? यही कि उन्होंने किसी परम विद्वान हिन्दू महात्मा के सत्संग द्वारा ज्ञानार्जन किया था और स्वामी रामानंद के अतिरिक्त उस समय ऐसा महात्मा कोई दूसरा नहीं था।"[57] हरिऔध अपने ब्राह्मणी मन को पूरी तरह सन्तुष्ट कर रहे हैं जब वे लिखते हैं—"बतलाया गया है कि उन (कबीर) के माता-पिता और कुछ लोगों को वंश-मर्यादा-प्रतिकूल कबीर साहब की यह क्रिया (राम-राम कहने की) अच्छी न लगी, इसलिए उन लोगों ने जा कर स्वामी (रामानंद) जी को उलाहना दिया। स्वामी जी ने उन को बुलवाया और पूछा—कबीर, हम ने तुझे मंत्र कब दिया ? कबीर साहब ने कहा—और लोग तो कान में मंत्र देते हैं, परन्तु आप ने तो सिर पर पाँव रख कर मुझे राम नाम का उपदेश दिया। स्वामी जी को बात याद आ गई, उठ कर हृदय से लगा लिया, और कहा कि निस्संदेह तू इस का पात्र है। गुरु-शिष्य का यह भाव देख कर लोगों को फिर कुछ कहने का साहस नहीं हुआ।"[58]

'कबीर और कबीर पंथ' में एक जनश्रुति को इन शब्दों में लिख कर महत्त्व दिया गया है—"कहते हैं कि स्वामी रामानंद के कुछ वैरागी शिष्य तोताद्रि गए। कबीर साहब भी साथ थे। महात्माओं ने एक भैंसे पर आवश्यक सामान लाद लिया था। वहाँ पहुँचने की तैयारी आरम्भ हुई। रामानुजी सम्प्रदाय में जाति-बंधन इतना कड़ा है कि वे भोजन पर शूद्र की छाया मात्र पड़ जाने पर भी उसे ग्रहण नहीं करते। अतः कबीर साहब पंक्ति में कैसे बैठ सकते थे। रामानुजी महात्माओं ने एक उपाय निकाला और कहा कि वेद मंत्रों का पाठ करने वाले व्यक्ति ही पंक्ति में बैठ सकते हैं। जब कबीर साहब का समय आया तो उन्होंने भैंसे के सिर पर हाथ रखा और वह भैंसा वेद-मंत्रों का सस्वर शुद्ध पाठ करने लगा।"[59] यूँ, इस देश में पहले चालाक समाज द्वारा बेसिर-पैर की ऐसी जनश्रुतियाँ खड़ी की जाती हैं, फिर ऐसी जनश्रुतियों के आधार पर डा० केदार नाथ

द्विवेदी जैसे विद्वान अनपढ़ और कुपढ़ की तरह निष्कर्ष निकाला करते हैं कि "चाहे यह घटना सत्य हो अथवा नहीं, इस के आधार पर यह अवश्य कहा जा सकता है कि कबीर साहब ने .... रामानंद का शिष्यत्व स्वीकार किया होगा।"[60]

उर्वशी सूरती ने 'भक्त माल' के टीकाकार के हवाले से बताया है कि जब आकाशवाणी हुई कि 'कबीर, तुम रामानंद के शिष्य बन जाओ, तो कबीर बोले—"देखे नहीं मुख मेरो मानि के म्लेच्छ मोको।" इस पंक्ति का अर्थ है कि वे तो मुझे म्लेच्छ कह कर मेरा मुख भी देखना नहीं चाहेंगे। इस का मतलब है कि टीकाकार भी यह मानता है कि रामानंद किसी म्लेच्छ जाति के व्यक्ति को अपना शिष्य नहीं बना सकते थे। इस से पता चलता है कि ब्राह्मण आचार्यों में यह परम्परा बरकरार थी कि वे किसी म्लेच्छ पर गुरु कृपा नहीं करेंगे।

इस पूरे यशोगान में कि रामानंद कबीर के गुरु थे, सब से मजेदार बात इन के संबंध को ले कर है, कि ये कैसे गुरु थे और कैसे शिष्य थे। पूरी कथा में रामानंद का यह ब्राह्मणत्व सुरक्षित है कि उन्होंने कबीर को शिष्य नहीं बनाया था अर्थात उन्होंने खुद अपने ब्राह्मणत्व को भंग नहीं होने दिया था। कथाओं में केवल यह आता है कि कबीर ने रामानंद को अपना गुरु मान लिया था। यह यहाँ तक हुआ कि रामानंद ने कबीर को कोई गुरु मंत्र भी नहीं दिया था। कबीर के सिर पर पैर पड़ जाने से उन के मुख से जो सहसा 'राम-राम' शब्द निकल पड़ा था कबीर ने पत्तल पर की उसी जूठन को गुरु मंत्र मान लिया था। पर, इस प्रकार की इन ब्राह्मणी जनश्रुतियों ने कबीर और कबीर के भारतीय दलित समाज की बेहद बेइज्जती की है। ब्राह्मणों की जमात में रामानंद पर यह आरोप नहीं लगाया जा सकता कि उन्होंने म्लेच्छ कबीर को कोई गुरु मंत्र देने की भूल की है। यह किंवदंती कितनी होशियारी से खड़ी की गई है कि साँप मरे न लाठी टूटे। एक तरफ रामानंद द्वारा कबीर को शिष्य नहीं बनाया गया, दूसरी तरफ कबीर द्वारा रामानंद को गुरु मनवा लिया गया है। इस पूरे प्रकरण में रामानंद को यह पता नहीं है कि कबीर उन के शिष्य हैं। यदि कोई रामानंद से यह पूछता कि क्या कबीर तुम्हारे शिष्य हैं तो रामानंद उस से यही कहते—"क्या बकते हो ? मैंने उसे कभी दीक्षा नहीं दी। मैं उसे जानता तक नहीं।"

गुरु और शिष्य होने का एक खास मतलब होता है। इस का मतलब यह होता है कि शिष्य अपने गुरु की गद्‌दी पाने का हकदार बन जाता है। जब एक गुरु के अनेक शिष्य होते हैं तो उन में से किसी एक को प्रधान गद्‌दी मिला करती है। अन्य महत्वपूर्ण शिष्यों के माध्यम से अलग गद्‌दियाँ खड़ी की जाती हैं। क्या कबीर रामानंद की गद्‌दी पाने की होड़ में कहीं खड़े पाए जाते हैं ? क्या कबीर यह कोशिश कर सकते थे कि उन्हें अपने गुरु की प्रधान या अन्य कोई गद्‌दी प्राप्त हो ? इस बारे में कोई जनश्रुति क्यों नहीं मिलती कि कबीर ने रामानंद के निधन के बाद उन की गद्‌दी कब्जाने की कोशिश की थी ? इन ब्राह्मणी जनश्रुतियों ने कबीर को रामानंद का शिष्य

बना कर छोड़ दिया है लेकिन कबीर को कभी इस योग्य नहीं बताया कि जिस से वे रामानंद की गद्दी के हकदार बन जाते। क्या रामानंद के वैष्णव सम्प्रदाय के इतिहास में ऐसा कोई प्रमाण मिलता है कि कबीर ने रामानंद की गद्दी लेने के लिए कोई खलबली मचाई थी ? सवाल यह नहीं है कि कबीर ने रामानंद की गद्दी हथियाने की कोशिश की या नहीं की, यहाँ मुख्य बात यह है कि क्या कबीर उस के अधिकारी बन गए थे। यदि नहीं, तो रामानंद को कबीर का गुरु कहने का क्या मतलब है ? यह खालिस और अनर्गल मजाक है। यदि कोई बेटा अपने बाप की सम्पत्ति पाने के लिए लड़ने का हकदार नहीं माना जाता तो वह उस बाप का बेटा कैसा ? ऐसे ही, यदि कोई शिष्य अपने गुरु की गद्दी पाने का हकदार नहीं माना जाता तो वह उस गुरु का शिष्य कैसा ? यूँ, शिष्य शब्द का प्रयोग कर के भी रामानंदी लेखक, कभी भी, कबीर को उस के वास्तविक अर्थ का श्रेय लेने की इजाजत नहीं देते। कबीर को रामानंद से नीचे भी घोषित कर दिया और रामानंदी सम्प्रदाय की सारी ब्राह्मणी सम्पत्ति ब्राह्मणों के पास ही बनी रही। रामानंद को कबीर का गुरु बना दिया और गुरु मंत्र तक नहीं दिलवाया गया; कबीर को रामानंद का शिष्य बना दिया और गद्दी पर शिष्य का लेशमात्र भी अधिकार नहीं बनने दिया। यह कितनी सफाई का काम है ! ऐसा काम झूठ फैलाने में सिद्धहस्त लोग ही कर सकते हैं—हल्दी लगे न फिटकरी, रंग चोखा ही चोखा।

इस समय एक बात और पूछी जा सकती है—यदि रामानंद ब्राह्मण, कबीर म्लेच्छ के गुरु थे तो क्या रामानंद के वैष्णव सम्प्रदाय में इसे आगे के लिए परम्परा बना लिया गया था ? क्या रामानंद के शिष्यों ने अन्य अंत्यजों, म्लेच्छों और शूद्रों को अपने शिष्य बनाना आरम्भ कर दिया था ? क्या रामानंद के सम्प्रदाय में ऐसी कोई परम्परा आज तक आती है ? यदि रामानंद वास्तव में कबीर के गुरु थे तो यह स्वस्थ परम्परा आगे चलनी चाहिए थी। रामानंद को कबीर का गुरु कहने से पहले हर वैष्णव लेखक को इस प्रश्न का उत्तर देना चाहिए कि उन में अन्त्यज, शूद्र या म्लेच्छ क्यों नहीं हैं। वास्तव में, यदि कबीर का कोई गुरु होता तो फिर कबीर का पंथ न चल कर उन के गुरु के नाम का पंथ चलना चाहिए था। इस दृष्टि से उन का गुरु उन के समय का कोई महान पुरुष नहीं हो सकता। चूँकि रामानंदी सम्प्रदाय आज तक कायम है, इसलिए यदि कबीर रामानंद के शिष्य होते तो कबीर रामानंदी सम्प्रदाय में एकमेक हो गए होते। फिर रामानंदी सम्प्रदाय के रहते हुए कबीर पंथ अस्तित्व में नहीं आता। रामानंद के साथ शिष्य रूप से जुड़ने पर यह असम्भव था कि शिष्य के नाम पर कोई सम्प्रदाय चल सकता था। क्या रामानंद की परम्परा वाले तुलसी ने किसी दलित को अपना शिष्य बनाया था ?

उर्वशी सूरती लिखती हैं—"एक वर्णन में बताया गया है कि 'बड़ा होने पर कबीर तुलसी की कंठी, माला, तिलक आदि धारण कर अपने को रामानंद का शिष्य कहने लगे। इस से पतितों को उन से द्वेष हो गया और उन के विरुद्ध रामानंद को शिकायत

की। रामानंद ने कबीर को अपने आश्रम पर बुलाया। कबीर की तेजस्विता से रामानंद और अन्य सब उपस्थित लोग बहुत प्रभावित हुए। स्वामी जी ने कबीर को निम्न जातियों में भक्ति प्रचार का आदेश किया।"[61] यूँ, ये लेखक इस मामले में नई-नई कथाओं का सृजन करने में लगे रहते हैं। यदि ये सारे मिल कर कोई एक बात पकड़ लेते और उस पर दृढ़ हो जाते तो इन के लिए ज्यादा अच्छा था। इतनी सारी कथाओं को देख कर सोचा जा सकता है कि खुद इन लेखकों को अपने आप पर विश्वास नहीं है। ये चारों और भागे फिरते हैं। सही पूछा जाए, कबीर के गुरु रामानंद थे—इस बारे में एक से अधिक जनश्रुतियों का होना क्या दर्शाता है ? यदि कबीर के गुरु वास्तव में रामानंद होते तो केवल एक ही बात आगे बढ़ती। घटना है तो एक ही है, दो या तीन या अधिक नहीं। एक से अधिक घटनाओं का होना बताता है कि इन में से एक भी सच नहीं है। सारी घटनाएँ कल्पित और बनावटी हैं। सन्देह फैलाने वाले खुद सन्देह में हैं। हर कोई अपनी कल्पना की सृजन-शक्ति का दुरुपयोग कर के नई पीढ़ियों को गुमराह कर रहा है।

कबीर और रामानंद की बात को एक दूसरे ढंग से भी तय किया जा सकता है। हिन्दुओं के दो मोटे भाग हैं—एक द्विज और दूसरे गैर-द्विज। द्विजों में ब्राह्मण, क्षत्रिय और वैश्य आते हैं तथा गैर-द्विजों में शूद्र और अंत्यज धकेल दिए गए हैं। प्रश्न यह है कि द्विज और गैर-द्विज दोनों को कबीर की जरूरत पड़ रही है पर क्या इन दोनों वर्गों की जरूरत एक-सी है ? प्रश्न इस प्रकार विश्लेषित किए जा सकते हैं—

1. रामानंदी द्विज लोग कबीर को अपना क्यों कहना चाहते हैं ?
2. क्या वे कबीर को पूरे हृदय से अपना कह सकते हैं ?
3. क्या उन के पास अपने शास्त्रीय 'आचार्यों' और 'आनन्दों' की कमी पड़ गई है ?

सच बात यह है कि वे कबीर से कुछ सीखना नहीं चाहते। कबीर उन्हें क्या सिखा सकता है क्योंकि वह उन की भाषा का निरक्षर और अक्खड़ है ? उन के पास अपने एक से एक ललित काव्य रचने वाले कवि हैं। तो फिर वे कबीर के माध्यम से क्या चाहते हैं ? उन्हें मालूम है कि कबीर हिन्दुस्तान की एक सांस्कृतिक सम्पत्ति बन गए हैं। वे अपने मन्तव्य में कबीर के नाम की सम्पत्ति का लाभ उठाना चाहते हैं। इस में उन का तरीका यहाँ तक कपट नीति का है कि कबीर वंशियों से उन के कबीर को छीन लेना चाहते हैं। कबीर वेद और वर्णाश्रम व्यवस्था पर वेद-विरोधियों की सब से शक्तिशाली अभिव्यक्ति हैं लेकिन द्विवेदी, त्रिवेदी और चतुर्वेदी वैष्णव की घुसपैठ के माध्यम से वे लोग वेद विरोध की इस महाशक्ति को निष्क्रिय कर देना चाहते हैं। वे अपने हृदय में कभी भी कबीर को सच्चा सम्मान नहीं दे सकते। उन के मन में हमेशा

षड्यंत्रकारी नूनमेक या मीनमेख लगी रहती है। उधर, गैर-द्विज भी कबीर को चाहते हैं पर क्या वे भी वैष्णवों की तरह ही शर्तें रख कर कबीर की प्रशंसा करते हैं ? नहीं, इस का उत्तर यह है कि वे कबीर को अपने पूरे हृदय से चाहते हैं। इस अन्तर को इस प्रकार समझा जा सकता है कि यदि रामानंदी वैष्णवों से कबीर छिन जाएँ तो उन के पास अपने रामानंद बच जाते हैं लेकिन यदि गैर-द्विजों से कबीर छीन लिए जाते हैं तो उन के पास अपना कितना कम बचा रह जाएगा ? अगला तर्क यह है कि जो विद्वान यह सिद्ध करना चाहते हैं कि रामानंद कबीर के गुरु थे उन के बारे में चार बातों में से एक बात निश्चित रूप से सही होनी चाहिए–

1. या तो वे सब कुछ जान कर झूठ बोलना चाहते हैं;
2. या उन्हें भारतीय समाज व्यवस्था का ज्ञान नहीं है;
3. या उन्होंने ब्रह्म सूत्र के भाष्यों को नहीं पढ़ा है;
4. या उन्हें इस क्षेत्र में अपना कोई निजी तजुर्बा नहीं है।

यहाँ चौथी बात सब से पहले ली जाए। आज भी इस देश में चार शंकराचार्य और रामानंदी सम्प्रदाय के वैष्णव आचार्य हैं लेकिन अभी भी आधुनिक भारत का संविधान अस्पृश्यता को मिटाने में लगा है। अब कानून के अनुसार अस्पृश्यता के बर्ताव को अपराध मान कर दण्ड देने का प्रावधान है। क्या आज का कोई रामानंदी ब्राह्मण गुरु किसी अछूत को अपना प्रिय शिष्य बना कर उसे अपनी गद्दी दे सकता है ? यह सवाल उन विद्वानों से पूछा जा रहा है जो जाति से ब्राह्मण पैदा हुए हैं। अब, जो अछूत बन कर पैदा हुए हैं उन से यह सवाल किया जा सकता है कि क्या उन्होंने कभी किसी पारम्परिक ब्राह्मण को अपना गुरु बनाने की चेष्टा की है और क्या वे उस कार्य में सफल हो सके हैं। इन दोनों प्रश्नों की शर्त यही है कि जिन विद्वानों के इस बारे में अपने निजी तजुर्बे नहीं हैं वे, कृपया, इन प्रश्नों का उत्तर देने का प्रयत्न न करें। बिना अनुभव के कोई व्यक्ति कुछ भी कह सकता है। उन की बात सुनने लायक नहीं है। यदि इन दोनों प्रश्नों के उत्तर 'नहीं' में हैं तो विद्वानों की यह झूठी रट किस प्रयोजन की है कि रामानद कबीर के गुरु थे ? आज का कबीर भी यह बात भली-भाँति जानता है कि उसे कोई शंकराचार्य अपना शिष्य नहीं बनाएगा। दलित यह भी अच्छी तरह जानता है कि ब्राह्मणी संस्थाओं में दलित का प्रवेश वर्जित है। हाँ, प्रयत्न कर के देखे बिना इस क्षेत्र में कोई कुछ भी कह जाए, वह बात अलग है।

हिन्दुस्तान में गुरुओं की दो श्रेणियाँ हैं। एक ग्रन्थ की श्रेणी के गुरु हैं और दूसरे बिना ग्रन्थ की श्रेणी के गुरु होते हैं। ग्रन्थ की श्रेणी में वे सारे गुरु आ जाते हैं जिन के पास अपने धर्म ग्रन्थ होते हैं। इन में वैदिक, बौद्ध और जैन सम्प्रदाय के गुरु आते हैं। दूसरे प्रकार के गुरु बिना ग्रन्थ के होते हैं। इन में निर्गुणी सम्प्रदाय के गुरु होते

हैं। ग्रन्थ की श्रेणी के गुरु शिष्य को शास्त्र का अध्ययन कराते हैं लेकिन निर्ग्रन्थ श्रेणी के गुरु शिष्य को मौखिक रूप से जीवन की खुली किताब पढ़ाते हैं। इन दोनों प्रकार के गुरुओं की एक खास पहचान यह होती है कि ग्रन्थी गुरु शिष्य से रटवाने का बहुत परिश्रम करवाते हैं और निर्ग्रन्थी गुरु शिष्य में मौलिक परिवर्तन लाते हैं। पहले गुरु शिष्य को शास्त्रों का अध्ययन करा कर उसे विद्वान आचार्य और टीकाकार बनाते हैं जबकि दूसरे गुरु शिष्य को घड़े पर कुम्हार की तरह की चोट दे कर उस का हृदय परिवर्तन करते हैं। पहले गुरु शास्त्रीय विद्या प्रदान करते हैं और दूसरे गुरु प्रेम की चोट देते हैं।

यह बात मानने की है कि रामानंद महोदय शास्त्रीय परम्परा के शिष्य और उसी परम्परा के गुरु थे। पर सवाल यह है कि कबीर किस परम्परा के शिष्य और किस परम्परा के गुरु थे ? कबीर की साखियों का अध्ययन कर के साफ-साफ कहा जा सकता है कि वे निर्ग्रन्थी और चोट वाली परम्परा के शिष्य और उसी परम्परा के गुरु थे। शास्त्रीय परम्परा वालों के यहाँ प्रेम, चोट, विरह, दर्द आदि शब्द अनजाने हैं। उन के यहाँ शास्त्र, व्याकरण, अध्ययन, विद्या आदि के शब्द जाने हुए हैं। कबीर निर्ग्रन्थी हो कर चोट की परम्परा के शिष्य और गुरु के संबंध को ले कर आगे बढ़े हैं। वास्तव में, यह परम्परा वेद-विरोधियों की है कि गुरु भगवान से भी बड़ा होता है। ऐसा निर्वर्ण सम्प्रदाय के साधक ही कह सकते हैं। सवर्ण परम्परा में ऐसी हिम्मत नहीं है कि वह गुरु को शास्त्र और भगवान से ज्यादा महत्त्व दे जाए।

अन्त में, इस विश्लेषण के आधार पर रामानंद को कबीर का गुरु मानने के साथ ही कई प्रश्न जहन में उठते हैं। उन का उत्तर जरूर दिया जाना चाहिए। वे इस प्रकार हैं—

1. कबीर के साहित्य में गुरु के लिए 'सद्गुरु' शब्द प्रचलित है। कबीर का काम मात्र 'गुरु' शब्द से नहीं चलता। रामानंद को कहीं भी केवल 'गुरु रामानंद' कहा गया है जबकि कबीर 'सद्गुरु कबीर' हैं।
2. रामानंद के समान कबीर कबीरानंद क्यों नहीं कहे गए ? रामानंदाचार्य के समान कबीर का नाम 'कबीराचार्य' क्यों नहीं हुआ ?
3. रामानंद के यहाँ अवतारवाद का समर्थन तथा कबीर के यहाँ अवतारवाद का खण्डन क्यों है ?
4. क्या यह ब्राह्मणी सिद्धान्त नहीं है कि दलितों में ज्ञानी पैदा नहीं हो सकते ? क्या ज्ञान को ब्राह्मण चिन्तक अपनी बपौती नहीं समझते ?
5. कबीर ग्रन्थावली में एक पंक्ति इस प्रकार आई है –

   गुरु परसादी जयदेव नामा।

भगति कै प्रेम इनही है जाना।।[62]

यहाँ कहा जा सकता है कि कबीर के नाम पर उपलब्ध साहित्य में कई बार पुराने महान भक्तों के नाम आए हैं। जहाँ हिन्दुओं के पारम्परिक देवताओं को उन्होंने अनादर की भावना से देखा है वहाँ इन सन्तों के नाम बड़े आदर से लिए गए हैं। यदि कबीर के गुरु रामानंद होते तो इन नामों के साथ वे रामानंद का नाम जरूर लिया करते। लेकिन उन्होंने इन नामों के साथ एक बार भी रामानंद का नाम नहीं लिया। इस तथ्य से केवल यही सिद्ध नहीं होता कि रामानंद कबीर के गुरु नहीं थे बल्कि इस से यह भी सिद्ध होता है कि कबीर की नजरों में रामानंद कोई अच्छे संत भी नहीं थे। रामानंद को गुरु न मानने पर कम-से-कम उन्हें जयदेव और नामदेव के समकक्ष तो मान लेते। लेकिन कबीर ग्रन्थावली ने ऐसा नहीं किया है। इस तरह रामानंद कबीर के यहाँ बिना जिक्र के आदमी हैं।

6. एक विषय को ले कर एक के बजाय अनेक किंवदंतियाँ प्रचलित क्यों हैं ? एक किंवदंती इस प्रकार लिखी गई है—"प्रिया दास ने लिखा है—"कबीर रामानंद के शिष्य थे। उन्होंने पंचगंगा घाट की सीढ़ियों पर लेट कर स्वामी जी के चरणों से टकरा कर उन की 'राम-राम' की उक्ति को ही गुरु मंत्र मान लिया। मानो दैवी प्रेरणावश ही गुरु-शिष्य का यह संबंध जुड़ गया। किसी शास्त्रीय नियम से दीक्षा नहीं दी या ली गई थी। जब कबीर अपने को रामानंद का शिष्य कहने लगे, स्वामी जी ने उन्हें बुला कर, परदे की आड़ में बैठ कर पूछा कि "तुम मेरे शिष्य कब हुए ?"

कबीर—"सब सन्तों के सार 'राम' नाम देने से।"

यह सुन कर गुरु रामानंद अत्यन्त प्रसन्न हो कर परदे की ओट से बाहर निकल आए और उन से मिले।"[63]

इन किंवदंतियों में खुद रामानंद को पता नहीं है कि कबीर उन के शिष्य हैं। तब कबीर रामानंद के कैसे शिष्य हैं ?

7. रामानंद को कबीर का गुरु मानने के बाद हर हिन्दू विद्वान तुतलाता क्यों है ? एक तुतलाने की भाषा इस प्रकार है—"अपने स्वच्छंद स्वभाव के कारण स्वामी रामानंद को अपना गुरु स्वीकार कर के भी उन्होंने उन के सम्प्रदाय की सीमाओं में अपने को बंद नहीं किया था। इसी से किसी किसी को भ्रम हो जाता है कि स्वामी रामानंद उन के गुरु नहीं थे। प्रायः सभी उपलब्ध प्रमाणों के आधार पर कबीर दास स्वामी रामानंद के शिष्य ठहरते हैं, किन्तु वे रामानंद से पूर्ण प्रभावित

नहीं थे।"[64]

8. कबीर के 'राम' स्वामी रामानंद के 'राम' की भाँति 'दशरथ-सुत' नहीं हैं[65]—क्यों ?

9. कबीर की साखियों में 'चाँणक कों अंग' में एक महत्त्वपूर्ण साखी इस प्रकार है—

   ब्राह्मण गुरु जगत का, साधू का गुरु नाहिं।
   उरझि पुरझि करि-मरि रह्या, चारिउँ बेदा माहिं।।

   डा० युगेश्वर ने इस का अर्थ किया है—ब्राह्मण सांसारिक जीवों का गुरु होता है। साधुओं का गुरु नहीं होता है। ब्राह्मण चारों वेदों में उलझ कर मर जाता है। उसे कभी मुक्ति नहीं मिलती है। क्योंकि वेदाध्ययन भी भोग ही है।[66]

   इस साखी का एक दूसरा रूप भी मिलता है—

   ब्राह्मण गुरु जगत का, भर्मकर्म का पाइ।
   उलझि पुलझि करि मरि गया, चारयों बेंदा माँहि।।[67]

   इस का एक अन्य रूप इस प्रकार है—

   बाम्हन गुरु है जगत का भगतन का गुरु नाहिं।
   उरझि उरझि कै पच मुआ चारहु बेदह माहि।।[68]

   क्या रामानंद ब्राह्मण नहीं हैं ? क्या इस साखी के सन्दर्भ में रामानंद ब्राह्मण जैसा वैदिक ब्राह्मण कबीर का गुरु हो सकता है ?

10. क्या रामानंद का श्री सम्प्रदाय कबीर के पदों को सम्मान से देखता है ?

11. रामानंद ब्रह्मसूत्र के वर्णाश्रम संबंधी सूत्रों पर अपना क्या विचार रखते हैं ? क्या ब्रह्मसूत्र शूद्र, अंत्यज और म्लेच्छ को शिष्य बनाने की अनुमति देता है ?

12. क्या कबीर ने रामानंद के श्री सम्प्रदाय के मंत्र 'ओं रामाय नमः' को एक बार भी माना और गाया है ?

13. कबीर साहित्य में एक साखी इस प्रकार है—

   कबीर गुरु गरवा मिल्या, रलि गया आटै लूण।
   जाति-पाँति-कुल सब मिटे, नाँव धरोगे कौन।।[69]

   क्या रामानंद की परम्परा में यह सम्भव है कि रामानंद का ब्राह्मणत्व मिट जाएगा और कबीर जुलाहे नहीं रह जाएँगे ?

14. श्याम सुन्दर दास ने 'कबीर ग्रन्थावली' में निम्न पंक्तियाँ संकलित की हैं–

(i) अबरन बरन घाम नहि छाम। अबरन पाइए गुरु की साम।[70]

(ii) कबीर पूंगरा राम अलह का सब गुरु पीर हमारे।[71]

(iii) सन्ता कौ मति कोई निंदहु संत राम है एको।
कह कबीर मैं सो गुरु पाया जाका नाउ बिबेको।।[72]

कबीर से पूछा जाता होगा कि तुम्हारे गुरु का नाम क्या है। इस पंक्ति में उन्होंने अपने गुरु का नाम साफ-साफ बताया है कि उन का नाम 'बिबेक' है। यदि उन के गुरु रामानंद होते तो कबीर कविता में इतने कच्चे नहीं थे कि 'बिबेको' और 'एको' के शब्दों की जगह 'रामानंद' शब्द की तुक न बिठा पाते। ऐसा भी नहीं है कि कबीर नाम लेने से बच गए हैं। यहाँ गुरु का नाम ही लिया गया है और वह रामानंद न हो कर 'बिबेक' है। यदि 'बिबेक' से पहले कोई और शब्द होता तो भी रामानंद के उन के गुरु होने की सम्भावना बचती थी। लेकिन यहाँ कबीर गुरु का नाम लेने से कतराए नहीं हैं। यदि उन के गुरु सच में रामानंद थे तो उन्हें उन का नाम छिपाने की क्या आवश्यकता थी ?

15. यह बात पूरे विश्वास के साथ कही जा सकती है कि 'काशी में हम प्रगट भए हैं रामानंद चेताए'–की पंक्ति कबीर की कही हुई नहीं है। ऐसी पंक्ति कबीर की जीवनी लिखने वाला ही कह सकता है। कबीर की दृष्टि से इस में सब से अधिक आपत्तिजनक शब्द 'प्रगट भए' है। कबीर को इस बारे में कुछ कहना होता तो वे सीधे अपने लौकिक जन्म की बात कहते। लेकिन इस में जन्म के बजाय 'प्रगट भए' होना लिखा है। प्रगट होना हिन्दुओं की पौराणिक साम्प्रदायिक शब्दावली का शब्द है। 'प्रगट होने' का मतलब कहीं से अचानक आ जाना होता है। यह कबीर की शैली नहीं है। कबीर को यदि यही शब्द प्रयोग करने की मजबूरी होती तो भी वे इसे कम-से-कम 'प्रगट भया' तो जरूर कर देते। तब कबीर, कबीर की शैली के बिशिष्ट गुरुष नहीं रह जाते। हो सकता है कि यह पूरे कबीर पंथ से भिन्न किसी अन्य साधु की उक्ति हो जो गलती से या जबरन कबीर के साथ जोड़ दी गई है। इस सम्बन्ध में नीचे कुछ प्रक्षिप्त साखियाँ दी जा रही हैं जिन की जाँच होनी चाहिए। ये इस प्रकार हैं–

(i) सद्गुरु के परताप से, मिट गया सब दुख दंद।
कहै कबीर दुविधा मिटी, गुरु मिलिया रामानंद।।[73]

(ii) कबीर रामानंद का, सतगुर मिले सहाय।
जग में जुगति अनूप है, सोई दई बताय।।[74]

16. नीचे लिखी दो साखियाँ देखी जा सकती हैं–
(i) काशी में हम प्रकट भए हैं रामानंद चेताए।
समरथ का परवाना लाए, हंस उबारन आए।।[75]
(ii) काशी में हम प्रगट भए हैं, रामानन्द चेताए।
प्यास अहद की साथ हम लाए, मिलन-करन को आए।।[76]
दोनों में अन्तर है और दोनों में अवतारी शैली का प्रयोग है जो गैर-कबीरी है।

17. कबीर और रामानंद के संबंध में इतिहासकारों का सारा सन्तुलन बिगड़ जाता है जब डा० बदरी नारायण श्रीवास्तव की पुस्तक 'रामानंद सम्प्रदाय तथा हिन्दी साहित्य पर उस का प्रभाव' के हवाले से डा० केदार नाथ द्विवेदी यह सूचना देते हैं कि रामानंदी सम्प्रदाय के अनुसार राम कबीरपंथ के प्रवर्तक कोई राम यश ब्राह्मण थे जिन का नाम स्वामी रामानंद ने राम कबीर दास रखा था।[77]

ग. आनन्दभाष्य की मुँहजबानी कहानी

ब्राह्मण चिन्तक दबी जबान से कहता है कि कबीर के गुरु रामानंद थे। दलित चिन्तक शोर मचा कर कहता है कि कबीर के गुरु रामानंद नहीं थे। ऐसी स्थिति में, बिना यह सिद्ध किए कि कबीर के गुरु रामानंद थे दलित चिन्तक से पूछा जा रहा है कि यह सिद्ध कर के दिखाइए कि कबीर के गुरु रामानंद नहीं थे। यह दलित चिन्तक के मत्थे एक फालतू और व्यर्थ का काम मंढा गया है। फिर भी, नेति नेति के तर्क के आधार पर आगे सिद्ध किया जा रहा है कि कबीर के गुरु रामानंद क्यों नहीं थे। वास्तव में, जिन्होंने यह माना है कि कबीर के गुरु रामानंद थे उन्हें ब्रह्मसूत्र की वैतरणी से गुजरना चाहिए था। रामानंद, रामानंद ही नहीं थे बल्कि वे रामानंदाचार्य भी थे। रामानंदाचार्य के रूप में उन्होंने प्रस्थानत्रयी को अनिवार्य रूप से वैदिक प्रमाण मान रखा था। प्रस्थानत्रयी के ब्रह्मसूत्र में इस बात को एक खास मुद्दे के रूप में उठाया गया है कि क्या शूद्र को शिष्य बनाया जा सकता है। ऐसे में आनन्दभाष्य की बात की जा सकती है। डा० हजारी प्रसाद द्विवेदी ने अपनी पुस्तक 'कबीर' में आनन्दभाष्य को बहुत महत्त्व दिया है। लेकिन सच में यह आनन्दभाष्य क्या है ?

डा० द्विवेदी ने रामानंदीय सम्प्रदाय का रामानुजीय सम्प्रदाय से भेद बताने के लिए लिखा है कि रामानंदीय सम्प्रदाय में 'आनन्दभाष्य'[78] मान्य है। उन्होंने लिखा

है–"इधर पं० वैष्णवदास जी त्रिवेदी न्यायरत्न वेदान्ततीर्थ ने 'कल्याण' में एक लेख लिखा है। उस में रामानंदाचार्य के आनन्दभाष्य के आधार पर बताया गया है कि आचार्य ने (रामानंद ने) विशिष्टाद्वैत मत को ही ब्रह्म-सूत्र-सम्मत बताया है। अर्थात तत्त्व-दृष्टि से रामानुज के मत को ही मानते थे। इस प्रकार 'रामानंदाचार्य ने अनन्य भक्ति को मोक्ष का अव्यवहितोपाय माना है, प्रपत्ति को मोक्ष का हेतु माना है, कर्म को भक्ति का अंग माना है, जगत का अभिन्न निमित्तोपादनकारण ब्रह्म को माना है। जीवों का परस्पर भेद और नानात्व माना है। तथैव जीवों का स्वरूपतः अणुत्व, कर्तृत्व, भोक्तृत्व, ज्ञातृत्व और नित्यत्व इत्यादि माना है। जीवों का ब्रह्म से भेद माना है। विद्योपकारिका वर्णाश्रम- व्यवस्था को स्वीकार किया है। विवर्तवाद का बारम्बार प्रत्याख्यान किया है। 'नारदपंचरात्र' को बहुधा प्रमाण-रूप से स्वीकार किया है। 'निर्विशेष ब्रह्म' का अनेक स्थलों पर निराश कर के 'सविशेष-ब्रह्म' का प्रतिपादन किया है। 'सत्ख्यातिवाद' को स्वीकार किया है और वेदों का अपौरुषेयत्व माना है।' चूँकि इस मत के लिए आनन्दभाष्य के उद्धरण उद्धृत किए गए हैं इसलिए फर्कुहर के अनुमानाश्रित मत की अपेक्षा यह निश्चय ही अधिक मान्य है।"[79]

यहाँ इस लम्बे उद्धरण के बारे में कुल दो बातें विशेष रूप से विचारणीय हैं। पहली बात यह है कि कबीर इसीं भाषा से जलते और चिढ़ते थे जिस भाषा का उद्धरण में इस्तेमाल किया गया है। कबीर के अध्ययन के लिए ऐसी संस्कृतनिष्ठ भाषा पर प्रतिबंध लगना ही चाहिए। दूसरी बात यह है कि जिस आनन्दभाष्य को डा० द्विवेदी ने प्रमाणित और मान्य किया है वह झूठा आनन्दभाष्य है।

हुआ यों कि रामानंद के नाम से एक 'आनन्दभाष्य' छपा था। उस का प्रकाशन उत्कृष्ट मुद्रणालय, अहमदाबाद से हुआ था। इस के साथ ही एक 'श्री रामानंद भाष्यम' भी छपा था। इस के प्रकाशक भगवदाचार्य थे। ये दोनों ही भाष्य रामानंद के नाम से लिखे कहे गए थे। बाद में आपसी लड़ाई में इन दोनों का सच सामने आ गया। उस सच के बारे में भगवदाचार्य लिखते हैं–"आनन्दभाष्य के चतुर्थाध्याय पर मैंने एक संक्षिप्त भाष्य स्वयं लिखा था परन्तु वह था बेनाम। अब सब पोल खुल गई है। वह भाष्य मेरा ही लिखा हुआ है। मैंने उसे समय को समर्पित कर दिया था परन्तु समय उस से लाभ नहीं उठा सका। अतः उसे अपनी ही वस्तु को मैंने अपना ही बना लिया। वह भाष्य मेरा ही लिखा था। आनन्दभाष्य का मूल स्पष्ट और दृढ़ बनाने के लिए ही मैंने उसे लिखा था। परन्तु आनन्द भाष्य का भाग्य फूटा था। वह बिखर गया।"[80]

भगवदाचार्य अपने प्रयास का विवरण देते हुए लिखते हैं कि प्रस्ताव एक के अनुसार चार आचार्यों द्वारा यह तय किया गया कि 'स्वामी श्री रामानंदाचार्य महाराज जी द्वारा प्रणीत श्री आनन्दभाष्य के उन स्थलों का संशोधन कर दिए जाएँ जो जानकी भाष्य से आनुपूर्विक मिलते हों।'[81] इस प्रस्ताव पर भगवदाचार्य ने अपनी एक सशर्त टिप्पणी भी लिखी थी। उन की वह सशर्त टिप्पणी इस प्रकार थी–"यदि आनन्दभाष्य

का संशोधन उपर्युक्त पद्धति से हो सका और उस के प्रकाशन का कार्य आरम्भ हो जाएगा तब तक मैं अपने श्री रामानंद भाष्य का प्रकाशन बन्द रक्खूँगा। जब आनन्दभाष्य सर्वसम्मत से परिष्कृत हो कर प्रेस में लाया जायगा तब मैं अपने रामानंद भाष्य का नाम अपनी इच्छा के अनुसार बदल दूँगा। परन्तु यदि इस ग्रन्थ का मुझे नाश करना होगा तो उस का सम्पूर्ण व्यय मुझे अपने इस समझौते के महानुभावों से मिल जाना चाहिए।"[82] कुल तीन प्रस्ताव पारित हुए और उन पर प्रस्तावक महानुभावों के हस्ताक्षर हुए। इस के बाद लिखा गया है–"इन उपरोक्त प्रस्तावों के साथ यह भी सब ने स्वीकार किया कि इस सब समाचार को गोप्य रखा जाय। किसी समाचार-पत्र में प्रकाशित कभी न कराया जाय। उस के बाद 15-9-63 को स्वामी श्री भगवदाचार्य जी अयोध्या पधारे और स्मारक सदन में कुछ गणमान्य व्यक्तियों की अंतरंग बैठक हुई और उसी नम्बर 2 प्रस्ताव पर अवविशिष्ट व्यक्तियों के हस्ताक्षर हुए और उसी दिन यह भी निर्णय हुआ कि मैं अहमदाबाद जा कर असन्तुष्ट पार्टी को अपने विचारों में सहमत करूँ।"[83] भगवदाचार्य ने आगे लिखा है–"जिस सत्य की मैंने सन्निष्ठा के साथ 25 वर्षों तक जो आराधना की थी वह सफल हुई। जो लोग मानते थे कि आनन्दभाष्य स्वामी रामानंद कृत है, उन्होंने ही यह कह दिया–लिख दिया कि "आनन्दभाष्य के उन स्थलों का संशोधन कर दिया जाए जो जानकी भाष्य से आनुपूर्विक मिलते हैं।" आनन्दभाष्य यदि स्वामी रामानंद जी कृत भाष्य होता तो उन के ग्रन्थ में उन से 500 वर्ष पीछे आने वाले विद्वान के ग्रन्थ की आनुपूर्वी उस में कहाँ से और कैसे आ गई ? भगवान ने जो कुछ किया अच्छा किया। इतना तो स्पष्ट हो गया कि अयोध्या के विद्वान भी आनन्दभाष्य को गड़बड़ भाष्य मानने लगे हैं।"[84] भगवदाचार्य अपनी पुस्तक 'वेदान्त दर्शन' में लिखते हैं–"आनन्दभाष्य नामक कोई वेदान्त दर्शन का भाष्य है। वह भाष्य श्रीसंप्रदायाचार्य स्वामी रामानंद जी का निर्मित है, ऐसा धूर्त और मिथ्यावादी लोग कहते हैं। वह भाष्य तो श्री जानकी कृपा भाष्य का संक्षिप्त रूप है। उस आनन्दभाष्य का प्रथम मुद्रण उत्कृष्ट प्रेस अहमदाबाद में हुआ था। धूर्त लोग अब उस में अपना-अपना मत घुसेड़ रहे हैं।"[85] वे लिखते हैं–"आनन्दभाष्य तो स्वामी जी के नाम पर कल्पित भाष्य है। धूर्तों की कमी नहीं है। वैष्णवों में भी धूर्त होते ही हैं। धूर्तों ने स्वार्थ के लिए जाल फैला रखा है। श्री रामानंद स्वामी ने वेदान्त दर्शन पर कोई भाष्य किया होगा तो आज अभी तक अप्राप्य है। वर्तमान आनन्दभाष्य श्री जानकी भाष्य का ही संक्षिप्त रूप है। इस मेरे मत का खण्डन करने वालों को 100 वर्ष की अवधि दी जाती है। वह सिद्ध करें कि आनन्दभाष्य स्वामी रामानंद जी का है। इसे सिद्ध करने के लिए कम-से-कम 50 वर्ष पूर्व की हस्तलिखित प्रति बतानी चाहिए। अभी 20 वर्षों तक तो कोई भी सज्जन उस भाष्य की कोई हस्तलिखित प्राचीन प्रति नहीं बता सके हैं।"[86] उन की घोषणा का सारांश इस प्रकार है–"श्री रामानंद स्वामी जी के नाम से जो आनन्दभाष्य उत्कृष्ट मुद्रणालय अहमदाबाद में मुद्रित है तथा अब वह जहाँ कहीं भी

मुद्रित हो, वह श्री रामानंद स्वामी जी की कृति नहीं है। वह श्री जानकी कृपा भाष्य को काट-छाँट कर स्वामी रामानंद जी के नाम से प्रख्यात किया गया है।" यहाँ याद रखा जा सकता है कि भगवदाचार्य ने यह घोषणा सन् 1963 ई० में कर दी थी। ऐसी स्थिति में अगस्त, 1981 में प्रकाशित 'हजारी प्रसाद द्विवेदी ग्रन्थावली' के खण्ड-3 में डा० द्विवेदी के लिखे कहे गए इन शब्दों को कितना हास्यास्पद माना जा सकता है—यह सोचने की बात है। डा० द्विवेदी के वे शब्द इस प्रकार हैं—" 'आनन्दभाष्य' के विषय में विद्वानों में मतभेद है। अभी तक कोई ऐसा पुष्ट प्रमाण नहीं उपलब्ध हुआ जिस से यह कहा जा सके कि स्वामी रामानंद ने इस भाष्य को नहीं लिखा था।"[87] ध्यान रखा जाए कि यहाँ डा० द्विवेदी ने यह सिद्ध करने की जरूरत और अपनी जिम्मेदारी नहीं समझी कि पॉजिटिव रूप में यह कहा जा सके कि स्वामी रामानंद ने इस भाष्य को लिखा था। कहने का मतलब यह है कि वे जब भी बोलेंगे, अपनी शैली में, तिरछे हो कर बोलेंगे और जिम्मेदारी विरोधियों पर डाल देंगे मानो उन के अपने शब्द तो आप्त वाक्य हों।

घ. ब्रह्मसूत्र की वैतरणी

जब रामानंद का लिखा हुआ आनन्दभाष्य उपलब्ध नहीं है, लेकिन मैं इस से भी बढ़ कर यह कहूँगा कि जब रामानंद ने ऐसा कोई भाष्य लिखा ही नहीं था, तो उस स्थिति में सोच को कैसे आगे बढ़ाया जाए ? बात केवल एक ब्रह्मसूत्र के भाष्य की नहीं है बल्कि प्रस्थानत्रयी के क्रम में रामानंद द्वारा मुख्य उपनिषदों और गीता पर भी भाष्य लिखे जाने थे। सच्चाई यह है कि इन तीनों में से किसी पर भी रामानंद का भाष्य नहीं है। तब सही उपाय यह है कि रामानंद के गुरु के द्वारा किए गए भाष्य के आधार पर निष्कर्ष निकाला जाए। पता चलता है कि रामानंद के गुरु के बारे में डा० हजारी प्रसाद द्विवेदी ने नाभादास के हवाले से लिखा है—"रामानंद के गुरु राघवानंद थे।"[88] डा० द्विवेदी इस के भी पीछे रामानुज तक गए हैं जब वे लिखते हैं कि रामानंद की लिखी हुई 'श्री रामार्चन पद्धति' में उन्होंने जो गुरु परम्परा दी है, उस के अनुसार रामानंद जी रामानुज से चौदह पीढ़ी नीचे आते हैं।"[89] पता यह भी चलता है कि रामानुज ने 'श्री भाष्य' के नाम से ब्रह्मसूत्र पर अपना भाष्य लिखा है। वह उपलब्ध है, उस के बारे में किसी को सन्देह और आपत्ति नहीं है। वह इस बारे में क्या कहता है कि ब्राह्मण द्वारा शूद्र को शिष्य बनाया जा सकता है या नहीं ? ऐसा अध्ययन वास्तव में लाभकारी है।

रामानुज के 'श्री भाष्य' में लिखा गया है—"तदाभवनिर्धारणे, च, प्रवृत्तेः। यह सूत्र तीन पदों से युक्त होता है। ब्राह्मण से अन्य पुरुष इस सत्य वचन को नहीं कह सकता है। तुम आर्ज से युक्त हो। तुझे उपनयन संस्कार से संस्कृत करूँगा। उपनयन संस्कार

के उपयुक्त समिध को यहाँ लाओ। इस से ब्राह्मण से भिन्न अर्थात अत्रैवर्णिक शूद्र को ब्रह्म विद्या में अधिकाराभाव कहा जाता है। शूद्रत्वाभाव के निश्चय किए जाने पर उपनयन रूप संस्कार करने के निश्चय करने से शूद्र को वेद के एक भाग भूत वेदान्तात्मक ब्रह्म विद्या में अधिकाराभाव समझा जाता है।"[90] इस भाष्य में आगे लिखा गया है–"शूद्र के प्रति वेद का श्रवण, अध्ययन और वेदार्थ का अनुष्ठान भी निषिद्ध किए जाते हैं। शूद्र चरणों से संचार करने वाला श्मशान कहा जाता है। अतः शूद्र के समीप में अध्ययन करना उचित नहीं है। शूद्र संस्कार से हीन होने के कारण योगादि वैदिक संस्कारों का अर्ह नहीं है। अतः जानवर का समान होता है। वेदाध्ययन से हीन शूद्र के प्रति वेदाध्ययन निषिद्ध किए जाने से वेदार्थ भूत ब्रह्म विद्या में उसे अधिकार नहीं है।"[91] इस से आगे इस भाष्य में लिखा गया है–"शूद्र के प्रति वेद श्रवण का निषेध कहा जाता है–जो शूद्र वेद का श्रवण करता है उस के श्रवण को लाख और रांगे से पूरण करना चाहिए। क्योंकि वह शूद्र वेद का श्रवण मत करो वाक से वेद को कहता तो जीभ को काटना तथा वेद का धारण शूद्र करता तो शरीर का भेद कहे जाते हैं। अतः शूद्र को वेदाध्ययन में अधिकार नहीं होने से वेद से कही हुई ब्रह्म विद्या में भी अधिकार नहीं होता है। अतः ब्रह्म विद्या का अनधिकारी शूद्र होता है।"[92] यह तर्क काफी दूर तक फैला है लेकिन यहाँ रामानुज के निम्न शब्दों को उद्धृत कर के इस प्रकरण को रोका जा सकता है–"जो सिद्धान्ती कहते हैं–विशेष से हीन चिन्मात्र ब्रह्म ही परमार्थ होता है। इस ब्रह्म से अन्य सब वस्तु भी मिथ्या होती हैं। बन्ध भी अपरमर्थिक है। वह बन्ध अपरमार्थ होने के कारण वस्तु के यथात्म्य ज्ञान से निवर्त्य होता है। बंध की निवृत्ति ही मोक्ष है। उन से ब्रह्म ज्ञान में शूद्रादियों का अनधिकार नहीं कहा जा सकता है। क्योंकि जो शूद्र उपनयन से हीन होता है। अतः वेदाध्ययन से भी हीन होता है। वेदाध्ययन न होने से वेदान्त वाक्य का श्रवण नहीं करता है। वेदान्त वाक्य का श्रवण शूद्र में न होने पर भी "ब्रह्म सत्य है उस ब्रह्म से भिन्न सब वस्तु मिथ्या होती है" इस लौकिक वाक्य श्रवण से भी ब्रह्मज्ञान शूद्र को हो सकता है। उस ज्ञान से बंध की निवृत्ति भी हो सकती है। यह विषय नहीं कहा जा सकता है–वेद के 'तत्वमसि' वाक्य से ही ब्रह्मात्मैक्य ज्ञान हो सकता है न लौकिक वाक्य से। क्योंकि ज्ञान की उत्पादक सामग्री होती तो ज्ञान होता है नहीं तो नहीं होता है। ज्ञान की सामग्री पुरुष की इच्छा की प्रतीक्षा नहीं करती है। यह नियम नहीं है–अर्थ ज्ञान की उत्पादक सामग्री होते समय वाक्य के कहने वाले की इच्छा होती तो वाक्य अर्थ ज्ञान का उत्पादक होता है न होती तो अर्थ ज्ञान का उत्पादक न होता है।"[93]

क्या ऐसी हालत में कोई सूरत बचती है जो ब्राह्मण रामानंद जुलाहे कबीर को अपना शिष्य बना सके होंगे ?

रामानुज का मत विशिष्टाद्वैत का मत है जिस परम्परा में रामानंद आते हैं। इस विशिष्टाद्वैत में ब्राह्मण और शूद्र के संबंध में भेद की कुछ सम्भावना बन सकती थी

लेकिन शंकर के अद्वैत में इस की कोई भी सम्भावना नहीं होनी चाहिए थी। क्या शंकर अपने दर्शन को अद्वैत दर्शन कह कर शूद्र को शिष्य बनाने की अनुमति देते हैं ? उत्तर रामानुज की तरह एकदम 'नहीं' में है। यहाँ बताया जा सकता है कि "शंकर ने ब्रह्मसूत्र का संस्कृत भाषा में भाष्य किया है। इस का शंकर लाल कौशल्य और ब्रह्मचारी विष्णु ने मिल कर हिन्दी में अनुवाद किया है। शूद्र की दृष्टि से इस के अध्याय एक के तीसरे पाद के सूत्र 34 से ले कर 38 तक महत्त्वपूर्ण हैं। इस के कुछ अंशों को नीचे रखा जा रहा है :

"शूद्र को ब्रह्म विद्या में अधिकार नहीं है, क्योंकि जिस ने वेद का अध्ययन किया है तथा जो वेद के अर्थ को जानता है उसे वेद-विषयक अधिकार है। शूद्र को वेद के पढ़ने का अधिकार नहीं है क्योंकि जिस का उपनयन संस्कार किया गया है उसी को वेद पढ़ने का अधिकार है, और उपनयन का अधिकार केवल तीन वर्णों को ही है। यदि सामर्थ्य न हो तो अर्थित्व अधिकार का कारण नहीं होता। सामर्थ्य भी यदि लौकिक हो तो अधिकार का कारण नहीं होता, क्योंकि शास्त्रीय अर्थ में शास्त्रीय सामर्थ्य की ही आवश्यकता है और वेदाध्ययन का निराकरण करने से शास्त्रीय अधिकार का निराकरण हो ही जाता है। 'शूद्रो यज्ञेऽनवक्लृप्तः।' (शूद्र यज्ञ के योग्य नहीं है) ऐसा जो कहा है वह न्यायसंगत होने से शूद्र ब्रह्म विद्या के योग्य नहीं है यही दर्शाता है क्योंकि दोनों स्थान पर एक ही न्याय है।

"और संवर्ग विद्या में शूद्र शब्द का जो निर्देश है वह शूद्र के ब्रह्म विद्या के अधिकार में हेतु है ऐसा तू मानता है।" परन्तु न्याय का अभाव होने से वह हेतु नहीं हो सकता क्योंकि न्यायपूर्वक उक्ति में ही लिंग का निर्देश किसी बात का द्योतक होता है। परन्तु यहाँ तो न्याय का ही अभाव है। संवर्ग विद्या में शूद्र शब्द का निर्देश होने से विद्या में शूद्र का अधिकार हो सकता है, अन्य विद्या में नहीं। परन्तु वास्तव में यह शब्द अर्थवादात्मक वाक्य में आया हुआ होने से वह शूद्र को किसी बात का अधिकार नहीं दे सकता।

".....समान वंश वालों के याजक भी समान वंश के होते हैं। .....विशेष कर के बराबर वालों का बराबर वालों के साथ व्यवहार होता है।

"ब्रह्म विद्या के संबंध में संस्कारों की आवश्यकता है और शूद्र को उपनयन आदि का संस्कार का अभाव श्रुति में कहा है, इसलिए शूद्र को ब्रह्म विद्या का अधिकार नहीं है। यहाँ अधिकार के संबंध में उपनयन की प्राप्ति का निरूपण किया है और शूद्र को संस्कार का अभाव है। कहा है कि 'शूद्रश्चतुर्थो वर्ण एक जातिः।' (मनुस्मृति 10/4) (चौथा वर्ण शूद्र उपनयन रहित है) 'न शूद्रे पातकं किंचिन्न च संस्कारमर्हति' (मनुस्मृति 10/126) शूद्र में कोई पाप नहीं और न वह संस्कार के योग्य है), इत्यादि से शूद्र को संस्कार का अभाव कहा है।

"और इसलिए भी शूद्र को ब्रह्म विद्या का अधिकार नहीं है कि स्मृति से शूद्र के वेद सुनने, पढ़ने और अर्थ जानने का प्रतिषेध होता है, यानी स्मृति में शूद्र को वेद पढ़ने, वेद सुनने और वेदार्थ के ज्ञान और अनुष्ठान का प्रतिषेध है : वेद सुनने का प्रतिषेध इस प्रकार है–'अथास्य वेदमुपशणवतस्त्र तुभ्यां श्रोत्रप्रतिपूरणम्' (वेद को पास से सुनने वाले इस शूद्र के कान सीसे और लाख से भरना) और 'पद्यु ह वा एतच्छमशानं यच्छूदस्तस्माच्छूद्रसमीपे नाध्येतव्यम्' (जो शूद्र है वह वस्तुतः पैरों चलने वाला श्मशान है इसलिए शूद्र के समीप अध्ययन करना न चाहिए)। इस प्रकार जब शूद्र के समीप पढ़ना ही निषिद्ध है तब शूद्र बिना सुने ही वेद का अध्ययन कैसे कर सकता है ? और ऐसा कहा है कि वेद के उच्चारण से शूद्र की जिह्वा का छेदन होता है और धारण करने से शरीर का भेदन होता है, इसी कारण से शूद्र के वेदार्थ के ज्ञान तथा अनुष्ठान का प्रतिषेध किया है। जैसे कि 'न शूद्राय मति दद्यात्' (और 'द्विजातीनामध्ययनमिज्यादानम्') द्विजातियों को अध्ययन, यज्ञ और दान है (परन्तु, विदुर, धर्म व्याध आदि के, जिन को पूर्व कर्म के संस्कार से ज्ञान उत्पन्न हुआ है, फल की प्राप्ति का प्रतिषेध नहीं कर सकते, क्योंकि ज्ञान निश्चित फल उत्पन्न करता है। श्रावमेच्चतुरो वर्णान्) (चार वर्णों को सुनावे इस से इतिहास और पुराणों का जिस में ब्रह्म विद्या कही हुई है) ज्ञान प्राप्त करने में चारों वर्णों का अधिकार है, ऐसा स्मृति कहती है। परन्तु वेद पूर्वक शूद्रों को ब्रह्म विद्या में अधिकार नहीं है, ऐसा सिद्ध होता है।"

इन उदाहरणों में कोई छुपाव या लाग-लपेट नहीं रह गई है। शंकर ने अपने शब्दों में शूद्र के विरोध में कोई कमी या किसी शंका की गुंजाइश नहीं छोड़ी है। इस में जन्म और कर्म के अनुसार वर्णों के भेद का झगड़ा भी समाप्त है। इस से पता चलता है कि शंकर के ये शब्द शूद्र के बारे में उस हालत में हैं जबकि शंकर अद्वैतवादी हैं।"[94]

इन्हीं प्रामाणिक और पुष्ट आधारों के कारण मैंने 'कबीर कें आलोचक' में लिखा था कि "कबीर के गुरु मक्खी और मच्छर हो सकते थे, कबीर के गुरु कुत्ते और बिल्ली हो सकते थे लेकिन रामानंद ब्राह्मण उन के गुरु कभी नहीं हो सकते थे।"[95] ज्ञातव्य है कि प्रो० नामवर सिंह ने उक्त पुस्तक पर आयोजित राष्ट्रीय गोष्ठी में उपरोक्त शब्द विशेष रूप से उद्धृत किए थे।

ङ. पोथियों के प्रमाण

दो पंक्तियों से बात शुरू की जा सकती है। ये दो पंक्तियाँ इस प्रकार हैं–

काशी में सतुगुरु प्रगट भये हैं, नाम कबीर कहाए।
कहें कबीर सुनो भाई साधो, जीवन फंद छुड़ाए।।[96]

यह पद अपनी रचना में सही है। इस से प्रकट होता है कि यह कबीर का पद नहीं है बल्कि किसी अन्य का है। इस में 'प्रगट' शब्द का भाव पूरा-पूरा जँचता है। पंथ के लोग अपने गुरु के बारे में ऐसी भाषा का प्रयोग कर सकते हैं। जो गलत है वह कबीर के नाम से लिखी गई यह पंक्ति है—"काशी में हम प्रगट भए हैं, रामानंद चेताए।"[97] कबीर को अपने बारे में 'प्रगट भए' के पद का प्रयोग करने की जरूरत नहीं है। लेकिन वर्तमान उदाहरण में भी "कहे कबीर सुनो भाई साधो, जीवन फंद छुड़ाए"—की दूसरी पंक्ति झूठी प्रतीत होती है। एक अन्य पद में मलूक के नाम से फिर ठीक कहा गया है—"काशी में गुरु प्रगट भये हैं, गुन के गहिर गम्भीर।"[98]

एक अन्य उदाहरण देखा जा सकता है—

> मारग बाँका पंथ दुहेला, रामानंद कीन्हें तहँ मेला।
> साहेब कबीर देत जहाँ हेला, सुनिये सिरजन आप धनी।।[99]

यहाँ रामानंद का जिक्र इस रूप में आया है कि यह पद कबीर का नहीं हो सकता। यह किसी अन्य का पद है।

बीजक के कहरवा (1/31) में आया है—"कहहिं कबीर राम रस माते, जोलहा दास कबीरा हो।"[100] एक अन्य स्थल पर महत्त्वपूर्ण पंक्तियाँ मिलती हैं—

> आपन आस किजै बहुतेरा। काहु न मर्म पावल हरि केरा।
> इन्हि कहाँ करे विश्रामा ? सो कहाँ गए जो कहत होते रामा ?
> सो कहाँ गए जो होत सयाना ? होय मृतक वहि पदहिं समाना।
> रामानंद राम रस माते। कहहिं कबीर हम कहि-कहि थाके।[101]

इस पद में कबीर ने रामानंद को सम्मान से नहीं देखा है। वे पूछते हैं—"वे कहाँ गए जो राम-राम रटते थे ? जो बड़े चतुर बनते थे, उन का क्या हुआ ?" मौत के बाद उसी पद में समा जाते हैं। कबीर इस बात को बताते-बताते थक गए हैं। पर कोई समझता नहीं है कि रामानंद राम-राम की रट में मर-खप गए हैं।

यहाँ एक पंक्ति में रामानंद का नाम आया है, पर यह किस रूप में आया है ? कबीर को क्या जरूरत पड़ी है कि वे रामानंद के बारे में लोगों से कहते फिरेंगे ? वे रामानंद के बारे में कहते-कहते थक क्यों गए हैं ? उन्हें अपना धर्म चलाना है या रामानंद का मत चलाना है ? इस विषय को ले कर एक अन्य पद इस प्रकार मिलता है—

> गोरख, हम तब से भयेउं बैरागी।
> मेरी सुरति आद से लागी।।
> धुंधी काल धुंध का मेला, नहीं गुरु नहिं चेला।
> ताही दिन हम मूंड मुंडाए, जब वह पुरुष अकेला।।

धरती नहीं जब टोपी दीन्हा, ब्रह्मा नहीं तब टीका।
महा देव का जनम नहीं हतो, जब ते योग हम सीखा।।
सतयुग में हम लीन फाउरी, द्वापर लीन्हें डन्डा।
त्रेता में हम आडबंद खैंचे, कलऊ फिरै नौखंडा।
काशी में बिसराम कियो है, रामानंद चेताया।
कहें कबीर सुन गोरख जोगी, हंस उबारन आया।।[102]

यह एक महत्त्वपूर्ण सबद है। इस का बनाव-ठनाव देखा जा सकता है।

देखा जा सकता है कि यह सबद गोरख को सम्बोधित है। कबीर का और गोरख का काल एक नहीं है इसलिए यह किसी 'गोरख जोगी' को संबोधित है। पर क्या यह खुद कबीर का गाया हुआ सबद है ? यह संवाद के रूप में लिखा गया है, जिस में 'हम' शब्द पाँच बार प्रयोग हुआ है। यह सन्देह पैदा करता है। फिर, कबीर पुनर्जन्म को नहीं मानते, इसलिए सतयुग, त्रेता, द्वापर और कलियुग में उन के विभिन्न जन्मों का ब्यौरा किसी द्विज घुसपैठिए ने किया है। पर ज्यादा महत्त्वपूर्ण सवाल यह है कि क्या इस सबद से रामानंद कबीर के गुरु सिद्ध होते हैं। पद का मिजाज ऐसा है कि कबीर रामानंद से बड़े सिद्ध हो रहे हैं। आखिर, 'रामानंद चेताया' का अर्थ क्या है ? यहाँ 'चेताया' का मतलब 'चेतावनी' होना चाहिए। कबीर महादेव और ब्रह्मा से भी बड़े बन कर आए हैं। क्या ऐसा व्यक्ति छोटे रामानंद का शिष्य बनेगा ? 'नहीं गुरु नहीं चेला'—बहुत ताकत से कहा गया है। फिर, कबीर ने काशी में विश्राम किया है और वहाँ रामानंद को चेताया है। 'चेताया' है का मतलब है कि 'चेतावनी' दी है और 'चुनौती' दी है। इस पद में कबीर 'हंस उबारने' के लिए आए हैं जो काम रामानंद नहीं कर सकते थे। इस पद में निश्चित रूप से कबीर बड़े हैं और रामानंद छोटे हैं।

एक बार पुनः इस महत्त्वपूर्ण पंक्ति पर आया जा सकता है—"काशी में हम प्रगट भए हैं रामानंद चेताये।" इस पंक्ति में आए हुए शब्दों 'हम प्रगट भए हैं' पर बहुत बारीकी से ध्यान दिया जाना चाहिए। पहली बात यह है कि कबीर 'हम ..... हैं' बन गए हैं। यह सम्मानसूचक प्रयोग है। दूसरी बात यह है कि 'प्रगट भए' में दैवी धार्मिकता की गंध आती है। असल में, कबीर काशी में 'पैदा हुए' थे, 'प्रगट नहीं भए' थे। प्रगट भए का प्रयोग गैर-कबीरी है। यह किसी शिष्य की पंक्ति हो सकती है, खुद कबीर की नहीं। तीसरी बात 'चेताने' की है। इस चेताने का अर्थ यह है कि कबीर ने अर्थात 'हम ने काशी में प्रगट हो कर रामानंद को चेताया था।' यहाँ 'रामानंद' को केवल रामानंद कहा गया है, सद्गुरु या किसी अन्य सम्मानसूचक संबोधन से भी संबोधित नहीं किया गया है। इस पंक्ति में कबीर 'हम हैं' जो 'प्रगट भए हैं' और 'रामानंद को चेता रहे हैं।'

इस विषय में सब से अधिक महत्त्व का एक अन्य सन्दर्भ इस रूप में मिलता है—

अजगैबी बन्दा गैब नगर से आया।
....
षट दरशन के बन्द छुड़ाए, इब्राहिमहि चेताया।
कहे कबीर सुनु गोरख जोगी, जिन ढूँढा तिन पाया।[103]

यहाँ एकदम स्पष्ट है कि इस पद में रामानंद के बजाय इब्राहिम को चेताया गया है। संबोधन फिर 'गोरख जोगी' को है। षड् दर्शन के बन्द भी छुड़ाए गए हैं।

इस पद में शब्द 'इब्राहिमहि' का प्रयोग विशेष रूप से देखा जा सकता है जो पहले पद में छूट गया था। वहाँ 'रामानंदहि' का प्रयोग नहीं हो सका था। 'हि' का मतलब 'को' है। यूँ, किसी भी प्रमाण से ऐसा सिद्ध नहीं होता कि कबीर के गुरु रामानंद थे। रामानंद का जो जिक्र आया है, वह कबीर के शिष्यों द्वारा किया गया है। उस जिक्र में रामानंद कबीर के गुरु नहीं बल्कि वे एक सामान्य सम्बोधन 'रामानंद गुरु' के नाम से प्रख्यात दीखते हैं। यह कबीर के किसी शिष्य का ही कथन दिखता है—'रामानंद गुरु कीन्ह बखान।'[104] शायद रामानंद की पदवी 'गुरु रामानंद' या 'रामानंद गुरु' की हो गई थी। इसलिए यह 'गुरु' शब्द का प्रयोग इस के सामान्य अर्थ में है, विशेष अर्थ में नहीं। गाँधी जी ने टैगोर को 'गुरुदेव टैगोर' कह दिया था तो इस का मतलब यह नहीं निकाला जा सकता कि वे गाँधी जी के गुरु हो गए थे। ऐसे ही, टैगोर ने गाँधी जी को 'महात्मा गाँधी'[105] कह दिया था तो इस का मतलब यह नहीं हो जाता कि वे डा० अम्बेडकर के लिए भी महात्मा हो गए हैं। डा० अम्बेडकर ने गाँधी जी को 'मिस्टर गाँधी' या 'गाँधी'[106] ही कहा है। इसी पूर्व क्रम में कबीर ने रामानंद के बारे में कहा है—'ब्राह्मण गुरु जगत का, साधु का गुरु नाहीं।'[107]

एक अन्य महत्त्वपूर्ण पद, जिस पर विद्वानों ने तनिक भी ध्यान नहीं दिया, कबीरपंथी साहित्य में इस प्रकार मिलता है—

गुरुजी समुझ पकडियो बांही।
जो बालक झुनझुनियां खेले, सो बालक हम नाहीं।
हम तो लेहीं सत्त का सौदा, परपंच पूजत नाहीं।।
चौदा सो चेला तुम जो कीन्हें, ले धीरहो केहि ठाहिं।
जियत ठिकानो सबहिं बतावे, मुए ठिकानो काहीं।।
जो तुम्हरे कछु उद्यम नाहीं, भीख माँग किन खाहीं।
मूल सजीवन जानत नाहीं, मत परबोधा काहीं।।
नाम तुम्हरी करिया नाहीं, लहर उठे बिकरारा।
गुरु सहित सब चेला बूडे, कौन उतारे पारा।।
सूखे काटे जो घुन लागे, लोहे लागे काई।
बिन परतीत गुरू का कीजै, काल घसीटे जाई।।

अमृत कुंड सदा की चौकी, बेली बेला राखे।
नेवर देखे विषहर कंपे, चपल अमीरस चाखे।।
माया आय चौक में बैठी, नवल विवाहन आहीं।
दये कपाट़ महल में पौढे अब कछु संशय नाहीं।
समझ न होय तो समझो गुरु जी, नातर होत बिगारा।
कहें कबीर सुनो रामानंद, यह सिख लेउ हमारा।।[108]

यह पद कबीर का हो या न हो लेकिन यह कबीर पंथियों की मूल धारा है। इस पद में कबीर उल्टे रामानंद के गुरू बने हैं। 'गुरू जी' शब्द केवल सम्मानसूचक है अन्यथा कबीर ललकार कर सीधे कहते हैं–"सुनो रामानंद, यह सिख लेउ हमारा।" गुरु जी एक सामान्य संबोधन का शब्द हो सकता है जिस का मतलब है कि उन्हें सभी मिलने वाले लोग 'गुरु जी' कहते होंगे। किसी भी हालत में यहाँ 'गुरु जी' का अर्थ शिष्य बनना नहीं है।

इस पद से यह आभास भी होता है कि कबीर का और रामानंद का आमना-सामना हुआ था। कहा नहीं जा सकता कि कबीर का जिन से सामना हुआ था वे खुद रामानंद थे या उन के कोई रामानंदी शिष्य थे। इस पद से यह भी प्रतीत होता है कि आमने-सामने के समय कबीर छोटी उम्र के थे और रामानंद कोई बूढ़े व्यक्ति थे।

'कबीरपंथी शब्दावली' में रामानंद को ले कर यह महत्त्वपूर्ण पद 'शब्द अर्जी' के रूप में एक दूसरे स्थान पर इस प्रकार आता है–

बहियाँ पकडो समुझि के, अर्ज सुनो गुरु मोर।
पकड़ो तो छोड़ो नहीं, तब बलिहारी तोर।
समुझि गहो मेरि बाहीं, परम गुरु, समुझि गहो मेरी बाही।। टेक।।
जो बालक ढुनमुनवा खेले, सो बालक हम नाहीं।।
हम तो चाहें सत के सौदा, पथल पुजन को नाहीं।।
चौदह सौ चौरासी चेला, सो चेला हम नाहीं।
जियत ठिकाना सबहि बतावे, मुये ठिकाना नाहीं।
जो तुमरे घर उद्यम नाहीं, भीख माँग किन खाहीं ?
मूल सजीवन जानत नाहीं, मति प्रबोधो काही ?
नाव तेरी करुअरिया नाहीं, लहरि उठे बिकरारा।
गुरु सहित चेला सब बूडे, कौन उतारे पारा ?
सूखल लकड़ी में घून लगत है, लोहे में लगु काई।
बिनु प्रतीत गुरु का कीजै, काल घसीटे जाई।

अमृत कुंड सदा की चौकी, बेली बेला राखे।
नेउल देखि के विषहर कम्पे, चपल अमीरस चाखे।
माया आय चौक में बैठी, नवल विवाहन आहीं।
देय कपाट महल में पौढे, अब कछु संशय नाहीं।
समुझ न होय तो समुझो गुरु जी, न तरु होत बिगारा।
कहैं कबीर सुनो गुरु रामानंद, अब सिख लेहु हमारा।।
साखी : गुरु हमारा शब्द है, सदा रहतु है संग।
रामानंद को युँ किया, जगत जनावन ढंग।।[109]

इस पद का विश्लेषण करने से पता चलता है कि कबीर रामानंद से बड़े सिद्ध होते हैं। इस गोष्ठी में कबीर का रामानंद से ठीक कहना है–तुम्हारे घर में कोई काम-धंधा होता नहीं है, भीख माँग कर रोटी खाते हो, फिर मुझ से क्या बहस करोगे ? कबीर की फटकार है कि पहले कमा कर खाना सीखो जैसे मैं कपड़ा बुन कर रोटी खाता हूँ और परिवार को पालता हूँ।

कबीर और रामानंद के बीच क्या हुआ था ? इन के बीच कोई बहस हुई थी। गरीब दास ने इसे गोष्टी अर्थात गोष्ठी कहा है–"गुष्टी रामानंद से, काशी नगर मंझार।"[110] स्वामी युगलानंद बिहारी ने इसे 'रामानंद स्वामी और कबीर साहब की वार्तालाप का वृत्तान्त' का शीर्षक दिया है। यह भी मानने में कोई हर्ज नहीं है कि यह गोष्ठी या यह वार्तालाप काशी नगरी में हुआ था।

गरीब दास की इस गोष्ठी के अनुसार रामानंद द्रविड़ देश छोड़ कर[111] काशी में आए थे। यहाँ उन्होंने अपने चौदह सौ चेले भी कर लिए थे।[112] लेकिन कबीर और रामानंद की इस गोष्ठी में सच में क्या हुआ था ? यह एक दलित और ब्राह्मण का पुराना संवाद था जो इस देश में लगातार चल रहा है। रामानंद कबीर को जुलाहे जाति का होने के कारण नीच कहते हैं और कबीर रामानंद को ब्राह्मण जाति का होने के कारण घमण्डी कहते हैं। रामानंद कहते हैं–"तू जुलाहा है, तू नीच है।" कबीर कहते हैं–"तू घमण्डी है, तू बावन रूपी है।" रामानंद कहते हैं–"जुलाहे, तुझे नीच होने के कारण मोक्ष का अधिकार नहीं है, तू जा कर खड्डी पर कपड़े बुन।" कबीर कहते हैं–"बमने, तुझे घमण्डी होने के कारण कभी मुक्ति नहीं मिलेगी। तू दुनिया में लबड़-लबड़ करता फिरेगा, सब से लड़ता फिरेगा, तुझे शान्ति नहीं मिलेगी, तेरा जन्म अभिशप्त है।" रामानंद पूछते हैं–"ऐ जुलाहे, तेरे पास किताब नाम की क्या चीज है ? तू बक-बक करता फिरता है। तेरे पास प्रमाण क्या है ? तेरी ओथोरिटी क्या है ? तेरा शास्त्र कहाँ है ?" कबीर जवाब देते हैं–"ऐ बमने, ऐसा गधे का बोझ तू ही ढो, यह तुझे ही मुबारक। किताबों के रटन्त तोते, तुझे ज्ञान-ध्यान का क्या पता ?" रामानंद

धिक्कारते हैं–"जुलाहे, तू नीच है।" कबीर कहते हैं–"बमने, तू मुझे नीच कहने वाला कौन होता है, मैं ईश्वर का बंदा हूँ।" वास्तविकता यह है कि ब्राह्मण दलित को नीचे गिराता है। वह दलित का गुरू कभी नहीं हो सकता। गुरू का काम अपने शिष्य को ऊपर उठाने का होता है, जो अपने शिष्य को नीच कहे वह गुरु कैसा, वह दुश्मन है। फिर, ब्राह्मण रामानंद, जुलाहे कबीर को नीच इसलिए नहीं कहते कि कबीर जार या चोर हैं। कबीर किसी के अपराधी नहीं हैं। कबीर ने कोई गुनाह नहीं किया। समाज के रूप में कबीर एक आदर्श व्यक्ति हैं। उन्होंने किसी की हत्या नहीं की। रामानंद कबीर को नीच केवल इसलिए कहते हैं कि कबीर जुलाहे हैं। तभी कबीर रामानंद से कहते हैं–"ऐ घमण्डी ब्राह्मण, मनुष्य को नीच मत कह, मनुष्य का सम्मान करना सीख। हर मनुष्य में परमात्मा बसता है। हर मनुष्य परमात्मा है। तू परमात्मा की औलाद को नीचे गिराने वाला कौन होता है ?" कबीर का रामानंद से पूछना है–"तू मुझे नीच कहने वाला कौन होता है ? तुझे पूछता कौन है ? तेरी मत क्यों मारी गई है ? तुझे घमण्ड किस बात का है ? तुझे दूसरों से बात करने की तहजीब कब आएगी ? तेरे दिमाग में मनुष्य से घृणा के सिवाय भरा क्या है ? तेरा आचार कैसे सुधरेगा ? मनुष्यों से द्रोह करने वाले, तुझे मोक्ष कैसे मिलेगा ? तेरा मन की शक्ति पर अधिकार क्या है ? 'चाकरी चोर निवाले हाजिर', तू कमा कर कब खाएगा ? मुँह की लपालपी में क्या रखा है–यह मुँह-जोरी छोड़ और मुझ से बहस करने से पहले दो रोटी कमा कर खानी सीख। तेरी आज की शाम की रोटी का क्या होगा ? वह तुझे कहाँ से मिलेगी ? शादी कर, गृहस्थ बन और मेरी तरह बाल-बच्चे पाल कर दिखा। चोरी का धन्धा करने वाले, चोरी छोड़, गैरत रख, लोगों से माफी मांग, तू समाज का और परमात्मा का अपराधी है। भीख मांगनी छोड़। दी हुई मनुष्य की अपनी देह को इतनी नीचे न गिरा, इस का सम्मान कर। नाकारा न बन, कसाले का खा, हल की मूठ पर हाथ रख, औजार चला। खड्डी पर चढ़ या राम्पी हाथ में ले। बिसोला थाम, ईंट पकड़, कुछ तो कर, परजीवी।"

इस के बाद यह वार्तालाप रामानन्द ब्राह्मण की तरफ से दो नए मोड़ ले लेता है, लेकिन यह मार्क्स वाला वाद, विवाद और संवाद कभी नहीं बनता। ब्राह्मण के कारण भारत में 'संवाद' को धोखा हो जाता है। यदि दलित मजबूत हुआ तो यह संवाद ब्राह्मण की हिप्पोक्रेसी में बदल जाता है और यदि दलित कमजोर हुआ तो यह संवाद ब्राह्मण की तरफ से हाथापाई में बदल जाता है। यूँ, यह एक लम्बा संवाद है जो दोनों के बीच तीन हजार साल से चल रहा है। गरीब दास इस वार्तालाप का वर्णन करते हैं। उस के कुछ अंश यहाँ दिए जा रहे हैं–

आडा परदा देइ के, रामानंद बुझन्त।
दास गरीब उलंग छबि, अधर डाक कूदन्त।।

कौन जाति कुल पंथ है, कौन तुम्हारा नाउँ।
दास गरीब अधीन गति, बोलत ही बलि जाउँ।।

जाति हमारी जगदगुरु, परमेश्वर पद पंथ।
दास गरीब लिखत परे, नाम निरंजन कन्थ।।

रे बालक दुर्बुद्धि सुन, घट मठ तन आकार।
दास गरीब दर दर लगे, बोले सिरजनदार।।
तू मोमिन के पालुवा, जुलहे के घर बास।
दास गरीब अज्ञान गति, एता दृढ़ विश्वास।।
मान बड़ाई छाडि के बोलो बालक बैन।
दास गरीब अधम सुखी, इतना तुम घर फैन।।

. . . .

मनी मग्ज माया तजो तजिये मान गुमान।
दास गरीब सो बात कहि, नहिं पावेगो जान।।

हे बालक बुधि तोरि गति, कौडी साखन भांड।
दास गरीबहि हदेस करि, नहिं लेवेंगे डांड।।

. . . .

कान काट बूचा करे, नली भरत रे नीच।
दास गरीब जहान में, तुम सर जोरा मीच।।

मरत मरत सब जग मुवा, लखै न इस्थिर ठौर।
दास गरीब जहान में, तुम सा नीच न और।।
नाद बिन्द की देह में, येता गर्व न कीन।
दास गरीब पलक फना, जैसे बुदबुद लीन।।
नीच मीच से ना डरे, काल कुल्हाड़ अशीश।
दास गरीब अदत्त है, तैं जो कहा जगदीश।।

. . . .

परख निरख नहिं तोहि को, नीच कुलीन कुजात।
दास गरीब अकल विना, तू जो कह यह बात।।

हे बालक नीची कला, तुम ही बोलो ऊँच।
दास गरीब पलक धरि, खबर नहीं हम कूँच।।

मैं अविगत गति से परे, चार वेद सो दूर।
दास गरीब दशो दिशा, सकल सिंधु भरपूर।।
सकल सिंधु भरपूर हूँ, खालिक हमरो नाउँ।
दास गरीब अजात हूँ, तेजि कहा बलि जाउँ।।
जात पाँत मेरे नहीं, नहिं बस्ती नहिं गाउँ।
दास गरीब अनन्य गति, नहीं हमारे नाउँ।।
नाद बिन्द मेरे नहीं, नहीं गोद नहिं गात।
दास गरीब शबद सजग, नहीं किसी का साथ।।

. . . .

हे स्वामी मैं सृष्टि में, सृष्टि हमारे तीर।
दास गरीब अधर बसूँ, अविगत पुरुष कबीर।।
अनन्त कोटि सलिता बड़ो, अनन्त कोटि घर ऊँच।
दास गरीब सदा रहूँ, नहीं हमारे कूँच।।
पुहमी धरनी अकाश में, मैं व्यापक सब ठौर।
दास गरीब न दूसरा, हम समतूल नहिं और।।
मैं माया मैं काल हूँ, मैं हंसा मैं बंस।
दास गरीब दयाल हम, हम हीं करें विध्वंस।।
ममता माया हम रची, काल जाल सब जीव।
दास गरीब प्राण पद, हम दासातन पीव।।
हम दासन के दास हैं, कर्ता पुरुष करीम।
दास गरीब अवधूत हम, हम ब्रह्मचारी सीम।।
हम मौला सब मुल्क में, मुल्क हमारे माहिं।
दास गरीब दलाल हम, हम दूसर कछु नाहिं।।
हम मोती मुक्ताहल, हम दरिया दरवेश।
दास गरीब हम नित रहें, हम तजि जात हमेश।।
हम हीं लाल गुलाल हैं, हम पारस पद सार।
दास गरीब अदालतँग, हम राजा संसार।।

हम पानी हम पवन हैं, हम हीं धरणि अकाश।
दास गरीब तत्व पंज में, हम हीं शब्द निवास।।
सुन स्वामी सत भाष हूँ, झूठ न हमरो रंच।
दास गरीब हम रूप बिन, और सकल परपंच।।
हम रोवत हैं सृष्टि को, जो रोवति है मोहिं।
दास गरीब वियोग को, और न बूझै कोई।।
मैं बूझूँ, मैं ही कहूँ, मैं ही किया वियोग।
गरीब दास गलतान हम, शब्द हमारा योग।।
चारो रुकुन में हम फिरें, नहिं आवें नहिं जावैं।
गरीब दास गुरु भेद से, लखे हमारा ठावँ।।
रजगुण, सतगुण, तमगुण, रजबीरज हम कीन्ह।
गरीब दास हम सकल में, हम दुनियाँ हम दीन।।

. . . .

मैं बालक, मैं वृद्ध हूँ, मैं ही जवान जमान।
गरीब दास निज ब्रह्म हूँ, हम हीं चारों खान।।
गगन सुन्य गुप्ता रहूँ, हम परगट परवाह।
गरीब दास घट घट बसूँ, विकट हमारी राह।।
आवत जात न दीसहूँ, रहता सकल समीप।
गरीब दास जल तरंग ज्यों, हम हीं सायर सीप।।

. . . .

बोले रामानंद जी हम घर बड़ा सुकाल।
गरीब दास पूजा करें, मुकुट फई जद माल।।

सेवा करो सम्हाल के, सुन स्वामी सुरजान।
गरीब दास सिर धर मुकुट, माला अटकी जान।।
स्वामी घुण्टी खोल के, फिर माला गल डार।
गरीब दास इस भजन को, जानत है करतार।।

. . . .

हे स्वामी तुम स्वर्ग को छाडो आशा रीत।
गरीब दास तुम कारणे, उतरे शब्द अतीत।।

सुन बच्चा मैं स्वर्ग की, कैसे छाडूँ रीत।
गरीब दास गुदडी लगी, जन्म जात है बीत।।
चार मुक्ति वैकुण्ठ में, जिन की मोरे चाह।
गरीब दास घर अगम के, कैसे पाऊँ थाह।।
हेम रूप जहाँ धरणि है, रत्न जडे बहु सोभ।
गरीब दास वैकुण्ठ को, तन मन हमरो लोभ।।

. . . .

चार वेद गावें उसे, सुरनर मुनी मिलाप।
गरीब दास ध्रुव पुर जस, मिटि गए तीनों नाप।।

सुनु स्वामी निज मूल गति, कहि समझाऊँ तोय।
गरीब दास भगवान को, राखा जगत समोय।।
तीन लोक के जीव सब, विषय बासना भाय।
गरीब दास हम को जपैं, तिस को धाम दिखाय।।

. . . .

सुन स्वामी तो सों कहूँ, अगम द्वीप की सैल।
गरीब दास डूबे परे, पुस्तक लादे बैल।।

. . . .

बोलत राजानंद जी, सुन कवीर करतार।
गरीब दास सब रूप में, तुमहीं बोलनहार।।
तुम साहब तुम सन्त हो, तुम सद्गुरु हम हंस।
गरीब दास तुम रूप बिनु, और न दूजो बंस।।
मैं भक्ता मुक्ता भया, किया कर्म्म कुलनाश।
गरीब दास अविगत मिले, मेटी मन की प्यास।।

. . . .

बोले रामानंद जी, सुन कवीर सुजान।
गरीब दास मुक्त भयो, उधरे पिन्ड औ प्रान।।[113]

कबीर के गुरु रामानन्द नहीं थे इसे ऐतिहासिक दृष्टि से भी देखा जा सकता है। यदि कबीर और रामानन्द का सही-सही काल-निर्धारण हो जाए तो इस बात की जाँच की जा सकती है कि इन दोनों की आपस में भेंट हुई भी थी या नहीं। 'कबीर के

आलोचक' का पहला अध्याय मैंने इसी तैयारी के लिए लिखा था। चूँकि मैं उस अध्याय में अपने इस मन्तव्य को साफ-साफ नहीं बता पाया था इसलिए प्रो० भवदेव पाण्डेय ने 'कबीर का समय, जन्म और उन की मृत्यु' को गैर-जरूरी और प्राध्यापकीय स्तर की शोध-आलोचना'[114] मान लिया है। कुछ कारणोंवश मैं उस कार्य को इस पुस्तक में भी नहीं कर पा रहा हूँ। लेकिन मैंने दृष्टि सामने रख दी है। कोई दूसरा समीक्षक उस कार्य को सम्पन्न कर सके तो मेरी मदद हो जाएगी। सम्भावना यहाँ तक खुली रखनी चाहिए कि कबीर रामानन्द के बजाय किसी रामानन्दी से मिले हों। यदि कबीर की रामानन्द से भेंट हुई है तो इतना जरूर मानना पड़ेगा कि तब कबीर तेज- तर्रार युवा दार्शनिक रहे होंगे। तब भी यह किंवदंती जरूर झूठी सिद्ध हो जाएगी कि कबीर बालक थे और वे रामानन्द से भेंट करने के लिए गंगा के किनारे पैड़ियों पर लेट गए थे।

खैर, वह कार्य मेरे द्वारा या किसी के द्वारा कब पूरा होता है, उसे समय ही बताएगा लेकिन यहाँ एक अजीब तर्क को मैंने पूरी तरह से विवेचित कर दिया है। तर्क यह है कि किसी ने कह दिया कि बिल्ली कुत्ते की मौसी है। दूसरा झटपट सामने आया कि बिल्ली कुत्ते की मौसी नहीं है। दोनों में लड़ाई हो गई। डा० वीर भारत तलवार बीच में बीच-बिचाव करने आ गए। उन्होंने दोनों से पूछा कि क्या झगड़ा हो रहा है। झगड़े का पता चला कि 'क' कह रहा है कि बिल्ली कुत्ते की मौसी है और 'ख' कह रहा है कि बिल्ली कुत्ते की मौसी नहीं है। दोनों की बात सुन कर डा० तलवार ने फैसला सुनाया—" 'ख' को यह सिद्ध करना पड़ेगा कि बिल्ली कुत्ते की मौसी नहीं है।" 'ख' का डा० तलवार पर आरोप है कि यह एकतरफा फैसला है। लेकिन इस फैसले में मूल गलती यह है कि 'क' के वचन को आप्त-वाक्य मान लिया गया है। इस मूल्यांकन में इतिहास की मजाक छिपी है। यह ब्राह्मण की पुराण, संस्कृति और परम्परा लिखने की संश्लेषणात्मक शैली है। बात ही गलत उठा दी जाती है कि 'पीपल नीम का ताऊ' है। अब सिद्ध करते फिरो कि पीपल नीम का ताऊ नहीं है। डा० हजारी प्रसाद द्विवेदी द्वारा रामानन्द को कबीर का गुरु कहने का यही अर्थ निकलता है कि भेड़ आदमी की फूफी है।

सन्दर्भ

1. पल-प्रतिपल, अक्तूबर-दिसम्बर, 1997, पृष्ठ-50 51
2. वही, पृष्ठ-57
3. क०ह०प्र०द्वि०, पृष्ठ-95
4. वही, पृष्ठ-256
5. ह०प्र०द्वि०ग्रं०, खण्ड-3, पृष्ठ-324
6. वही, खण्ड-3, पृष्ठ-324
7. सत्य कबीर की साखी, सम्पादक युगलानंद, बेंकटेश्वर प्रेस, मुम्बई, संस्करण सन् 1990, पृष्ठ-2
8. क०ह०प्र०द्वि०, पृष्ठ-95
9. वही, पृष्ठ-140-41

10. सत्य कबीर की साखी, स्वामी श्री युगलानंद, श्री बेंकटेश्वर प्रेस, मुम्बई, संस्करण सन् 1990, पृष्ठ-2
11. क०ह०प्र०द्वि०, पृष्ठ-21
12. सत्य कबीर की साखी, युगलानंद, पृष्ठ-3
13. वही, पृष्ठ-13
14. क०ह०प्र०द्वि०, पृष्ठ-142
15. वही, पृष्ठ-141
16. वही, पृष्ठ-142
17. वही, पृष्ठ-142
18. सत्य कबीर की साखी, स्वामी श्री युगलानंद, प्रस्तावना, पृष्ठ-9
19. वही, पृष्ठ-9
20. क०ह०प्र०द्वि०, पृष्ठ-128
21. वही, पृष्ठ-138
22. वही, पृष्ठ-138-9
23. ह०प्र०द्वि०ग्रं०, खण्ड-6, पृष्ठ-339
24. वही, खण्ड-4, पृष्ठ-76
25. वही, खण्ड-3, पृष्ठ-74
26. क०ह०प्र०द्वि०, पृष्ठ-98
27. कबीर ग्रन्थावली, भगवत स्वरूप मिश्र, पद-180, पृष्ठ-349
28. क०ह०प्र०द्वि०, पृष्ठ-98
29. वही, पृष्ठ-95
30. वही, पृष्ठ-98
31. पल प्रतिपल, अक्तूबर-दिसम्बर, 1997, पृष्ठ-50
32. क०ह०प्र०द्वि०, पृष्ठ-220
33. वही, पृष्ठ-216
34. ह०प्र०द्वि०ग्रं०, खण्ड-3, पृष्ठ-378
35. वही, खण्ड-4, पृष्ठ-76
36. क०ह०प्र०द्वि०, पृष्ठ-336
37. ह०प्र०द्वि०ग्रं०, खण्ड-4, पृष्ठ-506
38. वही, पृष्ठ-507
39. ह०प्र०द्वि०ग्रं०, खण्ड-3, पृष्ठ-324
40. कबीर : जीवन और दर्शन, उर्वशी सूरती, पृष्ठ-52-3
41. संत कबीर, राम कुमार वर्मा, प्रस्तावना, पृष्ठ-23
42. क०ह०प्र०द्वि०, पृष्ठ-318
43. कबीर : जीवन और दर्शन, उर्वशी सूरती, पृष्ठ-74
44. वही, पृष्ठ-75
45. वही, पृष्ठ-76
46. वही, पृष्ठ-181
47. वही, पृष्ठ-186
48. वही, पृष्ठ-84
49. कबीर और कबीर पंथ, डा० केदार नाथ द्विवेदी, पृष्ठ-13
50. वही, पृष्ठ-13
51. वही, पृष्ठ-71
52. वही, पृष्ठ-77
53. वही, पृष्ठ-77
54. वही, पृष्ठ-9
55. वही, पृष्ठ-63
56. वही, पृष्ठ-8
57. कबीर वचनावली, अयोध्या सिंह उपाध्याय, पृष्ठ-12

58. वही, पृष्ठ-13
59. कबीर और कबीर पंथ, डा० केदार नाथ द्विवेदी, पृष्ठ-21
60. वही, पृष्ठ-21
61. कबीर : जीवन और दर्शन, उर्वशी सूरती, पृष्ठ-51
62. कबीर ग्रन्थावली, श्याम सुन्दर दास, परिशिष्ट-2, पद-208
63. कबीर : जीवन और दर्शन, उर्वशी सूरती, पृष्ठ-51
64. वही, पृष्ठ-51
65. कबीर और कबीर पंथ, डा० केदार नाथ द्विवेदी, पृष्ठ-97
66. कबीर समग्र, डा० युगेश्वर, पृष्ठ-281
67. वही, पृष्ठ-505
68. वही, पृष्ठ-517
69. क०ह०प्र०द्वि०, पृष्ठ-336
70. कबीर ग्रन्थावली, श्याम सुन्दर दास, परिशिष्ट-2/16
71. वही, परिशिष्ट-2/9
72. वही, परिशिष्ट-2/30
73. कबीर : जीवन और दर्शन, उर्वशी सूरती, पृष्ठ-53
74. वही, पृष्ठ-56
75. कबीर और कबीर पंथ, डा० केदार नाथ द्विवेदी, पद-79, कबीर वचनावली से उद्धृत
76. कबीर, डा० हजारी प्रसाद द्विवेदी, पृष्ठ-29
77. कबीर और कबीर पंथ, डा० केदार नाथ द्विवेदी, पृष्ठ-84
78. क०ह०प्र०द्वि०, पृष्ठ-96
79. वही, पृष्ठ-96-7
80. वेदान्त दर्शने, स्वामि श्री भगवदाचार्य, राजनगर सोसाइटी, अहमदाबाद-7, दिनांक : 28.8.1963 ई०, पृष्ठ-201
81. वही, पृष्ठ-203
82. वही, पृष्ठ-204
83. वही, पृष्ठ-205
84. वही, पृष्ठ-205
85. वही, पृष्ठ-70
86. वही, पृष्ठ-70-71
87. ह०प्र०द्वि०ग्रं०, खण्ड-3, पृष्ठ-315
88. वही, खण्ड-3, पृष्ठ-318
89. वही, पृष्ठ-315
90. श्रीभाष्यम, रामानुज विरचित, हिन्दी व्याख्या वडुवूर एस० रंगनाथाचार्य, 17/1, जानकी राम पिल्लै स्ट्रीट, मद्रास-33, प्रथम आवृत्ति, 1976, पृष्ठ-291-2
91. वही, पृष्ठ-292
92. वही, पृष्ठ-292
93. वही, पृष्ठ-293
94. संत रैदास का निर्वर्ण सम्प्रदाय, डा० धर्मवीर, शेष साहित्य प्रकाशन, 30/64, गली नं० 8, विश्वास नगर, शाहदरा, दिल्ली-110 032, पहला संस्करण 1990, पृष्ठ-96-8

95. कबीर के आलोचक, डा० धर्मवीर, वाणी प्रकाशन, दूसरा संस्करण, 1998, पृष्ठ-96
96. कबीर पंथी शब्दावली, स्वामी श्री युगलानन्द, सन् 1982, पृष्ठ-848
97. क०ह०प्र०द्वि०, पृष्ठ-256
98. कबीर पंथी शब्दावली, स्वामी श्री युगलानन्द, सन् 1982, पृष्ठ-849
99. वही, पृष्ठ-868
100. बी०व्या०अ०दा०-2, पृष्ठ-952
101. कबीर बीजक, राघवदास, पृष्ठ-270-71
102. कबीर पंथी शब्दावली, स्वामी युगलानन्द, पृष्ठ-893
103. वही, पृष्ठ-895
104. वही, पृष्ठ-898
105. डा० अम्बेडकर की एक पुस्तक का नाम 'मिस्टर गाँधी एण्ड दि एमन्सिपेशन आफ अनटचेबल' है।
106. डा० अम्बेडकर की एक अन्य पुस्तक का नाम 'रानाडे, गाँधी एण्ड जिन्ना' है।
107. कबीर समग्र, डा० युगेश्वर, पृष्ठ-280
108. कबीरपंथी शब्दावली, स्वामी युगलानन्द, पृष्ठ-832-33
109. वही, पृष्ठ-329
110. वही, पृष्ठ-243
111. देश द्राविड छाडि के आए पुरी विचार, कबीरपंथी शब्दावली, स्वामी युगलानन्द, पृष्ठ-238
112. चौदह सौ चेले किए काशी नगर मंझार। कबीरपंथी शब्दावली, स्वामी युगलानन्द, पृष्ठ-239
113. कबीरपंथी शब्दावली, स्वामी युगलानन्द, पृष्ठ-239-43
114. आखेटधर्मी आलोचना का समर्थ प्रतिपक्ष 'कबीर के आलोचक', डा० भवदेव पाण्डेय, वर्तमान साहित्य, जनवरी, 1999, पृष्ठ-59

अध्याय - 2

रैक्व-आख्यान की दलित व्याख्या

क. संवर्ग विद्या क्या है ?

ख. उद्वाह क्या है ?

ग. दलित व्याख्या

घ. जारकर्म का टोपिक

क. संवर्ग विद्या क्या है ?

यह एक अच्छी बात है कि खुद डा० हजारी प्रसाद द्विवेदी का छान्दोग्य उपनिषद में आए इस रैक्व-आख्यान से गहरा सम्बन्ध है। उन के द्वारा सम्पादित उपन्यास जिसे मैं पहले खण्ड में बताए अनुसार उन के द्वारा लिखित नहीं कह पाऊँगा, 'अनामदास का पोथा' का विषय यही प्रकरण है। इस उपन्यास में उन सब लोगों से ज्यादा कहा गया है जिन्होंने इस विषय पर अपनी कलम चलाई है। इस उपन्यास का एक महत्वपूर्ण पक्ष यह है कि रैक्व ने राजा जानश्रुति को संवर्ग विद्या का ज्ञान दिया था। तब इस में दो मुख्य सवाल उठते हैं जिन्हें निम्न प्रकार रखा जा सकता है–

1. क्या राजा जानश्रुति शूद्र थे ?
2. संवर्ग विद्या क्या है ?

उपन्यास की भूमिका से ही डा० द्विवेदी के अनुमान की शुरूआत हो जाती है कि राजा जानश्रुति 'लगता है, ऊँची जाति के आदमी नहीं थे।'[1] इस पक्ष का अगला अनुमान भी उपन्यास में लिखा मिलता है–"राजा जानश्रुति लाड़-प्यार में पली अपनी बेटी के योग्य वर नहीं खोज पा रहे थे क्योंकि उन की जाति के लोगों में पढ़ने-लिखने का विशेष चलन नहीं था। अच्छे पढ़े-लिखे युवक ब्राह्मण और क्षत्रियों में ही प्राप्त हो सकते थे। जाबाला की प्रखर बुद्धि की समकक्षता उन में भी बहुत थोडे ही कर सकते थे।"[2] आगे ऐसे लोगों की धार्मिक, सामाजिक और नस्लगत पहचान बनाते हुए लिखा गया है "शरीर उन का काला था, नाक चिपटी, कान बड़े-बड़े चौड़े और ललाट सपाट। उन के निकट जो स्त्री-पुरुष बैठे थे वे प्रायः छोटी जाति के लोग थे ....।"[3] ऐसे लोगों में से इस उपन्यास में 'मामा' नाम का एक पात्र है। उस का परिचय इन शब्दों

में मिलता है—"देख न, रास्ते में एक व्यक्ति मिला था—बिलकुल अनपढ़, गँवार।"[4] इस मामा को तुलसीदास की भाषा में बिलकुल 'तुम सुकृती हम निषादा'[5] बना दिया गया है। ब्राह्मण की प्रशंसा में उसी के मुँह से कहलवाया गया है— "मामा ठठा कर हँसा, 'राम-राम, ब्रह्मचारी जी क्या कह रहे हैं आप ? बोझा ढोना आप का काम है ? इस के लिए तो विधाता ने हम लोगों को बना ही रखा है। आप वेद शास्त्र का अध्ययन करेंगे, तप करेंगे, धर्म का उपदेश देंगे, तभी तो हम पामर जनों का कल्याण होगा।' "[6] कहने का मतलब है कि डा० हजारी प्रसाद द्विवेदी को भी छोटी जाति के लोग इसी रूप में चाहिए। उन का राज-काज और धर्म-कर्म से कोई मतलब नहीं रखा गया है। यह वह कोशिश है कि खुद गुलाम से कहलवाया जा रहा है कि वह धर्म-पुरुष और राज-पुरुष बनना नहीं चाहता। उसे केवल शारीरिक श्रम के योग्य माना गया है।

हिन्दू समाज के सीधे शब्द ब्राह्मण और शूद्र हैं। कोई हिन्दू विद्वान इन शब्दों के बिना अपना लेखन पूरा नहीं कर सकता। डा० हजारी प्रसाद द्विवेदी इस सच्चाई के अपवाद नहीं हैं। 'शूद्र' शब्द 'रैक्व-आख्यान' में एक अलग सांस्कृतिक समूह के रूप में सामने आता है—"शुभा ने उस के बारे में कुछ नहीं बताया। समय ही कहाँ मिला। शूद्रों का मेला था, उन्हें पकड़ कर न जाने कहाँ ले गए।"[7] साफ लिखा गया है— "उपनिषद की गवाही से इतना ही पता चलता है कि रैक्व मुनि ने शूद्र राजा को उपदेश देना अस्वीकार कर दिया।"[8] इस उपन्यास से एक अन्य सूचना इस प्रकार मिलती है— "ऋषि बोले, 'अरे शूद्र ! यह हार और ये गायें तू अपने पास रख।' "[9] शूद्र मान कर ही जानश्रुति को सम्बोधित किया गया है—"फक्कड़ ऋषि अब जा कर प्रसन्न हुए और जानश्रुति की सुन्दरी कन्या का मुख अपनी ओर उठा कर बोले कि हे शूद्र, इस सुन्दर मुख के कारण तुम मुझे बोलने को बाध्य कर रहे हो।"[10] ये ही शब्द एक दूसरे स्थल पर प्रमाण में इस प्रकार मिलते हैं—"ऋषि ने कन्या के मुख का उपोद्ग्रहण करते हुए कहा, 'ऐ शूद्र ! तुम ये गायें लाए हो, परन्तु मैं कुछ न बोलता, इस कन्या के मुख की लाज रखने के लिए ही मुझे बोलने को बाधित होना पड़ेगा।' "[11]

ऐसा नहीं है कि डा० द्विवेदी ने इस उपन्यास में 'शूद्र' शब्द का कोई समाधान दिया हो। उलटे, उन्होंने इस शब्द के अर्थ को ज्यादा भरमाया है। 'रैक्व-आख्यान' में लिखा मिलता है कि रैक्व के बारे में "लोग कहते थे कि बड़ा उद्दण्ड है। सब को शूद्र कहता है।"[12] यूँ, शूद्र की स्पष्ट धार्मिक, सांस्कृतिक और सामाजिक पहचान को सारे लोगों में बेपहचान की बना दिया गया है। लिखते हैं—"प्रायः 'शूद्र' कह कर लोगों का तिरस्कार करता है। लोग बुरा नहीं मानते क्योंकि उस की सिद्धियाँ सत्य हैं।"[13] मुख्य मुद्दे को पूर्णतः समाप्त करने की कोशिश की गई है जब लिखा गया है—"लोग बिना परीक्षा किए ऐसी बात क्यों कहते हैं ? सब शूद्र हैं क्या ?"[14] एक जगह शूद्र-धर्म की निराली परिभाषा दे दी गई है जो इस प्रकार है—"आप बिना परीक्षा किए ही कोई बात मान लेते हैं ? विचित्र हैं। यह तो नेयता हुई। यही शूद्र-धर्म है।"[15]

डा० हजारी प्रसाद द्विवेदी ब्राह्मण की प्रशंसा करने में चुप नहीं रहे हैं। इस ब्राह्मण प्रशंसा का अर्थ तब और घिनौना हो जाता है जब पहले शूद्र की निन्दा की जा चुकी हो। वास्तव में, हिन्दू विद्वानों द्वारा ब्राह्मण की प्रशंसा शूद्र की निन्दा की तुलना में ही की जाती है। हिन्दू शास्त्रों ने ब्राह्मण प्रशंसा का वर्ण-निरपेक्ष कोई मानदण्ड विकसित नहीं किया है। 'रैक्व-आख्यान' में ब्राह्मण-प्रशंसा में लिखा मिलता है—"धन-सम्पत्ति तो छोटे लोगों में देखी जाती है, ब्राह्मण लोगों में तो विद्या और ज्ञान देखा जाता है।"[16] ब्राह्मण को सब से ऊपर माना गया है जब इस उपन्यास में लिखा गया है—"प्राण ही पिता है, प्राण माता है, प्राण भ्राता है, प्राण भगिनी है, प्राण आचार्य है, प्राण ब्राह्मण है।"[17] आगे भी लिखा मिलता है—"अगर कोई जीवित पिता को, भाई को, बहिन को, आचार्य को, ब्राह्मण को कुछ अनुचित सा कह भी दे तो लोग कहते हैं, धिक्कार है तुझे ! तू पितृहा है, मातृहा, भ्रातृहा, स्वसृहा, आचार्यहा, ब्राह्मणहा है।"[18]

शब्द 'ब्राह्मण' के साथ 'द्विज' शब्द भी जुड़ा हुआ है। इस उपन्यास में 'द्विज' शब्द से भी ध्यान बच नहीं सका है जब द्विजत्व की प्रशंसा में लिखा गया है—"वे बहुत-कुछ जान सकें, सीख सके, अनुभव कर सके। उन्हें सही अर्थों में द्विजत्व प्राप्त हुआ—एक दूसरा ही जन्म।"[19] और तो और, 'अनामदास का पोथा' में मनु के नाम की दुहाई दी गई है। मनु का नाम बड़ी श्रद्धा से लिया गया है। अवसर इस प्रकार है—"वृद्ध मनु ने बताया है कि जब कोई वृद्ध जन तरुण के सामने आता है तो तरुण का प्राण ऊपर उठने लगता है।"[20] यहाँ यही कहना पड़ेगा कि डा० द्विवेदी का भी काम बिना मनु का नाम लिए नहीं चल सका। उन्हें पता नहीं चल सका कि मनु का नाम आदर से लेने में वे दलित चिन्तन का कितना अहित कर गए हैं। उन्होंने नुकसान का अन्दाजा नहीं लगाया। मनु के नाम से दलित का दिल जल जाता है। हिन्दू विद्वानों को पता होना चाहिए कि दलित के पास मनु के विरोध की एक विशेष धार्मिकता है। मनु का विरोध दलित के हृदय का सच है। दलित ने अपने इस विरोध को छिपाया नहीं है। ऐसी स्थिति में डा० द्विवेदी किस बात के विद्वान हैं कि दलित के मन की एक सीधी-सी भावनात्मक बात को नहीं समझते ? उन्हें यह जानना चाहिए कि लोगों की धार्मिकता अकारण होती है। जैसे हिन्दू जनता अकारण राम से अपनी धार्मिकता जोड़ती है वैसे ही दलित जनता अकारण मनु के विरोध से अपनी धार्मिकता को जोड़ती है। जैसे हिन्दू का राम से अकारण प्रेम है वैसे ही दलित की मनु से अकारण घृणा है। हिन्दू राम के पक्ष में सौ तर्क दे सकता है, गाँधी जी ने ऐसा किया भी है, ऐसे ही दलित मनु के विरोध में हजार तर्क दे सकता है, डा० अम्बेडकर ने ऐसा किया भी है, लेकिन फिर भी, मूल सच्चाई यह है कि हिन्दू और दलित के लिए ये प्रतीकात्मक धार्मिकताएँ बन गई हैं। ऐसे में, निवेदन यही है कि हिन्दू विद्वानों का लेखन बिना मनु का नाम लिए पूरा हो जाया करे तो यह बेहतर रहेगा। मनु का नाम ले कर वे दलित के दिल की दुखती रग को ज्यादा दुखा देते हैं।

शब्द 'संवर्ग' अपने आप में क्या अर्थ देता है ? जब यह शब्द मात्र 'संवर्ग' होता है तब इस का क्या अर्थ है और जब यह शब्द 'संवर्ग-विद्या' होता है तब इस का क्या अर्थ है ? 'रैक्व-आख्यान' से बाहर चलें तो 'संवर्ग' शब्द के निम्न अर्थ होते हैं–

1. "संवर्ग :

   1. अपनी ओरं समेटना,
      अपने लिए बटोरना।
   2. भक्षण, भोजन, चट कर जाना।
   3. खपत, लग जाना।
   4. गुणनफल।
   5. एक वस्तु का दूसरी में समा जाना या लीन हो जाना।"[21]

2. "संवर्ग :

   6. बलात् ले लेना।
      अपहरण करना।"[22]

लेकिन संस्कृत भाषा में एक अन्य शब्द 'अपवर्ग' है। अपवर्ग का अर्थ मोक्ष होता है। तब 'संवर्ग' का अर्थ मोक्ष से कुछ कम या भिन्न ही होना चाहिए। ऐसी स्थिति में 'संवर्ग-विद्या' का अर्थ जाना जाए। 'रैक्व-आख्यान' से बाहर इस का अर्थ इस प्रकार है–

1. "संवर्ग-विद्या :

   1. विलय, तल्लीनता अथवा रूपांतर प्राप्ति का ज्ञानं।"[23]

अविद्या के कितने भी रूप हों लेकिन विद्या के दो भेद होते हैं–परा और अपरा। तब क्या 'संवर्ग-विद्या' को पराविद्या या ब्रह्म विद्या कहा जा सकता है ? इस प्रश्न का, डा० द्विवेदी समेत, किसी विद्वान के लिए 'हाँ' में उत्तर देना मुश्किल हो जाएगा। वास्तव में, 'संवर्ग-विद्या' परा-विद्या से अलग, इतर और हीन ही कही जाएगी। तब रैक्व ने राजा जानश्रुति को 'संवर्ग-विद्या' के रूप में वेद-विद्या का ज्ञान न दे कर वेद-बाह्य-विद्या का ही ज्ञान दिया था। यह इस बहस का निचोड़ है कि रैक्व ने राजा जानश्रुति को वेद का ज्ञान नहीं दिया था।

वस्तुतः, संवर्ग-विद्या शास्त्र-विद्या नहीं है। यदि यह शास्त्र-विद्या होती तो 'रैक्व-आख्यान' में इस विषय पर सब से ज्यादा बोला जाता। साथ ही, यदि उपन्यास 'रैक्व-आख्यान' डा० द्विवेदी का लिखा हुआ होता तो प्रकरण आने पर वे इस विषय पर लिखते समय अपनी कलम तोड़ देते। लेकिन इस उपन्यास में इस अर्थ में ब्रह्म-विद्या और शास्त्र-विद्या का उल्लेख नहीं है। जब 'निर्गुण' शब्द की चर्चा आती है तो उस का कोई निरूपण करने के बजाय उसे मजाकिया रूप में टरका दिया जाता है। शब्द इस

प्रकार हैं–"हाय रे, मैं तो समझती थी कि मेरी पण्डिता दीदी निर्गुण ब्रह्म का ध्यान करने लगी होगी, मगर वह तो यदि-तदि की भाषा सीख गई है।"[24] सच्ची बात यह है कि इस उपन्यास का विषय वेद की ज्ञान-चर्चा का नहीं है। लेकिन यदि वेद के ज्ञान की चर्चा की जाती तो भी क्या किया जाता ? कहना यह है कि इस में वैदिक समाज का मूल विषय बिना चर्चा के नहीं छोड़ा गया है। यह विषय क्या है ? यह निर्गुण और सगुण, निराकार और साकार, ज्ञान और योग, अद्वैत और द्वैत का नहीं है बल्कि वर्णसंकर समाज के खड़े होने के भय का है। इस विषय को उपन्यासकार ने खास तौर से उठाया है जब लिखा है–"फिर स्त्री-पुरुष का मिलन होता है और बच्चे पैदा होते हैं जो वर्णसंकर होते हैं। उन से समाज नष्ट होता है।"[25] यूँ, 'अनामदास का पोथा' में डा० द्विवेदी का ब्राह्मण, शूद्र और वर्णसंकर की शब्दावली के बिना काम नहीं चला। पूछा जाए कि यह जानश्रुति की क्या सफलता है कि उसे रैक्व ने ब्रह्मविद्या के बजाय संवर्ग-विद्या का ज्ञान दिया है और उस की बेटी के साथ उस ने विवाह के बजाय उद्वाह किया है ? आगे बताया जा रहा है कि यह 'उद्वाह' क्या बला है।

ख. उद्वाह क्या है ?

समझ में नहीं आता कि डा० वीर भारत तलवार की इस बारे में क्या प्रतिक्रिया होगी। मैं पुस्तक 'अनामदास का पोथा अथ रैक्व-आख्यान' की समीक्षा यह मान कर करूँ कि यह डा० हजारी प्रसाद द्विवेदी की रचना है या यह मान कर करूँ कि यह उन की रचना नहीं है ? इस में लिखे गए प्रत्येक शब्द और दर्शाए गए हर विचार की जिम्मेदारी कौन लेगा ? मेरी समस्या यह है कि यदि मैं इस पुस्तक में व्यक्त विचारों का विश्लेषण करने लगूँ तो क्या डा० तलवार डा० द्विवेदी को एक तरफ बचा कर ले जाना चाहेंगे ? क्या वे 'अनामदास का पोथा' की आलोचना में डा० द्विवेदी की आलोचना नहीं होने देंगे ? बहरहाल, वे अपनी बात कहने के लिए स्वतन्त्र हैं और मैं तथ्यपरक विश्लेषण करने के लिए विवश हूँ।

विचारणीय है कि डा० द्विवेदी ने समाज में विवाह-व्यवस्था को बहुत महत्व दिया है। माना जा सकता है कि वे वैदिक रीति के विवाह के बारे में अनजान व्यक्ति नहीं हैं। रैक्व-आख्यान में लिखा गया है–"........... विवाह के बिना स्त्री भी आधी रहती है और पुरुष भी आधा ही रहता है। विवाह से मिल कर ये दोनों पूरे मनुष्य बनते हैं।"[26] इस उपन्यास की विवाह-व्यवस्था सीधे पितृ-ऋण को उतारने के सन्दर्भ में आती है। लिखा गया है–"जानता है सोम्य, पितृ-ऋण से मुक्त होने के लिए कुलीन जन विवाह किया करते हैं। विवाह के माध्यम से ही पुरुष और स्त्री पूर्णता प्राप्त करते हैं, संसार के सब से बड़े लक्ष्य प्रेम को प्राप्त करते हैं।"[27] विवाह को बिलकुल वेदों से जोड़ दिया गया है जब लिखा गया है–"विवाह भी सामगान है, ऐसा पुराण-ऋषियों ने कहा

है।"[28] विवाह की प्रशंसा में कोई कमी नहीं छोड़ी गई है जब लिखा मिलता है—"विवाह में जो आपसी बातचीत होती है वही हिंकार है ; सब को सूचित करना प्रस्ताव् है ; पति-पत्नी का साथ शयन उद्गीथ है, अलग-अलग शयन प्रतिहार हैं, प्रेमपूर्वक जीवन बिताना निधन है ....।"[29]

लेकिन बात इतनी सीधी नहीं है जितनी दीखती है। बात विवाह तक रुक जाती तो ठीक था लेकिन यहाँ एक और शब्द 'उद्वाह' की जरूरत पड़ी है। रैक्व-आख्यान में लिखा गया है—"........ जो बात तुम्हें विशेष रूप से बता देनी है वह यह है कि पुरुष और स्त्री के सम्बन्ध तीन प्रकार के होते हैं—एक तो ऐसा काम-जन्य सम्बन्ध, जो धर्म-संगत नहीं होता ; दूसरा जो धर्म-संगत होता है जिसे शास्त्र में 'विवाह' कहा जाता है ; लेकिन एक तीसरा भी होता है जिसे माता जी की कृपा से मैंने सुना अवश्य था, देखा कभी नहीं।" "वह क्या है भगवन ?" "देखो, तुम ने धर्म सूत्रों में दो शब्द पढ़े होंगे—एक विवाह है, दूसरा उद्वाह। आजकल दोनों शब्दों का एक ही अर्थ समझा जाता है। दोनों के अर्थों में कोई भेद है, इसे कोई जानता ही नहीं। विवाह धर्म-सम्मत होता है और शास्त्र के नियमों के अनुसार मान्य भी। उद्वाह भी ऐसा ही होता है, परन्तु उद्वाह में पति पत्नी को और पत्नी पति को ऊपर की ओर वहन करती है अर्थात् परस्पर की आध्यात्मिक चेतना को परिष्कृत करती है। माता जी ने बताया था कि अगर ऐसी पत्नी मिले जो आध्यात्मिक उन्नति की ओर ले जाए, तो उस से विवाह नहीं, उद्वाह कर लेना।"[30] उपन्यास के एक पात्र जटिल मुनि द्वारा रैक्व के लिए कहलवाया गया है—"जटिल मुनि ने (रैक्व से) कहा है, "मैं तुम्हें विवाह की सलाह तो नहीं दूँगा, उद्वाह की सलाह अवश्य दूँगा। शास्त्रकारों ने विवाह के लिए पाणिग्रहण का विधान किया है। जबकि उद्वाह में पाणिग्रहण नहीं, उपोद्ग्रहण होता है। उपोद्ग्रहण समझ ?" "नहीं भगवन !" "देखो, उपोद्ग्रहण पाणि का नहीं, मुख का होता है। वह मानसिक होता है। मैं सिर्फ इतना ही जानता हूँ। कैसे होता है, यह नहीं बता सकता।"[31] उधर नायिका जाबाला की मनःस्थिति भी असमंजस की बनाई गई है। वह रैक्व से अपने सम्बन्ध को ले कर सोचती है—"विवाह वह नहीं करना चाहती। वह आजन्म ब्रह्मचारिणी रह कर ब्रह्मवादिनी बनना चाहती है। रैक्व के सम्बन्ध में उस के मन में कोमल और मोहन भाव हैं, पर उस ने विवाह तक इस बात को बढ़ाने की कभी सोची नहीं। वह रैक्व से कैसा सम्बन्ध चाहती है ? उस का मत स्पष्ट नहीं है। आखिर वह चाहती क्या है ?"[32]

पिछले भाग में देखा गया है कि शब्द 'संवर्ग' एक पहेली बन कर उभरा है। यहाँ दो और शब्दों—'उद्वाह' और 'उपोद्ग्रहण' में दो और नई पहेलियों का सृजन हो जाता है। ये तीनों शब्द डा० अम्बेडकर द्वारा लिखी गई पुस्तक 'रिडल्स इन हिन्दुइज्म' में तीन और नई पहेलियों के रूप में शुमार होते हैं। वास्तव में, 'अनामदास का पोथा' में एक ऐसा प्रकरण छेड़ा गया है जिस के बारे में डा० द्विवेदी खुद नहीं जानते कि उपोद्ग्रहण क्या है। एक जटिल मुनि, रैक्व और जाबाला नहीं, बल्कि सारे हिन्दू शास्त्र इस शब्द

का अर्थ करने में मौन साध लेते हैं। शब्द का प्रयोग है लेकिन शब्दार्थ गायब है। यह भाषा में की गई चोरी है। यह स्पष्ट रूप से 'जारी' है। लिखा गया है–"विवाह और उद्वाह ! पाणिग्रहण और उपोद्ग्रहण ! यह तो विचित्र बात है। मुझे क्या शुभा का उपोद्ग्रहण करना चाहिए। क्या होता है उपोद्ग्रहण ? जटिल मुनि जानते ही नहीं। जानते तो बता देते।"[33] सच बात यह है कि यह छिपे हुए जारकर्म को भाषा में एक नाम देने की कोशिश की जा रही है। बात पुनः संवर्ग-विद्या से शुरू की जाए।

शिष्य बनाने का मतलब किसी को अपने धर्म में दीक्षित करने और अपने समाज में मिलाने की शक्ति, मान्यता और प्रक्रिया है। क्या जानश्रुति को ले कर रैक्व ने ऐसा किया है ? क्या उन्होंने जानश्रुति को अपने धर्म में दीक्षित किया है और अपने समाज में मिलाया है ? यह बात पक्की है कि ज्ञान देने में रैक्व ने जानश्रुति को ब्राह्मण नहीं बनाया। रैक्व से ज्ञान प्राप्त करने के बाद जानश्रुति ब्राह्मण नहीं बने। अगला सवाल यह है कि क्या रैक्व ने जानश्रुति से रोटी-बेटी का व्यवहार कायम किया है। इस का उत्तर इस प्रश्न के उत्तर से मिलेगा कि क्या रैक्व ने जानश्रुति की बेटी से विवाह किया है। 'अनामदास का पोथा अथ रैक्व-आख्यान' का प्रमाण यह है कि रैक्व ने जानश्रुति की बेटी से विवाह नहीं किया। फिर जो किया है, यदि वह विवाह नहीं है तो क्या किया है ? उत्तर एकदम साफ है–रैक्व ने जानश्रुति की बेटी से 'उद्वाह' किया है।

जानश्रुति रैक्व से अपनी बेटी का विवाह करना चाहते हैं। वे रैक्व से कहते हैं–"पुराकाल से यज्ञ के अन्त में दैव-विवाह के रूप में कन्यादान का विधान है। यह मेरी कन्या जाबाला है, मैं इसे आप जैसे ज्ञानी को देने का संकल्प ले कर आया हूँ। ...... संकल्प किया जा चुका है।"[34] आचार्य औदुम्बरायण भी इसी पक्ष के हैं–"आचार्य औदुम्बरायण ने और स्पष्ट किया है, 'ब्रह्मचारिन, यज्ञ में कन्यादान शास्त्र-सम्मत है। पुराण-ऋषियों ने इसे उत्तम विवाह बताया है। इसीलिए यह ज्ञान-यज्ञ आयोजित हुआ है।' "[35] माता जी का भी यही आशय है। वे गदगद हैं। लिखा गया है–"........ माता जी ने दोनों (जाबाला और रैक्व) को प्यार से उठाया और आचार्य की ओर देख कर कहा, 'आचार्य, अब विवाह की सब विधियाँ पूरी कर ली जाएँ।' रैक्व ने चकित दृष्टि से माता जी की ओर देखा। ...... रैक्व ने कातर-भाव से माता जी की ओर देखा। अत्यन्त भोलेपन से कहा, "विवाह नहीं माँ, उद्वाह !" माता जी ने प्रश्नभरी दृष्टि से पुत्र की ओर देखा। बोलीं, "एक ही बात है बेटा ! पर तू क्या दोनों में अन्तर मानता है ?" संकुचित रैक्व ने उत्तर दिया, "हाँ, माँ !"[36] रैक्व ने जो कहा है, वह इस प्रकार है–"राजन् आचार्य, आप लोग विद्वान हैं, मनीषी हैं, मैंने मौन रहने का निश्चय किया था, पर आप लोग नहीं जानते कि मेरे मन में आप की परम मेधाविनी कन्या के प्रति कैसे आदर के भाव हैं। ....मैं इस शोधन मुख की उपेक्षा नहीं कर सकता। मैं तो इस के उपोद्ग्रहण मात्र से कृतार्थ हूँ। ज्ञान का अंशमात्र भी मैं नहीं जानता। जानता हूँ केवल इस मुख की अपूर्व उद्ग्राहिका शक्ति। इस मोहन मुख की सभी आज्ञा मेरे

लिए श्रुति-वाक्य के समान हैं। मैं सेवा-व्रती हूँ, इन का मार्ग-दर्शन पाऊँ तो असाध्य-साधन कर सकूँगा। मैं आप लोगों से प्रार्थना करता हूँ कि मुझे अवसर दें ताकि इस मोहन मनोरम मुख का उपोद्ग्रहण कर सकूँ।"[37]

ऊपर यह उपन्यास 'रैक्व-आख्यान' की प्रस्तुति रही लेकिन डा० द्विवेदी ने 'उपसंहार' में छान्दोग्य-उपनिषद के चौथे भाग में आए इस प्रकरण का अनुवाद इस प्रकार दिया है–"ऋषि बोले, 'अरे शूद्र ! यह हार और ये गायें तू अपने पास रख।' जानश्रुति पौत्रायण फिर एक सहस्र गायें, रत्नमाला, खच्चरों का रथ और अपनी कन्या को ले कर ऋषि के पास पहुँचे। बोले, 'हे रैक्व ! ये सहस्र गायें हैं, यह रत्नों की माला है, यह खच्चरों का रथ है, यह मेरी कन्या है जिसे मैं आप को देने को तैयार हूँ, यह ग्राम जिस में आप बिराजते हैं, यह भी आप की भेंट है। हे भगवन् ! मुझे आप उपदेश दीजिए।" ऋषि ने कन्या के मुख का उपोद्ग्रहण करते हुए कहा–'ऐ शूद्र ! तुम ये गायें लाए हो, परन्तु मैं कुछ न बोलता, इस कन्या के मुख की लाज रखने के लिए मुझे बोलने को बाधित होना पड़ेगा।' "[38]

यह अच्छा हुआ कि 'रैक्व-आख्यान' के अन्त में इस उपन्यास का 'उपसंहार' दिया गया है। उपसंहार छान्दोग्य उपनिषद के चौथे भाग का अनुवाद है लेकिन उस के शुरू में एक खास पैरा लिखा गया है जो इस प्रकार है–"औषस्ति-आश्रम के उपाध्याय वुडिल तर्कराक्ष्य को रैक्व पर कभी आस्था नहीं थी। वे तो उन के ब्राह्मण-वंश में जन्म लेने को भी सन्देहास्पद समझते थे। रैक्व जब जटिल मुनि के पास गए तो उन्हें बिलकुल अच्छा नहीं लगा था। वे नहीं चाहते थे कि आश्रम में शास्त्र-विरुद्ध चर्चा हुआ करे। उन्होंने जब सुना कि राजा जानश्रुति की कन्या जाबाला का उद्वाह रैक्व के साथ हो गया तो इसे भी उन्होंने धर्म-विरुद्ध कार्य ही समझा। अनेक लोगों से सुनी-सुनाई बातों को इकट्ठा कर के उन्होंने रैक्व की एक कहानी लिखी जो बाद में छान्दोग्य उपनिषद के चौथे प्रपाठक में ले ली गई।"[39] इस उद्धरण का अर्थ है कि डा० द्विवेदी छान्दोग्य उपनिषद में आए रैक्व के आख्यान को प्रामाणिक नहीं मानते। वे वुडिल तर्कराक्ष्य से अपना पूरा मतभेद जताते हैं। इसी दृष्टि भेद को बताने के लिए 'अनामदास का पोथा' के रूप में यह रैक्व-आख्यान लिखा गया है। इसे 'नया रैक्व-आख्यान' कहा जा सकता है। इस में ध्यान देने की विशेष बात यह है कि रैक्व के समकालीन वुडिल की अपेक्षा रैक्व से कई हजार वर्ष दूर इधर खड़े डा० द्विवेदी खुद को ज्यादा प्रामाणिक सिद्ध करना चाहते हैं। लेकिन निश्चित रूप में वे इस काम में सफल नहीं हो सके क्योंकि शब्द 'उद्वाह' और 'उपोद्ग्रहण' से वे भी बाहर नहीं निकल सके। निर्वचन में ये दो शब्द उन के गले की हड्डी बन गए हैं क्योंकि इन का स्पष्ट अर्थ और स्पष्ट व्याख्या करने में वे पूरी तरह अस्पष्ट और असफल हैं। मेरे ख्याल में, वुडिल तर्कराक्ष्य इन शब्दों का अर्थ सही तरह से जानते थे। डा० द्विवेदी को उन सच्चे

अर्थों का कुछ भी पल्ले नहीं पड़ा। वे केवल हाय-तौबा मचा कर रह गए हैं। इस अपनी हाय-तौबा में उन्होंने वास्तविक अर्थों को, जहाँ तक हो सका, धूमिल भी किया है।

पर वे सच्चे अर्थ क्या हैं ? सच्चे अर्थ धार्मिक, सामाजिक और आर्थिक हैं। उन का दार्शनिक गाल-बजाई और आध्यात्मिक दंतबाजी से कुछ लेना-देना नहीं है। समस्या यह है कि एक समाज की सम्पत्ति का भोग दूसरा समाज कैसे कर सकता है। राजनैतिक दासता की व्यवस्था यह है कि ब्राह्मण शूद्र की सम्पत्ति को छीन सकता है, इसीलिए शूद्र को सम्पत्ति रखने का अधिकार नहीं है, लेकिन ब्राह्मण की सम्पत्ति का उपभोग शूद्र कैसे कर सकता है ? इस मामले में विवाह-व्यवस्था सब से ज्यादा आड़े आती है। यदि दोनों समाजों के बीच विवाह-व्यवस्था कायम हो गई तो समझ लो ब्राह्मणों के धन का इस्तेमाल शूद्र लोग करने लगेंगे क्योंकि तब दोनों समाजों में कोई अन्तर नहीं रहेगा। लेकिन ब्राह्मण समाज को यह कभी गँवारा नहीं रहा। इसीलिए, उस ने ऐसे वर्णसंकर समाज के बनने पर रोक लगाई है जिस में ब्राह्मण की विशिष्ट पहचान समाप्त हो जाती है। 'रैक्व-आख्यान' में इसे बिना छिपाए इन शब्दों में दर्शाया गया है—"स्त्री-पुरुष के मिलन से बच्चे तो पैदा होंगे ही महाराज ! यही तो प्रकृति का नियम है। इसीलिए तो ऋषियों ने विवाह के नियम चलाए हैं। विवाह से जो बच्चे पैदा होते हैं वे धर्मसंगत होते हैं, उन से समाज को बल मिलता है और जो बच्चे बिना विवाह के उत्पन्न होते हैं वे वर्णसंकर होते हैं और अधार्मिक होते हैं।"[48] फिर, असल बात विवाह के बाहर वर्णसंकर बच्चों के पैदा होने की नहीं है। यदि ऐसा होता तो शूद्र और ब्राह्मण के बीच विवाह को मान्यता दे दी जाती। लेकिन ऐसे सम्बन्धों को बाकायदा वर्णसंकर कह कर अनुलोम और प्रतिलोम के स्पष्ट भेदों में बाँटा गया है जो विषय इस उपन्यास में नहीं छुआ गया।

'रैक्व-आख्यान' का मूल कथानक यही है कि "जब स्त्रियाँ सजधज कर रंगभूमि पर उतरती हैं तो साधारण पुरुषों में उन के प्रति आकर्षण पैदा हो जाता है। फिर स्त्री-पुरुष का मिलन होता है और बच्चे पैदा होते हैं जो वर्णसंकर होते हैं। उन से समाज नष्ट होता है।"[41] वास्तव में, यह विवाहेतर पैदा सन्तान की समस्या नहीं है बल्कि दो भिन्न नस्लगत समाजों को विवाह के द्वारा एक न होने देने की ब्राह्मण समाज की कसम खाई हुई समस्या है। यह ब्राह्मणों की खास समस्या है और इस के लिए वे हर काल में संघर्ष करते रहे हैं। इस काल में संघर्ष की इस परम्परा को डा० हजारी प्रसाद द्विवेदी ने ब्राह्मणों के एक सच्चे प्रतिनिधि के रूप में परवान चढ़ाया है। यही कारण है कि उन्होंने रैक्व और जाबाला के बीच 'विवाह' नहीं होने दिया बल्कि 'उद्वाह' कराया है। यह वैसा ही चलन है जैसे ब्राह्मण किसी शूद्र की औरत को अपनी रखैल बना कर रखता है। कानून में वह उसे पत्नी का दर्जा नहीं देता और उस से पैदा सन्तान को उत्तराधिकार में सम्पत्ति प्राप्त करने का अधिकार नहीं देता।

जरूरत इस बात की हो गई है कि 'उद्वाह' और 'उपोद्ग्रहण' के अर्थ जानने के लिए 'अनामदास का पोथा' के 'रैक्व-आख्यान' से बाहर निकला जाए। जाना जाए कि बाकी साहित्य में इन शब्दों को किन अर्थों में प्रयोग किया गया है।

मोनियर विलियम्स के शब्दकोष में 'उपोद्ग्रह' के बारे में लिखा गया है–

1. उपोद्ग्रह–

   to bring near (to the mouth) after (others have done so).

   (छान्दोग्योपनिषद, iv, 2, 4)[42]

मानक हिन्दी कोश में 'उद्वाह' के अर्थ करते हुए लिखा गया है–

1. उद्वाह–
   1. ऊपर की ओर ले जाना।
   2. दूसरे स्थान पर या दूर ले जाना।
      जैसे–दुलहिन को उस के माता-पिता के घर से ले जाना।
   3. विवाह।
   4. वायु के सात प्रकारों में से चौथा प्रकार।[43]

ध्यान रखा जा सकता है कि जबकि हिन्दू शास्त्रों में विवाह के आठ प्रकार–ब्राह्म, दैव, आर्ष, प्राजापत्य, आसुर, गान्धर्व, राक्षस और पैशाच[44]–गिनाए गए हैं लेकिन यह उद्वाह उन सब से भिन्न है। वास्तव में, इस का सम्बन्ध सिर्फ वर्ण-बाह्यता से है। श्री नगेन्द्र नाथ वसु द्वारा सम्पादित 'हिन्दी विश्व कोश' में लिखा गया है–"द्विजातियों के लिए पहले सवर्ण विवाह ही विदित है। किन्तु जो रतिकामना से विवाह करना चाहते हैं, वे अनुलोम क्रम से विवाह कर सकते हैं।"[45] लेकिन ऐसे विवाह को विवाह के रूप में मान्यता नहीं है। इस 'हिन्दी विश्व कोष' में यह भी लिखा गया है–"वैदिक मन्त्र में होम कर के पाणिग्रहण संस्कार सम्पन्न होता है। पाणिग्रहण मन्त्र जब तक पढ़ नहीं जाता, तब तक विवाह सिद्ध नहीं होता।"[46] उस में यह भी खास तौर पर लिखा गया है–"हम इस समय विवाह, उद्वाह और पाणिग्रहण शब्द को एक पर्याय के अन्तर्गत मान कर व्यवहार करते हैं। वस्तुतः विवाह या उद्वाह और पाणिग्रहण एकार्थ बोधक नहीं।"[47] स्पष्टता के लिए मनु को उद्धृत किया गया है–"...... यह पाणिग्रहण संस्कार केवल सवर्ण कन्या के लिए कहा गया है। असवर्ण के साथ विवाह हो सकता है, किन्तु उस के साथ पाणिग्रहण की कार्य्यावली नहीं हो सकती।"[48] आगे लिखा गया है–"वर्णाश्रमियों के कितने ही कार्य्य वैध हैं अर्थात् शास्त्र में विहित हैं। इसी से उन सबों का अनुष्ठान करना होता है, जैसे सन्ध्यावन्दनादि। और कितने ही कार्य्य हैं रागप्राप्त अर्थात् जो इच्छाधीन हैं, इच्छा होने से किए जाते हैं, नहीं होने से नहीं होते, जैसे भोजनादि। और कितने ही कार्य्य हैं–वैध और रागप्राप्त–दोनों ही। यथा विवाह, क्योंकि संभोगेच्छा की

प्रबलता के कारण पुरुषमात्र को ही किसी एक स्त्री को सदा के लिए अपनी बना लेने की इच्छा रहती है। इसी से यह रागप्राप्त कहा जाता है। किन्तु रागप्राप्त होने से हम देखते हैं, कि हमारी इच्छा के अनुसार जभी तभी ऐसी वैसी स्त्री को ला कर सदा के लिए उसे अपनी बना कर रखना शास्त्रसिद्ध विवाह नहीं होता। इसलिए विवाह वैध और रागप्राप्त दोनों ही है।"[49] इस का मतलब यह निकलता है कि उद्वाह केवल रागप्राप्त होने के कारण वैध नहीं है।

सच्चाई यह है कि ब्राह्मण विद्वानों के लिए जारकर्म का मुद्दा सब से जटिल विषय है। वे सगुण और निर्गुण की चर्चा के विशेषज्ञ बनते हैं लेकिन जब इन दर्शन शास्त्रों को जारकर्म की कसौटी पर कसा जाता है तो वे आपराधिक चुप्पी साध लेते हैं। वे सीधा कहते हैं—"यह क्या टोपिक उठाया है ?" थोड़ी देर में ही वे सामने से भाग खड़े होते हैं। आश्चर्य की बात है कि वे समाज के सब से ज्वलन्त विषय पर बात करनी नहीं चाहते। लेकिन सोचना यह है कि बाकी समाज ब्राह्मण से इस टोपिक के सिवा दूसरी क्या बात करे ? परिणाम में बाकी समाज के पास ब्राह्मण से करने लायक दूसरी कोई बात नहीं है। वेद, पुराण, ज्ञान और विद्या एक तरफ और ब्राह्मण का जारकर्म दूसरी तरफ—तौला तो जाए।

ब्राह्मण ने जारकर्म के लिए यह सुरक्षा आज के कानून में भी ले रखी है। एक ब्राह्मण मुझे अपनी कहानी सुना रहे थे। बता रहे थे—"मुझ पर आरोप लगाया गया कि मेरा एक अवैध बच्चा एक औरत से पैदा है। पर बात यह है कि इस का प्रूफ क्या है। कोर्ट को एविडेन्स चाहिए। उसे कोई कैसे सिद्ध करेगा ?" मैंने उस ब्राह्मण से कहा—"डी०एन०ए० के टेस्ट से इस बात का पता चल जाता है कि कौन बच्चा किस आदमी से पैदा है।" ब्राह्मण ने मुझ से कहा—"इस बारे में भी मैंने अपने वकील से सलाह ली है। वकील ने मुझे बताया है कि डी०एन०ए० के टेस्ट के लिए खून का नमूना लिया जाता है। लेकिन कानून ने मुझे यह सुरक्षा दे रखी है कि बिना मेरी मर्जी के कोई मेरे शरीर से खून की एक बूंद भी नहीं निकाल सकता। ऐसी हालत में यह कैसे सिद्ध किया जा सकता है कि वह बच्चा मेरा है ?"

ब्राह्मणों के ऐसे केसों की मेरे पास एक लम्बी सूची है। इस व्यक्तिगत जानकारी के सिवा मैंने इस विषय से सम्बन्धित हिन्दुस्तान के सारे कानूनों को और न्यायालयों के तमाम निर्णयों को पढ़ा है। लेकिन यहाँ यह बता देना ज्यादा ठीक रहेगा कि कबीर के इस बारे में क्या विचार है। उत्तर में बताया जा सकता है कि कबीर ब्राह्मणों के इस जारकर्म से बेहद खफा हैं। कबीर का भी यह मुख्य विषय है। वास्तव में, कबीर ने ब्राह्मण के जिस जारकर्म के खिलाफ आग उगली है वह सब डा० हजारी प्रसाद द्विवेदी का 'उद्वाह' है। केरल में इसे 'उद्वाह' न कहा जा कर 'कल्याणम्' कहा जाता है। यह सब 'उद्वाह' की श्रेणी में आता है। यह सब ब्राह्मण का जारकर्म है। इस में स्त्री को

पत्नी न बना कर रखैल बनाया जाता है तथा पैदा सन्तान का पितृत्व अपने ऊपर नहीं लिया जाता। 'उद्वाह' में रखैल और सन्तान दोनों सम्पत्ति से बेदखल हैं। डा० हजारी प्रसाद द्विवेदी ने तो फालतू आँय-बाँय गाई है, वास्तव में, इसी मायने में उद्वाह 'विवाह' से भिन्न है। वुडिल भी 'उद्वाह' के इसी अर्थ से वाकिफ हैं।

ग. दलित व्याख्या

सच में वह ज्ञान, उपदेश या संवर्ग-विद्या क्या है जिस की वजह से यह उपन्यास लिखा गया है ? क्या वह कोई बहुत बड़ी बात है ? खुद डा० द्विवेदी इस बारे में क्या सोचते हैं ? भूमिका में अनामदास की कहानी के माध्यम से निम्न शब्द मिलते हैं– "उपदेश बड़ा संक्षिप्त था। उन्होंने बताया कि वायु में ही समस्त वस्तु-जगत का लय हो जाता है। जब आग बुझती है तो वह वायु में ही लीन हो जाती है ; जब सूर्य अस्त होता है तो वह भी वायु में ही विलीन हो जाता है ; जब जल सूख जाता है तो वायु में ही उस का विलय हो जाता है। इस प्रकार वायु में ही संसार के सम्पूर्ण पदार्थों का विलय हो जाता है।"[50] यही कुल उपदेश है। इस के बारे में खुद कहानीकार ने शंका उठाई है कि 'रैक्व मुनि ने यह नहीं बताया कि समस्त जगत सिर्फ वायु में विलीन ही होता है या उत्पन्न भी होता है। ऊपर-ऊपर से देखने से इस तत्वज्ञान का अर्थ सिर्फ यही होता है कि सब चीजें हवा में विलीन हो जाती हैं। अगर इस तत्ववाद का अर्थ हो कि वायु ही समस्त जगत का कारण है और सारा विश्व वायु में ही लीन हो जाता है तो ग्रीस देश के एक दूसरे फक्कड़ डाइजोलीज के साथ रैक्व मुनि की तुलना की जा सकती है, लेकिन अब तो यह केवल अनुमान की बात है कि वे उस ग्रीस देश के दार्शनिक की तरह यह मानते थे कि नहीं कि वायु ही समस्त पदार्थों का चरम आश्रय है।'[51] खुद कहानीकार ने अपनी दृष्टि को फैलाया है कि 'जो भी हो, कहीं कुछ छूटा हुआ-सा लगता है और ऊपर-ऊपर से यह तत्वज्ञान सुन्दरी राजकन्या के पाने योग्य तो नहीं हो सकता। कहीं कुछ और बात होगी।'[52] कहानीकार के अगले सन्देह और भी सही और मजबूत हैं–"इस तत्वज्ञान को प्राप्त करने के लिए जानश्रुति को बीच में क्या-क्या प्रयास करने पड़े और अन्त में उन्हें अपनी कन्या को ले कर क्यों जाना पड़ा, और सारी घटना से शरीर के खुजलाने का क्या सम्बन्ध है, यह अभी तक मालूम नहीं था। ठीक-ठीक मालूम तो अब भी नहीं है परन्तु जितना कुछ मालूम हुआ है वह मनोरंजक अवश्य है। आगे वह कहानी दी जा रही है।"[53]

मेरे हिसाब से अनामदास की सारी बात सिमट कर आ गई है कि यह कोई विशेष तत्ववाद नहीं है जिस का ज्ञान रैक्व मुनि ने राजा जानश्रुति को दिया है। यह वेद-विद्या, ब्रह्म-विद्या और पराविद्या का ज्ञान बिलकुल नहीं है। राजा ने अपनी कन्या रैक्व मुनि को किन्हीं अन्य कारणों से दी है। कुछ बात ही और है। यदि इस कहानी

को मैं लिखता तो एक दूसरे ढंग से लिखता। मेरी थीम आर्यों और अनार्यों के संघर्ष और उन की भिन्न-भिन्न दो संस्कृतियों के सम्पर्क में आने पर उन के टकराव की स्थिति को दर्शाने वाली होती। उस में यह बात महत्वपूर्ण होती कि वुडिल ने रैक्व के ब्राह्मणवंशी होने में सन्देह प्रकट किया है। उस में यह बात सब से महत्वपूर्ण होती कि इसे 'विवाह' न कहा जा कर 'उद्वाह' कहा गया है। 'विवाह' और 'उद्वाह' में वैसा ही अन्तर माना जाता जैसा आज के 'हिन्दू विवाह अधिनियम, 1955' और 'विशेष विवाह अधिनियम, 1954' में मिलता है। उस में यह बताया जाता कि 'उद्वाह' आज के 'विशेष विवाह अधिनियम, 1954' से कम शक्तिशाली था। 'विवाह' और 'उद्वाह' आज के 'अरेन्ज मैरिज' और 'लव मैरिज' जैसे प्रचलित सामाजिक शब्दों के नजदीक थे।

'उद्वाह' उस समय का शब्द होना चाहिए जब तक आर्यों के चार प्रकार के—ब्राह्म, देव, आर्ष और प्राजापात्य—विवाहों की खोज नहीं हुई थी। मेरे अनुमान में प्राचीन काल में मिलने वाले ब्राह्म, देव, आर्ष और प्राजापात्य नाम के चार प्रकार के विवाह इस देश में भिन्न-भिन्न समयों में आई हुईं चार विदेशी जातियों के विवाह प्रकार हो सकते हैं। बाकी चार प्रकार के—गान्धर्व, आसुर, राक्षस और पिशाच—विवाह आर्यों से भिन्न चार क्षेत्रों में बसे देशी समाजों के चार प्रकार रहे होंगे। हाँ, यह सम्भव नहीं था कि इतने बड़े भूभाग में फैले भिन्न-भिन्न समाजों का विवाह- प्रकार एक रहता। आज भी 'भारत के समस्त राज्यक्षेत्र में नागरिकों के लिए एक समान सिविल संहिता प्राप्त'[54] करने का राज्य का इरादा संविधान के 44वें अनुच्छेद के ठण्डे बस्ते में बन्द पड़ा है। इस समय इस देश में पाँच प्रकार के विवाह विधिमान्य हैं जो इस प्रकार हैं—मुस्लिम विवाह, ईसाई विवाह, पारसी विवाह, यहूदी विवाह और हिन्दू विवाह। हिन्दू विवाह पुनः हिन्दू विवाह, बौद्ध विवाह, जैन विवाह और सिक्ख विवाह के चार प्रकारों में विभक्त है। इन के अलावा, दलित विवाह और जनजाति विवाह अलग चल रहे हैं। इस प्रकार, इस देश में अब भी कम-से-कम दस प्रकार के विवाह कायम हैं। साथ में, इस गिनती में ग्यारहवें 'विशेष विवाह अधिनियम, 1954' की मौजूदगी को भुलाया नहीं जा सकता।

ऊपर दिए गए इस विवरण से 'उद्वाह' का अर्थ समझने में काफी मदद मिलती है। 'उद्वाह' उस समस्या के लिए दिया गया एक शब्द हो सकता है जिस में शुरुआती दौर में आर्यों का कोई पुरुष अनार्यों की किसी कन्या से विवाह करना चाहता था। यह सम्भव नहीं था, अनुमत नहीं था। इसलिए इसे विवाह नहीं कहा जा सका। उस सम्बन्ध को 'विवाह' से भिन्न नया नाम दे कर 'उद्वाह' कहा गया है जिस में स्त्री को पत्नी का दर्जा नहीं मिला है तथा ऐसे सम्बन्ध से पैदा वर्णसंकर सन्तान को ब्राह्मण की तरफ की पैतृक सम्पत्ति पाने का अधिकार नहीं मिला है। आध्यात्मिक प्राप्ति की बात 'रैक्व आख्यान' में फालतू जोड़ी गई है। साथ ही, यहाँ एक अन्य विचारणीय मुद्दा यह है कि वैदिक स्मृतिकारों ने और हिन्दू विद्वानों ने आठ प्रकार के विवाहों के विवरण की रिपोर्टिंग सही नहीं की है। उन्होंने आसुर, पैशाच और राक्षस विवाहों को इस रूप में

पेश किया है मानो वे घृणित हों। वास्तव में, ये आजकल के मुस्लिम विवाह, ईसाई विवाह, पारसी विवाह आदि की तरह भिन्न-भिन्न धर्मों और समाजों के सभ्य और धार्मिक विवाह थे।

घ. जारकर्म का टोपिक

डा० हजारी प्रसाद द्विवेदी ने लिखा है–"भारतीय संस्कृति इतने अतिथियों को अपना सकी थी, इस का कारण यह है कि बहुत शुरू से ही उस की धर्म-साधना वैयक्तिक रही है। .... श्रेष्ठता की निशानी किसी धर्म मत को मानना या देव-विशेष की पूजा करना नहीं बल्कि आचार शुद्धि और चारित्र्य है।"[55] इस कथन में छुपा हुआ झूठ देखा जा सकता है। वास्तव में, यह बहुत बड़ा झूठ है कि हिन्दू संस्कृति आचार शुद्धि और चरित्र पर जोर देती है। सच तो यह है कि ब्राह्मण संस्कृति को आचार शुद्धि और चरित्र का कुछ भी पता नहीं है। वास्तव में, इस संस्कृति ने सब से बड़ा घात नारी के साथ किया है। इस ने नारी को नारी नहीं रहने दिया बल्कि उसे स्वकीया और परकीया के दो टुकड़ों में बाँट दिया है। इस ने नारी को स्वकीया के रूप में बंधक, विधवा और सती बनाया है तथा परकीया के रूप में परनारी, वेश्या और अभिसारिका बनाया है। इन दोनों रूपों में नारी के साथ जितने ऐब और अत्याचार हुए हैं उन की गणना और मिसाल नहीं है।

ब्राह्मणी ब्राह्मण संस्कृति द्वारा घर में किए गए अत्याचारों की कहानी है तो दलित नारी ब्राह्मण संस्कृति के घर से बाहर किए गए ऐबों का कच्चा चिट्ठा खोल कर रख देती है। सच तो यह है कि हिन्दू कानून में ब्राह्मण की इस चरित्रहीनता पर आज तक कोई रोक नहीं है। इसलिए डा० हजारी प्रसाद द्विवेदी का यह कहना निहायत गलत है कि ब्राह्मण संस्कृति के खाते में आचार और चरित्र को रखा जा सकता है। कबीर के साहित्य में ब्राह्मण संस्कृति की इस दुश्चरित्रता का पर्याप्त खंडन किया गया है।

बताया जा सकता है कि माननीय सुप्रीम कोर्ट का वह निर्णय क्या है जिस को ले कर इस देश में जार लोग निश्चिन्त हो गए हैं। उस केस का नाम 'गौतम कुन्दू बनाम पश्चिमी बंगाल राज्य और एक अन्य' है। इस निर्णय में लिखा गया है–"भारत में इस प्रकार के साक्ष्य के सम्बन्ध में विधि बहुत कठोर है जो किसी सन्तान के धर्मजत्व की उपधारणा का खंडन करने के लिए दिया जा सकता है। यहाँ तक कि यह सबूत भी सन्तान की अधर्मजता साबित करने के लिए काफी नहीं होगा कि उस की माता ने अनेक व्यक्तियों के साथ जारकर्म किया।"[56] न्यायालय ने लिखा है–"....... हमारे पास अधर्मज सन्तानों का संरक्षण करने के लिए इंग्लैण्ड की भाँति कोई विधान नहीं है।"[57] निर्णय में यह भी स्वीकार किया गया है–"इस में कोई सन्देह नहीं है कि ऐसी स्थिति कुछ मामलों में पति से ऐसी सन्तानों का भरण-पोषण करने की अपेक्षा कर

सकती है जिन का वह संभवतः पिता न हो। किन्तु विधानमंडल ही विधि की कठोरता में परिवर्तन ला सकता है, न कि न्यायालय।"[58] रक्त-परीक्षण पर पाबन्दी लगाते समय न्यायालय ने लिखा है—"न्यायालय को इस पहलू पर ध्यानपूर्वक विचार करना चाहिए कि रक्त- परीक्षण का आदेश देने के परिणाम क्या होंगे, क्या ऐसा आदेश देने का प्रभाव सन्तान को अधर्मज और उस की माता को असतीव्रता महिला बनाने का होगा।"[58] मेरे परिचित ब्राह्मण को माननीय सुप्रीम कोर्ट के निर्णय के जिन शब्दों से ज्यादा खुशी हुई है वे इस प्रकार हैं—"विवादग्रस्त पितृत्व के प्रश्न का अवधारण करने के लिए रक्त वर्गीकरण परीक्षण एक उपयोगी परीक्षण है। न्यायालय इस का अवलम्ब किसी ऐसे परिस्थितिजन्य साक्ष्य के रूप में ले सकते हैं जो अन्ततोगत्वा कतिपय व्यष्टि को सन्तान के पिता के रूप में अपवर्जित करता हो। तथापि, यह बात ध्यान में रखनी आवश्यक है कि किसी भी व्यक्ति को अपनी इच्छा के विरुद्ध विश्लेषण के लिए रक्त का नमूना देने के लिए विवश नहीं किया जा सकता तथा नमूना देने से इन्कार करने के कारण उस के विरुद्ध कोई प्रतिकूल निष्कर्ष नहीं निकाला जा सकता।"[60] यह वह कारण है कि अब वह ब्राह्मण गाँव-गलियों में कूदा-कूदा फिरता है। अब तो उस का लंगोट पूरा खुल गया है। उधर, राजस्थान के माननीय हाई कोर्ट ने जारकर्म के बारे में फैसला दे रखा है—"यदि श्रीमती सरला ने पति के आसाम में रहते राम नारायण कम्पाउण्डर के साथ घनिष्ठता और उस से भी ज्यादा यौन संम्बन्ध स्थापित कर लिए तो इस में पत्नी से अधिक पति पर दोष जाता है। कुछ भी हो, किसी एक व्यक्ति से घनिष्ठता स्थापित करने में यह नहीं कहा जा सकता कि पत्नी जारता में रह रही थी।"[61]

जारकर्म को ले कर यह संसद और न्यायालय का हाल है। यह महाभारत की सभा का आधुनिक संस्करण है। द्रौपदी का चीर-हरण हो रहा है और भीष्म चुप बैठे हैं। लेकिन इस के निवारण में डा० हजारी प्रसाद द्विवेदी हमारी क्या मदद करते हैं ? वे कुछ मदद नहीं करते बल्कि इस में दुःशासन और दुर्योधन बन जाते हैं। वे लिखते हैं—"जो लोग पौराणिक कथाओं को जानते हैं उन्हें मालूम है कि करीब-करीब सभी देवताओं और ऋषि-मुनियों के नाम ऐसी कहानियाँ मिलती हैं जिन से उन के चरित्र की विशुद्धता में सन्देह होता है। पर जो लोग पुराणों के तत्ववाद के जानकार हैं वे उन में भी भगवतलीला का आभास पाते हैं और उन्हें न तो उक्त कथाओं में अविश्वास होता है और न उन मुनियों या देवताओं के चरित्र के विषय में सन्देह।"[62] तभी दलित हाथ जोड़ कर कह रहा है—"हे भगवान, इन के देवताओं, ऋषियों और मुनियों की चरित्रहीनता की यह पाप लीला समाप्त हो। इन की यह चरित्रहीनता की क्रूरता दलित स्त्रियों के लिए बहुत महंगी पड़ रही है। इस मामले में देवता और पुजारी तथा भगवान और भक्त दोनों एक हो गए हैं। ये सारे लीलाधारी बन गए हैं।"

जहाँ तक कबीर की बात है तो उन के चरित्र पर ऐसा कोई लांछन नहीं है। तभी

कबीर हिन्दुओं के देवताओं, ऋषियों और मुनियों को अपने पैरों की धूल के बराबर भी नहीं समझते। वे गाते हैं–

> जो चादर सुर-नर-मुनि ओढ़िन, ओढ़ि के मैली कीन्ही चदरिया।
> दास कबीर जतन से ओढ़िन, ज्यों कै त्यों धर दीनी चदरिया।।"[63]

जाना जाए कि कबीर के प्रभाव में बीजक की 81वीं रमैनी इस प्रकार है–

> देव चरित्र सुनहु हो भाई।
> जो ब्रह्मा सो धियेउ नसाई।।
> दूजे कहौं मदोदरि तारा।
> जेहि घर जेठ सदा लगवारा।।
> सुरपति जाय अहिल्या घरी।
> सुर गुरु धरणि चन्द्रमें हरी।।
> कहहिं कबीर हरि के गुण गाया।
> कुन्तिहि कर्ण कुँवारेहि जाया।।[64]

राघव दास ने इस रमैनी की व्याख्या में एक सही प्रश्न किया है–"विचार करना चाहिए जब कि उपास्य देवों में ऐसी इन्द्रिय परायणता है फिर उपासकों की क्या दशा होगी ?"[65] अभिलाष दास ने देवताओं के चरित्र के बारे में वाल्मीकीय रामायण को उद्धृत किया है। प्रमाण इस प्रकार है–

> देवलोकस्थितिरियं सुराणां शाश्वती मता।
> पतिरप्सरसां नास्ति न नचैकस्त्रीपरिग्रहः।।

वाल्मीकीय रामायण 7/26/39-40

वाल्मीकि जी कहते हैं–"देव लोक की तो यही स्थिति है और देवताओं का यह शाश्वत मत है कि किसी अप्सरा का कोई पति नहीं होता और देवता भी एक स्त्री से बंध कर नहीं रहते।" देवताओं के राजा इन्द्र ने पुलोम नामक दानव की सुन्दरी कन्या शची का अपहरण कर उसे अपनी पत्नी बना ली और शची के सम्भावित पति की तथा उस के पिता पुलोम की हत्या कर दी। सभी देवताओं में श्रेष्ठ विष्णु वृन्दा के साथ छलपूर्वक यौनाचार करते हैं और जब वृन्दा जान जाती है तब उन्हें कुपित हो कर शाप देती है।"[66]

सच्ची बात यह है कि जारकर्म के खिलाफ जैसे कबीर बोले हैं, हिन्दी साहित्य के सगुण साहित्य में वैसा एक भी उदाहरण मिलना मुश्किल है। यह दलित सन्तों के निर्गुण की विशेषता है जिसे द्विजों के सगुण और निर्गुण छू भी नहीं सकते। बात भी

ठीक है–सगुण भक्ति के साहित्यकार जारकर्म के खिलाफ क्या बोल सकते हैं ? या तो उन के सगुण ईश्वर जारकर्मी हैं या वे खुद जार हैं।

नीचे कबीर और कबीरपंथी साहित्य द्वारा जारकर्म के खिलाफ लड़े गए महायुद्ध की कुछ पंक्तियाँ रखी जा रही हैं। ये इस प्रकार हैं–

1. चोवा चन्दन लाय के, पहिरे बसन बनाय।
   गलियारे झांखत फिरे, परत्रिया देख मुसकाय।।[67]
2. परनारी राता फिरै, चौरी बिठता खाँहि।[68]
3. बनिता बिबिध न राचिए, दीखत लागे खोड़ि।[69]
4. नारी अपनी नार पराई, नार नार सब एका।
   अपना नार दोष कछु नाहीं, सुक्रित करो विवेक।।
   नार पराई अपनी कै देखै, सो नर पार न पावै।[70]
5. विषिया सुख कै कारेन, जाइ गनिका सुँ प्रीति लगाई।[71]
6. तन सराय में मन अरूझाना : भटयारी के रूप लुभाना।[72]
7. संसारी साकत भला, कंवारी कै भाइ।
   दुराचारी वैश्नों बुरा, हरिजन तहाँ न जाइ।।[73]
8. चोरी जारी निन्दा चारों मिथ्या तज सतगुर शिर धारो।
   सतसंग कर सतनाम उचारो, तब सनमुख लहो दिदारा है।[74]

अन्त में कहा जा सकता है कि दलित चिन्तन, कानून के क्षेत्र में, उस दिन के लिए प्रयत्नशील है जब भारत की माननीय सुप्रीम कोर्ट उस लंगोट खुले ब्राह्मण को पकड़ कर जेल में डालेगी। वह सर्वोच्च न्यायालय को आज की तरह की असहाय स्थिति में नहीं रहने देगा। वह सभा में भीष्म का मुँह खुलवाएगा। वह संसद और न्यायालय को दलित के हक में और जारकर्म के विरोध में पेश करेगा। इस के लिए वह लोकतान्त्रिक ढंग से कानून में संशोधन करवाएगा।

सन्दर्भ

1. अनामदास का पोथा अथ रैक्व-आख्यान, हजारी प्रसाद द्विवेदी, द्वितीय आवृत्ति, 1979, पृष्ठ-20
2. वही, पृष्ठ-35
3. वही, पृष्ठ-69
4. वही, पृष्ठ-98
5. हजारी प्रसाद द्विवेदी ग्रन्थावली, खण्ड-4, 1981, पृष्ठ-513
6. अनामदास का पोथा, द्वितीय आवृत्ति, पृष्ठ-103

7. वही, पृष्ठ-47
8. वही, पृष्ठ-22
9. वही, पृष्ठ-185
10. वही, पृष्ठ-22
11. वही, पृष्ठ-185
12. वही, पृष्ठ-99
13. वही, पृष्ठ-39
14. वही, पृष्ठ-107
15. वही, पृष्ठ-47
16. वही, पृष्ठ-109
17. वही, पृष्ठ-146
18. वही, पृष्ठ-146
19. वही, पृष्ठ-132
20. वही, पृष्ठ-53
21. हिन्दी विश्व कोश, खण्ड-23, सम्पादक नगेन्द्र नाथ वसु, बी०आर० पब्लिशिंग कार्पोरेशन, 461, विवेकानन्द नगर, दिल्ली-110052, रिप्रिन्ट, 1986, पृष्ठ-424
22. हिन्दी शब्द सागर, दसवाँ भाग, मूल सम्पादक श्याम सुन्दर दास, नागरी प्रचारिणी सभा, काशी, संस्करण, 1973, पृष्ठ-4884
23. वही, पृष्ठ-4884
24. अनामदास का पोथा, द्वितीय आवृत्ति, पृष्ठ-116
25. वही, पृष्ठ-104
26. वही, पृष्ठ-106
27. वही, पृष्ठ-60
28. वही, पृष्ठ-142
29. वही, पृष्ठ-142
30. वही, पृष्ठ-174
31. वही, पृष्ठ-175
32. वही, पृष्ठ-159
33. वही, पृष्ठ-177
34. वही, पृष्ठ-183
35. वही, पृष्ठ-183
36. वही, पृष्ठ-184
37. वही, पृष्ठ-183-4
38. वही, पृष्ठ-185
39. वही, पृष्ठ-184
40. वही, पृष्ठ-105
41. वही, पृष्ठ-104
42. Sanskrit—English Dictionary, Sir Monier Monier - Williams, Moti Lal Banarsidass, 41, U-A, Bungalow Road, Jawahar Nagar, Delhi-110007, Reprint, 1993, page-216.
43. मानक हिन्दी कोश, पहला खण्ड, सम्पादक रामचन्द्र वर्मा, हिन्दी साहित्य सम्मेलन, प्रयाग, प्रथम संस्करण, सम्वत् 2019, पृष्ठ-352
44. हिन्दी विश्व कोश, खण्ड-21, पृष्ठ-549
45. वही, पृष्ठ-551
46. वही, पृष्ठ-572
47. वही, पृष्ठ-572
48. वही, पृष्ठ-572
49. वही, पृष्ठ-565
50. अनामदास का पोथा अथ रैक्व-आख्यान, द्वितीय आवृत्ति, 1979, पृष्ठ-22
51. वही, पृष्ठ-22-3
52. वही, पृष्ठ-23

53. वही, पृष्ठ-23
54. भारत का संविधान, भारत सरकार, चौथा संस्करण, 1996, पृष्ठ-14
55. कबीर, हजारी प्रसाद द्विवेदी, पृष्ठ-171
56. गौतम कुन्दू बनाम पश्चिमी बंगाल राज्य और एक अन्य : (1994) 3 उम०नि०प० : 141
57. वही, पृष्ठ-150
58. वही, पृष्ठ-150
59. वही, पृष्ठ-154
60. वही, पृष्ठ-151
61. Sarla Vs. Mahendra Kumar : 1989 Cri. L.J. : 730 (Rajasthan)
62. क०ह०प्र०द्वि०, पृष्ठ-166
63. वही, पृष्ठ-167
64. बीजक, भाग-1, व्याख्याकार अभिलाष दास, पृष्ठ-331
65. कबीर बीजक, राघवदास, पृष्ठ-143
66. बीजक, भाग-1, व्याख्याकार, अभिलाष दास, पृष्ठ-68
67. कबीरपंथी शब्दावली, पृष्ठ-869
68. कबीर समग्र, डा० युगेश्वर, पृष्ठ-285
69. कबीर ग्रन्थावली, डा० भगवदतस्वरूप मिश्र, पृष्ठ-128
70. कबीरपंथी शब्दावली, पृष्ठ-864
71. कबीर ग्रन्थावली, प्रो० पुष्पपाल सिंह, पृष्ठ-361
72. कबीरपंथी शब्दावली, पृष्ठ-867
73. कबीर ग्रन्थावली, डा० भगवदस्वरूप मिश्र, पृष्ठ-165
74. कबीरपंथी शब्दावली, पृष्ठ-935

अध्याय - 3

अफवाहों का अध्ययन

क. इतिहासकार की मजाक

ख. शब्द 'पालित' का प्रयोग

ग. किंवदंती की व्याख्या

घ. आचार्य विश्वनाथ प्रसाद मिश्र : दूसरे रामचन्द्र शुक्ल

ङ. डा० राम विलास शर्मा : प्रक्षेप की परम्परा

क. इतिहासकार की मजाक

अब्बास शरवानी की फारसी भाषा में लिखी गई पुस्तक 'तारीख-ए-शेरशाही' का राजाराम अग्रवाल ने हिन्दी में अनुवाद किया है। इस अनुवाद पुस्तक की प्रस्तावना लिखने में श्री नारायण चतुर्वेदी का पहला वाक्य इस प्रकार है—"वास्तव में यह दुर्भाग्य की बात है कि हिन्दुओं में इतिहास लिखने की रुचि नहीं है।"[1] प्रस्तावना लेखक ही कह रहे हैं कि यह कोई गर्व की बात नहीं है।

डा० हजारी प्रसाद द्विवेदी ने खुद माना है कि इस देश में इतिहास नहीं लिखा गया। वे लिखते हैं—"वस्तुतः इस देश में इतिहास को ठीक आधुनिक अर्थ में कभी नहीं लिया गया। बराबर ही ऐतिहासिक व्यक्ति को पौराणिक या काल्पनिक कथानायक जैसा बना देने की प्रवृत्ति रही है। कुछ में, दैवी शक्ति का आरोप कर के पौराणिक बना दिया गया है—जैसे राम, बुद्ध, कृष्ण आदि—और कुछ में काल्पनिक रोमांस का आरोप कर के निजंधरी कथाओं का आश्रय बना दिया गया है—जैसे उदयन, विक्रमादित्य और हाल। जायसी के रत्न सेन तथा रासो के पृथ्वीराज में तथ्य और कल्पना का—फैक्ट्स और फिक्शन का—अद्भुत योग हुआ है।"[2] उन्होंने इतिहास न लिखने के कारण गिनाए हैं—"कर्मफल की अनिवार्यता में, दुर्भाग्य और सौभाग्य की अद्भुत शक्ति में और मनुष्य के अपूर्व शक्ति-भंडार होने में दृढ़ विश्वास ने इस देश के ऐतिहासिक तथ्यों को सदा काल्पनिक रंग में रँगा है। यही कारण है कि जब ऐतिहासिक तथ्यों का भी चरित लिखा जाने लगा तब भी इतिहास का कार्य नहीं हुआ। अन्त में ये रचनाएँ काव्य ही बन सकीं, इतिहास नहीं।"[3]

यहाँ डा० हजारी प्रसाद द्विवेदी की एक बात से सहमत हुआ जा सकता है कि इस देश में इतिहास नहीं लिखा गया। लेकिन उन्होंने इतिहास न लिखने के जो कारण

गिनाएँ हैं, उन से दलित चिन्तन सहमत नहीं हो सकता। इस मामले में दलित चिन्तन यही मानता है कि कोई चोर, जार, झूठी और पराजित कौम कभी इतिहास नहीं लिख सकती।

मुसलमान इतिहास लेखक अब्बास शरवानी अपनी पुस्तक 'तवारीख़-ए-शेरशाही' में लिखते हैं—"मेरी जानकारी उन विश्वसनीय अफगानों की सूचना पर आधारित है जो इतिहास और साहित्य के मर्मज्ञ थे। ये लोग शेरशाह सूरी के शासनकाल के आरम्भ से अन्त तक उस के साथ रहे। वे उस के यहाँ नौकर थे और गोपनीय कार्यों में उस के परामर्शदाता और सहयोगी थे। मुझे इन लोगों से जो सामग्री उपलब्ध हुई, उस का भली प्रकार संशोधन कर लिया गया है और उन तथ्यों को जो, अविश्वसनीय प्रतीत हुए या कसौटी पर ठीक नहीं उतरे, छोड़ दिया गया है।"[4] लेकिन डा० हजारी प्रसाद द्विवेदी और डा० रामधारी सिंह दिनकर जैसे पुराण और संस्कृति के हिन्दू लेखक ऐसे समय क्या करते ? वे उन तथ्यों को छोड़ देते जो विश्वसनीय प्रतीत होते या कसौटी पर सही उतरते। वे अपने पौराणिक संस्कृति लेखन में केवल अविश्वसनीय और कसौटी पर खरी न उतरी हुईं बातों को ही आगे बढ़ाते हैं कि कबीर की माँ विधवा ब्राह्मणी थी और कबीर के गुरु रामानंद ब्राह्मण थे। तभी पूछा जा सकता है कि क्या किसी संस्कृत की पुस्तक से पता चल सकता है कि इस देश में शेरशाह सूरी का शासन काल क्या था। शासन काल की बात एक तरफ, क्या किसी संस्कृत की पुस्तक से इस बात का पता – कता है कि इस देश में 'शेरशाह सूरी' नाम का कभी कोई शासक भी था ?

देखा जा सकता है कि रामधारी सिंह दिनकर ने अपनी पुस्तक 'संस्कृति के चार अध्याय' के चार शीर्षक इस प्रकार दिए हैं—

प्रथम अध्याय—भारतीय जनता की रचना और हिन्दू संस्कृति का आविर्भाव

द्वितीय अध्याय—प्राचीन हिन्दुत्व से विद्रोह

तृतीय अध्याय—हिन्दू संस्कृति और इस्लाम

चतुर्थ अध्याय—भारतीय संस्कृति और यूरोप[5]

इस पुस्तक के तीसरे और चौथे अध्यायों के शीर्षकों से पता चलता है कि जब ब्राह्मण का सामना इस्लाम से होता है तो वह हिन्दू के नाम से इकट्ठा होता है लेकिन जब उस पर आक्रमण यूरोप का होता है तो वह 'भारतीय' के नाम का सहारा लेता है। बचाव पक्ष में दोनों बार यह 'संस्कृति' की बात सामने लाता है मगर 'धर्म' की नहीं। पहले अध्याय के तीसरे प्रकरण का शीर्षक 'आर्य और आर्येतर संस्कृतियों का मिलन' दिया गया है। दूसरे अध्याय में 'प्राचीन हिन्दुत्व से विद्रोह' नहीं बल्कि यह ब्राह्मण से विद्रोह था। फिर यह अचानक नहीं है कि डा० हजारी प्रसाद द्विवेदी ने दिनकर की इस पुस्तक की प्रशंसा इन शब्दों में की है—"यह पुस्तक इतिहासविद की तथ्य-परीक्षा मात्र नहीं है। मेरी दृष्टि में यह एक प्राणवती मानवीय प्रयत्न-धारा की मोहिनी मूर्ति है।"[6]

यह सदा से हुआ है कि हिन्दू चिन्तक इतिहास के नाम से घबराते हैं। चूँकि इतिहास की घटनाएँ वास्तविक होती हैं, और हिन्दू विद्वान वास्तविकता का दुश्मन होता है, इसलिए वह संस्कृत के श्लोकों में पुराण लिखने बैठ जाता है। यूँ, इतिहास को मिटाने के लिए उस की शैली पुराण लिखने की है। इस युग में वह 'पुराण' के बजाय 'संस्कृति' लिखने बैठ जाता है लेकिन 'संस्कृति' से वह 'पुराण' का ही काम लेता है। इस प्रकार आज के हिन्दू विद्वान इतिहास लिखने की खानापूर्ति 'संस्कृति का इतिहास' लिख कर करते हैं। वास्तव में, राज्य और समाज का इतिहास लिखने की इन की क्षमता नहीं है।

आश्चर्य तब होता है जब रामधारी सिंह दिनकर राज्य का इतिहास न लिख पाने की अपनी कमजोरी की खीज इतिहासकार की बुराई कर के निकालते हैं। वे लिखते हैं—"मैंने पहले भी कहा था और आज फिर दुहराता हूँ कि यह महल साहित्य और दर्शन का है। इतिहास की हैसियत यहाँ किरायेदार की है। किरायेदार का आदर तो मैं करता हूँ, किन्तु, महल पर उसे कब्जा देने की बात मैं नहीं सोच सकता। मैं कोई पेशेवर इतिहासकार नहीं हूँ। इतिहास की ओर मैं शौक से गया हूँ और शौक से ही मैं उस की सामग्रियों का उपयोग भी करता हूँ।"[7] उन्होंने आगे लिखा है—"संस्कृति का इतिहास शौकिया शैली में ही लिखा जा सकता है।"[8]

डा० दिनकर के उक्त कथन का मतलब है कि वे अपनी पुस्तक में कहीं भी गम्भीर और जवाबदेह होने नहीं जा रहे हैं। वे इतिहास में जहाँ चाहे बड़बोले बन कर बोलेंगे और जहाँ चाहे अपराधी के रूप में मौन हो जाएँगे। उन की चुप्पी या उन की मुखरता में उन की मनमानी होगी। उन्होंने लिखा भी है—"इतिहासकार, अक्सर, एक या दो शाखाओं के प्रामाणिक विद्वान होते हैं। ऐसे अनेक विद्वानों की कृत्तियों में पैठ कर घटनाओं और विचारों के बीच संबंध बिठाने का काम वही कर सकता है जो विशेषज्ञ नहीं है, जो सिक्कों, ठीकरों और ईंटों की गवाही के बिना नहीं बोलने की आदत के कारण मौन नहीं रहता।"[9] ऐसे में, दिनकर की सोच के लिए यही कहा जा सकता है—"बोलो, खूब बोलो, बिना गवाहियों के बोलो, झूठ बोलो, आँय-बाँय बोलो, कुछ भी न बोलते सब कुछ छिपा लो—पर अन्तिम बात यह है कि आप की सुनने कौन जा रहा है ?"

घटनाएँ और विचार, विचार और घटनाएँ—यही इतिहास है। घटनाओं और विचारों में संबंध जोड़ना है तथा इन में तारतम्य ढूँढना है। लेकिन हिन्दू विद्वानों को सत्य से कट कर कल्पना की पड़ी हुई है। दिनकर ने लिखा ही है—"अनुसंधानी विद्वान सत्य को तर्क से पकड़ता है और समझता है सत्य, सचमुच, उस की गिरफ्त में है। मगर, इतिहास का सत्य क्या है ? घटनाएँ मरने के साथ फोसिल बनने लगती हैं, पत्थर बनने लगती हैं, दंतकथा और पुराण बनने लगती हैं। बीती घटनाओं पर इतिहास अपनी झिलमिली डाल देता है जिस से वे साफ-साफ दिखाई न पड़े, जिस से बुद्धि की उँगली

उन्हें छूने से दूर रहे। यह झिलमिली बुद्धि को कुंठित और कल्पना को तीव्र बनाती है, उत्सुकता में प्रेरणा भरती और सपनों की गाँठ खोलती है। घटनाओं के स्थूल रूप को कोई भी देख सकता है, लेकिन उन का अर्थ वही पकड़ता है जिस की कल्पना सजीव हो। इसीलिए, इतिहासकार का सत्य नए अनुसंधानों से खण्डित हो जाता है, लेकिन कल्पना से प्रस्तुत चित्त कभी भी खण्डित नहीं होते।"[10] कहना चाहिए कि हिन्दू विद्वान की इसी कल्पना के बलबूते पर बेसिर-पैर के पुराणों और काव्यों की रचना हुई है। पर एक सवाल और है—क्या हिन्दू विद्वान इतिहास नहीं लिख सकता था ? उत्तर यह है—वह सौ बार गौरव से अपना इतिहास लिखता लेकिन उस की बादशाहत इस देश में कब रही है जिस पर वह गर्व करे ? राज सत्ता का इतिहास लिखने में उस की बुआ जोधा बाई अकबर की सुहागरात सजाने लगती है। राज सत्ता का इतिहास लिखने में उसे एंग्लो-इण्डियनों के रूप में अपनी हारी हुई कहानी लिखनी पड़ जाएगी। इसलिए, ऐसी वास्तविक घटनाओं की ओर से हिन्दू विद्वान आँख मूँद लेना चाहता है। तरीका यही है कि इतिहास के बजाय पुराण लिखा जाए और सत्य के बजाय काव्य लिखा जाए। इसीलिए दिनकर ने अपनी पुस्तक के बारे में लिखा है—"इस पुस्तक को मैं इतिहास नहीं, साहित्य का ग्रन्थ कहता हूँ।"[11] कहें क्यों नहीं ? उन्हें कुछ निश्चय रूप से तय नहीं करना है बल्कि हमेशा दोहरी बातें लिखनी हैं। कबीर को ले कर डा० द्विवेदी की तरह दिनकर ने भी बात ज्यादा-से-ज्यादा उलझाई है। वे लिखते हैं—"स्वयं कबीर दास जी हिन्दू या मुस्लिम वर्ग के जुलाहे थे।"[12] असल में, जिन विद्वानों का काम ही उलझाना है वे इतिहास की खोज के लिए क्यों चलेंगे ? डा० दिनकर संस्कृति के ऐसे लेखक हैं जो अभी छह सौ वर्ष पूर्व जन्मे इतने बड़े व्यक्ति के बारे में यह जानकारी सुरक्षित नहीं रख सके कि वे हिन्दू जुलाहे थे या मुसलमान जुलाहे थे। मैं यह कहना चाहता हूँ कि ये हिन्दू विद्वान जानते हुए भी सत्य को छिपाना चाहते हैं। यह इन की बौद्धिक आदत है क्योंकि इन्होंने अपना लाभ इसी उलझन को बरकरार रखने में मान रखा है। अफवाहों को सत्य मान कर जिम्मेदार पुस्तकों में उन का उल्लेख करते हैं। वे कबीर का रामानंद से संबंध मानने में भूत प्रेत की कहानियों में विश्वास रखने वाले गाँव की एक गली के बच्चे की तरह लिखते हैं—".....यह तो नहीं कहा जा सकता कि रामानंद ने इस्लाम के प्रभाव में आ कर वैष्णव आगमों में कोई संशोधन किया हो। वर्णाश्रम का बंधन रामानंद भी मानते थे। आनन्द भाष्य में शूद्रों को वेद पढ़ने का अधिकार उन्होंने भी नहीं दिया है। हिन्दू को वे भी जन्मना मुस्लिम से श्रेष्ठ मानते थे।.....कबीर को उन्होंने दीक्षा देने से इन्कार किया था। किन्तु कबीर दास जब गंगा तट पर उन की खड़ाऊँ के नीचे आ गए तब रामानंद के मुख से अचानक 'राम' शब्द निकला। कबीर ने इसे ही गुरु-मंत्र मान कर ग्रहण कर लिया और रामानंद को वे आजीवन अपना गुरु मानते रहे।"[13] वे सरल बात को कठिन बनाते हुए आगे लिखते हैं—"इस्लाम का एकेश्वरवाद कबीर को बहुत पसन्द था और अभ्यासी वे भारतीय

वेदान्त के भी थे। अतएव, सगुणोपासक गुरु से मंत्र ले कर भी वे अपने निर्गुण प्रेम को नहीं छोड़ सके।"[14] स्पष्ट ही, अपने इन कपोलकल्पित और बेसिरपैर के कथनों के लिए डा० दिनकर ने कोई प्रमाण देने की जरूरत नहीं समझी। वे एकदम साफ बोल रहे हैं कि वे इतिहास नहीं लिख रहे हैं। पर तब क्यों लिख रहे हैं कि कबीर रामानंद के शिष्य थे ? यही इन की इतिहास से दुश्मनी, यही इन का कल्पना और काव्य से प्यार और यही इन की पुराण और संस्कृति की जबरदस्ती और मनमानी है। तभी यहाँ रामधारी सिंह दिनकर की 'संस्कृति के चार अध्याय' की निरन्तरता में कहा जा सकता है कि 'संस्कृति का पाँचवाँ अध्याय' इस देश में केवल दलित ही लिख सकता है। हिन्दू विद्वान दलित के द्वारा लिखे जाने वाले इसी पाँचवें अध्याय को मिटाने में लगे हुए हैं।

ख. शब्द 'पालित' का प्रयोग

डा० हजारी प्रसाद द्विवेदी की 'कबीर' नामक किताब का पहला वाक्य ही चालाकी भरा है। यह आदि वाक्य इस प्रकार है—"कबीर दास का लालन-पालन जुलाहा-परिवार में हुआ था, इसीलिए उन के मत का महत्त्वपूर्ण अंश यदि इस जाति के परम्परागत विश्वासों से प्रभावित रहा हो तो इस में आश्चर्य की कोई बात नहीं है।"[15] सोचने की बात है कि क्या यह एक ईमानदार विद्वान का एक सीधा-सादा वाक्य है। इस में डा० द्विवेदी क्या कहना चाह रहे हैं ? वे क्या प्रकट कर रहे हैं और क्या छिपा रहे हैं ? वे सच को सामने रख रहे हैं या उस में झूठ की गुंजाइश छोड़ रहे हैं ? इस वाक्य के विश्लेषण से पता चलता है कि वे यह नहीं कह रहे हैं कि कबीर का जन्म जुलाहे परिवार में हुआ था। यदि उन का जन्म जुलाहे परिवार में नहीं हुआ था तो कहाँ हुआ था ? यहीं से किसी विधवा या कुँआरी ब्राह्मणी की कथा जुड़ जाती है। यह डा० द्विवेदी के पांडित्य की तिरछी कथन शैली है जिस से दलित चिन्तन को विशेष रूप से सावधान रहना है। चालाकी यह बरती गई है कि-डा० द्विवेदी ने यह नहीं कहा है कि कबीर का जन्म विधवा या कुँआरी ब्राह्मणी के पेट से हुआ था लेकिन उन्होंने यह भी नहीं कहा है कि कबीर का जन्म जुलाहे परिवार में हुआ था। वे कबीर के जीवन को केवल उन के लालन-पालन से शुरू करते हैं। यही चालाकी है जो ब्राह्मण विद्वानों में जरूर पाई जाती है। सीधे वाक्यों में भी इन की कथन-शैली सीधी नहीं होती। द्विज चिन्तकों को खुश किया जा रहा है कि मैंने कब माना है कि कबीर का जन्म ब्राह्मणी से नहीं हुआ था और दलित चिन्तकों का मुँह यह लिख कर बन्द किया जा रहा है कि कबीर को जुलाहों के वातावरण का मान तो लिया गया है। यूँ, यह द्विज विद्वान की तिरछी बुद्धि है।

डा० द्विवेदी एक जगह अपनी ब्राह्मणी जुबान में कुछ तुतला गए हैं लेकिन उस बात को निश्चयात्मक ढंग से न कहने के कारण फिर बच गए हैं। वे तत्कालीन अन्य

मुसलमान कवियों के बारे में लिखते हुए कह गए हैं—"अनुमान है कि ये कविगण कबीर दास की भाँति ही इसी प्रकार की किसी जाति के धर्मान्तरित वंश में उत्पन्न हुए थे।"[16] लेकिन इस वाक्य में दो बातें विचारणीय हैं—

1. यह एक अनुमान है।
2. केवल अन्य कविगण धर्मान्तरित वंश में पैदा हुए थे या कबीर भी धर्मान्तरित वंश में पैदा हुए थे ?

लेकिन यह तर्क पुनः खण्डित हो जाता है कि कबीर ऐसे धर्मान्तरित वंश में पैदा हुए थे। डा० द्विवेदी ने अनुमान के बजाय जो निश्चयात्मक बात लिखी है वह उन के शब्दों में इस प्रकार है—

"ऊपर की विवेचना का निष्कर्ष यह हुआ कि :

. . . .

3. कबीर दास इन्हीं नव धर्मान्तरित लोगों में पालित हुए थे।"[17]

इस प्रकार, अन्त तक कहने का मतलब वही निकला जो शुरू के वाक्य में कहा गया है।

आखिर, डा० द्विवेदी को यह लिखते हुए क्या परेशानी थी कि कबीर का जन्म जुलाहे-परिवार में हुआ था ? उन्होंने यही क्यों लिखा कि कबीर का पालन-पोषण जुलाहे-परिवार में हुआ था ? इन प्रश्नों का महत्त्व इसलिए बढ़ जाता है क्योंकि कबीर के बारे में ऐसा भ्रम पहले से फैला हुआ था। डा० द्विवेदी को इस प्रश्न को हल कर के आगे बढ़ना चाहिए था, और चूँकि उन्होंने कबीर को जुलाहे-परिवार में पालित बताया है इसलिए यह कबीर के जन्म का अपमान भी है। उन्हें ध्यान रखना चाहिए था कि कबीर जुलाहे रह कर लड़े हैं और उन्होंने कभी ब्राह्मण बनने की कोशिश नहीं की। ब्राह्मण उन का आदर्श नहीं था। कबीर के लिए ब्राह्मण झूठा था जो वे नहीं होना चाहते थे।

डा० द्विवेदी ने अपनी पुस्तक 'हिन्दी साहित्य की भूमिका' में लिखा है कि कबीर 'का जन्म मुसलमान वंश में हुआ था, ऐसा प्रवाद है। कुछ लोगों का कहना है कि उन का जन्म तो हिन्दू घर में हुआ था, पर लालन-पालन मुसलमान घर में। जो हो, उन का मुसलमानी वातावरण में बड़ा होना निश्चित है।'[18] लेकिन एक स्थान पर डा० द्विवेदी को इस मूल प्रश्न से जूझना पड़ गया है जब वे कबीर के जन्म के बारे में लिखते हैं—"काशी में किसी सद्योधर्मान्तरित जुलाहा जाति में इन का प्रादुर्भाव हुआ था। प्रसिद्ध यह है कि ये किसी विधवा ब्राह्मणी के पुत्र थे। माता ने सामाजिक भय से काशी के लहरतारा तालाब के पास इन्हें फेंक दिया था, वहीं नीरू और नीमा नामक जुलाहा दम्पति ने उन्हें प्राप्त किया और पाल-पोस कर बड़ा किया। यह प्रसिद्धि कहाँ तक सत्य है, यह नहीं कहा जा सकता। पर निर्विवाद बात यह है कि ये काशी की जुलाहा जाति

में पालित और वर्धित हुए थे।"[19] यह डा० द्विवेदी ने अपनी पुस्तक 'हिन्दी साहित्य : उस का उद्‌भव और विकास' में लिखा है। सवाल यह है कि डा० द्विवेदी ने इस समस्या को उठा कर, बिना हल किए, ज्यों का त्यों छोड़ दिया है। यदि यह प्रसिद्धि है तो इस की जाँच-परख क्यों नहीं की ? इस प्रसिद्धि में सन्देह प्रकट क्यों नहीं किया ? उन्होंने इस ब्राह्मणी प्रसिद्धि को नकारा क्यों नहीं ? लेकिन हुआ यह है कि विधवा ब्राह्मणी की इस प्रसिद्धि को झूठी कहने के बजाय वे कबीर के साथ रामानंद की एक दूसरी झूठी ब्राह्मणी प्रसिद्धि फालतू जोड़ गए हैं। वे लिखते हैं—"लोक प्रसिद्धियों में बताया गया है कि अन्धेरे में गंगा तट पर सोए हुए कबीर के शरीर पर रामानंद जी के खड़ाऊँ पड़ गए थे और वे 'राम-राम' कह उठे थे। रामानंद से कबीर के दीक्षा लेने की यही कहानी है।"[20] लेकिन पूरे चौकस और चौकन्ने रहने के बावजूद एक जगह डा० द्विवेदी भूल से इस बात को कह गए हैं कि कबीर का जन्म मुसलमान धर्म में हुआ था। उन के वे शब्द इस प्रकार हैं—"कबीर दास मे स्वयं इस धर्म (इस्लाम) द्वारा प्रभावित वंश में जन्म ग्रहण किया था।"[21] लेकिन इतना लिख कर वे फिर दूसरी बात सोचने लगते हैं। वे लिखते हैं—"कबीर पंथियों का और कोई दावा ठीक हो या नहीं, उन का यह दावा सोलह आने संगत है कि कबीर दास मुसलमान नहीं थे, क्योंकि मुसलमानी वंश में जन्म और लालन-पालन होना ही किसी को मुसलमान नहीं बना देता।"[22] वे आगे अपने ब्राह्मणी मन की छिपी हुई पूरी बात खोल कर रख देते हैं जब लिखते हैं—"जन्म से वे मुसलमान रहे हों या नहीं, विश्वास में वे एकदम मुसलमान नहीं थे।"[23] देखिए, कितने आश्चर्य की बात है कि डा० द्विवेदी एक मुसलमान को मुसलमान नहीं कह रहे हैं। यदि वे इतिहास की मदद से यह सिद्ध करते कि कबीर का जन्म मुसलमान घर में नहीं हुआ था तो उन की बात सुनी जा सकती थी लेकिन यहाँ डा० द्विवेदी की ब्राह्मणी जिद इस हद तक अड़ी हुई है कि इतिहास द्वारा यह सिद्ध हो जाने पर भी कि कबीर का जन्म मुसलमान घर में हुआ था, वे कबीर को मुसलमान नहीं मान रहे हैं। कहने का मतलब यह है कि तर्क बन्द कर दिए जाने चाहिए और इन ब्राह्मण विद्वान महोदय की बातें आँख मूंद कर प्रवचन की तरह स्वीकार की जानी चाहिए। खुद ये डा० द्विवेदी इस मामले में किसी की सुनने नहीं जा रहे हैं। भला, मुसलमान मुसलमान के घर पैदा नहीं होगा तो कहाँ पैदा होगा ? फिर, डा० द्विवेदी ने बहस का कुरुक्षेत्र कहाँ खड़ा किया है ? जो प्रवाद है उसे प्रवाद नहीं माना और जो प्रवाद नहीं है उसे प्रवाद मान लिया है। प्रवाद इसे माना गया है कि कबीर का जन्म मुसलमान घर में हुआ था लेकिन इसे प्रवाद नहीं माना गया कि कबीर का जन्म किसी विधवा ब्राह्मणी के पेट से हुआ था। वास्तव में, दलित चिन्तन के विरोध में यह एक ब्राह्मण विद्वान की चतुराई है जो यहाँ पूरी तरह उजागर हो जाती है।

लेकिन यहाँ लगे हाथ एक अगला प्रश्न यह भी पूछ लेना चाहिए कि क्या तब कबीर हिन्दू थे। मेरा उत्तर है—"वे अपने विश्वास में भी हिन्दू नहीं थे।" सच बात यह

है कि कबीर किसी भी तरह के हिन्दू नहीं थे। कबीर के बारे में यह सन्दर्भ ही गलत है और निहायत चालाकी भरा है। लेकिन डा० द्विवेदी मूल बात के केवल चक्कर लगाना पसन्द कर रहे हैं जब वे कबीर के बारे में लिखते हैं–"पर मुसलमान वंश में प्रतिपालित होने के कारण उन में एक प्रकार का साहसिक भाव आ गया था .... यह मुस्लिम परिवार में पालित होने का उत्तम फल था।"[24]

डा० द्विवेदी अपनी पुस्तक के 12वें अध्याय 'व्यक्तित्व विश्लेषण' में पुनः अपनी चालाकी खेल जाते हैं जब वे लिखते हैं–"कबीर उस समाज में पालित हुए थे जो न तो हिन्दुओं द्वारा समादृत था न मुसलमानों द्वारा पूर्ण रूप से स्वीकृत। यह कुल परम्परा से ज्ञानार्जन के अयोग्य समझा जाता था।"[25] लेकिन अपनी पूरी चालाकी न चलती देख डा० द्विवेदी धर्म की बात छोड़ कर जाति की बात उठा देते हैं। वे लिखते हैं–"इसी (जुलाहा) जाति में मध्य काल के स्वाधीन चेता संत कबीर उत्पन्न हुए थे।"[26] यूँ, शुरू से ले कर आखिर तक वे कबीर के जन्म की महत्त्वूपर्ण घटना को इधर-उधर धूल में रला देना चाहते हैं। उन्होंने बात एकदम उल्टी रखी है जब उन्होंने अपनी पुस्तक 'हिन्दी साहित्य की भूमिका' में कबीर के बारे में लिखा है–"उन का जन्म मुसलमान वंश में हुआ था, ऐसा प्रवाद है।"[27] इस का मतलब यह है, जो पहले कहा गया है, कि डा० द्विवेदी के अनुसार प्रवाद का मुद्दा यह है कि उन का जन्म मुसलमान वंश में हुआ था, न कि यह कि उन की माँ कोई विधवा ब्राह्मणी थीं। उन्होंने आगे लिखा ही है– "कुछ लोगों का कहना है कि उन का जन्म तो हिन्दू घर में हुआ था, पर लालन-पालन मुसलमान घर में हुआ।"[28]

डा० हजारी प्रसाद द्विवेदी ने कबीर की माँ की प्रशंसा इन शब्दों में की है–"सो गुरु ने इस रामनाम के अलौकिक बीज को बो दिया। कबीर ने इस के अंकुर को प्रेम की धारा से सींचा (क०ग्रं० पद-216)। धन्य है वह सुन्दरी जिसं ने वैष्णव पुत्र पैदा किया, जिस ने रामनाम का सुमिरन कर के निर्भयता पा ली। सारी दुनिया भटकती ही रह गई।"[29] पूछने की बात है कि क्या यहाँ डा० हजारी प्रसाद द्विवेदी कबीर की माँ के रूप में 'मुसलमानी नीमा' को मान रहे हैं या 'विधवा ब्राह्मणी' को। क्या मुसलमानी वैष्णव पूत जनेगी ? सच यह है कि मुसलमानी मुसलमान बच्चे को जनती है और ब्राह्मणी ब्राह्मण बच्चे को जनती है। लेकिन इस उद्धरण में सही ज़वाब डा० वीर भारत तलवार के आरोप का है। डा० तलवार ने मेरे विरोध में लिखा है कि अयोध्या सिंह उपाध्याय के "इसी उद्धरण को धर्मवीर ने द्विवेदी जी की पंक्तियाँ समझ कर अपनी किताब में उद्धृत किया और सिर्फ इसी से नतीजा निकाल लिया कि द्विवेदी जी कबीर को वैष्णव साबित कर रहे हैं।"[30] लेकिन मेरा नतीजा गलत नहीं है। यह बात सच है कि वह उद्धरण हरिऔध का है जिस के बारे में इस पुस्तक के पहले अध्याय में चर्चा की जा चुकी है, लेकिन यहाँ डा० तलवार द्वारा डा० द्विवेदी को कैसे बचाया जा सकता है क्योंकि यहाँ कोई हरिऔध नहीं हैं बल्कि सीधे डा० हजारी प्रसाद द्विवेदी हैं ?

ग. किंवदंती की व्याख्या

प्रोफेसर नामवर सिंह ने कहा है कि यदि यह एक किंवदंती है कि कबीर के गुरु रामानंद थे तो इस किंवदंती की भी व्याख्या की जाए। प्रोफेसर नामवर सिंह ने मुझे यह एक अच्छा काम सौंपा है। आगे मैं इस किंवदंती की व्याख्या करने जा रहा हूँ कि ऐसी किंवदंती क्यों प्रचलित हुई कि कबीर के गुरु रामानंद थे।

पहली बात यह है कि जहाँ इतिहास का सच मौजूद होता है वहाँ किसी किंवदंती को चलाने की जरूरत नहीं होती। वह सच सब को स्वीकार्य होता है। किंवदंती चलाने की जरूरत तब पड़ती है जब इतिहास के सच को न मान कर उसे तोड़ने-मरोड़ने की कोशिश की जाती है। दूसरी बात यह है कि ब्राह्मण चिंतन ने कभी इतिहास का सम्मान नहीं किया है। उस ने कभी इतिहास नहीं लिखा, वह पुराण लिखने का आदी है। इस युग में वह पुराण न लिख कर 'संस्कृति' लिख रहा है। निश्चित रूप से, संस्कृति से वह पुराण का ही काम ले रहा है।

एक बड़ी मोटी-सी बात है कि किसी भी समाज में दो वर्ग हुआ करते हैं। उन में से एक शासक और दूसरा शासित वर्ग होता है। भारत में इसे ब्राह्मण धर्म के परिप्रेक्ष्य में ब्राह्मण और चमार[31] का अन्तर माना जा सकता है। भाषा के आधुनिक सुभीते के लिए इसे द्विज और दलित कहा जा सकता है।

सोचना यह है कि कोई किंवदंती दलित और द्विज में से किस के पक्ष में जाती है। कबीर के गुरु रामानंद थे—यह किंवदंती द्विज के पक्ष में जाती है। वास्तव में, कोई किंवदंती हमेशा शासक वर्ग के पक्ष में खड़ी हुआ करती है। शासित वर्ग हमेशा इतिहास के सच के साथ जाना चाहता है और उस का एक खास काम किंवदंतियों से लड़ने का हो जाता है।

आखिर, किंवदंती क्या है ? संस्कृत का जटिल शब्द होने के कारण इसे सम्मान दिया जाता है लेकिन इस का सही नाम हिन्दी में 'अफवाह' और अंग्रेजी में 'रूमर' है। इसलिए संस्कृत के किंवदंती शब्द को छोड़ कर जो वहाँ अनावश्यक रूप से प्रतिष्ठा प्राप्त कर जाता है, इसे सही परिप्रेक्ष्य में समझने के लिए हिन्दी में सीधे 'अफवाह' कहना ज्यादा सही है। पिछले विश्व-युद्ध में प्रयोग किया गया यह 'हिटलर का झूठ' है। ब्राह्मण चिन्तन ने दलित के खिलाफ पिछले तीन हजार साल का विश्व का सब से लम्बा युद्ध चला कर इस शब्द का इसी रूप में प्रयोग किया है। किंवदंती की वास्तविक खोल-बाँध हिप्पोक्रेसी, रिडल और कथनी और करनी के अन्तर में जा कर होती है।

किंवदंती उस समाज में खड़ी हो सकती है जो शिक्षित न हो। पिछड़े और अनपढ़ समाजों में किंवदंतियों को ज्यादा स्थान मिल सकता है। लेकिन आश्चर्य की बात है कि

यहाँ पढ़ा-लिखा ब्राह्मण समाज किंवदंतियों का सहारा लेता है। वह ब्राह्मण समाज जो साढ़े तीन हजार वर्ष पुराने संस्कृत के अपने वेदों को मात्रा और वर्णों की बारीकी से याद रखता है, यह कैसे आश्चर्य की बात है कि वह अभी कुल छह सौ वर्ष पुराने कबीर के गुरु के बारे में किंवदंती का रास्ता पकड़ता है। जो ब्राह्मण समाज साढ़े तीन हजार वर्षों से चले आ रहे अपने गोत्रों और प्रवरों को बचा कर रखे हुए है वह छह सौ वर्ष पहले के कबीर की माँ के बारे में किंवदंती खड़ी करता है। अपने इतिहास के साढ़े तीन हजार वर्ष पुराने पुरखों को याद किया जाता है लेकिन दूसरे के छह सौ वर्ष पुराने इतिहास की भी खबर नहीं रखता। यह क्या गोलमाल है ? कहना यही है कि यह सब जानबूझ कर खड़ा किया गया तमाशा है। आखिर, यह ब्राह्मण चिन्तक को बताना चाहिए, यह उसी की जिम्मेदारी है कि सब से ज्यादा पढ़ा-लिखा होने का दावा करने वाले ब्राह्मण समाज का काम किंवदंतियों से क्यों चलता है। दलितों को जबरन अशिक्षित रखने का मकसद यह था कि उन के बारे में जैसी चाही किंवदंती चला दी जाए। क्या कारण है कि इतने ज्यादा पढ़े-लिखे डा० हजारी प्रसाद द्विवेदी इतने मासूम और भोले बन कर कैसे लिख रहे हैं—"सभी परम्पराएँ इस बात का समर्थन करती हैं कि कबीर दास का रामानंद के साथ संबंध था।"[32] वे परम्पराओं पर क्यों टिक गए हैं ? वे इतिहास के सच्चे स्वरूप को अपने पेट में क्यों डकार गए हैं ? पाँचों आचार्यों में से वेदान्त की कौन-सी परम्परा कहती है कि शूद्र का गुरु ब्राह्मण हो सकता है ? डा० द्विवेदी को यह ब्रह्मसूत्र के भीतर से सिद्ध करना चाहिए था कि शूद्र का गुरु ब्राह्मण हो सकता है। ब्रह्मसूत्र के संबंधित सूत्रों की बिना जाँच-परख किए उन्होंने यह शोर और रोला क्यों मचा रखा है कि जुलाहे कबीर के गुरु रामानंद ब्राह्मण थे ?

ऐसा मानने में कुछ भी गलत नहीं है कि जब समाज में टकराव है तो लोक प्रसिद्धियों में भी टकराव होना चाहिए। एक ही बात को ले कर समाज के दो संघर्षशील वर्गों में दो भिन्न-भिन्न प्रकार की लोक प्रसिद्धियाँ प्रचलित हो सकती हैं। द्वन्द्वात्मक समाजों में तथ्यात्मक स्थितियों की व्याख्या अलग-अलग तरह से की जाती है। भारतीय समाज में यही अन्तर कबीर और रामानंद के संबंध को ले कर ठीक बैठता है। यह किंवदंती को समझने और समझाने के लिए सही और असरदार औजार है। इस में मुख्य सवाल यह नहीं है कि रामानंद कबीर के गुरु थे या नहीं। इस में प्रभाववादी दर्शन का ज्यादा बड़ा सवाल यह है कि क्या फर्क पड़ जाएगा यदि रामानंद कबीर के गुरु थे या नहीं थे। तो, अभी तक किसी भी विद्वान ने प्रमाणों के आधार पर रामानंद को कबीर का गुरु सिद्ध नहीं किया है। प्रमाणों के अभाव में वे केवल यह मान कर चलते हैं कि रामानंद कबीर के गुरु अवश्य रहे होंगे। लेकिन असली बात यह है कि यदि यह सिद्ध हो जाए कि रामानंद कबीर के गुरु नहीं थे तो क्या वे विद्वान कबीर के साहित्य में तब भी अपनी दिलचस्पी बराबर दिखाएँगे ? रामानंद का शिष्य सिद्ध न होने की स्थिति में भी क्या वे कबीर के व्यक्तित्व का ज्यों का त्यों सम्मान करेंगे ?

मेरा कहना यह है कि जिन विद्वानों ने रामानंद को कबीर का गुरू माना है उन सब ने वास्तव में कबीर में रुचि न ले कर रामानंद में रुचि ली है। उन का अपना दार्शनिक व्यक्ति रामानंद है, कबीर उन के लिए पराया है। उन्होंने कबीर का अध्ययन इसी बात को ध्यान में रख कर किया है ताकि कबीर रामानंद का विस्तार सिद्ध हो सकें। कबीर के अध्ययन में वे अपने रामानंद को अपने पास सुरक्षित रखना चाहते हैं। इस प्रकार के अध्ययन में कबीर मौलिक चिन्तक नहीं ठहरते–यही इन लेखकों का उद्देश्य है। वे यह नहीं मानना चाहते कि हिन्दुस्तान में बिना ब्राह्मण की कृपा के अन्य जातियों में कोई चिन्तक पैदा हो सकता है। उन्हें ब्राह्मण के खून में कुछ विशेष दिखता है। वे रामानंद को कबीर का गुरु सिद्ध कर के यह कहना चाहते हैं कि यह कैसे सम्भव हो सकता है कि जुलाहा जाति में कबीर जैसा चिन्तक पैदा हो जाए।

इन छूतवंशी लेखकों के इस क्षेत्र में प्रवेश करने के दो तरीके हैं–

1. यह सिद्ध करो कि अछूत जाति में पैदा कोई महापुरुष वास्तव में किसी ब्राह्मण का खून था। इस के लिए कमरों में बैठ कर जनश्रुतियाँ रच कर दूर-दूर तक प्रचारित की जाती हैं।
2. यह सिद्ध करो कि यदि वह अछूत व्यक्ति ब्राह्मण का खून नहीं था तो उस ने किसी ब्राह्मण को अपना गुरु माना या बनाया था।

कहना चाहिए कि दलित को ले कर इन छूतवंशी विद्वानों की सारी विद्वत्ता इन्हीं दो बातों को सिद्ध करने में लगी रहती है। ऐसा भी इन्हें मजबूरी में करना पड़ता है अन्यथा इन की पहली कोशिश यही होती है कि मानो ही मत कि अछूत जाति में कोई ज्ञानी पुरुष पैदा हुआ है। यदि इन्हें अनसरती में किसी ऐसे व्यक्ति को महान मानना ही पड़ता है तो उस की निरक्षरता और अनपढ़ता का विशेष गुणगान कर के उस की महानता पर कलंक का ग्रहण लगा देना चाहते हैं। वास्तव में, इन की इसी मनोवृत्ति पर चोट की जानी चाहिए।

दर्शनशास्त्र की मदद से ब्राह्मण विद्वानों द्वारा किए गए कबीर के मूल्यांकन को कैसे समझा जा सकता है ? एक विद्वान रामानन्द को कबीर के गुरु मानते हैं लेकिन दूसरे विद्वान रामानन्द को कबीर के गुरु नहीं मानते। तो क्या ये ब्राह्मण विद्वान आपस में एक-दूसरे के विरोधी हैं ? ऐसा बिलकुल नहीं है। जब ऐसा नहीं है तो फिर क्या है ? असल में, उत्तर यह है कि कबीर ब्राह्मणों के गाँव में एक मरकने बैल पैदा हो गए हैं। कट्टरपंथी और उदारवादी दोनों तरह के विद्वान इस बात को समझते हैं। इन दोनों तरह के विद्वानों का उद्देश्य यह है कि कबीर नाम के इस मरकने बैल को कब्जे में कैसे किया जाए। एक डंडा लिए खड़ा है और दूसरा हरा चारा लिए खड़ा है। उद्देश्य दोनों का एक है कि कबीर को कब्जे में कर के उन्हें ब्राह्मण संस्कृति के हल में जोता जाए। लेकिन कबीर ऐसे बिगड़े हैं कि बस में नहीं आ रहे हैं। वे डंडे का जवाब सींग से और

खुर से दे रहे हैं। जब उन्हें हरा चारा दिखाया जाता है तो कबीर फुफकारते हैं कि यह कथनी और करनी के अन्तर का हिप्पोक्रेटिक वैष्णवी जहर है।

यह बात सच है कि डा० हजारी प्रसाद द्विवेदी से ले कर आचार्य विश्वनाथ प्रसाद मिश्र तक के किसी भी ब्राह्मण विद्वान ने ऐतिहासिक तथ्यों का सम्बल नहीं लिया। सारे के सारे, चाहे रामानन्द को कबीर के गुरु मानते हों या रामानन्द को कबीर के गुरु न मानते हों, पुराण, संस्कृति और परम्परा को आधार मानते हैं। दर्शनशास्त्र में यह प्रभाववाद है। ये जेवड़े ले कर खड़े हैं। ये इस प्रकार चलते हैं कि कबीर रामानन्द के शिष्य मान कर पकड़े जा सकें तो ऐसे पकड़ लो और यदि रामानन्द के शिष्य न मान कर पकड़े जा सकें तो वैसे पकड़ लो। आखिर, डा० हजारी प्रसाद द्विवेदी आचार्य विश्वनाथ प्रसाद मिश्र से यही कह रहे हैं—'हट, तेरे वश में पकड़ना नहीं है, कबीर को मैं पकड़ूँगा।' इस प्रभाववाद में ईश्वर की तात्विक खोज नहीं की जाती। इस में ईश्वर पर विचार इस दृष्टि से किया जाता है कि ईश्वर के मानने या ईश्वर के न मानने से आदमी पर क्या प्रभाव पड़ता है। तो, ब्राह्मण विद्वानों का मतलब यह नहीं है कि इस बात की खोज की जाए कि रामानन्द कबीर के गुरु सच में थे या नहीं। उन का उद्देश्य केवल यह है कि रामानन्द को कबीर के गुरु मानने से क्या फर्क पड़ेगा और रामानन्द को कबीर के गुरु न मानने से क्या फर्क पड़ेगा। प्रभाववाद में भी विकसित हो कर ये ब्राह्मण विद्वान 'फर्क' के बजाय 'लाभ' के चक्कर में पड़े हुए हैं। सच-झूठ से इन का कुछ लेना-देना नहीं है। इन्हें केवल अपना स्वार्थ साधना है। ब्राह्मण संस्कृति पर आक्रमण करने वाले कबीर के दलित जानवर का शिकार करना है। जिन्दा पकड़ा जा सके तो जिन्दा, नहीं तो मार कर पकड़ लो। डा० हजारी प्रसाद द्विवेदी ने उन्हें मार कर पकड़ा है। हाँ, जब कबीर में कबीर के नाम का कुछ नहीं छोड़ा गया तो यह मार कर ही पकड़ना हुआ। मानो ब्राह्मण शिकारियों में बाजी लगी हुई थी कि इस शिकार को पकड़ने में कौन सफल होगा। यह प्रो० नामवर सिंह द्वारा पूछी गई किंवदन्तियाँ खड़ी करने की व्याख्या है।

ब्राह्मण लेखकों ने अपने शास्त्रों में जो कुछ किया है वह सर्व विदित है लेकिन इन्होंने दलित संतों के साहित्य के साथ भी गलत छेड़छाड़ की है। इन्होंने अपने घरों में पुराणों की ढेर सारी पोपलीलाएँ भर रखी हैं लेकिन दुख की बात यह है कि इन्होंने दलित घरों में भी गलत लीप-पोत कर दी है। यह अकारण नहीं है। इस में इन का एक निश्चित उद्देश्य यह होता है कि हिन्दुस्तान के सारे चिन्तन को ब्राह्मणों द्वारा पोषित ठहराया जाए। इन का किसी भी विषय पर कोई पुस्तक लिखने का असली इरादा यही होता है कि ब्राह्मण के उपकार के बिना किसी को ज्ञान प्राप्त करना सम्भव नहीं है। इन का सन्तोष इसी बात को ले कर होता है कि इन्होंने दूसरों के काम को बिगाड़ दिया है। कबीर की माँ विधवा ब्राह्मणी थी और कबीर के गुरु रामानंद ब्राह्मण थे—इन बातों

को सदा एक खास अन्दाज में कहा जाता है। उस अन्दाज से पता चलता है कि यह झूठ की कहानी है। यह समाज मनोविज्ञान का विषय है कि कोई एक सामाजिक समूह दूसरे और विरोधी सामाजिक समूह के साथ रणनीति में क्या-क्या हथियार अपनाता है। इस का सच से कुछ लेना-देना नहीं है। यह ब्राह्मणों का युद्ध में अफवाहों के स्तर पर लड़ा जाने वाला मोर्चा है।

घ. आचार्य विश्वनाथ प्रसाद मिश्र : दूसरे रामचन्द्र शुक्ल

अच्छा होगा कि डा० हजारी प्रसाद द्विवेदी के मत को ज्यादा सही तरीके से समझने के लिए डा० हजारी प्रसाद द्विवेदी के विरोधी चिन्तक के मत को भी समझ लिया जाए। यहाँ मेरे चयन में, डा० द्विवेदी के मत के ये विरोधी चिन्तक कोई दलित नहीं बल्कि एक दूसरे ब्राह्मण चिन्तक आचार्य विश्वनाथ प्रसाद मिश्र हैं। यहाँ आचार्य मिश्र का चयन इसलिए भी उचित रहेगा क्योंकि इन को मैं अपनी पहली पुस्तक 'कबीर के आलोचक' में शामिल नहीं कर सका था। इसलिए यहाँ उस पुस्तक की बाकी पूर्ति भी हो रही है। साथ ही, कहना यह भी है कि शायद आचार्य रामचन्द्र शुक्ल के द्वारा कबीर की बेइज्जती करने में जो कुछ कमी रह गई थी उसे आचार्य विश्वनाथ प्रसाद मिश्र ने पूरा कर दिया है। बात वही है कि आचार्य मिश्र भी ब्राह्मण हैं। मेरे मत में इसे संयोग के बजाय तर्क का अनिवार्य परिणाम कहा जा सकता है।

अब तक यह देख लिया गया है, और इस पुस्तक में आगे भी देखा जाएगा कि रामानन्द को कबीर का गुरु मानने में डा० हजारी प्रसाद द्विवेदी का लोभ और मन्तव्य क्या है। लेकिन एक दूसरे ब्राह्मण विद्वान वे हैं जो रामानन्द को कबीर का गुरु नहीं मानते। पर तब वे कबीर को किसी लायक भी नहीं मानते। उस धारा के ब्राह्मण विद्वानों को यह मानना पड़ता है कि कबीर ने अलग पंथ खड़ा किया था। लेकिन वे कबीर को इस जगह ला कर उन पर आक्रमण करते हैं कि कबीर के पंथ में कोई खासियत और जान नहीं थी। आचार्य विश्वनाथ प्रसाद मिश्र इसी दूसरी धारा के ब्राह्मण विद्वान हैं।

बात यहीं से शुरू की जाए कि जहाँ डा० हजारी प्रसाद द्विवेदी ने रामानन्द को कबीर का गुरु माना है वहीं आचार्य विश्वनाथ प्रसाद मिश्र ने रामानन्द को कबीर का गुरु नहीं माना। आचार्य मिश्र अपनी पुस्तक 'हिन्दी साहित्य का अतीत' के पहले भाग में लिखते हैं—"रामानन्द कबीर के गुरु थे, यह भी जनप्रवाह मात्र है।"[33] वे अपनी बात को ज्यादा बलपूर्वक कहते हैं—" 'कासी में हम प्रगट भए हैं रामानन्द चिताए' यह एक किंवदन्ती के रूप में प्रचलित है, कबीर ने स्वयम् कहीं यह घोषणा नहीं की है कि रामानन्द मेरे गुरु थे।"[34] वे आगे लिखते हैं—"कबीर की कृतियों से जिस मनोवृत्ति का संकेत मिलता है उस के अनुसार ये निर्गुण ब्रह्म के अतिरिक्त कदाचित किसी को गुरु मानने को प्रस्तुत न थे। ऐतिहासिक विद्वान शेख तकी को इन का गुरु कहते हैं।"[35]

जहाँ तक कबीर की भक्ति का सवाल है, उस में भी आचार्य विश्वनाथ प्रसाद मिश्र कबीर को रामानन्द से भिन्न मानते हैं। उन्होंने लिखा है—"........ रामानन्द ने जिस भक्ति का प्रचार किया उसी भक्ति का प्रचार कबीर ने भी किया यह बात भी सोलहो आने सही नहीं है।"[36] वे आगे लिखते हैं—"जो भी हो, कबीर ने जिस भक्ति का प्रचार किया वह भक्ति आडवारों की भक्ति ही हो, ऐसा ठीक प्रतीत नहीं होता।"[37] यहाँ देखा जा सकता है कि उन्होंने कबीर के विरोध के लिए डा० हजारी प्रसाद द्विवेदी वाला प्रक्षेप और समाहार का रास्ता नहीं पकड़ा बल्कि सीधे संघर्ष और टकराव का रास्ता पकड़ा है। वे कोई उलझाव न रखते हुए एक कट्टर ब्राह्मण के रूप में लिखते हैं—"कबीर स्वयम् मुसलमान थे और जिन संस्कारों के बीच पले थे वे भी मुसलमानी थे।" आचार्य मिश्र ने कबीर के नए पंथ खड़े करने की सम्भावना में भी कोई लाग-लपेट नहीं रखी जब उन्होंने लिखा है—"...... कबीर स्वयम् कोई नया पंथ प्रवर्तित करने की चिन्ता में थे जिस में विभिन्न साधना-पद्धतियों का सर्वोत्तम अंश संमिश्रित हो।"[38]

ऊपर वर्णित उद्धरणों में आचार्य मिश्र के कहने का निचोड़ इन आठ बातों में रखा जा सकता है—

1. कबीर के गुरु रामानन्द नहीं थे।
2. यह एक जनप्रवाद और किंवदन्ती है कि कबीर के गुरु रामानन्द थे।
3. इतिहास की दृष्टि से कबीर के गुरु शेख तकी ठहरते हैं।
4. कबीर ने खुद किसी आदमी को अपना गुरु नहीं माना।
5. कबीर की भक्ति रामानन्द और आडवारों की भक्ति से मेल नहीं खाती।
6. कबीर निश्चित रूप से स्वयं मुसलमान थे।
7. कबीर का लालन-पालन भी मुसलमानी संस्कारों के बीच हुआ था।
8. कबीर कोई नया पंथ खड़ा करना जरूर चाह रहे थे।

आचार्य मिश्र ने तुलसी को ले कर भी इस प्रश्न को उठाया है कि कबीर के गुरु रामानन्द नहीं हो सकते। वे लिखते हैं—"कहा जाता है कि श्री रामानन्द के शिष्य कबीर दास और तुलसी दास दोनों थे।"[39] आचार्य मिश्र इस मान्यता पर सन्देह प्रकट करते हुए पूछते हैं—" 'नागूला तु जनश्रुतिः' के अनुसार 'काशी में हम प्रकट भए हैं रामानन्द चेताए' से इस का मेल हो सकता है, पर प्रश्न होता है कि एक ही गुरु के शिष्य होने पर भी इतना भेद क्यों हुआ कि एक ने निर्गुण को ग्रहण किया और दूसरे ने सगुण को। यही क्यों, परस्पर एक दूसरे का खण्डन भी करना पड़ा।"[40] वे लिखते हैं कि 'राम' नाम के कुछ स्थूल साम्यों के अलावा इन 'दोनों में छत्तीस की ही स्थिति है।'[41] वे अपने तर्क का निष्कर्ष देते हुए लिखते हैं—"यदि रामानन्द के शिष्य कबीर रहे भी हों तो यही

मानना पड़ता है कि गुरु के द्वारा पारम्परिक सम्प्रदाय तो तुलसी दास को ही प्राप्त हुआ। कबीर तो स्वच्छंद पंथ के प्रवर्तक हुए।"[42] वे आगे लिखते हैं—"निर्गुनिया सन्तों में यह 'स्वछन्दता' विशेष ध्यान देने योग्य है। इस स्वच्छंदता का परिणाम यह हुआ कि प्रायः जितने सन्त हुए उतने ही पंथ निकल पड़े।"[43] लेकिन आचार्य मिश्र कबीर के द्वारा नया पंथ खड़ा करने से प्रसन्न नहीं हैं। वे कबीर के विरोध में लिखते हैं—"किन्तु कबीर साहब ने नया मत चलाने का जो उपक्रम किया उस का परिणाम बहुत बुरा हुआ। कितने ही मत यों ही भावना की प्रधानता ले कर उठ खड़े हुए और अनेक 'पंथों' की कल्पना हो गई।"[44]

आचार्य विश्वनाथ मिश्र ने यह नहीं माना है कि कबीर ने कोई नया धर्म खड़ा किया था। वे यह भी मानने को तैयार नहीं हैं कि कबीर ने किसी नए सम्प्रदाय की नींव डाली थी। उन्होंने कबीर को केवल नए पंथ का प्रवर्तक मानना चाहा है। वे ब्राह्मणी ढंग से इस की तह में भी जाना चाहते हैं। वे लिखते हैं—"यहीं पर इस बात का विचार कर लेना आवश्यक है कि ये जो शास्त्र की मर्यादा नहीं मानते थे उस का कारण क्या था। जैसा कहा जा चुका है, भारत में गृहस्थों और विरक्तों के लिए दो प्रकार के मार्ग थे। विरक्तों के लिए जो मार्ग था वह पारम्परिक रूप में शास्त्र की मर्यादा मानने वाला था, क्योंकि उस का मुख्य लक्ष्य ज्ञानयोग था। जिन्हें गृहस्थ जीवन की किसी प्रकार की चिन्ता नहीं थी वे एकान्त में ज्ञानार्जन करते थे और शास्त्रों का मंथन कर के अनेक प्रकार की उपयोगी चिन्ता धाराएँ भी प्रवाहित किया करते थे। बहुत से विरक्त ऐसे भी हो सकते या होते थे जो इस प्रकार की ज्ञानात्मक उच्च कोटि की साधना करने में असमर्थ थे। इसलिए सिद्धान्त अर्थात शास्त्र पक्ष को छोड़ कर केवल आचार पक्ष को सर्वस्व मान कर अपना मार्ग निर्धारित करते थे। कबीर इसी प्रकार के विरक्त साधक थे ....।"[45] वे कबीर के सम्बन्ध से सम्प्रदाय और पंथ में अन्तर बताते हुए लिखते हैं—"प्रवृत्ति का निषेध होने के कारण ब्रह्म का निर्गुण रूप ही इस साधना के अनुकूल पड़ता है। जहाँ ब्रह्म और आत्मा की स्वीकृति नहीं है वहाँ शील, सदाचार की उच्चतम साधना में इन का पर्यवसान हो जाता है। परिणाम यह होता है कि ब्रह्म, जीव, जगत के दार्शनिक पक्ष की स्वतंत्र प्रतिष्ठा करने के स्थान पर ये मत आचार पर अधिक ध्यान देने और 'सम्प्रदाय' के स्थान पर 'पंथ' का रूप धारण करने लगते हैं। भारतीय दृष्टि के अनुसार सम्प्रदाय के दो पक्ष होते हैं—सिद्धान्त और आचार। सम्प्रदाय वही कहलाता है जो ब्रह्म-जीव-जगत के सम्बन्ध में अपनी कोई स्वतन्त्र दृष्टि (दर्शन) रखता है और उस दृष्टि के अनुरूप आचरण की व्यवस्था करता है। किन्तु जहाँ (पंथ में) अपना कोई स्वतन्त्र दार्शनिक पक्ष नहीं होता वहाँ आचार पर ही विशेष ध्यान होने के कारण उसी पर अधिक बल दिया जाता है। जीवन के विस्तार के कारण आचार के स्वरूप में भी अनेक प्रकार के भेद हो जाते हैं और अनेकविध

पंथों के निर्माण के हेतु बनते हैं। कबीर ने जिस निर्गुन पंथ का प्रवर्तन किया उस में उन का कोई स्वतन्त्र दार्शनिक पक्ष नहीं है।"[46]

ब्राह्मण चिन्तक कबीर की जिस बात को ले कर ज्यादा भ्रम फैलाते रहे हैं वह निर्गुण और सगुण के भेद का तत्ववाद है। निर्गुण और सगुण पर बोलते हुए ये विद्वान भूल ही जाते हैं कि ये क्या कह रहे हैं और किसे कह रहे हैं। कबीर की भाषा के नजदीक चलते-चलते भी उन से बहुत दूर हो जाते हैं। आचार्य विश्वनाथ प्रसाद मिश्र लिखते हैं–"कबीर साहब 'निर्गुण और सगुण' उपाधियों को ही भ्रमात्मक कहते हैं–'निरगुन सरगुन मन की बाजी खरे सयाने भटके।' "[47] लेकिन वे आगे यह भी लिखते हैं–".... सगुणोपासना, मूर्तिपूजा आदि के द्वारा ब्रह्म का ज्ञान नहीं हो सकता। इस कबीरपंथी स्थापना का भी विरोध बाबा तुलसी दास ने बड़े कड़े शब्दों में किया है। वे कहते हैं–

ज्ञान कहै अज्ञान बिनु तम बिनु कहै प्रकास।
निरगुन कहै जो सगुन बिनु सो गुरु तुलसी दास।।

अंधकार और प्रकाश सापेक्ष हैं। ज्ञान और अज्ञान तथा सगुण और निर्गुण भी सापेक्ष हैं। प्रकाश, ज्ञान और निर्गुण निरपेक्ष नहीं। इसी से तम, अज्ञान और सगुण के बिना उन का काम नहीं चल सकता। प्रत्युत इन से परिचित होने पर ही अन्यों का स्वरूपबोध हो सकता है।"[48] आचार्य विश्वनाथ प्रसाद मिश्र लिखते हैं–"भारत ने निर्गुण और सगुण दोनों को स्वीकार कर लिया है। पारमार्थिक सत्ता निर्गुण ही है, यह उसे मान्य था, सगुण की (प्रातिभासिक) सत्ता उस की दृष्टि में भी थी। अतः भारतीय परम्परा यदि निर्गुण को स्वीकार करती तो उसे प्रधान मान कर तो चल सकती थी, पर सगुण का तिरस्कार नहीं कर सकती थी। आगे चल कर जो सगुणवाद खड़ा हुआ वह भी निर्गुण को केवल भक्ति के लिए अव्यावहारिक मान कर चला, उस का तिरस्कार वह नहीं करता। इसलिए कबीर का यह कहना कि वह परम सत्ता 'निर्गुण सगुण' से परे है, कुछ विलक्षण-सा लगता है।"[10] आचार्य विश्वनाथ प्रसाद मिश्र कबीर को ले कर अचम्भे में खड़े हैं जब वे कबीर के बारे में लिखते हैं–"कबीर ने बारम्बार यह कहा है कि 'राम नाम का मरम है आना' इस 'आना' शब्द के कारण यह जान पड़ता है कि कबीर का राम सगुण न हो कर निर्गुण है, किन्तु उन्होंने जगह जगह यह भी कहा है कि राम अर्थात ब्रह्म तत्व निर्गुण और सगुण से परे है–'नहिं निरगुन नहिं सरगुन भाई नहिं सूछम अस्थूल।' इस से यह भी स्पष्ट हो जाता है कि वे उस परम तत्व को निर्गुण या सगुण कोई नाम देने के पक्ष में नहीं हैं। यह कहने का तात्पर्य इतना ही है कि वे यह कहना चाहते हैं कि सम्बन्धबोधक पदावली (रिलेटिव टर्म्स) से ब्रह्म का निरूपण नहीं किया जा सकता। ब्रह्म को निर्गुण कहने से सगुण की ओर ध्यान जाता है। उन्होंने इस बात को स्पष्ट करने के लिए यह भी कहा है–गुन में निगुन निगुन में गुन है बाट छाँडि किन

रहिए। अर्थात सगुण कहने से निर्गुण और निर्गुण कहने से सगुण का भी संकेत होता है, इसलिए उस परम तत्व को निर्गुण कहना भी ठीक नहीं। ऐसा होते हुए भी उन्होंने 'राम' शब्द का माहात्म्य इतना क्यों माना यह विचारणीय है। वस्तुतः कबीर का राम तान्त्रिक साधना का तत्व जान पड़ता है।"[50]

ऐसा लगता है कि कबीर के राम को तान्त्रिक साधना का तत्व कह कर आचार्य विश्वनाथ प्रसाद मिश्र एकदम अज्ञान के अन्धे कुएँ में जा कर गिर गए हैं। निश्चित रूप से उन्होंने गुड़-गोबर एक कर दिया है। लेकिन इस से भी अधिक उन का आलोचक दिमाग तब चकराया है जब उन्होंने कबीर के राम को विदेशी प्रभाव का बताया है। उन्हें सब कुछ गलत सूझ रहा है जब वे लिखते हैं—"वास्तविक स्थिति यह दिखाई देती है कि निर्गुन पंथ नवीन विदेशी संस्कृति के संसर्ग के कारण खड़ा हुआ, जिस में एक ओर भारतीय अद्वैतवाद था तो दूसरी ओर विदेशी एकेश्वरवाद, एक ओर योगियों की सहज साधना थी तो दूसरी ओर सूफियों की प्रेमासाधना। निवृत्तिमूलक होने के कारण इस की अंतस्साधना रहस्यात्मक हो गई।"[51] आचार्य मिश्र आगे लिखते हैं—"यद्यपि रंग ढंग से कबीर स्वच्छंदतावादी दिखाई देते हैं, पर इन के विचारों का विश्लेषण बतलाता है कि ये तात्कालिक विदेशी भावना से अधिक प्रभावित थे।"[52] कहने का मतलब यह है कि ये ब्राह्मण विद्वान चारों ओर चक्कर खाते फिरेंगे। कभी कबीर को शांकर अद्वैतवादी सिद्ध करेंगे, कभी कबीर पर हठयोग और तान्त्रिक साधना का जाल आरोपित करेंगे और कभी कबीर पर इस्लाम और विदेश का प्रभाव मानेंगे, लेकिन कबीर को उन के असली रूप में कभी नहीं देखेंगे। इन ब्राह्मण विद्वानों ने कसम खा रखी है कि दलित के पास ज्ञान-ध्यान के मामले में अपना कुछ नहीं है। जब भी देखेंगे, दलित के चिन्तन को किसी गैर-दलित के माध्यम से देखेंगे। बौद्ध काल में दलित के चिन्तन को बौद्ध दर्शन में रला देंगे, हिन्दू काल में उस के चिन्तन को हिन्दुओं में छुपाए रखेंगे। इस्लाम के समय में उस के चिन्तन को मुसलमानी बना देंगे और ब्रिटिश काल में उसे पश्चिम का सिद्ध कर देंगे। लेकिन सच यह है कि जो राजनीति और इतिहास के प्रभाव हैं, उन्हें छोड़ कर, दलित चिन्तन की पृथकता हर युग में विशिष्ट रहती है। वास्तव में, ये विद्वान ब्राह्मण लोग कबीर की इतनी बड़ी घोषणा—'न हिन्दू न मुसलमान' का अर्थ नहीं समझ पाए। सही बात यह है कि शायद ये समझ कर भी नासमझ बने रहना चाहते हैं। चिन्तन के क्षेत्र में ये दलित से सीधा जूझना नहीं चाहते। ये उसे विदेशी के नाम से बदनाम कर के नीचा दिखाना चाहते हैं। दलित से सीधे जूझने में दलित पृथकता का अस्तित्व मानना पड़ जाएगा जो ये लोग कभी बर्दाश्त नहीं कर सकते।

आचार्य मिश्र ने बहस का मोर्चा ऐसा खोला है मानो पूरे तत्ववाद का, बिना सामाजिक भेद का सन्दर्भ दिए, निपटारा किया जा सकता है। जब वे विरक्त होने की

बात कह रहे हैं तो उन्हें यह ध्यान नहीं रहा कि हिन्दुओं के धर्मशास्त्रों में कबीर जुलाहे को विरक्त होने का अधिकार नहीं है। यदि विरक्त होने के लिए कबीर को अधिकार मिला होता तो कबीर के दर्शन को हिन्दू धर्म के भीतर रख कर चर्चा की जा सकती थी। इसलिए, जबकि कबीर को विरक्त होने का अधिकार नहीं है तब कबीर के किसी चिन्तन को हिन्दू धर्म के घेरे से बाहर रख कर ही समझा जा सकता है। वास्तव में, दलित और द्विज के लिए निर्गुण और सगुण का सारा पारिभाषिक तत्ववाद इस सच के सिवा कुछ नहीं है कि ये सृष्टिशास्त्र पर उन के वैचारिक मोर्चे हैं। जब समाज और लोक में इन की भिन्न स्थितियाँ हैं तो अध्यात्म और परलोक में भी वे भिन्न स्थितियाँ बरकरार रहती हैं। दलित और द्विज समेत संसार के किसी भी धर्म या दर्शन को आज तक यह पता नहीं चला है कि सृष्टि का निर्माण या विकास किस प्रकार हुआ है। इस्लाम का दर्शन इसे गैब कहता है, शंकर का अद्वैत इसे अनिर्वचनीय कहता है, बुद्ध इस विषय पर मौन हो कर बैठ जाते हैं। लेकिन कबीर इस बारे में क्या कहते हैं ? वे दार्शनिकों और तत्ववादियों की दुनिया में बेहद ईमानदारी का परिचय देते हैं कि 'मैं का जानौं राम को नैनां कबहुँ न दीठ।'[53] लेकिन उन्हें द्विजों के उस मोर्चे पर भी अपनी सांसारिक लड़ाई लड़नी पड़ती है जहाँ द्विजों ने घोषित कर रखा है कि उन्होंने सृष्टि के परम तत्व को सगुण राम और सगुण कृष्ण के रूप में पा लिया है। उसी सन्दर्भ में कबीर निर्गुण की बात सामने रखते हैं। लेकिन जब द्विज दर्शन निर्गुण को समेटते हुए निर्गुण पर धावा बोलता है तब कबीर सगुण और निर्गुण दोनों से परे हो जाते हैं। आखिर, कबीर की ब्राह्मण से हर मोर्चे पर चल रही इस लड़ाई को समझा क्यों नहीं जा रहा है ? वास्तविकता और जरूरत यह है कि कबीर को हर मोर्चे पर द्विज से अपनी पृथकता और अपना भेद बनाए रखना है। लेकिन इस लड़ाई में द्विज की रणनीति यह है कि किसी भी काल में और किसी भी मोर्चे पर दलित दर्शन की पृथकता और विशेषता मान कर मत दो। इसलिए यह द्विज चिन्तक कबीर के जातीय उभार को दार्शनिक क्षेत्र में अपने ढंग से समझना चाहता है। आचार्य मिश्र लिखते हैं—"जिस समय कबीर का उदय हुआ उस समय समाज में यह भेदभाव अवश्य हो गया था कि कुछ विशेषाधिकार प्राप्त व्यक्ति या समुदाय अपने को उच्च और दूसरों को नीच मानने लगे थे। कबीर इस भेदभाव को मिटाने में लगे। कहते हैं, वे नीच समझे जाने वाले समुदाय के प्रतिनिधि के रूप में अपनी 'बानी' ले कर सामने आए। यह स्वाभाविक था कि इन के कार्य में उस समुदाय के व्यक्ति योग देते जिन के ये प्रतिनिधि थे। परिणामतः कबीर की बानियाँ और इन की विचारधारा का प्रवाह निम्न वर्ग में कुछ वेग से फैला और खंजड़ी एवम् डफ के नाद के साथ नीच समझे जाने वाले व्यक्ति महात्माओं-सन्तों-साधुओं का वेश धारण कर आगे बढ़ने की धुन में लग गए। वे वेद-पुराण की निन्दा करने लगे, क्योंकि वे निम्न वर्ग के लिए कठिन और वर्जित थे।"[54]

कबीर के नए धर्म पर आचार्य विश्वनाथ प्रसाद मिश्र ने चार तरह से धावा बोला है। ये चार धावे इस प्रकार विश्लेषित किए जा सकते हैं—

1. कबीर के नए धर्म के दार्शनिक सिद्धान्तों में कोई विशेषता नहीं थी।
2. कबीर का नया धर्म वेद-विरोधी नहीं था।
3. कबीर अपने धर्म में केवल सामान्य बुद्धि वाली निचली जातियों को ही आकर्षित कर सके थे।
4. कबीर ने कोई नया धर्म या नया सम्प्रदाय खड़ा नहीं किया था बल्कि मात्र एक नया पंथ खड़ा किया था।

ऊपर विश्लेषित किए गए चारों मुद्दों के लिए आचार्य मिश्र की पुस्तक से प्रमाण दिए जा सकते हैं। आचार्य मिश्र लिखते हैं–"ये सन्त बातें तो प्राचीन शास्त्रों से ही लेते थे, पर पद्धति विलक्षण रखते थे। अपने पंथ को नवीन तथा वेदशास्त्रादि से पृथक बतलाने के लिए उन्हें असत्य कथन करने वाला भी कह देते थे और अनपढ़ जनता को समझाते कि साधक सुर, नर, मुनि आदि सब से बढ़ जाता है।"[55] वे आगे लिखते हैं–"छानबीन करने पर इन पंथों में कोई नूतन ज्ञान की सामग्री नहीं मिलती, पर व्यवहार भेद या आचार भेद से अनेक पंथ हो गए।"[56] आचार्य मिश्र कबीर को ले कर वेद के बारे में लिखते हैं–"महात्मा कबीर ने भी वस्तुतः वेदों का विरोध नहीं किया, वेद का नाम ले कर किए जाने वाले पाखण्ड का विरोध किया। जिस ब्रह्मतत्व का प्रतिपादन कबीर ने किया वह वस्तुतः वेदकालीन ब्रह्मतत्व था। यह बात दूसरी है कि अद्वैतवादी भगवान शंकर की भाँति उन्होंने चिन्तनक्षेत्र और व्यावहारिक क्षेत्र को अलग नहीं किया।"[57] कबीर के महायुद्ध को बिलकुल मुलायम हलवा बना देते हैं जब आचार्य मिश्र यह भी लिखते हैं–"कबीर साहब भी धर्माविरोधी पंथ निकालना चाहते थे।"[58]

इस चिन्तन यात्रा में आचार्य मिश्र ने नाथ पंथ से शुरू कर के कबीर तक आते-आते लिखा है–"इस में जाति-पाँति का कोई भेद न था। फलतः नीची श्रेणी के लोग, जो शास्त्रीय ज्ञान से कोरे थे, उमंग से इस की ओर बढ़े और आगे चल कर निर्गुन पंथ फूट निकला।"[59] वे कबीर पंथ के बारे में चर्चा करते हुए लिखते हैं–"अधिकतर नीची श्रेणी के अनपढ़ व्यक्ति ही इस से प्रभावित हुए। पढ़े-लिखों पर निर्गुनपंथी सन्तों का प्रभाव नहीं पड़ा।"[60] आचार्य मिश्र ने माना है कि कबीर आदि निर्गुनपंथी सन्त शास्त्र की मर्यादा को नहीं मानते थे। उन्होंने अपने विश्लेषण में इन सन्तों को विरक्त और निवृत्ति मार्ग का बताते हुए लिखा है कि ये "सिद्धान्त अर्थात शास्त्रपक्ष को छोड़ कर केवल आचारपक्ष को सर्वस्व मान कर अपना मार्ग निर्धारित करते थे। कबीर इसी प्रकार के विरक्त साधक थे और सामान्य विद्या बुद्धि वालों के बीच धर्मोपदेशक के रूप में प्रतिष्ठित हो सकते थे।"[61] कबीर द्वारा वर्ण भेद के त्याग पर जोर देने के कारण आचार्य मिश्र ने पुनः लिखा है कि इन्होंने "सामान्य विद्या बुद्धि वाले व्यक्तियों और अन्त्यजों को उठाने में भी कुछ उठा नहीं रखा। कबीर पंथ में ऐसे ही लोग अधिक संख्या में दीक्षित होते हैं। उन के लिए इस पंथ का द्वार अनावृत्त है।"[62] आचार्य मिश्र के कहने

का कुल मतलब यह है कि ब्राह्मण को कबीर से और कबीर पंथ से कुछ नहीं सीखना है और न उस से डरना है।

अब जरा देख लिया जाए कि आचार्य विश्वनाथ प्रसाद मिश्र हिन्दी साहित्य को ले कर कबीर के बारे में क्या लिखते हैं। वे लिखते हैं–"हिन्दी साहित्य के इतिहास में कबीर आदि सन्तों का विचार दो ही दृष्टियों से किया जा सकता है–एक तो यह दृष्टि कि इन्होंने हिन्दी-साहित्य को अपनी विचारधाराओं से कितना प्रभावित किया, दूसरी इन की कृतियाँ भाषा के विकास के विविध सोपानों का क्या पता देती हैं। जहाँ तक विचारधाराओं से प्रभावित करने की बात है कबीर की विचारधारा जीवन के एक अंश को ही प्रभावित कर सकी। साहित्य के किसी अंश को उस ने प्रभावित नहीं किया।"[63] वे लिखते हैं–"कबीर का प्रसंग आने पर हिन्दी की परम्परा उन्हें तत्त्व-चिन्तक के रूप में ही स्वीकार करती है, साहित्य चिन्तक के रूप में नहीं, और तत्त्व-चिन्तक में भी उन्हें तीसरा स्थान देती है।"[64] जहाँ तक भाषा की बात है तो आचार्य विश्वनाथ प्रसाद मिश्र लिखते हैं–"अब रह गई भाषा। .... कबीर की जो कृतियाँ आज तक प्राप्त हुई हैं, आधुनिक वैज्ञानिक दृष्टि से उन में से किसी को प्रामाणिक नहीं कहा जा सकता।"[65] कहने का मतलब यह है कि आचार्य मिश्र के अनुसार कबीर हर तरह से चौपट हैं मानो यह कबीर के महत्त्व को हलाल करना हुआ। असल में वे कबीर पर छिप कर हमला बोल रहे हैं। वे हिन्दी के पर्दे की ओट में रह कर अपना शिकार करना चाहते हैं। जब वे पूछ रहे हैं कि कबीर ने 'हिन्दी साहित्य को अपनी विचारधाराओं से कितना प्रभावित किया' तो उन का सही पूछना यह होता है कि कबीर ने 'ब्राह्मण साहित्य को अपनी विचारधाराओं से कितना प्रभावित किया'। निस्संदेह कहा जा सकता है कि कबीर ने 'ब्राह्मण साहित्य' को नाममात्र भी प्रभावित नहीं किया। 'कबीर की विचारधारा ने साहित्य के किसी अंश को प्रभावित नहीं किया'–के वाक्य का मतलब है कि उस ने 'ब्राह्मण साहित्य के किसी अंश को प्रभावित नहीं किया।' इस में कुछ भी झगड़ा नहीं है। झगड़ा तब होता है जब आचार्य मिश्र 'ब्राह्मण साहित्य' के बजाय 'हिन्दी साहित्य' के शब्दों का प्रयोग करते हैं। यदि वे 'हिन्दी साहित्य' के बजाय सीधे अपना मूल शब्द 'ब्राह्मण साहित्य' का प्रयोग करें तो उन के निर्णयों पर मुझ जैसे व्यक्ति को कोई आपत्ति नहीं हो सकती। इसलिए मैं आचार्य मिश्र के शब्दों 'हिन्दी की परम्परा' का उन की मूल भाषा में अनुवाद कर के 'ब्राह्मण की परम्परा' का अर्थ समझना चाहता हूँ। उस स्तर पर मेरे मूल्यांकन में और आचार्य मिश्र के मूल्यांकन में कोई अन्तर नहीं रह जाएगा।

आचार्य विश्वनाथ मिश्र ने अपनी इस पुस्तक 'हिन्दी साहित्य का अतीत' में लिखा है–"काव्य न तो दर्शनशास्त्र का सिद्धान्त निरूपक वाक्यसमूह या सूत्रग्रंथ होता है, न समाजशास्त्र का विवेचन। वह होता है लोक की छनी हुई शुद्ध भावात्मक सत्ता की अनुभूति भूमि। उस में धर्म, राजनीति, समाजशास्त्र, अर्थनीति, तत्वचिन्तन आदि

सब छने हुए रूप में ही गृहीत होते हैं और कवि का छन्ना होता है भाव का विस्तृत पट।"[66] लेकिन आचार्य मिश्र जो लिखना और समझना भूल गए उसे यहाँ बताया जा सकता है कि उन की ब्राह्मणी परम्परा के काव्य में कबीर और उन की दलित जातियों में 'शुद्ध भावात्मक सत्ता की अनुभूति की भूमि' नहीं मानी जाती। ब्राह्मणी समाज-व्यवस्था ने शुद्ध मनुष्य की खोज नहीं की थी बल्कि ब्राह्मण, क्षत्रिय, वैश्य, शूद्र और अन्त्यज की रचना की थी। दलित जातियों को अपने मनुष्य होने के लिए लड़ना पड़ रहा था। इस लड़ाई में खुद एक कविता निहित रहती है–यह भी कहा जा सकता है कि यह लड़ाई खुद एक कविता है। वर्ण-व्यवस्था में कविता सामाजिक संघर्ष से गैर-सरोकार की कैसे हो जाएगी ? कबीर की इस संघर्षशील कविता को आचार्य मिश्र बिलकुल नहीं समझ सके। जब कबीर ब्राह्मण से धर्म, दर्शन, समाज, तत्त्व चिन्तन, राजनीति और अर्थ के हर स्तर पर लड़े हैं तो उन के हृदय का कौन-सा पक्ष भावात्मक और कवितामय नहीं हुआ था ? क्या कबीर, ब्राह्मण से भाव शून्य हो कर लड़ रहे थे ? दलित की आँख से देखा जाए तो इस लड़ाई में दलित का रोम-रोम फड़क उठता है। इसलिए पूछना यह है कि दलित की ब्राह्मण से इस ऐतिहासिक लड़ाई को भावों और कविता का विषय क्यों नहीं माना जाता। असल में, ब्राह्मणी समाज-व्यवस्था दलित मनुष्य को एक मनुष्य के रूप में नौ रसों का तथा स्थायी भावों, अनुभावों और संचारी भावों का अधिकारी नहीं मानती। ऐसी स्थिति में पता नहीं चलता कि आचार्य मिश्र दलित के लिए किस शुद्ध भावात्मक सत्ता की बात कर रहे हैं। शायद वे ब्राह्मण हृदय की शुद्ध भावात्मक सत्ता की बात कर रहे हैं और दलित के संघर्ष के स्तर की कविता के बारे में कुछ सोचना-विचारना बिलकुल भूल गए हैं।

आचार्य मिश्र पुनः लिखते हैं–"कबीर आदि सन्तों की कथनी का धर्म या तत्व दर्शन की दृष्टि से चाहे कितना ही माहात्म्य हो और ये चाहे कितने ही बड़े दिव्यदर्शी महात्मा क्यों न हों, भारतीय काव्य परम्परा और साहित्य की परिभाषा उसे साहित्य मानने को प्रस्तुत नहीं। विशुद्ध हिन्दी साहित्य की धारा में इन की त्रिवेणी की बूंद नहीं पड़ी।"[67] लेकिन न पड़े, तो क्या होता है ? पहले बताया जा चुका है कि जिसे आचार्य मिश्र इस बार 'भारतीय काव्य परम्परा और साहित्य की परिभाषा' कह रहे हैं, छिपाया नहीं जा सकता कि यह 'ब्राह्मणी काव्य परम्परा' और 'ब्राह्मणी साहित्य की परिभाषा' है। सच बात यह है कि आचार्य मिश्र किसी भी शब्द का प्रयोग करें लेकिन दलित चिन्तन की आँखों से उन का असली अर्थ छिप नहीं सकता। वे लिखते हैं–"विचार करने से सन्तों के कोरे उपदेश अधिकतर प्रभुसंमित ही ठहरते हैं। कांतासंमित उपदेश, जो काव्य का प्रधान प्रयोजन है, इन की रचना में प्रायः नहीं है। अतः या तो यह मानें कि काव्यत्व की ओर इन (की) दृष्टि ही नहीं थी या इन में काव्यत्व आ ही नहीं सकता था। सच पूछिए तो निर्गुनिये सन्तों की कृति का महत्त्व काव्य की दृष्टि से बहुत कम है।"[68]

इस उद्धरण में देखा जा सकता है कि आचार्य मिश्र काव्य के बारे में कितनी भ्रान्त धारणा फैला रहे हैं। कान्तासंमित का मतलब क्या है ? क्या यह माना जाए कि काव्य में युद्ध का बिगुल नहीं बज सकता ? क्या आचार्य मिश्र समूचे वीर काव्य को काव्य की श्रेणी से बाहर रखना चाहते हैं ? क्या 'ललकार' काव्य नहीं है ? क्या 'पुकार' को ही काव्य माना जाएगा ? क्या कबीर ने अपने समय के 'पांडे' को नाम ले कर ललकार नहीं दी है ? ऐसा क्यों है कि आचार्य मिश्र का ब्राह्मण मन कबीर से अपने लिए कान्तासंमित शब्द सुनने की उम्मीद लगाए बैठा है ? कबीर के साथ किए गए अपराधों के बदले तत्कालीन 'पांडे' उन से किस काव्य की अपेक्षा कर सकता है ? वास्तव में, ब्राह्मण को सुनाने के लिए कबीर के पास केवल टवर्ग का टकारसंमित काव्य है, कान्तासंमित काव्य कबीर ने दूसरों के लिए लिखा है जिस पर आचार्य मिश्र की दृष्टि नहीं जा सकती। ब्राह्मण विद्वान कबीर के 'पांडे, कौन कुमति तोहि लागी'[69] के झाड़ में ही उलझ कर रह जाता है। आश्चर्य की बात है कि आचार्य मिश्र कबीर के द्वारा ब्राह्मणों के ऊपर फूलों की बरसात करवानी चाह रहे हैं। यह वही बात हुई कि आचार्य रामचन्द्र शुक्ल शिकायत कर रहे हैं कि कबीर ने जायसी की तरह ब्राह्मण पूजा में यह क्यों नहीं कहा—'हौं पंडितन्ह केर पछलगा।'[70] अन्तर यह है कि किसी प्रकार आचार्य मिश्र एक बार यह जान कर देखें कि वे ब्राह्मण समुदाय के अंग नहीं हैं, तब उन्हें पता चलेगा कि कबीर दूसरे मामलों में काव्य की उन की परिभाषा की कितनी कांतासंमित 'राम की बहुरिया' बने हैं। जहाँ तक ब्राह्मण से सामना होने की बात है तो उस के घर पर कबीर के कर्णकटु टकार का ढोल पर यही खड़ा डंका बजेगा कि 'पण्डित बाद बदन्ते झूठा।'[71] दूसरी अपेक्षा ही गलत है। क्या ऐसे समय आचार्य मिश्र अपने काव्य की परिभाषा नहीं बदल या बढ़ा सकते ? परिभाषा के बाद कविता लिखी जाती है या कविता लिखी जाने के बाद परिभाषा बनती है ? क्या कविता वह है जो आदेश दे कर लिखवाई जाती है या कविता वह है जो लिख दी जाती है ? आचार्य मिश्र इन सवालों में से एक का जवाब तो सोचते। लेकिन लगता ऐसा है कि आचार्य मिश्र कबीर का दार्शनिक, सामाजिक और साहित्यिक मूल्यांकन करने नहीं चले हैं बल्कि कबीर से लड़ने बैठ गए हैं। तभी वे लिखते हैं—"दार्शनिक दृष्टि से भी उस में कोई नूतन उद्भावना नहीं मिलती। उस में कुछ पारिभाषिक शब्दों की परम्परा और शब्दों के प्रयोग की विलक्षणता ही विवेचना की वस्तुएँ हैं। सगुणवादी भक्तों की कृति में सभी दृष्टियों से विचार करने की सामग्री मिलती है।"[72] बताइए, अपने ब्राह्मण कवि तुलसी की प्रशंसा करनी थी तो सीधी प्रशंसा कर देते, यहाँ जुलाहे कबीर की बेइज्जती क्यों कर रहे हैं ? आश्चर्य की बात है कि आचार्य मिश्र तुलसी के काव्य 'पूजिय बिप्र सीलगुन हीना, सूद्र न गुन गन ग्यान प्रवीना'[73] को दलित द्वारा कांतासंमित काव्य कहलवाना चाहते हैं !

पूछना यह है कि कालिदास के संस्कृत में लिखे गए 'अभिज्ञान शाकुन्तलम्' को दलितों की परिभाषा का काव्य कैसे माना जाए ? वह किधर से काव्य है जब दलितों

के लिए संस्कृत बोलने और पढ़ने की मनाही थी ? वह दलितों के लिए कब लिखा गया है ? उस पुस्तक के शूद्र और स्त्री पात्र किस हालत में हैं ? इसलिए पूछा जा सकता है कि कबीर को ले कर आचार्य मिश्र क्या कहना चाहते हैं जब ब्राह्मणों की साहित्य परम्परा का वहन करने के लिए, माध्यम के रूप में, उन के पास संस्कृत के सिवा कोई भाषा नहीं है। दलित समाज ब्राह्मणों की किस-किस परिभाषा का भार अपने सिर पर ढोएगा ? धर्म से ले कर साहित्य तक में इन की किन-किन वेदियों पर दलित चिन्तन की बलि दी जाएगी ? आश्चर्य की बात है कि आचार्य मिश्र की मूल साहित्यिक परम्परा में काव्य का रसास्वादन देशी भाषाओं में नहीं हो सकता।

अब तक जितनी बातें हुईं, वे दूर-दूर की बातें हुईं, अब जरा बिलकुल नजदीक की बातें कर ली जाएँ। कहने का उद्देश्य यह है कि आचार्य विश्वनाथ प्रसाद मिश्र ने कबीर को ले कर बहस का एक दूसरा दायरा समाज-सुधार का उठाया है। वे लिखते हैं–"कबीर आदि सन्तों के सम्बन्ध में एक बात यह भी विचारणीय है कि क्या ये समाज-सुधारक थे।"[74] इस प्रश्न का वे खुद उत्तर देते हैं–"जो हो, इन सन्तों को समाज-सुधारक कहना ठीक नहीं प्रतीत होता।"[75] उन्होंने अपने इस कथन के पीछे कारण भी बताया है–"समाज-सुधारक वही कहा जा सकता है जो समाज को मानने वाला और समाज की रक्षा को मानने वाला हो। ये सन्त समाज को ही नहीं मानते।"[76] वे अन्तर बताते हुए लिखते हैं–"इन की साधना सामाजिक साधना न हो कर वैयक्तिक साधना थी और ये व्यक्तिगत उत्कर्ष की दृष्टि से ही इस प्रकार का उपदेश दिया करते थे।"[77] शंका उठ सकती थी कि कबीर ने जुलाहे का, रैदास ने मोची का और नामदेव ने दर्जी का काम किया है तो उन्हें सामाजिक मनुष्य क्यों नहीं माना जा सकता तो इस बारे में आचार्य मिश्र ने उत्तर दिया है–"यह दिखला देना कि संतमत के मानने वाले जिस जिस जाति या वर्ग में थे उस उस जाति या वर्ग के दैनन्दिन कार्यों से कभी पराङ्मुख नहीं हुए इसलिए वे सामाजिक प्राणी माने जाएँ, तर्क के लिए तर्क है।"[78] अपनी बात को सिद्ध करने के लिए आचार्य मिश्र ने समाज-सुधार की अपनी अलग परिभाषा दी है। वे लिखते हैं–"जगत के प्रति आकर्षण और जगत के प्रति विकर्षण अर्थात प्रवृत्ति और निवृत्ति दो मनः स्थितियाँ हैं जो इस बात का निर्णय करती हैं कि कौन सामाजिक है और कौन असामाजिक।"[79] उन्होंने कबीर के समाज-सुधार पर प्रहार करते हुए आगे लिखा है–"कोई व्यक्ति व्यक्तिगत जीवन में किस प्रकार से रहता है यह बहुत कुछ परिस्थितियों के ऊपर आश्रित होता है। वह किस मत या विचार को मानने वाला है इस का पता उस के वचन देते हैं। इन सन्तों के वचन जगत में प्रवृत्त करने वाले नहीं हैं। इसलिए ये समाज-सुधारक नहीं कहे जा सकते। इन का लक्ष्य ही यह नहीं था।"[80] आचार्य मिश्र ने अपने तर्क को इन शब्दों में अन्तिम रूप दिया है–"इन सन्तों ने स्वप्न में भी इस की कल्पना नहीं की है। जो समाज को मानने वाला होता है वह कम-से-कम जीवनयात्रा को दीर्घ बनाने का इच्छुक होता है और उसी प्रकार

का उपदेश देता है अर्थात उस के आचार-विचार सब में जीवन के प्रति आस्था व्यक्त होती है। जो अपने जीवन को शीघ्र-से-शीघ्र समाप्त कर देने की याचना करता हो वह कहाँ का सामाजिक और कहाँ का समाज-सुधारक।"[81] यहाँ विद्वान लोग विश्लेषण कर के पूछ सकते हैं कि आचार्य मिश्र यह बात कबीर के लिए कह रहे हैं या तुलसी के लिए। क्या तुलसी समाज-सुधारक थे ? क्या समाज में शूद्र और ब्राह्मण के भेद का जहर फैलाने वाले तुलसी को कहीं से भी समाज-सुधारक ठहराया जा सकता है ?

आचार्य मिश्र के पहले कहे गए किसी कथन पर टिप्पणी करने में नर्मी भी बरती जा सकती थी लेकिन यहाँ उन्होंने कोई गुंजाइश नहीं छोड़ी है कि उन के मत से नाराजगी जाहिर न की जाए। आचार्य मिश्र के अनुसार, समाज-सुधारक वह होता है जो समाज को मानने वाला हो लेकिन सवाल उठता है कि कैसे समाज को मानने वाला हो। क्या समाज-सुधारक का विरुद पाने के लिए कबीर को ब्राह्मणों की समाज-व्यवस्था को मानने वाला होना चाहिए था ? आचार्य मिश्र छिपा क्यों रहे हैं और साफ क्यों नहीं कहते कि उन के समाज में वर्ण-व्यवस्था के अर्न्तगत ब्राह्मण, क्षत्रिय, वैश्य, शूद्र और अन्त्यज आते हैं ? तो क्या ऐसे भेदमूलक और अस्पृश्यता की गंदगी से भरे हुए समाज की रक्षा कबीर करेंगे ? निश्चित रूप से ऐसे गैर-बराबरी के समाज का कबीर नाश और विध्वंस करेंगे। कबीर गृहस्थ हैं और बच्चे पालते हैं, रैदास गृहस्थ हैं और पत्नी रखते हैं—ऐसे लोगों को आचार्य मिश्र निवृत्ति वाले और जगत के प्रति विकर्षण रखने वाले बता रहे हैं ! आचार्य मिश्र ने अपनी आँखों पर पट्टी भले न बाँधी हो लेकिन वे दूसरे लोगों की आँखों पर पट्टी जरूर बाँध रहे हैं जब लिख रहे हैं कि कबीर सामाजिक सरोकार के व्यक्ति नहीं थे। वे डा० द्विवेदी से अपने कई भेद बरकरार रख कर भी इस मुद्दे पर उन से पूरी तरह सहमत हो गए हैं कि कबीर की साधना व्यक्तिगत थी। कोई व्यक्ति व्यक्तिगत जीवन में किस प्रकार से रहता है, आचार्य मिश्र के अनुसार, यह परिस्थितियों पर निर्भर करता है लेकिन उन्हें ध्यान रखना चाहिए था कि कबीर अपने समाज-सुधार द्वारा इन्हीं परिस्थितियों को बदलना चाहते हैं।

सच्चाई यह है कि परिस्थितियों और समाज-व्यवस्था के कारण कबीर को ब्राह्मणों से दब कर रहना चाहिए था लेकिन वे दब कर नहीं रहे और ब्राह्मणों को खुली चुनौती दी, क्या यही कबीर का महान समाज-सुधार नहीं है ? फिर, कबीर ने पूरे जीवन के गीत गाए हैं। उन्होंने शमशान में खड़े हो कर देखा है कि मनुष्य के मन में कैसे भाव जन्म लेते हैं। यदि कबीर ने उन्हें सच्ची भाषा में व्यक्त कर दिया तो क्या बुरा कर दिया ? क्या शमशान में खड़े हो कर आचार्य मिश्र के सगुणवादी कवि तुलसी शृंगार रस की कविताएँ लिखेंगे ? कबीर के काव्य में जीवन और जगत का सभी कुछ है, कबीर मनुष्य को और मनुष्य की सम्भावनाओं को भूले नहीं हैं, इसलिए उन में समय के अनुसार प्रवृत्ति और निवृत्ति दोनों चीजें मिलती हैं, लेकिन आचार्य मिश्र ने उन्हें केवल एक आँख से ही क्यों देखा ? जब कबीर काशी के ब्राह्मणों से लड़ रहे हैं तो

यह कबीर का खुला प्रवृत्ति मार्ग, बल्कि आक्रामक प्रवृत्ति मार्ग है—यह आचार्य मिश्र को क्यों नहीं दिख सका ? यदि वे निवृत्ति मार्गी होते तो संसार में ढोल पीट कर पांडे से क्यों भिड़ते ? अजीब बात है, कबीर का सारा जीवन संघर्ष और युद्ध में बीत गया लेकिन इन मिश्र महोदय को कबीर प्रवृत्ति मार्गी नहीं दिख रहे हैं। पूछा जाए कि यदि बाल-बच्चेदार कबीर जीवन के प्रति आकर्षित नहीं हैं तो क्या बिना बाल-बच्चों के तुलसी समाज के प्रति बहुत आकर्षित हैं। आखिर, आचार्य मिश्र का तर्क किस दिशा में चल रहा है ? हाथी का सूंड किस तरफ है और पूँछ किस तरफ है ?

लेकिन असल बात कुछ और ही है जिस से आचार्य मिश्र डरे हुए हैं। वे अपने मन के भीतर गहराई से जानते हैं कि कबीर समाज-सुधारक से भी बढ़ कर सामाजिक क्रान्ति का कार्य कर रहे थे। आचार्य मिश्र ने लिखा भी है—"कहा जाता है कि इन सन्तों का अध्ययन करने से स्पष्ट है कि भक्ति पंथ की ओट में किए गए इन के कार्य वस्तुतः सामाजिक 'क्रान्ति' के कार्य थे। क्रान्ति या उपप्लव से निर्माण की अपेक्षा विनाश विशेष हुआ करता है। यही इन महात्माओं के उपदेशों का परिणाम भी हुआ। दलकवर्ग को दलित वर्ग की ओर केवल कड़ी-कड़ी बातें कह कर आकृष्ट नहीं किया जा सकता। उस के लिए कुछ कोमलता भी अपेक्षित होती है। निवृत्तिमार्गी सन्तों से प्रायः ऐसा नहीं हो सका। प्रवृत्तिमार्गी सगुणोपासक भक्तों ने यह कमी पूरी की।"[82] इस प्रकार, यहाँ आचार्य मिश्र के मन की गाँठ खुल कर सामने आ गई है। इन्हें कबीर के समाज-सुधार से नहीं बल्कि कबीर की समाज-क्रान्ति से डर लगा हुआ है। इन के अनुसार क्रान्ति से निर्माण की अपेक्षा विनाश हुआ करता है लेकिन इन्हें पता होना चाहिए कि ये किस के विनाश की बात कर रहे हैं। वर्ण-व्यवस्था में शूद्र का विनाश पहले ही हुआ पड़ा है—इन्हें उस हो रहे विनाश की चिन्ता बिलकुल नहीं है। इन्हें डर केवल इस बात का है कि कबीर के उभार से ब्राह्मण का नुकसान न हो जाए। फिर, आचार्य मिश्र की यह मंशा और अपेक्षा बार-बार जाहिर हो रही है कि दलित वर्ग मीठी-मीठी बातें कर के दलक वर्ग को अपनी ओर आकर्षित करे। ऐसे समय गालिब की भाषा का प्रयोग किया जा सकता है कि 'हजारों ख्वाहिशें ऐसीं कि हर ख्वाहिश पर दम निकले।' ये कबीर से ब्राह्मण के प्रति कड़ी-कड़ी बातों के बजाय कोमल-कोमल बतरस चाहते हैं। इसी मांग में ये तुलसी के हमलावर मार्ग की प्रशंसा भी कर जाते हैं जिन्होंने लिखा है—'ढोल गँवार सूद्र पसु नारी—सकल ताड़ना के अधिकारी।'[83] क्या आचार्य मिश्र, मिश्र न हो कर, एक शूद्र हो कर बता सकते हैं कि तुलसी के ये शब्द कितने कोमल-कान्त-पदावली के शब्द हैं ?

अन्त में, आचार्य विश्वनाथ प्रसाद मिश्र के बारे में कुछ व्यक्तिगत रूप से कहने की जरूरत हो गई है। इस व्यक्तिगत पक्ष में उन के निजी जीवन के बारे में नहीं कहा जा रहा है बल्कि उतने में से कुछ कहा जा रहा है जितने वे ब्राह्मण थे। उन के एक

छात्र से मेरा काफी परिचय है। छात्र ब्राह्मण नहीं थे। वे छात्र उन के घर पर चले जाया करते थे। छात्र ने मुझे बताया है कि जहाँ तक हो सके आचार्य मिश्र अपने घर पर किसी को चाय वगैरह नहीं देते थे। यदि मजबूरी बनी तो अलग कटोरी में देते थे। बाद में उसे बरौनी (नौकरानी) से मंजवाते थे। उस कटोरी को अपने बर्तनों से अलग रखते थे। कहने का मतलब यह है कि अपने शूद्र छात्र से वे पूरी छुआछूत बरतते थे। मैंने उन के शूद्र छात्र से कहा कि उन्हें अपने इन ब्राह्मण गुरुदेव के बारे में यह संस्मरण खुद लिख देना चाहिए, लेकिन उन्होंने मेरा अनुरोध नहीं माना। इस विषय को ले कर उन के और मेरे बीच जो संवाद हुआ है, वह इस प्रकार है–

मैंने कहा, "आप इस संस्मरण को जरूर लिखो।"

"मैं नहीं लिख पाऊँगा।"

मैंने उन से पूछा, "क्यों नहीं लिख पाओगे ? क्या कठिनाई है ?"

"अब उन का देहान्त हो चुका है। अब उन के बारे में लिखना उचित नहीं है। यह मुझे शोभा नहीं देगा।"

"लेकिन उन्होंने छात्र के रूप में आप का अपमान किया था।"

"उन्होंने फिर भी मुझ पर उपकार किया था।"

"क्या उपकार किया था ?" मैंने आश्चर्य से पूछा।

छात्र ने बताया, "वे मेरे गुरु थे। उन्होंने मुझे पढ़ाया था।"

"लेकिन उस पढ़ाने की वे सरकार से तनख्वाह लेते थे।"

"फिर भी उन का मुझ पर उपकार है। वे परीक्षा में मेरे पाँच नम्बर कम कर देते तो मैं क्या कर लेता ?"

"यह अहसान नहीं है। यह उन का कर्त्तव्य था।"

"जानता हूँ, फिर भी मैं उन का अनुग्रहीत हूँ।"

"यह कोई बात नहीं हुई।"

"मैं अपने प्रति ईमानदार नहीं रहूँगा यदि मैं आज उन के मरने के बाद उन के बारे में कुछ ऐसा-वैसा कहूँ। मैं कमजोर हूँ। मुझ में हिम्मत नहीं है। यदि मुझ में हिम्मत होती तो मैं उन के सामने ही उन की दी हुई चाय फेंक देता। वे मुझे शूद्र के रूप में अपमानित कर के चाय या खाना दिया करते थे पर मेरा भविष्य उन के पैरों तले था, मैं विद्रोह नहीं कर सका। मैं डरा रहा। उन्हें गुस्सा आ जाता तो मेरा सर्वनाश कर देते। मेरे एम०ए० के दो साल बर्बाद हो जाते।"

"तो अब विद्रोह कर दो।"

"नहीं, उन का खाया है। तब मैं 'थैंकलेस' हो जाऊँगा। यदि उन के घर पर अपमानित चाय पीने से मना कर के आता तो आज कहने का साहस जुटा सकता था। अब वे जीवित नहीं हैं। अब कहना उचित नहीं है। उन की सहायता ली है।"

आचार्य मिश्र के छात्र ने मुझ से यह भी कहा—"उन दिनों मेरी हालत अजीब थी। उज्जैन में इस बात के लिए तरसा करता था कि कोई एक चाय पिला दे, कोई एक रोटी खिला दे। आचार्य मिश्र जी के द्वारा दी गई चाय या रोटी के पीछे के भाव पर ज्यादा ध्यान नहीं देता था जबकि एक तरह से वह चाय एक कुत्ते के लिए और वह रोटी मेरे लिए फेंकी हुई होती थी।"

मित्र ने मुझे एक बात और बताई कि उस कक्षा में उन के एक मित्र थे। वे उन के दलित मित्र थे। वे बहुत कुशाग्र बुद्धि के थे। मित्र ने मुझे निस्संकोच बताया कि उन के दलित मित्र एक छात्र के रूप में उन से बहुत बढ़ कर थे। लेकिन वे प्रोफेसरों से तार्किक बहस किया करते थे। विशेष रूप से वे ब्राह्मण प्रोफेसरों द्वारा पढ़ाए जाने वाले 'भाषा-विज्ञान' के विषय को 'भाषा-अज्ञान' कहा करते थे। उन मित्र की 'भाषा-विज्ञान' पर पकड़ बहुत मजबूत थी। वे दलित छात्र इस बात से नहीं डरते थे कि उन्हें इम्तिहान में कम अंक मिलेंगे। वे कहा करते थे कि मुझे इन के नम्बरों की जरूरत नहीं है लेकिन भाषा-विज्ञान में इन प्रोफेसरों द्वारा पढ़ाए जाने वाले 'भाषा-अज्ञान' को नहीं मानूँगा। निर्णय के रूप में मेरे मित्र ने मुझे बताया कि उस दलित छात्र को इन प्रोफ़ेसरों ने उन से कम नम्बर दिए थे जबकि ज्यादा नम्बर पाने का हक वास्तव में उसी का था।

मैंने अपने मित्र से अधिकार माँगना चाहा कि मैं इस लेख में उन का नाम खोल दूँ। उन्होंने कहा कि ऐसा मत करना। आप बिना मेरा नाम बताए इस बात को लिख सकते हैं। उन्होंने मुझ से यह भी कहा—"मैं ये बातें बहुत दुख के साथ बता रहा हूँ। मन पर बोझ है। सहायता ली थी। अब नाम खोलना ठीक नहीं है।" एक मित्र की जिम्मेदारी के नाते मैंने भी उन की बात मान ली है। यह एकलव्य की परम्परा है जिस में अँगूठे कटते हैं। मेरे मित्र अपने हृदय में बेहद खफा हैं कि उन्हें आचार्य विश्वनाथ प्रसाद मिश्र किस रूप में मिले थे।

अपने निजी ब्राह्मणी जीवन में शूद्र के प्रति छुआछूत की ऐसी मानसिकता और व्यवहार की वजह से क्या उम्मीद रखी जा सकती थी कि आचार्य मिश्र कबीर के बारे में उस से अलग राय रखते जो उन्होंने अपनी पुस्तक 'हिन्दी साहित्य का अतीत' में यहाँ जाहिर की है ? मेरा यह भी कहना है कि यदि आचार्य मिश्र के घर पर स्वयं कबीर भी आते तो वे उन्हें भी अछूत वाले कटोरे में ही चाय देते और वैसे ही किसी बरौनी से धुलवाते। डा० हजारी प्रसाद द्विवेदी के बारे में डा० नामवर सिंह, उन्हीं के शब्दों में, उन के क्षत्रिय शिष्य होने के कारण, ज्यादा आधिकारिक ढंग से बता सकते हैं कि क्या वे अपनी किसी बेटी की शादी डा० वीर भारत तलवार के शब्दों में 'जातिगत, कुलगत, धर्मगत, संस्कारगत, विश्वासगत, शास्त्रगत, सम्प्रदायगत बहुतेरी विशेषताओं के जाल को छिन्न कर के'[84] बिना किसी कूटनीति के सहज रूप में ब्राह्मण के बजाय किसी ठाकुर, वैश्य, चमार, भंगी, ईसाई या मुसलमान के लड़के से कर सकते थे।

ङ. डा० राम विलास शर्मा : प्रक्षेप की परम्परा

डा० हजारी प्रसाद द्विवेदी समाजवादी नहीं हैं। यदि वे समाजवादी होते तो क्या होता ? तब कबीर और तुलसी के सन्दर्भ में उनकी भक्ति-काल की व्याख्या क्या होती ? मेरे पास एक उत्तर है कि तब वे डा० राम विलास शर्मा में तब्दील हो जाते। इस उत्तर के लिए मैं ज्यादा नहीं लिखूँगा, यह उत्तर उतना आवश्यक भी नहीं है, लेकिन इस मामले में डा० राम विलास शर्मा के चिन्तन को डा० हजारी प्रसाद द्विवेदी के चिन्तन का समाजवादी संस्करण माना जा सकता है—पर कैसे ?

डा० राम विलास शर्मा ने अपनी पुस्तक 'परम्परा का मूल्यांकन' में लिखा है—"जनसमुदाय जब एक व्यवस्था से दूसरी व्यवस्था में प्रवेश करते हैं, तब उन की अस्मिता नष्ट नहीं हो जाती।"[85] इस के बाद उन्होंने सीधे समाजवादी व्यवस्था पर टिप्पणी करते हुए लिखा है—"समाजवादी व्यवस्था कायम होने पर जातीय अस्मिता खण्डित नहीं होती वरन् और पुष्ट होती है।"[86] कहना न होगा कि निश्चित रूप से यह जातीय अस्मिता डा० शर्मा के यहाँ ब्राह्मण की जातीय अस्मिता है जिसे वे कभी खो नहीं सकते। लेकिन साथ ही, यदि इसी तर्क पर दलित की जातीय अस्मिता की बात उठा दी जाए तो वे शायद एकदम बिगड़ और भड़क जाएँगे। तब वे शायद यही पूछेंगे—दलित की जातीय अस्मिता क्या चीज होती है ?

डा० शर्मा ब्राह्मण चिन्तन में समाजवाद और मार्क्सवाद का समाहार करते हुए बिलकुल साफ लिखते हैं—"समाजवादी संस्कृति पुरानी संस्कृति से नाता नहीं तोड़ती, वह उसे आत्मसात कर के आगे बढ़ती है।"[87] वे लाग-लपेट का कुछ नहीं छोड़ते जब आगे यह भी लिखते हैं—"अभी हमारे देश की निरक्षर निर्धन जनता नए और पुराने साहित्य की महान उपलब्धियों के ज्ञान से वंचित है। जब वह साक्षर होगी, साहित्य पढ़ने का उसे अवकाश होगा, सुविधा होगी, तब व्यास और वाल्मीकि के करोड़ों नए पाठक होंगे। वे अनुवाद में ही नहीं, उन्हें संस्कृत में भी पढ़ेंगे।"[88] इन शब्दों को पढ़ कर पता नहीं चलता कि ये ब्राह्मण विद्वान मार्क्सवादी और समाजवादी बन कर जाने क्या-क्या कह रहे हैं। लिखते समय उन्हें इस बात का ध्यान ही नहीं रहा कि रामायण और महाभारत के कारण ही दलित जनता निरक्षर और निर्धन रखी गई है, उस के अंगूठे और शीश कटे हैं। फिर, साक्षर और धनवान हो कर क्या दलित पाठक संस्कृत में रामायण और महाभारत को ही पढ़ेंगे ? क्या उन के सामने अपने रैदास और कबीर नहीं हैं जिन्होंने गैर-संस्कृत भाषाओं में अपने काव्य के रस की रोह बरसाई है ? क्या दलित जनता लिख-पढ़ कर सगुण राम और सगुण कृष्ण के पीछे दौड़ेगी ? क्या उन के पास अपना निर्गुण भगवान नहीं है ?

डा० शर्मा लिखते हैं–"यह स्मरण रखना चाहिए कि पुराने समाज में वर्गों की रूपरेखा कभी बहुत स्पष्ट नहीं रही। जहाँ पूँजीवाद का यथेष्ट विकास हो गया है, वहीं यह सम्भावना होती है कि सम्पत्तिशाली और सम्पत्तिहीन वर्ग एक-दूसरे के सामने पूरी तरह विरोधी बन कर खड़े हों।"[89] इस आधार पर वे निष्कर्ष निकालते हैं–"पुराने साहित्य में वर्ग-हित साफ-साफ टकराते हुए दिखाई दें, इस की सम्भावना कम होती है। सभ्यता के अनेक तत्वों की तरह साहित्य में भी ऐसे तत्व होते हैं जो विरोधी वर्गों के काम में आते हैं।"[90] उन्होंने लिखा है–"सभ्यता का हर स्तर वर्गबद्ध नहीं होता। इसी तरह साहित्य का हर स्तर सम्पत्तिशाली वर्गों के हितों से बँधा हुआ नहीं रहता।"[91] यहाँ देखा जा सकता है कि डा० राम विलास शर्मा मार्क्सवाद के विरोध में दलित और द्विज के स्पष्ट विभाजन की पहचान को मिटाने में लगे हुए हैं। वे भारत के प्राचीन इतिहास में ब्राह्मण और चाण्डाल के अन्तर को समझना नहीं चाह रहे हैं। सम्पत्ति को ही ले कर बात कही जा सकती है कि सारी सम्पत्ति ब्राह्मणों की मानी गई है और मनुस्मृति के अनुसार शूद्र को सम्पत्ति रखने का अधिकार नहीं है। डा० राम शरण शर्मा के इस कथन का मतलब समझा जाना चाहिए कि "मनु का विचार है कि शूद्र को सम्पत्ति जमा नहीं करने देनी चाहिए, क्योंकि इस से वह ब्राह्मणों को सताने लगेगा।"[92] उलटे, यहाँ कार्ल मार्क्स की मदद की जा सकती थी कि विदेशों में सम्पत्ति को ले कर यह विभाजन रेखा भले ही स्पष्ट न दिखती हो लेकिन भारत के प्राचीन इतिहास में यह एकदम स्पष्ट दिखती है। लेकिन ये भारत के ब्राह्मण मार्क्सवादी विद्वान डा० राम विलास शर्मा हैं कि नया तो क्या जोड़ते बल्कि इतिहास के अध्ययन में मार्क्सवाद से जितनी मदद ली जा सकती थी उतनी भी नहीं ली है।

डा० राम विलास शर्मा के अनुसार इतिहास की क्या व्याख्या है ? उन्हें अपने हित में मार्क्सवाद से केवल इतना समझना था कि शम्बूक ने राम के हाथों अपना शीश कटवा कर और एकलव्य ने द्रोण को अपना अँगूठा दे कर ऐतिहासिक विकास के साथ सहयोग किया था। ब्राह्मण पुरुष दलित औरतों से जो गैर-वैवाहिक जारकर्म और बलात्कार के द्वारा बेगोरी औलाद पैदा करता है उसे डा० शर्मा वर्ग-सहयोग और वर्ग-मैत्री कहना चाहते हैं। वे लिखते हैं–"......इस के अलावा सभ्यता का इतिहास वर्ग-सहयोग का इतिहास भी है। भले ही यह सहयोग शोषक वर्ग ने लोगों को फुसला कर, डरा-धमका कर या दबा कर प्राप्त किया हो, बलप्रयोग द्वारा उन्हें अपनी आज्ञा मानने पर बाध्य किया हो, पर है वह वर्ग-सहयोग। प्रश्न इच्छा-अनिच्छा का नहीं है, प्रश्न ऐतिहासिक प्रक्रिया के वस्तुगत रूप का है।"[93] पता चलता है कि यहाँ डा० शर्मा कितने निर्दयी हो गए हैं।

संस्कृति और साहित्य का सम्बन्ध बताते हुए डा० शर्मा लिखते हैं–"हिन्दी जनता की संस्कृति मुख्यतः उस के साहित्य में, और साहित्य में भी विशेषतः काव्य में विकसित हुई है।"[94] उन के अनुसार, ".......साहित्य सापेक्ष रूप में स्वाधीन होता

है।"[95] उन्होंने लिखा है—".....समान सामाजिक परिस्थितियाँ होने पर भी कला का समान विकास नहीं होता।"[96] उन के अनुसार, "साहित्य में विकास प्रक्रिया उसी तरह सम्पन्न नहीं होती जैसे समाज में।"[97] कहने का मतलब यह है कि ब्राह्मण चिन्तक डा० शर्मा ने मार्क्सवादी हो कर भी मार्क्सवाद से अपना रास्ता भिन्न निकाल लिया है।

डा० राम विलास शर्मा के ब्राह्मण चिन्तन में और डा० हजारी प्रसाद द्विवेदी के ब्राह्मण चिन्तन में तथा डा० रामधारी सिंह दिनकर के भूमिहार चिन्तन में कोई अन्तर नहीं रहता जब डा० शर्मा भी बड़े गर्व से लिखते हैं—"संसार का कोई भी देश, बहुजातीय राष्ट्र की हैसियत से, इतिहास को ध्यान में रखें तो, भारत का मुकाबला नहीं कर सकता। यहाँ राष्ट्रीयता एक जाति द्वारा दूसरी जातियों पर राजनीतिक प्रभुत्व कायम कर के स्थापित नहीं हुई। वह मुख्यतः संस्कृति और इतिहास की देन है।"[98] उन्होंने अपनी बात आगे जारी रखते हुए लिखा है—"इस संस्कृति के निर्माण में इस देश के कवियों का सर्वोच्च स्थान है। इस देश की संस्कृति से रामायण और महाभारत को अलग कर दें, तो भारतीय साहित्य की आन्तरिक एकता टूट जाएगी। किसी भी बहुजातीय राष्ट्र के सामाजिक विकास में कवियों की ऐसी निर्णायक भूमिका नहीं रही, जैसी इस देश में व्यास और वाल्मीकि की है। इसलिए किसी भी देश के लिए साहित्य की परम्परा का मूल्यांकन उतना महत्वपूर्ण नहीं है जितना इस देश के लिए है।"[99]

इन शब्दों को पढ़ कर अन्दाज लगाया जा सकता है कि डा० राम विलास शर्मा सीधे तुलसी और सूर पर जाना चाह रहे हैं। रामायण और महाभारत तथा वाल्मीकि और व्यास का नाम लेने का मतलब यही है कि बौद्ध और जैन तथा कबीर और रैदास को भुलाया जाएगा। यूँ, संस्कृति और काव्य के रास्ते चल कर डा० शर्मा, डा० द्विवेदी और डा० दिनकर से जुड़ जाते हैं। लगता ही नहीं कि मार्क्सवादी और समाजवादी होने पर ब्राह्मण के मूल चिन्तन पर कोई फर्क पड़ता है।

डा० द्विवेदी और डा० दिनकर से एक समान होने में डा० शर्मा ने कोई कमी नहीं छोडी है जब उन्होंने लिखा है—"यह नैमिषारण्य की परम्परा है जो काव्य, पुराण, इतिहास और कथावाचन के द्वारा इस देश को एक सूत्र में बाँधती है।"[100] उन के दिमाग पर मार्क्सवाद और समाजवाद का कोई असर गोचर नहीं होता जब वे इस से आगे यह भी लिखते हैं—"निस्संदेह इस पौराणिक परम्परा में अतिरंजित परम्पराएँ और अन्धविश्वास भी हैं पर इन से पहले राष्ट्रीय इकाई के रूप में भारतवर्ष का गौरवगान और किस ने किया है ?"[101] कहने का मतलब यह है कि पौराणिक परम्परा के मूल्यांकन में मार्क्स के विज्ञानवाद और भौतिकवाद को पूर्णतया तिलांजलि दी जा चुकी है। पुराणों में पहुँचते-पहुँचते डा० शर्मा को अतिरंजन और अन्धविश्वास बुरे नहीं लगते।

ब्राह्मण चिन्तन ने धर्म, दर्शन और समाज के क्षेत्र में अन्धेर उतारने के बाद जिस अन्य क्षेत्र को पकड़ा है वह भाषा का है। यहाँ आ कर पूरी हद हो जाती है और इस

मामले में डा० राम विलास शर्मा अपवाद नहीं हैं। दृष्टि के वैज्ञानिक होने का कोई सवाल पैदा नहीं होता। वे अपनी पुस्तक 'परम्परा के मूल्यांकन' में लिखते हैं–"मैथिली का व्याकरण हिन्दी व्याकरण से भिन्न है। उस के शब्द भण्डार में जहाँ बहुत से शब्द हिन्दी से मिलते-जुलते हैं, वहाँ काफी शब्द हिन्दी से भिन्न भी हैं। उस का अपना एक समृद्ध साहित्य है और मैथिली में अभी भी गद्य-पद्य का साहित्य रचा जा रहा है।"[102] वे आगे जारी रखते हुए लिखते हैं–"लेकिन हिन्दी की दूसरी बोलियों का व्याकरण भी हिन्दी से भिन्न है। अवधी, ब्रज, भोजपुरी आदि का व्याकरण हिन्दी से भिन्न है।"[103] डा० शर्मा के इन शब्दों को पढ़ कर लगता है कि शायद वे सही दिशा में आगे बढ़ रहे हैं, लेकिन ऐसा बिलकुल नहीं है। उन का निष्कर्ष एकदम उलटा है जो इस प्रकार है–"इसलिए व्याकरण की भिन्नता से यह साबित नहीं होता कि मैथिली हिन्दी से स्वतन्त्र भाषा होनी चाहिए।"[104] वास्तव में, शुरू में ऐसा लगता था कि डा० शर्मा मैथिली, अवधी, ब्रज और भोजपुरी को हिन्दी से भिन्न भाषाएँ सिद्ध करेंगे लेकिन निष्कर्ष में उन्होंने सारा उलटा कर के रख दिया है। वे सच्चाई पर झूठ का आवरण चढ़ाते हुए लिखते हैं–"इसलिए मिथिला के अलगाव का नारा छोड़ कर हमें समूचे हिन्दी भाषी प्रदेश को एक करने की कोशिश करनी चाहिए।"[105] ख़ुद ही मान रहे हैं कि हिन्दी और मैथिली के व्याकरण भिन्न हैं लेकिन खुद ही कह रहे हैं कि ये दोनों भाषाएँ एक हैं।

डा० राम विलास शर्मा तुलसी के बारे में लिखते हैं–"उन के समय में अनेक जनपद अपना अलगाव दूर कर के एक-दूसरे के निकट आ रहे हैं। यही कारण है कि वह ब्रज भाषा में लिखते हैं और अवधी में भी। उन की ब्रज भाषा विशुद्ध ब्रज भाषा नहीं है, न उन की अवधी विशुद्ध अवधी है।"[106] डा० राम विलास शर्मा ने यह तथ्य रख दिया है लेकिन इस की व्याख्या वह नहीं हो सकती जो वे करते हैं। असल में, इस व्याख्या के दो महत्वपूर्ण पक्ष इस प्रकार हो सकते हैं–

1. तुलसी ने ब्रज भाषा में भी काव्य लिखा है और अवधी भाषा में भी काव्य लिखा है। इस का मतलब यह है कि वे दो भाषाओं के जानकार थे। ऐसी क्षमता कई लोगों को प्राप्त हो जाती है। यह वैसी ही क्षमता है कि रवीन्द्रनाथ ठाकुर बंगला में भी कविता लिखते थे और अंग्रेजी में भी कविता लिखते थे। तब क्या इस का मतलब यह लगाया जाए कि लन्दन और कलकत्ता निकट आ रहे थे ?
2. डा० राम विलास शर्मा के बताने के बाद यह मुझे पहली बार पता चला है कि तुलसी की ब्रजभापा विशुद्ध ब्रजभाषा नहीं है और तुलसी की अवधी विशुद्ध अवधी नहीं है। लेकिन यदि यह सच है तो हिन्दी विद्वानों ने इतने वर्षों से कबीर की भाषा पर, उन्हें 'वाणी के डिक्टेटर'[107] कह कर, इतनी हाय-तौबा क्यों मचा रखी है ?

डा० शर्मा लिखते हैं–"तुलसी दास का युगान्तरकारी महत्त्व इसी बात से प्रकट है कि वह हिन्दी भाषा के सर्वश्रेष्ठ कवि के रूप में विख्यात हैं।"[108] कहना चाहिए कि डा० शर्मा का यह एकदम गलत कथन है। यदि उन्हें जिद है कि तुलसी को सर्वश्रेष्ठ ही कहा जाना है तो उन्हें कहना चाहिए था कि 'तुलसी दास अवधी भाषा के सर्वश्रेष्ठ कवि हैं।' मुझे इस बात से कुछ भी आपत्ति नहीं हो सकती कि विद्यापति को मैथिली भाषा का, सूर को ब्रज भाषा का और टैगोर को बंगला भाषा का सर्वश्रेष्ठ कवि बताया जाए। मुझे लगता है कि जब तुलसी को हिन्दी भाषा का कवि कहा जाता है तो अगले साँस में टैगोर को भी हिन्दी का कवि कहा जाएगा। मुझे इस बात से कुछ भी आपत्ति नहीं हो सकती कि डा० राम विलास शर्मा कहें कि तुलसी दास ब्राह्मणी परम्परा के सर्वश्रेष्ठ कवि हैं। आपत्ति तब दर्ज होती है जब वे हिन्दी साहित्य में उन्हें सर्वश्रेष्ठ कहते हैं। पहली बात, तुलसी दास की काव्य भाषाएँ अवधी और ब्रज हैं इसलिए उन का हिन्दी से क्या लेना-देना ? दूसरी बात, दलित परम्परा के सर्वश्रेष्ठ कवि कबीर वहाँ पहले से मौजूद हैं जो आधुनिक हिन्दी के मूल कवियों में से हैं। लेकिन साहित्य के क्षेत्र में बेईमानी इस दोहरे स्तर पर की जा रही है कि अवधी भाषा के ब्राह्मण कवि को हिन्दी का सर्वश्रेष्ठ कवि कहा जा रहा है।

ब्राह्मण चिन्तक सब से बड़ी परेशानी तब खड़ी करता है जब वह शब्दों के अर्थ प्रक्षिप्त करता है। यह बात सच है कि ब्राह्मण चिन्तन प्रक्षेप रचने में माहिर है। वह दूसरों के नाम से अपनी बात रख देता है। लेकिन जब वह शब्दों को प्रक्षिप्त करने में किसी कारणवश असमर्थ रहता है तब भी उस शब्द के अर्थ को प्रक्षिप्त जरूर कर देता है। डा० राम विलास शर्मा ने 'जाति' शब्द को ले कर ऐसा ही किया है।

भारत में कौन नहीं जानता कि 'जाति' शब्द का क्या अर्थ है ? सच बात यह है कि यदि भारतीयों को किसी शब्द के ठीक-ठीक अर्थ का पता है तो वह 'जाति' शब्द है। लेकिन डा० राम विलास शर्मा ने सब को भ्रमित करना चाहा है जब उन्होंने जाति के बारे में लिखा है–"हिन्दी, बँगला, मराठी, तमिल आदि भाषाएँ बोलने वाले समुदायों को जाति कहते हैं।"[109] बताइए, यह कितना बड़ा झूठ है जो लिख कर किया जा रहा है। इस विद्वान को कोई रोकने वाला नहीं है। ये कुछ भी लिखने के लिए स्वतन्त्र हैं। इन्होंने अपने अध्याय का शीर्षक ही 'हिन्दी जाति के सांस्कृतिक इतिहास की रूपरेखा'[110] रखा है। पूछा यही जा सकता है कि इन्हें अर्थ को प्रक्षिप्त करने के लिए दूसरा कोई शब्द नहीं मिला था। क्या इन के पास शब्दों के टोटे और अभिव्यक्तियों के अकाल पड़ गए थे ? सब से ज्यादा जान-पहचान वाले शब्द का अर्थ बिगाड़ा गया है ? पता नहीं, तब ये विद्वान 'उर्दू जाति' के शब्द का विरोध कैसे कर पाएँगे ? लेकिन इस के बाद डा० शर्मा ने एक और बड़ी गलतफहमी पैदा की है। वे लिखते हैं–"प्रत्येक जाति आधुनिक पूँजीवादी आर्थिक सम्बन्धों के विकास का परिणाम है।"[111] कहने का

मतलब यह है कि 'जाति' शब्द के मूल अर्थ को समझने के लिए कोई सबूत नहीं छोड़ा गया है। जो शब्द भारत में सब का अपना है, उस का अर्थ समझने के लिए अब लोगों को डा० राम विलास शर्मा के घर के चक्कर लगाने पड़ेंगे। डा० शर्मा बताएँगे कि पूँजीवाद के आगमन से पहले 'जाति' शब्द नहीं था। वास्तव में, इन ब्राह्मण विद्वानों ने कसम खा रखी है कि ये हर शब्द का अर्थ बिगाड़ कर रख देंगे। इन की विद्वता ही तब शुरू होती है जब दूसरे लोग मूर्ख घोषित होते हों।

डा० राम विलास शर्मा 'जाति' शब्द के अर्थ को बिलकुल गड़बड़ा देते हैं जब वे लिखते हैं–"भारत के अन्य जातीय प्रदेशों की अपेक्षा हिन्दी प्रदेश के लोगों में जातीय चेतना का अभाव है। यह इसलिए नहीं है कि इन में देश भक्ति बहुत ज्यादा है, वरन इसलिए कि यहाँ जाति-बिरादरी के बन्धन अब भी बहुत मजबूत हैं और जनपदीय अलगाव काफी है। इस के अलावा धार्मिक विद्वेष से जनता विभाजित है। साहित्य में हिन्दी-उर्दू का जैसा भेद है, वैसा भेद अन्य किसी प्रदेश में नहीं है।"[112] बताइए, अब क्या कहा जाए ? डा० शर्मा के कथन की कलई खुल कर रह जाती है। इस कथन में 'जाति-बिरादरी' के समास में 'जाति' अपने मूल रूप में प्रयोग हो गई है। इस 'जात- बिरादरी' को ही तो हिन्दुस्तान का बच्चा-बच्चा जानता है। खुद डा० शर्मा की 'हिन्दी जाति' से इस 'जात-बिरादरी' का विरोध है। फिर, जब एक ही क्षेत्र में धर्म के भेद हैं और हिन्दी तथा उर्दू के भेद हैं तब डा० शर्मा भाषा के आधार पर किस 'हिन्दी जाति' की बात कर रहे हैं ? इसीलिए पूछा जा रहा है कि क्या वे 'हिन्दी जाति' के स्थान पर अपने मन्तव्य के अर्थ को साधने के लिए किसी दूसरे शब्द का प्रयोग नहीं कर सकते थे।

'जाति' के बारे में डा० शर्मा का एक कथन और देखने योग्य है। वे लिखते हैं–"पुराने जनपदों का अलगाव काफी दूर हुआ और वे मिल कर एक जाति (नेशन) के रूप में संगठित होने लगे।"[113] यहाँ कितने बड़े भ्रम की रचना की गई है कि जाति भाषा से भी आगे बढ़ कर एक ही छलांग में 'नेशन' बन गई है।

इस परिधि पर की गई यात्रा के बाद अब हम अपने मूल विषय पर आएँ और जानें कि डा० राम विलास शर्मा ने कबीर के बारे में क्या लिखा है। वे लिखते हैं–"इस आर्थिक विकास के फलस्वरूप शहर के कारीगरों और गाँव के किसानों की सामन्त-विरोधी चेतना प्रखर हुई। इस नवीन चेतना के प्रमुख और आदि प्रतिनिधि कबीर हैं। उन की कविता धार्मिक विद्वेष और ऊँच-नीच के भेदभाव की तीव्र आलोचना प्रस्तुत करती है। वैराग्य और निराशा के भावों के साथ उसमें विह्वल आनन्द की अभिव्यक्ति हुई है। कबीर का प्रभाव हिन्दी क्षेत्र के बाहर भी फैला। महाराष्ट्र के अनेक मन्दिरों में उन की पाण्डुलिपियाँ सुरक्षित रखी बताई जाती हैं। गुरु ग्रन्थ साहब में अन्य सन्तों के साथ कबीर के पदों को भी स्थान दिया गया है। आधुनिक काल में उन की कविता के एक प्रेमी रवीन्द्रनाथ ठाकुर भी थे।"[114]

लेकिन यहाँ यह जानने की भी जरूरत रह जाती है कि डा० राम विलास शर्मा ने तुलसी के बारे में क्या लिखा है। उन्होंने लिखा है–"तुलसी दास से अधिक ज्ञानी कवि उस युग में दूसरा नहीं है। कबीर बहुत बड़े भक्त हैं और सूरदास जायसी के समान सौन्दर्य प्रेमी कवि हैं।"[115] वे तुलसी की प्रशंसा में आगे लिखते हैं–"भारत की बहुसंख्यक पीड़ित किसान-जनता की वेदना, सुखी जीवन के लिए उस की अदम्य आकांक्षा, सामाजिक परिवर्तन के लिए संघर्ष करने की उस की क्षमता, भारतीय साहित्य में सर्वाधिक तुलसीदास के काव्य में अभिव्यक्त हुई। उन के सामाजिक विचारों को जानने के लिए राम चरित मानस के साथ कवितावली, गीतावली और विनयपत्रिका को हमेशा मिला कर पढ़ना चाहिए। इस से पता चलेगा कि रामचरित मानस में प्रक्षिप्त अंश कौन से हैं। इस के सिवा मानस का अध्ययन करते हुए पात्रों के व्यवहार पर ध्यान देना चाहिए। इन का आचरण ही कवि की सामाजिक दृष्टि का असन्दिग्ध प्रमाण है।"[116] वे आगे लिखते हैं–"......धर्म के विशद अर्थ में, राम चरित मानस संसार का अनुपम धार्मिक काव्य है।"[117] उधर, डा० शर्मा कबीर के बारे में एक जगह लिखते हैं–"कबीर ने धर्म ध्वजियों को वह चुन-चुन कर सुनाई है जैसी सम्पत्तिहीन वर्ग ही सुना सकते हैं।"[118] पर क्या डा० शर्मा के इस कथन का यह अर्थ लगाया जाए कि कबीर की समस्या मात्र आर्थिक थी और पृथक धर्म और पृथक परम्परा की नहीं थी ? आखिर, वे कबीर को केवल आर्थिक स्थितियों की गरीबी तक सीमित क्यों करते हैं जबकि तुलसी को धार्मिक सिद्ध करते हैं ? वे कबीर की समस्या को छोटी क्यों मान रहे हैं ? वे कबीर के बड़प्पन का अवमूल्यन क्यों कर रहे हैं ? वास्तव में, डा० शर्मा ने कबीर का मूल्यांकन बहुत गलत तरीके से किया है जब उन्होंने लिखा है–"हमारे सामने कबीर एक निर्भीक और उद्दण्ड आलोचक के रूप में आते हैं तो सूर एक आत्म-विभोर गायक के रूप में। तुलसी ने अपने बारे में सबसे अधिक लिखा है।"[119] क्या डा० शर्मा नहीं जानते कि हिन्दी में 'उद्दण्ड' शब्द का अर्थ सम्मानसूचक नहीं है ? यदि वे इस शब्द का अर्थ जानते हैं तो कबीर को नीचे गिराने में क्यों लगे हैं और यदि वे इस शब्द का अर्थ नहीं जानते तो फिर उन से क्या कहा जाए ? यदि वे कबीर को निर्भीक कह कर रह जाते तो उन के कथन में क्या कमी रह जाती ? वास्तव में, कबीर के बारे में 'उद्दण्ड आलोचक' का विरुद ब्राह्मण मानसिकता की तरफ से ही आ सकता है।

डा० राम विलास शर्मा तुलसी की प्रशंसा करते समय थकते नहीं हैं जब वे लिखते हैं–"भारत के नए जागरण का कोई महान कवि भक्ति-आन्दोलन और तुलसी दास से पराङ्मुख नहीं रह सकता। वह सांस्कृतिक धारा रवीन्द्रनाथ और निराला के साहित्य में अविच्छिन्न रूप से प्रवाहित है। इस तथ्य की पुष्टि के लिए यहाँ रवीन्द्रनाथ की 'सूरदासेर प्रार्थना' और निराला की 'तुलसीदास' कविताओं का उल्लेख करना ही यथेष्ट होगा।"[120] डा० शर्मा ने तुलसी का मूल्यांकन करते हुए लिखा है–"तुलसी को

निकाल कर हिन्दी साहित्य की परम्परा से सम्बन्ध जोड़ना असम्भव है। इस परम्परा में जो कुछ मूल्यवान है, जो कुछ महत्त्वपूर्ण है, जो कुछ सदा के लिए संग्रह करने योग्य है, वह तुलसी में सुरक्षित है, और बहुत बड़ी मात्रा में सुरक्षित है। यह तथ्य तुलसी की अपराजेय प्रतिभा का द्योतक है कि उन्हें त्याग कर कोई भी युगप्रवर्तक कवि हो नहीं सकता।"[121] कहने का मतलब यह है कि हिन्दी साहित्य के मूल्यांकन में कबीर एकदम गौण और गायब हैं। इन के अनुसार, कबीर में यदि कुछ है तो उसे भी तुलसी में ही ढूँढना पड़ेगा। लेकिन मैं डा० शर्मा के मत को इस रूप में स्वीकार कर सकता हूँ कि वे 'हिन्दी साहित्य' की बात न कर के 'ब्राह्मण साहित्य' की बात कर रहे हैं और 'दलित' की बात न कर के 'ब्राह्मण' की बात कर रहे हैं। लेकिन ब्राह्मण चिन्तक की कोशिश यह होती है कि जब वह 'ब्राह्मण' नाम से न कहने की मजबूरी में होता है तो अपनी बात हिन्दू, हिन्दी, आर्य और भारतीयता की पुआल में छिप कर कहता है। इस पुआल को हटा कर देखा जाए तो पूछा जा सकता है कि निराला ने 'तुलसीदास' नाम की कविता क्यों लिखी ? उन्होंने 'कबीरदास' नाम की कविता क्यों नहीं लिखी ? उन्होंने खुद को ब्राह्मणी परम्परा से जोड़ा है या दलित परम्परा से ? निराला ने एक पंक्ति 'ब्राह्मण समाज में ज्यों अछूत'[122] क्या लिख दी कि उन्हें दलित काव्य का आदि कवि कहा जाने लगा है। लेकिन दलित इस बात से सहमत नहीं है। दलित चिन्तक पूछना चाहता है कि 'ब्राह्मण समाज में ज्यों अछूत' की सुनोगे या 'ब्राह्मण समाज में खुद अछूत' की सुनोगे ? निराला 'ब्राह्मण समाज में ज्यों अछूत' हैं तो कबीर 'ब्राह्मण समाज में खुद अछूत' हैं। 'ज्यों' और 'खुद' के कारण दोनों में अन्तर ही अन्तर बनता चला जाता है क्योंकि जो निराला के लिए काव्य का श्रेष्ठ उपमा अलंकार है वह कबीर के लिए जिन्दगी का कटु सच है।

अब तक डा० राम विलास शर्मा अगल-बगल की काटते रहे हैं लेकिन एक जगह उन्हें मूल समस्या से जूझना ही पड़ा है। वे लिखते हैं—"राम चरित मानस में जहाँ-तहाँ विप्रपद पूजा को बहुत बड़ा धर्म बतलाया गया है और विशेष रूप से उत्तरकाण्ड में शूद्रों के अपना वर्ण धर्म त्यागने पर क्षोभ प्रकट किया गया है। इन पंक्तियों को अलग कर के देखने से यह धारणा बन सकती है कि तुलसी दास अपने समय की सामन्त-विरोधी गतिविधि से असन्तुष्ट थे और वे पुरानी व्यवस्था को ही बनाए रखना चाहते थे।"[123] वे स्वयं प्रश्न करते हैं—"क्या हम वर्ण धर्म के समर्थन को तुलसी दास के विचारों की ऐतिहासिक सीमा मानें जिस से उन की मूल विचारधारा पर आँच नहीं आती ?"[124] लेकिन उत्तर देने के बजाय डा० शर्मा इधर-उधर बचते हैं। वे लिखते हैं—"जो लोग समझते हैं कि गोस्वामी तुलसी दास शूद्रों पर ब्राह्मणों के प्रभुत्व का समर्थन करते थे, वे भूल जाते हैं कि उन्होंने स्वयं इस प्रभुत्व का कटु अनुभव किया था।"[125] डा० शर्मा ने साफ-साफ लिखा है कि 'यथार्थ यह है कि वर्णाश्रम धर्म के समर्थक पुरोहितों ने तुलसी दास को काफी सताया था.......।'[126] अजीब बात है, डा० शर्मा दो ब्राह्मणों की

आपसी लड़ाई को और दलित की ब्राह्मण से लड़ाई को जोड़ रहे हैं ! दूसरे, वे कहते हैं कि 'जो 'अति अघरूप' समझे जाते हैं, उन 'आभीर जवन किरात खस स्वपचादि' के लिए भी वह कहते हैं कि राम का नाम ले कर वे भी पवित्र हो जाते हैं।'[127] पता नहीं, यहाँ डा० शर्मा किसे बहकाना चाह रहे हैं ? क्या तुलसी के हिन्दू धर्म में ब्राह्मण, क्षत्रिय, वैश्य, शूद्र और अन्त्यज नहीं हैं ? क्या तब तुलसी अपनी वर्ण-व्यवस्था के लिए खुश नहीं होंगे जब शूद्र और अन्त्यज उसी रूप में राम के प्रशंसक बने रहेंगे ? यदि शूद्र और अन्त्यज अपने शूद्र और अन्त्यज होने से विरोध करने लगें तब तुलसी के राम के दीनबंधुपन का क्या होगा ? लेकिन डा० शर्मा ने उत्तर में जो समाधान खोजा है वह प्रक्षिप्त अंश का है। वे लिखते हैं—".....जब उत्तरकाण्ड में हम तुलसी को इस बात पर क्षोभ प्रकट करते देखते हैं कि शूद्र ब्राह्मणों की बराबरी करने लगे हैं, तब हम इसी नतीजे पर पहुँचते हैं कि या तो उन के विचारों में अन्तर्विरोध है या फिर यह पुरोहितों का चमत्कार है जिन्होंने अपने काम की बातें मिला कर राम चरित मानस को अपने अनुकूल बनाने की कोशिश की।"[128] वे बाद की सम्भावना को ही तरजीह देते हुए लिखते हैं—"यह काम उन के लिए कुछ नया भी न था ; वह और भी ग्रन्थों के साथ यह काण्ड कर चुके हैं।"[128] लेकिन यहाँ ध्यान रखा जा सकता है कि प्रक्षिप्त करने का तरीका एक ही नहीं है कि दूसरे के नाम से कुछ नया जोड़ दिया जाए बल्कि दूसरा तरीका यह भी है कि मूल में से कुछ निकाल दिया जाए। दुर्भाग्य से, डा० शर्मा प्रक्षिप्त करने के इसी दूसरे तरीके पर आमादा हो गए हैं।

यहाँ डा० राम विलास शर्मा ने तुलसी की गलती नहीं मानी है, न तुलसी का अन्तर्विरोध माना है, न तुलसी को कथनी और करनी के भेद से गुजारा है। इस समाजवादी चिन्तक ने तुलसी की इन पंक्तियों को सीधे प्रक्षिप्त मान लिया है। लेकिन सवाल यह है कि डा० राम विलास शर्मा मार्क्सवाद को पढ़ने के बाद ही इन पंक्तियों को प्रक्षिप्त कहने के तर्क पर कैसे आए। जब मार्क्स पैदा नहीं हुए थे, उस समय भी तुलसी की ये चौपाइयाँ मौजूद थीं। उस युग में इन चौपाइयों को प्रक्षिप्त कहने वाले कोई डा० राम विलास शर्मा पैदा क्यों नहीं हुए ? ब्राह्मणों की यह तीसरी आँख का अतिरिक्त ज्ञान समस्या बनने के बाद में ही क्यों पैदा होता है ?

प्रक्षिप्त के बारे में मुझे एक घटना याद आ रही है। मेरे एक लेखक-मित्र ने मुझे बताया है कि एक प्रकाशक की तरफ से उन के सामने एक बिशेष प्रस्ताव आया था प्रस्ताव राम चरित मानस को ले कर था। प्रकाशक ने मेरे लेखक-मित्र से कहा था कि आप राम चरित मानस में से उन-उन पंक्तियों को निकाल दो जो आज आपत्तिजनक दिख रही हैं। मैं बिना उन पंक्तियों के राम चरित मानस छाप दूँगा। कोई पूछेगा तो कहेंगे कि हमारी प्रति में प्रक्षिप्त पंक्तियाँ नहीं हैं। बाद में जरूरत पड़ेगी तो उन पंक्तियों को जोड़ते हुए फिर नया संस्करण छाप देंगे। मेरे लेखक-मित्र ने ऐसा झूठा सम्पादक

बनना नहीं चाहा था लेकिन अब डा० राम विलास शर्मा के बारे में क्या कहा जाए जिन का धंधा ही यह है ?

डा० शर्मा तुलसी के स्त्रियों के बारे में लिखे गए विचारों को ले कर भी परेशान हैं। वे लिखते हैं—"तुलसी दास स्त्रियों को पराधीन जानते हुए भी उन्हें पशुओं की तरह ताड़न की अधिकारी कहें तो इस से अधिक निर्ममता क्या हो सकती है ? लेकिन जैसा ममतापूर्ण हृदय तुलसी दास ने पाया था, वैसा हृदय और किस कवि ने पाया है ? ढोल गँवार वाली पंक्ति समुद्र की बातचीत में आई है जहाँ वह जल होने के नाते अपने को जड़ कहता है और इस नियम की तरफ इशारा करता है कि जड़-प्रकृति को चेतन ब्रह्म ही संचालित करता है। वहाँ एकदम अप्रासंगिक ढंग से यह ढोल गँवार शूद्र वाली पंक्ति आ जाती है। निःसन्देह यह उन लोगों की करामात है जो यह मानने के लिए तैयार नहीं थे कि नारी पराधीन है और उसे स्वप्न में भी सुख नहीं है।"[130] लेकिन डा० शर्मा यहाँ पुनः भ्रम फैला रहे हैं। पहली बात, वे कह रहे हैं कि 'ढोल गँवार शूद्र' वाली पंक्ति तुलसी की लिखी हुई नहीं है। दूसरी बात, वे 'पराधीन सपनेहुँ सुख नाहीं' की पंक्ति का अर्थ गलत लगा रहे हैं। उन्हें ध्यान होना चाहिए कि तुलसी ने यही कहा है कि नारी की स्थिति ऐसी है लेकिन उन्होंने यह नहीं कहा कि नारी की स्थिति ऐसी नहीं होनी चाहिए। तुलसी यही चाहते हैं कि शूद्र और नारी की समाज में जो स्थिति है उन्हें उसी में रहना चाहिए। जब तक अछूत निषाद बन कर राम से यह कहता रहता है कि 'तुम सुकृती हम नीच निषादा'[131] तब तक वह राम को अच्छा लगता रहता है। लेकिन सवाल तब का है जब शूद्र ब्राह्मण की बराबरी करनी चाहता है। क्या तुलसी उस की अनुमति दे सकेंगे ? 'पूजिअ विप्र' और 'ढोल गँवार' की पंक्तियों को प्रक्षिप्त कह कर भी डा० शर्मा बताएँ कि क्या तुलसी के समाज-दर्शन में यह सम्भव है कि शूद्र ब्राह्मण की बराबरी करे और नारी ब्राह्मण से स्वाधीन हो जाए।

सही बात यह है कि डा० राम विलास शर्मा कबीर और तुलसी के रूप में दलित और द्विज के भेद को समझने में पूर्णतया असमर्थ हैं। तुलसी ऐसे राज्य की बुराई कर रहे हैं जिस में राजा आततायी है लेकिन कबीर दलित को राजा बनाना चाह रहे हैं। यह अन्तर ही अन्तर है। ऐसा नहीं है कि तुलसी का राजाराम समाज में बिना शूद्रों के और घरों में बिना औरतों के रहना चाहता है। क्या डा० शर्मा तुलसी को तभी शूद्र-विरोधी और नारी-विरोधी मानेंगे जब उन का राजाराम ऐसी राजाज्ञा जारी करेगा कि सारे शूद्रों और तमाम नारियों के सिर काट लिए जाएँ ? सच यह है कि तुलसी के राजा राम को ब्राह्मणों की सेवा के लिए शूद्र की और पुरुष की हाजिरी में घर में नारी और बाहर रखैल और वेश्या की जरूरत है। यदि समाज और परिवार से शूद्र और नारी गायब हो गए तो ब्राह्मण और पुरुष की सर्वोपरिता किस पर साबित होगी ? इसलिए मुख्य सवाल यह है कि तुलसी के समाज में शूद्र और नारी तो रहें पर शूद्र ब्राह्मण से और नारी पुरुष से बराबरी न कर जाए। जहाँ तक 'पराधीन सपनेहुँ सुख नाहीं'[132] की

चौपाई के अर्थ की बात है तो इस में सीधी-सी बात है कि ऐसी हालत तुलसी के 'पशु' की भी है। वास्तव में, तुलसी के यहाँ नारी की परिभाषा यह है कि 'पराधीन सपनेहुँ सुख नाहीं'—जिस में वे किसी सुधार का बीड़ा नहीं उठा रहे हैं। वेदान्त ने ऐसी परिभाषा शूद्र की भी दी है—शूद्र—अर्थात वह शोक के अन्दर दौड़ गया, वह शोक निमग्न हो गया, उस पर शोक दौड़ आया, उस पर सन्ताप छा गया।[133] लेकिन इस का मतलब यह नहीं है कि वेद ने, वेदान्त ने या उपनिषद ने, शंकर ने, रामानुज ने या निम्बार्क ने शूद्र के शोक को मिटाने का प्रयत्न किया हो। उलटे, इन सब ने उस के शोक को बढ़ाया ही है।

ऐसी स्थिति में डा० राम विलास शर्मा द्वारा तुलसी के बचाव में यह लिखना हास्यास्पद ही कहा जा सकता है—"नारी-समाज और शूद्रों के बारे में तुलसी दास के विचार जानने के लिए उन के चरित्र-चित्रण पर ध्यान देना आवश्यक है ; इस के सिवा उन के समूचे ग्रन्थों को पढ़ कर कोई धारणा बनानी चाहिए। स्वयं तुलसी को अपने जीवन में जाति-प्रथा के ठेकेदारों का कोपभाजन बनना पड़ा था।"[134] इस में, डा० शर्मा ने तुलसी की इन पंक्तियों को बहुत महत्त्व दिया है—

1. माँगि कै खैबे, मसीत को सोइबे, लेबे को एक न देबे को दोऊ।[135]
2. लोग कहैं पोचु, सो न सोचु न संकोचु, मेरे ब्याह न बरेखी, जाति पाँति न चहत हौं।[136]
3. लोक को न डर, परलोक को न सोच, देवसेवा न सहाय गर्व धाम को न धन को।[137]

लेकिन तुलसी की इस प्रशंसा में डा० शर्मा को यह कहना ध्यान नहीं रहा कि यह ब्राह्मण का दर्शन है। कहने का मतलब यह है कि ब्राह्मण कितना गैर-जिम्मेदार और घमण्डी होता है इन पंक्तियों में उस का अन्दाजा लगाया जा सकता है। लेकिन कबीर तो मांग कर नहीं खा सकते थे, उन्हें गृहस्थी के लिए लेना और देना भी पड़ता था, उन्हें अपने बच्चों के ब्याह करने पड़े थे, उन्हें ब्राह्मण लोग जुलाहे जाति का नीच कहते थे। तुलसी ने एक ब्राह्मण के नाते सही कहा है कि न उन्हें लोक का डर है और न परलोक का भय है। सच बात यह है कि ब्राह्मण न लोक को मानता है, न परलोक को मानता है, न धर्म को मानता है, न ईश्वर को मानता है, न उसे नैतिकता की चिन्ता है और न उसे कर के खाने की चिन्ता है। मेरे मत में, ब्राह्मण के बारे में केवल इतना ही कहा जाना था जो तुलसी ने खुद अपने बारे में कह दिया है। खुद डा० शर्मा ने निराला के माध्यम से यह बात लिखी भी है कि 'निराला के पिता महिषादल के राजा के यहाँ जमादार थे।"[138] यहाँ जमादार का मतलब है कि वे सिपाहियों के जमादार थे।[139] वे स्पष्ट लिखते हैं—"महिषादल के राजा, वहाँ के राजकुमार, आज से पचास साल पहले का वैभव ; एक तो राजा, फिर ब्राह्मण, चारों ओर दण्डवत—प्रणाम का

वातावरण।"[140] आश्चर्य तब होता है कि जब दलित इसी बात को कहता है तो विरोध के स्वर खड़े हो जाते हैं।

डा० राम विलास शर्मा तुलसी की प्रशंसा में हर कोने से लिखते हैं। वे लिखते हैं—".....यदि पहले भी ऐसे साहित्यकार हुए हों जिन के पास व्यक्तिगत सम्पत्ति न रही हो तो उन का मानवतावाद मार्क्स के साम्यवाद के और भी निकट होगा। तुलसीदास कह गए हैं : लोक को न डर परलोक को न सोच देव सेवा न सहाय गर्व धाम को न धन को। धाम और धन है ही नहीं, इन का गर्व कैसे होगा ?"[141] देखा जा सकता है कि ब्राह्मण विद्वान चिन्तन जगत की हर बात को ब्राह्मणवाद में ही ढूँढना चाहता है। यह वही कला है कि बौद्ध बन कर ब्राह्मणों ने बौद्ध धर्म को हथिया कर उसे नष्ट कर दिया था। अब डा० राम विलास शर्मा की ब्राह्मणी विद्वता तुलसी दास की कविता में समाजवाद के बीज ढूँढेगी। कहने का मतलब यह है कि समाजवाद को भी धोखा देने की पूरी तैयारी कर ली गई है। आश्चर्य का ढोल पीटा जा सकता है कि एक ब्राह्मण विद्वान समाजवादी हो गया है। सुनो, संसार के लोगो सुनो, अब की बार भारत का ब्राह्मण समाजवादी होने चला है। खूब समझ में आता है कि यह आवाज दो गज दूर से वापिस लौट आती है। हाँ, ब्राह्मण समाजवाद के धोखे में नहीं है बल्कि समाजवाद को भारत में ब्राह्मण की गफलत में रखा जा रहा है। ब्राह्मण चिन्तन इस काम में सदा से पारंगत है। कबीर की धांई तक नहीं छुई और समाजवाद की खोज में सीधे अपने तुलसी बाबा के पैर जा चूमे। यूँ, चुन-चुन कर हर अच्छे सामाजिक सिद्धान्त को विषमता की भट्टी में भूना जाता है।

जहाँ तक गर्व करने या न करने की बात है तो व्यक्तिगत गर्व के बजाय ब्राह्मण के पास ब्राह्मण होने का घमण्ड होता है। ब्राह्मण होने में धरती के सारे घमण्ड समाए रहते हैं। पूछना यह है कि क्या तुलसी अपने ब्राह्मण होने के घमण्ड को छोड़ सकते थे। डा० राम विलास शर्मा के लिए इस प्रश्न का उत्तर 'हाँ' में देना मुश्किल हो जाएगा। खुद डा० राम विलास शर्मा तुलसी के व्याख्याकार के रूप में अपने नाम के पीछे 'शर्मा' उपनाम लगाना नहीं भूले हैं। जहाँ तक तुलसी की निर्भीकता की बात है तो हर ब्राह्मण दूसरों से खुद को भूदेव कहलवा कर अपने पाँव पुजवाने की इच्छा रखता है। यह सोलह आने सही कथन है कि ब्राह्मण न लोक से डरता है, न परलोक से डरता है और न किसी देवता से डरता है। दूसरे शब्दों में कहा जा सकता है कि चरित्र के मामले में ब्राह्मण न लोक का ख्याल रखता है, न परलोक को मानता है और देव वह खुद बना रहता है। यह न धर्म का है न किसी कर्म का। यह ईश्वर को भी नहीं मानता। यह दूसरों से चाहता है कि वे कानून का पालन करें लेकिन खुद किसी कानून के बन्धन में नहीं रहता। यह दूसरों के लिए कानून बनाता है, अपने लिए नहीं। डा० अम्बेडकर ने ब्राह्मण के इस चिन्तन की पूरी आलोचना की है। तब यह समाज में सब से गैर-जिम्मेदार व्यक्ति होता है। रही बात धाम की और धन की तो ब्राह्मण कवि नरोत्तमदास के शब्दों

में 'ब्राह्मण को धन केवल भिच्छा'[142] है। लेकिन किसी ने अभी तक ब्राह्मण की भिक्षा के अर्थशास्त्र की जाँच और व्याख्या नहीं की है। अच्छा हो कि इस काम में कोई अर्थशास्त्री ईमानदारी से लग जाए लेकिन तब तक इस भिक्षा को ब्राह्मण की नाकारी में शुमार किया जा सकता है। असल में, ब्राह्मण की भिक्षा समाज में आर्थिक आवारागर्दी कही जा सकती है। हिन्दी साहित्य के किसी अध्येता ने ध्यान नहीं दिया कि नरोत्तमदास के 'सुदामा चरित' का परिणाम क्या है। शुरुआत में सुदामा एक गरीब ब्राह्मण है लेकिन अन्त में सुदामा बेहद धनवान ब्राह्मण है। आचार्य विश्वनाथ प्रसाद मिश्र ने सुदामा चरित के बारे में लिखा है–"जब सुदामा इतने दरिद्र हो गए कि पेट भर अन्न मिलना भी दूभर हो गया तब वे अपनी पत्नी सुशीला के कहने से मित्र द्वारिकाधीश (श्रीकृष्ण) के यहाँ पहुँचे। उन की कृपा से दरिद्रता दूर हो गई। इस पुस्तक में स्त्री की प्रेरणा द्वारा द्वारका जाने और दारिद्रय से मुक्त होने भर की कथा ली गई है।"[143] यहाँ खास ध्यान यह रखा जाना है कि सुदामा की यह दरिद्रता बिना कुछ करे-धरे मिटी है। सुदामा ने कृष्ण के पास जाने के सिवा कोई मेहनत-मजूरी या जीविका अर्जित करने का काम- धंधा नहीं किया है। कहने का मतलब यह है कि सुदामा की गरीबी का वर्णन नरोत्तमदास ने कर दिया लेकिन सुदामा की मुफ्त में आई अमीरी का वर्णन कौन कवि करेगा ? हिन्दी में वह काव्य अभी लिखा जाना शेष है। 'सुदामा चरित' में सुदामा गरीब थे लेकिन अब वे गरीब नहीं हैं। ऐसे अमीर हुए ब्राह्मण समाज में चारों ओर बसे हुए लोग देखे जा सकते हैं।

फिर, काव्य को जीवन और समाज की सच्चाइयों से भी जुड़ना होता है। काव्य जीवन में हमेशा नाटकबाजी नहीं है जो ब्राह्मण कवि इसे बना देते हैं। जिन कृष्ण के बारे में नरोत्तमदास ने लिखा है कि उन्होंने सुदामा के पैर परात के पानी के बजाय अपने नयनों के आँसुओं से धोए थे, क्या वे सुदामा को अपने घर जाने के लिए अकेला छोड़ देंगे ? सुदामा की यह कथा भागवत के दशम स्कंध की है। आचार्य विश्वनाथ प्रसाद मिश्र लिखते हैं–"अन्यत्र सुदामा द्वारका से पालकी में लौटे हैं पर इस में कवि ने इन्हें पैदल ही लौटाया है। इस से वैषम्य अधिक आ गया है और मार्मिकता बढ़ गई है।"[144] मार्मिकता बढ़ गई है पर सच्चाई तो छूट गई है। असल में, यह झूठ का काव्य है और झूठ की संस्कृति है। इसे ही डा० राम विलास शर्मा गर्व से अपनी परम्परा कहते हैं कि इतिहास मत लिखो और जिस के जी में जैसे आए कथा को तोड़-मरोड़ दिया जाए।

यहाँ ब्राह्मण के 'भिक्षाशास्त्र' के अध्ययन की ज्यादा गुंजाइश नहीं है लेकिन इतनी बात जरूर उभारी जा सकती है कि इसे आधुनिक अर्थशास्त्र की एक शाखा के रूप में स्थान मिलना चाहिए। शुरूआत के लिए नरोत्तम दास की पुस्तक 'सुदामा चरित' से ही उदाहरण दिए जा सकते हैं। आरम्भ में ही सुदामा ने अपनी पत्नी ब्राह्मणी सुशीला से कहा है–"बैस को बानिज और कृषी प्रन सूद को सेवन साजत ही।"[145] दूसरी बात,

सुदामा ने माना है कि ब्राह्मण सारे संसार का गुरु है। उन्होंने अपनी पत्नी से कहा है– "सिच्छक हौं सिगरे जग को तिय काको कहा अब देति है सिच्छा।"[146] कहने का मतलब यह है कि ब्राह्मण इस भ्रम में जिया करता है कि वह सारे संसार का गुरु है। आगे बढ़ने से पहले यहाँ टके से जवाब में कबीर का कथन रख दिया जाए कि 'ब्राह्मण गुरु जगत का, साधू का गुरु नाहिं।'[147] यदि ब्राह्मणों को खुद को 'जगदगुरु' कहलवाने की जिद पड़ी ही है तो तब कबीर पंथ के साहित्य में यह विद्रोह की आवाज भी गूंजती है–'ब्राह्मण गदहा जगत का'[148] तथा 'ब्राह्मण ते गदहा भला।'[149] ब्राह्मण के लिए ऐसे विशेषणों की जरूरत नहीं थी लेकिन इस लड़ाई की शुरूआत खुद ब्राह्मण करता है।

खैर, रुक्मिणी कृष्ण को समझा रही हैं कि ब्राह्मणों का विश्वास मत करो। ये लोग विश्वास करने लायक नहीं हैं। क्या तुम्हें याद नहीं कि इन्होंने भिक्षा के नाम पर पुराणों में क्या-क्या गदर काटे हैं ? तुम इन द्विजों के स्वभाव को भूल क्यों रहे हो ? यह भिक्षा नहीं है बल्कि छल है। यह राज्य हड़पने की नीति है। इन्होंने स्वप्नों तक का नाम ले कर राजाओं के राज छीने हैं–

'भार्गव ह्वै तुम जीति धरा दई विप्रन कौं अति ही सुख मानो।
विप्रन काढ़ि दियो तुम को पुनि ता दिन की बिसरो खिसियानो।।
सिन्धु हटाय करी तुम ठौर द्विजन्म सभाव भली बिधि जानो।
सो तुम देत द्विजे सब लोक कियौ तुमने अब कौन ठिकानो।।'[150]

'नेकु न कानि करी द्विज नै नृग से नृप को नरकी कर डारौं।
साप दियो पुनि संकर कों अवलों मखते सिब भाग बिसारौ।।
विप्रन फेरि बिजै जय कों तुम देखत घोर कुयोनि में डारों।
सौ तुम जानि सबै गुन दोष करी फिरहू द्विज को पतियारो।।'[151]

इन दोनों पदों को 'सुदामा चरित' में प्रक्षिप्त मान लिया गया है लेकिन यहाँ मेरा तर्क इस आधार पर नहीं है कि ये पद प्रक्षिप्त हैं या प्रक्षिप्त नहीं हैं। मेरा सवाल सीधा है कि क्या ऐसा कहा जा सकता है कि नहीं। फिर, नरोत्तम दास के 'सुदामा चरित' में जो प्रक्षिप्त नहीं है वह अन्तिम से पहला पद इस प्रकार है–

'कै वह टूटी सी छानी हुती, कहँ कंचन के सब धाम सुहावत।
कै पग में पनहीं न हुतीं, कहँ जै गजराजहु ठाढ़े महावत।।
भूमि कठोर पे रैनि कटे, कहँ कोमल सेज पै नींद न आवत।
कै जुरतो नहिं कोदों सवाँ, प्रभु के परताप तें दारव न भावत।।'[152]

"**भावार्थ**–कवि कहता है कि कहाँ तो सुदामा जी के पास टूटे छप्पर से मढ़ी झोंपड़ी थी, कहाँ अब उसी स्थान पर सोने के भवन शोभायमान हो रहे हैं।

कहाँ तो सुदामा जी के पैरों में जूतियाँ भी नहीं थीं कहाँ अब उन की सवारी के लिए महावत हाथी ले कर खड़े रहते हैं। सुदामा जी पहले कठोर भूमि पर ही सोया करते थे पर अब तो उन्हें कोमल शय्या पर भी नींद नहीं आती। कहाँ तो भोजन के लिए कोदों और सवाँ का चावल भी नहीं जुट पाता था कहाँ अब प्रभु के प्रताप से सुदामा जी को दाख भी अच्छी नहीं लगती है।"[153]

पुनः कहा जाए कि आखिर सुदामा कृष्ण के पास धन लेने ही गए थे। वे कृष्ण के पास मित्र की तरह मिलने और उन की कुशलक्षेम पूछने नहीं गए थे बल्कि मित्रता को नाजायज रूप में भुनाने गए थे। कृष्ण के यहाँ से वापिस खाली हाथ आते हुए सुदामा सोच भी रहे हैं–

इतनो गम आदर कियौ, दियौ न कछु मोहि स्याम।
या प्रकार सोचत चल्यौ, ब्रिप आपने धाम।।[154]

वास्तव में, सुदामा ऐसे सोच रहे हैं जैसे वे कृष्ण के यहाँ कुछ कमा कर रख गए थे जो कृष्ण ने वापिस नहीं दिया था। फिर, ब्राह्मण का भिक्षाशास्त्र किन बातों तक सीमित है ? क्या ब्राह्मण का भिक्षाशास्त्र इस बात को मान कर चलता है कि जो दे उस का भी भला और जो न दे उस का भी भला ? इस प्रश्न का उत्तर 'हाँ' में नहीं दिया जा सकता ? असहाय भिखारी ऐसा सोच सकते हैं। लेकिन ब्राह्मण भिक्षा न मिलने पर श्राप देने का अपना विशेष अधिकार सुरक्षित रखता है। नरोत्तम दास के सुदामा इस चिन्तन तक गए हैं– 'बालापन के मित्र हैं, कहा देंउ मैं स्राप।'[155] लेकिन श्राप न देते-देते भी इतना फिर भी कह गए हैं–'जैसो हरि हम को दियो, तैसो पावहिं आप।'[156] अर्थात–यदि कृष्ण ने उन्हें कुछ नहीं दिया तो कृष्ण को भी विधाता की ओर से कुछ नहीं मिलना चाहिए। भारत के विद्वान लोग ब्राह्मण शास्त्रों के इस आदेश को भी जानते हैं कि यदि ब्राह्मण ने हल की मूठ पर हाथ रख दिया तो उस का ब्राह्मणत्व नष्ट हो जाता है। बताइए, एक पूरी कौम ने न कमाने की कसम खा रखी है। तब यह भिक्षा क्या है ? यह कर्ज है, माफिया है, उगाही है या यह दलित पर लगाया गया जजिया है ?

तो, संक्षेप में यह ब्राह्मण के भिक्षाशास्त्र का अध्ययन है। अब इस में अर्थशास्त्र के ईमानदार विद्वान आगे बढ़ सकते हैं।

डा० राम विलास शर्मा ने तुलसी की तीन अन्य पंक्तियों को भी बहुत महत्त्व दिया है। ये पंक्तियाँ इस प्रकार हैं–

1. खेती न किसान को भिखारी को न भीख बलि बनक को बनिज न चाकर को चाकरी।[157]
2. नहिं दरिद्र सम दुख जग माहीं।[158]

3. आगि बड़वागि ते बड़ी है आगि पेट की।[159]

लेकिन यहाँ खोज की जानी चाहिए कि यह किसी प्राकृतिक अकाल का जिक्र हो रहा है या समाज में आर्थिक व्यवस्था के सुधार की बात की जा रही है। तुलसी को अपनी दुर्दशा 'भिखारी को न भीख' वाली पंक्ति में दिख रही है। ऐसा ब्राह्मण पहले से कहता आ रहा है कि 'भूखे भजन न हो गोपाला–यह ले अपनी कंठी माला।' इस में डा० शर्मा को नया दर्शन दिख सकता है लेकिन दलित के लिए इस में कुछ भी नया नहीं है। असल में, तुलसी की इन पंक्तियों का अर्थ वही है जो करपात्री अपनी पुस्तक 'मार्क्सवाद और रामराज्य' में लिखते हैं। करपात्री लिखते हैं–'नाई, धोबी आदि अपना काम करें, जिस के बदले में उन्हें अन्न मिले.....और जिस का जो परम्परागत व्यवसाय है, उसे वही करना चाहिए।'[160] बस, नाई-धोबी को रोटी मिल गई, उन्हें और क्या चाहिए ? राज-काज, धर्म-कर्म, बनज-व्यौपार–इन कामों से उन का क्या मतलब ? यही करपात्री का रामराज्य है। यही तुलसी का रामराज्य है जिस की डा० राम विलास शर्मा प्रशंसा करते हैं कि तुलसी ने लिखा है–

1. नहिं दरिद्र कोउ दुखी न दीना।
नहिं कोउ अबुध न लच्छन हीना।।[161]

2. जासु राज प्रिय प्रजा दुखारी।
ते नृप अवसि नरक अधिकारी।।[162]

3. अल्प मृत्यु नहिं कवनिउँ पीरा।
सब सुन्दर सब बिरुज सरीरा।।[163]

ध्यान होना चाहिए कि करपात्री ने रामराज्य की तुलना में लोकतन्त्र की मजाक उड़ाई है जब उन्होंने अपनी पुस्तक में लिखा है–"आज के लोकतन्त्र शासन का आधार मुंड-गणना है।"[164] वे आगे लोकसभा और विधान सभाओं को निरर्थक बताते हुए लिखते हैं–"आजकल एक सब से बड़ा विभाग व्यवस्थापन अर्थात कानून बनाने का है, जिस के लिए धारा सभाओं का निर्वाचन होता है। परन्तु अपने यहाँ तो इस की आवश्यकता ही नहीं। केवल विशिष्ट विद्वानों की एक निर्णेत्री परिषद होनी चाहिए जो मनु, याज्ञवल्क्य, बृहस्पति, नारद, अंगिरा, पराशर आदि के मतानुसार ठीक-ठीक व्यवस्था दे सके।"[165] लेकिन मेरे ख्याल से यह बहस उस समय बन्द कर देनी चाहिए जब डा० राम विलास शर्मा दलितों को बहकाते हुए लिखते हैं–"तुलसीदास का स्वप्न श्रमिक जनता के लिए धरोहर है जिस से प्रेरित हो कर वह समाजवाद के लिए मंजिल-दर-मंजिल बढ़ती जाएगी।"[166] वे लिखते हैं–"मेरा उद्देश्य वर्णाश्रम, नारी-समस्या, राजा-प्रजा सम्बन्ध को ले कर कुछ वामपंथी लेखकों में फैली हुई गुमराहियों का निराकरण करना है।"[167] वे आगे लिखते हैं–".....यह धारणा कि तुलसी नारी की पराधीनता के हामी थे, ब्राह्मणों के खिलाफ शूद्रों की बगावत में वह ब्राह्मणों के साथ

थे, उन के समूचे साहित्य के अध्ययन से यही साबित नहीं होती।"[168] वे तुलसी की प्रशंसा में लिखते हैं कि 'तुलसी हमारे जातीय जन-जागरण के सर्वश्रेष्ठ कवि हैं।'[169] डा० शर्मा सीमाहीन घमण्ड करते हैं जब लिखते हैं—"तुलसी की ऐतिहासिक सीमाओं की बात कर के माफी माँगने की जरूरत नहीं है। जरूरत है तुलसी पर गर्व करने की, इस बात पर दृढ़ विश्वास करने की कि जिस जाति ने तुलसी को जन्म दिया है, वह अजेय है...।"[170] यहाँ थमते-थमते एक बात पूछ ही ली जाए कि क्या यह जाति ब्राह्मण नहीं है जिस जाति ने तुलसी को जन्म दिया है। इसी जाति के बारे में करपात्री ने डा० शर्मा के शब्दों से भी ज्यादा सशक्त शब्दों में लिखा है—"कर्मों के अनुसार जैसे हिरणी से हरिण उत्पन्न होते हैं, वैसे ही ब्राह्मण-ब्राह्मणी से ब्राह्मण उत्पन्न होता है।"[171]

इस के सिवा, जाने डा० राम विलास शर्मा ने तुलसी की दरिद्रता का गंजन क्यों गाया है ? उन्हें पता होना चाहिए था कि तुलसी की दरिद्रता एक नाकारे की और मांग कर खाने वाले आदमी की दरिद्रता है जबकि कबीर की दरिद्रता समाज व्यवस्था में कमाने के बावजूद है। यदि कबीर कम काम करेंगे तो समस्या उठ खड़ी होगी—'दो गज बुने खवास कुटुम तेरा कहाँ से खावै जी।' ऐसी तुलना में तुलसी की दरिद्रता का जिक्र नहीं किया जाना चाहिए। न कमाने वाले भूखे मरें तो इस में क्या किया जाए ? समाज को यही देखना है कि कमाने वाले भूखे न मर जाएँ और निठल्ले छत्तीस प्रकार के भोजनों का भोग न लगाते रहें जैसे कि अब कवि नरोत्तम दास के नायक सुदामा लगा रहे हैं।

अन्त में, डा० राम विलास शर्मा द्वारा कबीर और तुलसी की तुलना का निचोड़ इस प्रकार रखा जा सकता है—

1. कबीर का पदार्पण आर्थिक स्थितियों के आधार पर बताया गया है जबकि तुलसी के पदार्पण को आर्थिक स्थितियों से नहीं जोड़ा गया।
2. तुलसी को सब से बड़ा ज्ञानी कवि माना गया है जबकि कबीर को भक्त माना गया है।
3. तुलसी को सामाजिक परिवर्तन के लिए संघर्ष करने वाला बताया गया है। इस क्षेत्र में उन्हें कबीर याद नहीं आए।
4. राम चरित मानस में प्रक्षिप्त अंश ढूँढने की जरूरत महसूस हो गई है। कहने का मतलब यह है कि ब्राह्मण चिन्तक को डिफेन्सिव होने की जरूरत पड़ गई है। वे राम चरित मानस की प्रामाणिकता पर शक कर रहे हैं जब वे उन के अन्य ग्रन्थों को साथ मिला कर पढ़ने को कहते हैं।
5. यह ब्राह्मणों की आपसी लड़ाई है कि तुलसी को जाति-प्रथा के ठेकेदारों का कोपभाजन बनना पड़ा था। आखिर, जाति-प्रथा के जहर

> में यह भी सम्मिलित है कि सारस्वत ब्राह्मण बड़े हैं या मैथिली ब्राह्मण, पन्त बड़े हैं या जोशी। ब्राह्मणों की इस आपसी लड़ाई से दलितों का कुछ लेना-देना नहीं है।

यूँ, डा० शर्मा ने माना है कि पूरा भक्ति-आन्दोलन मिल कर किसी बात से लड़ रहा है। उन्होंने यह नहीं माना कि सन्त कवि आपस में एक-दूसरे से लड़ रहे हैं। उन के अनुसार, कबीर और तुलसी मिल कर सामन्तों और पुरोहितों से लड़ रहे हैं तथा आपस में दलितों और ब्राह्मणों के प्रतिनिधियों के रूप में नहीं लड़ रहे हैं। आखिर, यह सच्चाई को झुठलाना ही हुआ। तुलसी की प्रशंसा में डा० शर्मा पुनः लिखते हैं–"तुलसी की महत्ता का सब से बड़ा कारण यह है कि मध्यकालीन कवियों में वह जनता की वेदना को सब से ज्यादा समझते थे।"[172] पता नहीं यहाँ मेरे इस कथन का डा० शर्मा क्या अर्थ लगाएँगे कि तुलसी जनता के विरोध में ब्राह्मण को मिल रही चुनौती को ज्यादा समझते थे ? यूँ, डा० शर्मा के इस मूल्यांकन में कबीर नेपथ्य में चले गए हैं। मंच पर केवल तुलसी ब्राह्मण विराजमान हैं। यह सारे हिन्दुओं को, बिना दलित और द्विज के भेद को उभारे, एक कहना सरासर झूठ है।

ऐसा नहीं है कि डा० राम विलास शर्मा हिन्दी साहित्य में ब्राह्मण और गैर-ब्राह्मण के इस झगड़े से वाकिफ न हों। उर्दू के शायर रघुपति सहाय फिराक के माध्यम से वे इस समस्या को बखूबी जानते हैं। उन्होंने अपनी किताब में फिराक के निम्न शब्द उद्‌धृत किए हैं–"जिस संकीर्ण और मूर्खतापूर्ण ब्राह्मणत्व ने हम को अब तक डुबोया है, मुझे उसी का डर आज हिन्दी-साहित्य में नजर आ रहा है।"[173] लेकिन दुख की बात है कि इस बात को ले कर डा० शर्मा डिफेन्सिव हो गए हैं। उन्होंने फिराक के शब्द पुनः उद्‌धृत किए हैं– "हिन्दी के आचार्यों, पण्डितों और समालोचकों में अब तक तो गलत और घातक किस्म का ब्राह्मणत्व रहा है। इस छूतछात से काम नहीं चलेगा। हिन्दी के बहुत-से विद्वान हमारे विश्वविद्यालयों के होनहार लड़कों के सामने छोटे आदमी मालूम होते हैं। इन के अध्ययन और इन की समालोचना की सीमा सूर और तुलसीदास पर मोटी-मोटी ऐसी पोथियाँ लिखने तक है, जिन से अधिक तत्वपूर्ण और चमत्कारपूर्ण निबन्ध हमारे होनहार लड़के क्लास में लिखते हैं।"[174] जवाब में डा० शर्मा अपना बचाव करते हुए लिखते हैं–"इन शब्दों से श्री रघुपति सहाय की हेकड़ी समझ में आ जाती है।"[175] कहने का मतलब यह है कि भाषा-विज्ञान के विद्वान डा० शर्मा का भाषाई संयम, शब्द 'हेकड़ी' के प्रयोग से, तुरन्त टूट गया है–अर्थात ब्राह्मण चिन्तक को एकदम गुस्सा आ गया है। लेकिन मेरी चिन्ता यह है कि जब कोई विद्वान ब्राह्मणी चिन्तन की आलोचना करता है तो डा० राम विलास शर्मा को इस से आपत्ति क्यों होती है। उलटे, डा० राम विलास शर्मा को मात्र डा० 'राम विलास' में सिमटते हुए खुशी होनी चाहिए कि कोई आदमी ब्राह्मण चिन्तन की आलोचना कर रहा है। मेरा पूछना यह है कि जब डा० राम विलास शर्मा मार्क्सवादी और समाजवादी हो गए हैं तो अब

वे ब्राह्मण कहाँ रह गए हैं। क्या जब कोई ब्राह्मण बौद्ध हो जाता है तो तब भी वह ब्राह्मण ही रहता है ? क्या जब कोई ब्राह्मण कबीरपंथी हो जाता है तो तब भी वह ब्राह्मण ही रहता है ? डा० शर्मा फिराक की आलोचना करते हैं–"श्री रघुपति सहाय को हिन्दी कवियों से सब से बड़ी शिकायत यह है कि उन्होंने अपनी रचनाओं में संस्कृत शब्दों की भरमार कर दी है। उन की समझ में इस का कारण ब्राह्मणत्व या पण्डिताऊपन की भावना है।"[176] पूछना यह है कि यहाँ फिराक ब्राह्मणत्व और पण्डिताऊपन की बात कर रहे हैं, पर डा० राम विलास शर्मा मार्क्सवादी और समाजवादी हो कर खुद को ब्राह्मणत्व और पण्डिताऊपन से क्यों जोड़ रहे हैं ? फिराक की मार उन पर क्यों पड़ रही है जब वे उदारवादी हो कर एक तरफ बच कर खड़े हो सकते हैं ? लेकिन वे ब्राह्मण बने रह कर उलटा जवाब देने लगते हैं–"जिन शब्दों का प्रयोग ब्राह्मणत्व या हिन्दी आन्दोलन के कारण होने लगा है, उन का प्रयोग हिन्दी के पुराने कवि और आधुनिक भारतीय भाषाओं के अन्य कवि भी बराबर करते रहे हैं। इसी तरह मृदु या स्मृति जैसे शब्दों को हिन्दी से यह कह कर नहीं निकाला जा सकता कि इन में तो व्यंजना के मुँह में 'र' घुसा हुआ है। मैं यह भी दिखा चुका हूँ कि श्री रघुपति सहाय को अभी ठीक-ठीक तत्सम और तद्भव रूपों की परख नहीं है।"[177] लेकिन यहाँ डा० शर्मा फिराक को संस्कृत सिखाने की फिर गलती कर रहे हैं। फिराक की बात एक तरफ, कबीर तद्भव और तत्सम के चक्कर में क्यों पड़ेंगे ? आखिर फिराक वही कह रहे हैं जो मध्य काल में कबीर ने कहा था–'कबिरा संस्कृत कूप जल, भाषा बहता नीर।'[178] असल में, हिन्दी में कोई तत्सम शब्द नहीं होता, संस्कृत के सारे शब्द हिन्दी में तद्भव बोले जाते हैं। यकीन न आता हो तो कबीर की भाषा पढ़ी जा सकती है। लेकिन डा० शर्मा फिराक को 'मुंशी जी' कह कर उन की मजाक उड़ाते हुए लिखते हैं–"मुंशी जी यह नहीं समझ पाए, यह किस का वर्णन हो रहा है।"[179] लेकिन वर्णन किसी का भी हो रहा हो, फिराक संस्कृत के तत्सम और तद्भव के कूप जल में क्यों पड़ेंगे ? संस्कृत के नाम से ब्राह्मण विद्वान किसी दूसरे को अज्ञानी क्यों कहना चाहते हैं ? हिन्दी और उर्दू के विद्वान संस्कृत भाषा का व्याकरण क्यों रटेंगे ? विश्वविद्यालयों के पाठ्यक्रमों में गए छात्रों पर लाजिमी क्यों बनाया जा रहा है ?

डा० राम तिलास शर्मा अंग्रेजों के विरोध में बिलकुल ठीक लिखते हैं–"अंग्रेज हिन्दुस्तान का सब से बड़ा जमींदार था, वह सारी जमीन को अपनी सम्पत्ति कहता था।"[180] वे आगे लिखते हैं–"चूँकि हिन्दुस्तान में राब से बड़ा जमींदार अंग्रेज था, इसलिए किसानों का हर संघर्ष, चाहे वह महाजन के खिलाफ हो चाहे जमींदार के, अंग्रेज-विरोधी हो जाता था.....।"[181] लेकिन डा० शर्मा के इसी तर्क को दलित चिन्तन अपने लाभ के लिए प्रयोग करना चाहता है। डा० राम विलास शर्मा ने तत्कालीन भारत में ठीक ही अंग्रेज को सब से बड़ा जमींदार कहा है लेकिन दलित दृष्टि में हिन्दुस्तान के इतिहास का सब से बड़ा जमींदार ब्राह्मण है। अंग्रेजों ने राजनैतिक जमींदारी ही

दिखाई थी लेकिन यहाँ ब्राह्मण की धार्मिक जमींदारी, सामाजिक जमींदारी, शैक्षिक जमींदारी, सांस्कृतिक जमींदारी, भाषाई जमींदारी और साहित्यिक जमींदारी तक चल रही है। खुद डा० शर्मा हिन्दी में अवधी के तुलसी की साहित्यिक जमींदारी की रखवाली करने बैठ गए हैं। फिर, जमींदार को आधुनिक भाषा में 'भूस्वामी' ही कहा जा सकता है लेकिन ब्राह्मण ने अपनी पुरानी भाषा में खुद को 'भूदेव' कहलवाया है।

सच बात यह है कि डा० राम विलास शर्मा ने तुलसी को जनता की वेदना का कवि कह कर अपने समीक्षक जीवन का सब से बड़ा झूठ बोला है। उन्हें ध्यान होना चाहिए था कि जनता के दुख-दर्दों के कवि कबीर हैं जिन्होंने कहा है–

संतो बोले ते जग मारै।
अनबोलते कैसे बनि है, सब्दहि कोइ न बिचारै।।

. . . .

बाप पूत कै एकै नारी, ई अचरज को काछे।।
दुंदा राजा टीका बैठे, बिखहर करे खबासी।
स्वान बापुरा धरनि ढाकनों, बिल्ली घर में दासी।।
कार दुकार कार कटि आगे, बैल करै पटवारी।
कहैं कबीर सुनो हो सन्तो, भैसे न्याव निबारी।।[182]

"अर्थात बोलूँ तो यह दुनिया मुझे मारती है। मेरी आदत है कि बिना बोले मुझ से रहा नहीं जाता। मेरे शब्दों को कोई समझता क्यों नहीं है ? बाप अपने बेटे की बहू को अपने घर में रख कर उस से अनीति और जारकर्म कर रहा है। मेंढक जैसे लोग टीका धारण कर के राजा बन गए हैं। विषैले सर्पों जैसे राजकर्मचारी उन की सेवा करने बैठ गए हैं। जिन से अपने पिछोंड़े तक नहीं ढके जाते वे कुत्ते अपनी पूँछ से सारी धरती को ढकने की बात करते हैं। बिल्ली पूरियों की रखवाली करने बैठ गई है। करनी और अकरनी को गड्ड-मड्ड कर के बैल पटवारीगिरी कर रहे हैं और भैंसे की बुद्धि के लोग न्यायाधीश बन गए हैं।"

यदि डा० राम विलास शर्मा को जनता के वास्तविक दुख-दर्दों का पता करना था तो उन्हें कबीर पंथी साहित्य की इन पंक्तियों को जरूर पढ़ना चाहिए था–

अब न बसूं इहिं गांइ गुसाईं।
तेरे नेवगी खरे सयाने हो राम।।
नगर एक तहां जीवधर महता, बसै जु पंच किसाना।
नैनो नकटू श्रवनू रसनू, यंद्री कह्या न मानै हो राम।
गांइ कु ठाकुर खेत कु नेपै, काइथ खरच न पारै।

जोरि जेवरीं खेति पसारै, सब मिलि मोकौं मारै, हो राम।
खोटो महतौ बिकट बलाही, सिरकस दम का पारै।
बुरो दिवान दादि नहिं लागै, इक बांधै इक मारै हो राम।
घरी घरी का लेखा मांगे, बाकी निकसी भारि।
पांच किसाना भाजि गए हैं, लै बाधिओ जीउं दरबारी।
कहै कबीर सुनहु रे सन्तो, हरि भजि बांधो भेरी।
अब की बेर बकसि बंदे कूं, सब खत करों नबेरा।।[183]

"अर्थात अब मैं तुम्हारे इस गाँव में नहीं बसूँगा। तुम्हारे लगान उगाहने वाले कर्मचारी बहत बुरे हैं। इस नगर में जीवधर महता प्रधान और पाँच किसान रहते हैं। गाँव का ठाकुर बुरा है, वह खेत की गलत नपाई करता है, कायस्थ का खर्च इतना है कि मुझ से पटता नहीं है, वह खेत में उलटी-सीधी जेवड़ी फैला कर नापता है। ये सारे लोग मिल कर मुझे मार रहे हैं। गाँव का प्रधान खोटा है और सिपाही भी निर्दयी हैं। इन से विद्रोह करने के लिए किसी के पास क्या ताकत है ? दीवान भी बुरा है, मेरी फरियाद तनिक नहीं सुनता। एक बांधता है और दूसरा मारता है। पाइ-पाइ का हिसाब मांग रहे हैं और कर्ज में उन का ब्याज भारी निकल रहा है। इसलिए किसान गाँव से भाग गए हैं लेकिन फिर पकड़ कर दरबार में लाए गए हैं। वे दरबार में यही कह रहे हैं—"मुकद्दम, बस, इस बार बकस दे, अब की बार खेती अच्छी हो जाएगी तो सब बाकी रकम निबटा देंगे।"

डा० राम विलास शर्मा से पूछा जा सकता है कि क्या कबीर पंथ के इन पदों के जोड़ के पद तुलसी के प्रक्षिप्त या अप्रक्षिप्त साहित्य में मिल सकते हैं ? एक तुलसी की बात नहीं बल्कि तमाम ब्राह्मण कवियों के साहित्य को चुनौती दी जा सकती है कि मजदूरों और किसानों की पीड़ा का ऐसा सजीव और मार्मिक चित्रण कहीं तो मिल जाए। तुलसी के सगुण को लोकवादी माना गया है लेकिन यहाँ कबीर पंथ के इस निर्गुण का लौकिक विद्रोह देखा जाए—तब पता चलता है कि लोक को किस ने ज्यादा देखा है। तुलसी ने राम के रूप में एक राजा के पारिवारिक और राजनैतिक दुखों की कहानी लिखी है लेकिन निर्गुण पंथ के इस लेखन में दलितों की आर्थिक, सामाजिक और धार्मिक पीड़ाओं का यथार्थ वर्णित मिलता है।

सन्दर्भ

1. तवारीख-ए-शेरशाही, लेखक—अब्बास शरवानी, अनुवादक—राजाराम अग्रवाल, प्रस्तावना लेखक—श्री नारायण चतुर्वेदी, उत्तर प्रदेश हिन्दी संस्थान, राजर्षि पुरुषोत्तम दास टण्डन हिन्दी भवन, महात्मा गाँधी मार्ग, लखनऊ, प्रथम संस्करण 1983, प्रस्तावना, पृष्ठ-2

2. हिन्दी साहित्य का इतिहास-दर्शन, डा० आनन्द नारायण शर्मा, पृष्ठ-267
3. वही, पृष्ठ-267
4. तवारीख-ए-शेरशाही, अब्बास शरवानी, पृष्ठ-2
5. संस्कृति के चार अध्याय, रामधारी सिंह दिनकर, 32 उदयाचल, आर्यकुमार रोड, पटना-4, तृतीय संस्करण, सितम्बर 1962, विषय-सूची, पृष्ठ-19-24
6. वही, पहला फ्लैप
7. वही, तृतीय संस्करण की भूमिका, पृष्ठ-6
8. वही, पृष्ठ-7
9. वही, पृष्ठ-7
10. वही, पृष्ठ-7
11. वही, प्रथम संस्करण में लेखक का निवेदन, पृष्ठ-9
12. वही, पृष्ठ-330
13. वही, पृष्ठ-377
14. वही, पृष्ठ-378
15. क०ह०प्र०द्वि०, पृष्ठ-1
16. वही, पृष्ठ-13
17. वही, पृष्ठ-13-4
18. ह०प्र०द्वि०ग्रं०, खण्ड-3, पृष्ठ-60
19. वही, खण्ड-3, पृष्ठ-323
20. वही, खण्ड-3, पृष्ठ-324
21. क०ह०प्र०द्वि०, पृष्ठ-135
22. वही, पृष्ठ-136
23. वही, पृष्ठ-136
24. वही, पृष्ठ-136
25. वही, पृष्ठ-165
26. ह०प्र०द्वि०ग्रं०, खण्ड-3, पृष्ठ-314
27. वही, पृष्ठ-60
28. वही, पृष्ठ-60
29. क०ह०प्र०द्वि०, पृष्ठ-141
30. पल प्रतिपल, अक्टूबर-दिसम्बर-1997, पृष्ठ-50-51
31. ह०प्र०द्वि०ग्रं०, खण्ड-5, पृष्ठ-274
32. क०ह०प्र०द्वि०, पृष्ठ-95
33. हिन्दी साहित्य का अतीत, प्रथम भाग, आचार्य विश्वनाथ प्रसाद मिश्र, वाणी प्रकाशन, 21ए, दरियागंज, नई दिल्ली-110 002, सम्वत् 2016, पृष्ठ-153
34. वही, पृष्ठ-153
35. वही, पृष्ठ-154
36. वही, पृष्ठ-153
37. वही, पृष्ठ-153-4
38. वही, पृष्ठ-154
39. वही, पृष्ठ-168
40. वही, पृष्ठ-168
41. वही, पृष्ठ-168
42. वही, पृष्ठ-168
43. वही, पृष्ठ-168
44. वही, पृष्ठ-164
45. वही, पृष्ठ-154
46. वही, पृष्ठ-147-8
47. वही, पृष्ठ-162
48. वही, पृष्ठ-162-3
49. वही, पृष्ठ-167
50. वही, पृष्ठ-157
51. वही, पृष्ठ-148-9
52. वही, पृष्ठ-167

53. कबीर काव्य कोश, डा० वासुदेव सिंह, विश्वविद्यालय प्रकाशन, विशालाक्षी भवन, चौक, वाराणसी-221 001, प्रथम संस्करण 1987, पृष्ठ-166
54. हिन्दी साहित्य का अतीत, प्रथम भाग, आचार्य विश्वनाथ प्रसाद मिश्र, पृष्ठ-166
55. वही, पृष्ठ-146
56. वही, पृष्ठ-168
57. वही, पृष्ठ-162
58. वही, पृष्ठ-163
59. वही, पृष्ठ-145
60. वही, पृष्ठ-145-6
61. वही, पृष्ठ-154
62. वही, पृष्ठ-161
63. वही, पृष्ठ-154
64. वही, पृष्ठ-155
65. वही, पृष्ठ-155-6
66. वही, पृष्ठ-136
67. हिन्दी साहित्य का अतीत, दूसरा भाग, आचार्य विश्वनाथ प्रसाद मिश्र, वाणी प्रकाशन, 21ए, दरियागंज, नई दिल्ली-110 002, सम्वत् 2036, अनुवचन, पृष्ठ-6
68. हिन्दी साहित्य का अतीत, प्रथम भाग, आचार्य विश्वनाथ प्रसाद मिश्र, पृष्ठ-169
69. आखेटधर्मी आलोचना का समर्थ प्रतिपक्ष 'कबीर के आलोचक', डा० भवदेव पाण्डेय, वर्तमान साहित्य, जनवरी, 1999, पृष्ठ-61
70. कबीर के आलोचक, डा० धर्मवीर, पृष्ठ-67
71. आखेटधर्मी आलोचना का समर्थ प्रतिपक्ष 'कबीर के अलोचक', डा० भवदेव पाण्डेय, वर्तमान साहित्य, जनवरी, 1999, पृष्ठ-61
72. हिन्दी साहित्य का अतीत, प्रथम भाग, आचार्य विश्वनाथ प्रसाद मिश्र, पृष्ठ-169
73. कबीर के आलोचक, डा० धर्मवीर, पृष्ठ-36
74. हिन्दी साहित्य का अतीत, प्रथम भाग, आचार्य विश्वनाथ प्रसाद मिश्र, पृष्ठ-149
75. वही, पृष्ठ-149
76. वही, पृष्ठ-149
77. वही, पृष्ठ-149
78. वही, पृष्ठ-149
79. वही, पृष्ठ-149
80. वही, पृष्ठ-149-50
81. वही, पृष्ठ-150
82. वही, पृष्ठ-169
83. कबीर के आलोचक, डा० धर्मवीर, पृष्ठ-37
84. पल प्रतिपल, अक्तूबर-दिसम्बर, 1997, पृष्ठ-53
85. परम्परा का मूल्यांकन, राम विलास शर्मा, राजकमल प्रकाशन, 8 नेता जी सुभाष मार्ग, नई दिल्ली-110 002, प्रथम संस्करण 1981, पृष्ठ-13
86. वही, पृष्ठ-14
87. वही, पृष्ठ-15
88. वही, पृष्ठ-15
89. वही, पृष्ठ-11
90. वही, पृष्ठ-11
91. वही, पृष्ठ-11

92. शूद्रों का प्राचीन इतिहास, डा० राम शरण शर्मा, राजकमल प्रकाशन, 1-बी, नेता जी सुभाष मार्ग, नई दिल्ली-110 002, पेपरबैक संस्करण, पुनरावृत्ति 1997, पृष्ठ-180
93. परम्परा का मूल्यांकन, राम विलास शर्मा, पृष्ठ-10
94. वही, पृष्ठ-28
95. वही, पृष्ठ-12
96. वही, पृष्ठ-12
97. वही, पृष्ठ-11
98. वही, पृष्ठ-14-5
99. वही, पृष्ठ-15
100. वही, पृष्ठ-19
101. वही, पृष्ठ-19
102. वही, पृष्ठ-209
103. वही, पृष्ठ-209
104. वही, पृष्ठ-209
105. वही, पृष्ठ-217
106. वही, पृष्ठ-22
107. कबीर, हजारी प्रसाद द्विवेदी, पृष्ठ-216
108. परम्परा का मूल्यांकन, राम विलास शर्मा, पृष्ठ-69
109. वही, पृष्ठ-16
110. वही, पृष्ठ-16
111. वही, पृष्ठ-16
112. वही, पृष्ठ-28
113. वही, पृष्ठ-75
114. वही, पृष्ठ-21
115. वही, पृष्ठ-21
116. वही, पृष्ठ-22
117. वही, पृष्ठ-22
118. वही, पृष्ठ-53
119. वही, पृष्ठ-55
120. वही, पृष्ठ-95
121. वही, पृष्ठ-57
122. राग-विराग : महाकवि निराला की सर्वश्रेष्ठ कविताओं का संकलन, सम्पादक राम विलास शर्मा, 1981, पृष्ठ-66
123. परम्परा का मूल्यांकन, राम विलास शर्मा, पृष्ठ-76
124. वही, पृष्ठ-76
125. वही, पृष्ठ-77
126. वही, पृष्ठ-77
127. वही, पृष्ठ-78
128. वही, पृष्ठ-79
129. वही, पृष्ठ-79
130. वही, पृष्ठ-81
131. हजारी प्रसाद द्विवेदी ग्रन्थावली, खण्ड-4, पृष्ठ-513
132. परम्परा का मूल्यांकन, राम विलास शर्मा, पृष्ठ-81
133. शूद्रों का प्राचीन इतिहास, राम शरण शर्मा, राजकमल प्रकाशन, 1-बी, नेताजी सुभाष मार्ग, नई दिल्ली-110 002, पेपरबैक संस्करण, आवृत्ति 1997, पृष्ठ-36-7
134. परम्परा का मूल्यांकन, राम विलास शर्मा, पृष्ठ-53

135. वही, पृष्ठ-70
136. वही, पृष्ठ-70
137. वही, पृष्ठ-59
138. वही, पृष्ठ-120
139. वही, पृष्ठ-123
140. वही, पृष्ठ-120
141. वही, पृष्ठ-5
142. सुदामा चरित, नरोत्तम दास, सम्पादक फूल चन्द जैन, विनोद पुस्तक मन्दिर, आगरा-3, षष्ठ संस्करण, 1966, पृष्ठ-28
143. हिन्दी साहित्य का अतीत, आचार्य बिश्बनाथ प्रराद गिश्र, प्रथम भाग, वाणी प्रकाशन, पृष्ठ-229
144. वही, पृष्ठ-229
145. सुदामा चरित, नरोत्तम दास, सम्पादक फूल चन्द जैन, पृष्ठ-29
146. वही, पृष्ठ-28
147. कबीर समग्र, डा० युगेश्वर, पृष्ठ-280
148. वही, पृष्ठ-435
149. वही, पृष्ठ-435
150. सुदामा चरित, नरोत्तम दास, सम्पादक फूल चन्द जैन, पृष्ठ-81
151. वही, पृष्ठ-83
152. वही, पृष्ठ-78
153. वही, पृष्ठ-78
154. वही, पृष्ठ-56
155. वही, पृष्ठ-57
156. वही, पृष्ठ-57
157. परम्परा का मूल्यांकन, राम विलास शर्मा, पृष्ठ-86
158. वही, पृष्ठ-84
159. वही, पृष्ठ-84
160. मार्क्सवाद और रामराज्य, स्वामी करपात्री, गीता प्रेस, गोरखपुर, तृतीय संस्करण, सम्वत् 2023, पृष्ठ-839
161. परम्परा का मूल्यांकन, डा० राम विलास शर्मा, पृष्ठ-87
162. वही, पृष्ठ-86
163. वही, पृष्ठ-86
164. मार्क्सवाद और रामराज्य, स्वामी करपात्री, पृष्ठ-834
165. वही, पृष्ठ-839
166. परम्परा का मूल्यांकन, डा० राम विलास शर्मा, पृष्ठ-87
167. वही, पृष्ठ-88
168. वही, पृष्ठ-88
169. वही, पृष्ठ-88
170. वही, पृष्ठ-89
171. मार्क्सवाद और रामराज्य, स्वामी करपात्री, पृष्ठ-285
172. परम्परा का मूल्यांकन डा० राम विलास शर्मा, पृष्ठ-53
173. वही, पृष्ठ-218
174. वही, पृष्ठ-219
175. वही, पृष्ठ-219
176. वही, पृष्ठ-230

177. वही, पृष्ठ-230-31

178. कबीर समग्र, डा० युगेश्वर, पृष्ठ-434

179. परम्परा का मूल्यांकन, डा० राम विलास शर्मा, पृष्ठ-244

180. वही, पृष्ठ-25

181. वही, पृष्ठ-27

182. कबीर बीजक, प्रस्तुतकर्ता डा० शुकदेव सिंह, नीलाभ प्रकाशन, 5-खुसरो रोड, इलाहाबाद, प्रथम संस्करण, 1972, पृष्ठ-114

183. कबीर ग्रन्थावली, सम्पादक डा० माताप्रसाद गुप्त, पृष्ठ-278 पर। इस में डा० माताप्रसाद गुप्त ने बताया है कि कुछ पंक्तियों में पाठान्तर भेद है जिन का ध्यान रखा गया है।

अध्याय - 4

तत्ववाद की जरूरत

क. कबीर और योग

ख. तत्ववादी न होने की बात

क. कबीर और योग

डा० हजारी प्रसाद द्विवेदी ने लिखा है–"कबीर दास जिस वंश में उत्पन्न हुए थे उस में योग-चर्चा अत्यन्त मामूली धर्म-चर्चा के समान थी।"[1] असल में ऐसा कह कर डा० द्विवेदी कबीर को नाथपंथियों से जोड़ना चाहते हैं। उन्होंने लिखा भी है–"कबीर दास के नाम पर बहुत से योग-परक रूपक और उलटबाँसियों का पाया जाना बड़े भारी भ्रम और विवाद का विषय बन गया है। ऐतिहासिक दृष्टि से न देख सकने के कारण अनेक पण्डित इस के वास्तविक रहस्य को नहीं समझ सके।"[2] अपने सिद्धान्त को सिद्ध करने के लिए डा० द्विवेदी ने बाकायदा 'गोरक्ष-सिद्धान्त-संग्रह' से उद्धरण दिए हैं। लेकिन 'गोरक्ष-सिद्धान्त-संग्रह' से जो उद्धरण दिए गए हैं वे बौद्ध मत के न हो कर हिन्दू मत के हैं। उस में लिखा गया है–"दुनिया का क्रम है : धर्म-अर्थ-काम-मोक्ष ; ब्रह्मचर्य- गृहस्थ-वानप्रस्थ-संन्यास ; शृंगार-हास्य-करुण-रौद्र-बीभत्स-भयानक-अद्भुत-शान्त ; पृथ्वी- जल-तेज-वायु-आकाश ; ब्रह्मा-विष्णु-महेश इत्यादि,–सब उल्टा !! क्योंकि जो श्रेष्ठ है उस को पहले स्थान देना चाहिए अपेक्षाकृत कम श्रेष्ठ को बाद में। इस प्रकार वास्तविक क्रम बिलकुल उल्टा होगा। यथा, मोक्ष-धर्ग अर्थ-काम ; संन्यास-वानप्रस्थ-गृहस्थ-ब्रह्मचर्य ; शान्त-करुण-अद्भुत-वीर-रौद्र-हास्य भयानक बीभत्स-शृंगार ...... इत्यादि। यही योग सम्प्रदाय की रीति है, यही तन्त्र-सम्प्रदाय की।"[3] आगे हठयोग प्रदीपिका से उद्धृत किया गया है–"तुम कहते हो गोमांस-भक्षण महापाप है ? वारुणी पीना निषिद्ध है ?–भोले हो तुम। यही तो कुलीन का लक्षण है क्योंकि 'गो' जिह्वा का नाम है और उसे तालु में उलट कर ब्रह्मरंध्र की ओर ले जाना ही 'मांस-भक्षण' है। तालु के नीचे जो चन्द्र है उस से जो सोमरस नामक अमृत झरा करता है वही तो अमर-वारुणी है। इस का पाना तो बड़े पुण्य का फल है।"[4] हठयोग प्रदीपिका से आगे भी उद्धृत किया गया है–"तुम कहते हो बाल-विधवा सम्मान और पूजा की वस्तु है ? सारे समाज को उस के सम्मान की और रक्षा की जिम्मेदारी लेना चाहिए ?–एकदम उल्टी बात है।

क्योंकि गंगा और यमुना की मध्यवर्ती पवित्र भूमि में वास करने वाली एक तपस्विनी बाल-विधवा है, उस को बलात्कारपूर्वक ग्रहण करना ही तो विष्णु के परमपद को प्राप्त करने का सही रास्ता है। कारण स्पष्ट है। गंगा इडा है, यमुना पिंगला। इन दोनों की मध्यवर्तिनी नाड़ी सुषुम्ना में कुन्डलिनी नामक बाल-रण्डा को जबर्दस्ती ऊपर उठा ले जाना ही तो मनुष्य का परम लक्ष्य है।"[5] आगे 'बौद्ध गान ओ दोहा' और इस की संस्कृत टीका का हवाला देते हुए कृष्णाचार्य का दोहा लिखा गया है—"तुम कहते हो कि पंचम-वर्णी अवधूत बन कर मन्त्र-तन्त्र करने से सिद्धि मिलेगी—बेतुकी बात है यह। अपनी घरनी को ले कर जब तक केलि नहीं करते तब तक बोधि-प्राप्ति की आशा बेकार है। इस तरुणी घरनी के बिना जप-होम सब व्यर्थ है ! क्योंकि घरनी तो असल में महामुद्रा है। उस के बिना निर्वाण-पद कैसे मिल सकता है।"[6] डा० द्विवेदी इस से पहले बीजक की तिहत्तरवीं रमैनी के हवाले से अपनी पुस्तक में लिख चुके हैं—"ठीक इसी प्रकार की उक्तियाँ सिद्धों की वाणियों में से खोजी जा सकती हैं। सिद्ध लोग 'घरणि' या घरनी का अर्थ तीन वृत्तियों में से कोई एक समझते हैं। यद्यपि इन तीन वृत्तियों के नाम उस जमाने की नीच समझी जाने वाली जातियों के नाम पर हैं पर वे बौद्ध तान्त्रिक साधन की बहुत ऊँची अवस्थाओं की द्योतिका हैं। सहज-मत की तीन वृत्तियाँ (या मार्ग) ये हैं : (1) अवधूती, (2) चाण्डाली, (3) डोम्बी या बंगाली।"[7] इस के बाद इडा, पिंगला और सुषुम्ना का जिक्र करते हुए डा० द्विवेदी यह भी लिख चुके हैं—"इस प्रकार इस साहित्य में 'घरणी' शब्द प्रायः ही तीन वृत्तियों के अर्थ में संकेतित है। इस अर्थ के प्रकाश में कबीर दास की ऊपर वाली रमैनी का विचार किया जाय तो अर्थ बहुत साफ हो जाता है।"[8] आगे चल कर, डा० द्विवेदी ने सहजयोनियों की उलटी बानियों का नाम 'सन्ध्या भाषा' माना है। एक नया शब्द 'संधा भाषा' का भी बताया गया है। निष्कर्ष के रूप में डा० द्विवेदी ने लिखा है—"असल में, जैसा कि भट्टाचार्य महाशय ने सिद्ध कर दिया है, वेदों और उपनिषदों में से भी ऐसे उदाहरण खोज निकाले जा सकते हैं जिन में संधा भाषा जैसी भाषा के प्रयोग मिल जाते हैं। परन्तु बौद्ध धर्म की अन्तिम यात्रा के समय यह शब्द और यह शैली अत्यधिक प्रचलित हो गई थी ....।"[9]

लगता ऐसा है कि नाथों और सिद्धों के विवेचन और विश्लेषण में डा० द्विवेदी से लगातार गलती हो रही है। वे इस बात को समझने में असमर्थ हैं कि प्राचीन काल में भी दलितों के दो दुश्मन थे—ब्राह्मण और बौद्ध। वास्तव में, दलित के दर्शन को समझने के लिए इस देश के इतिहास में सदा से एक समस्या बनी हुई है। दलित के इस देश में सदा एक साथ दो विरोधी लोग रहे हैं—प्राचीन काल में ब्राह्मण और बौद्ध, मध्य काल में हिन्दू और मुसलमान तथा आधुनिक काल में हिन्दू और अंग्रेज। ऐसा भ्रम बार-बार फैलाया गया है कि प्राचीन काल में बौद्ध, मध्य काल में मुसलमान तथा आधुनिक काल में अंग्रेज दलितों के हितैषी रहे हैं। हितैषी होने की बात दूर, माना यह

भी जाता है कि दलित बौद्ध थे, दलित मुसलमान थे और दलित ईसाई थे। लेकिन कबीर अपने समय से पहले की, अपने समय की और अपने समय के बाद की तीनों परम्पराओं को झुठलाते हैं। अपने समय में खड़े हो कर उन्होंने कहा ही था—ना हिन्दू ना मुसलमान, लेकिन कबीर की परम्परा की घोषणा बौद्ध काल में ना 'ब्राह्मण, ना बौद्ध' तथा ब्रिटिश काल में 'ना हिन्दू, ना ईसाई' की है। आखिर, यही हुआ कि डा० अम्बेडकर ब्रिटिश काल में रहते हुए भी ईसाई नहीं बने जबकि अरुण शौरी जैसे हिन्दू लेखक ने उन पर आरोप मढ़ दिया है कि वे अंग्रेजों के पिट्ठू थे। डा० अम्बेडकर कबीर के सच्चे अनुयायी रह कर मुसलमान नहीं बने लेकिन उन से चूक भारत के प्राचीन इतिहास को पढ़ने में हो गई जो वे बौद्ध बन गए। भूल से उन्होंने अब के अछूतों को पहले के बौद्ध घोषित कर दिया जबकि बौद्ध काल में अछूत लोग एक अलग सामाजिक समूह के रूप में विद्यमान थे।

खैर, बात कबीर पर हो रही है। डा० हजारी प्रसाद द्विवेदी के उपर्युक्त उद्धरणों का विश्लेषण किया जा सकता है। उन्होंने गोरक्ष-सिद्धान्त-संग्रह और हठयोगी प्रदीपिका से उदाहरण दिए हैं। लेकिन ये दोनों पुस्तकें संस्कृत भाषा में हैं। आश्चर्य की बात यह है कि डा० द्विवेदी यदि कबीर को संस्कृत में लिखे पुराणों की परम्परा से दूर रखते हैं तो संस्कृत में लिखे गए योग की परम्परा के ग्रन्थों से कैसे जोड़ सकते हैं या उन के नजदीक रख सकते हैं। कबीर के लिए दोनों रूपों में संस्कृत का ज्ञान सम्भव नहीं है। यदि कबीर को गोरक्ष-सिद्धान्त-संग्रह और हठयोग प्रदीपिका की संस्कृत भाषा आती तो फिर उन के लिए वेद और पुराण पढ़ने असम्भव नहीं रह जाते। लेकिन डा० द्विवेदी इस बात को बार-बार कहते हैं कि कबीर को पुराणों का ज्ञान नहीं था।

मूल बात यह है कि गोरक्ष-सिद्धान्त-संग्रह में 'धर्म-अर्थ-काम-मोक्ष' की बात कही गई है जो हिन्दू शब्दावली है, बौद्ध शब्दावली नहीं। बौद्ध दार्शनिक 'मोक्ष' की नहीं, 'निर्वाण' की प्राप्ति करते हैं। इस संग्रह में आए हुए शब्द 'ब्रह्मचर्य-गृहस्थ-वानप्रस्थ-संन्यास' भी हिन्दू शब्दावली के हैं, बौद्ध शब्दावली के नहीं। बौद्धों में 'संन्यासी' नहीं 'भिक्षु' होता है। बौद्ध साहित्य में नव-रसों की प्रशंसा भी शायद ही मिले, मिल जाए तो उस की अबौद्ध व्याख्या करनी पड़ जाएगी। 'पृथ्वी-जल-तेज-वायु-आकाश' के पाँच तत्वों की गिनती भी हिन्दुओं की है, बौद्धों की नहीं। बौद्धों के यहाँ केवल चार तत्व होते हैं, पाँचवाँ आकाश उन के यहाँ कोई तत्व नहीं है। फिर 'ब्रह्मा-विष्णु-महेश' के त्रिदेवों के नाम के बाद कोई सन्देह नहीं रह जाना चाहिए कि यहाँ हिन्दुओं की बात कही जा रही है, बौद्धों की नहीं। हाँ, डा० द्विवेदी ने यह नहीं बताया और न इस बात पर सोचा कि जब नाथों द्वारा गोरक्ष-सिद्धान्त-संग्रह में सब कुछ का उल्टा किया जा रहा था तो 'ब्राह्मण-क्षत्रिय-वैश्य-शूद्र' का उल्टा 'शूद्र-वैश्य-क्षत्रिय-ब्राह्मण' किया गया या नहीं, और यदि नहीं किया गया तो क्यों। यदि नाथों को दुनिया का क्रम बदलना ही था तो उन्हें अपने सिद्धान्त को पूरे रूप में लागू करने में ऐसा करना ही चाहिए था।

गोमांस भक्षण का प्रश्न भी द्विजों का प्रश्न है। जिस काल में 'हठयोग प्रदीपिका' नाम की पुस्तक लिखी गई थी उस काल में ब्राह्मण गोमांस नहीं खाते थे। पंचतन्त्र में जुलाहे तो जुलाहे जुलाहिनें भी मदिरा पीती दिखाई गई हैं। हठयोग प्रदीपिका में आगे बाल-विधवा और बाल-रण्डा की सामाजिक समस्या का पता चलता है। यह ब्राह्मणों की खास समस्या है। दलित का इस समस्या से कोई सम्बन्ध नहीं है। दलितों में स्त्री के पुनर्विवाह की परम्परा है इसलिए उन के यहाँ बाल-रण्डा की समस्या खड़ी नहीं हो सकती। फिर, हठयोग प्रदीपिका में बाल-विधवा से बलात्कार किया जाना है। यह बलात्कार भी कौन करेगा ? वाह, उस समय ग्रन्थकर्ता को सहज ही अपनी परम्परा में विष्णु की याद आ गई है !

सब से महत्त्वपूर्ण शब्द पुस्तक 'कृष्णाचार्य का दोहा' में आया हुआ 'पंचम-वर्णी अवधूत' का है। पता नहीं, डा० द्विवेदी ने 'पंचवण्ण विहरिज्जइ' का 'पंचम-वर्णी अवधूत' के रूप में सही अनुवाद किया है कि नहीं। यदि यह अनुवाद सही है तो दलित की दृष्टि से कबीर की वाणी को समझने के लिए यह एक महत्त्वपूर्ण औजार है। तुलसी दास ने इसे निकृष्ट जाति के लिए ही प्रयुक्त किया है जब उन्होंने पूरे गुस्से में लिखा है–'धूत कहो, अवधूत कहो, रजपूत कहो, जुलहा कहो कोई।'[10] डा० द्विवेदी ने सिद्धों की वाणी में तीन वृत्तियों के नाम उस जमाने की नीच समझी जाने वाली जातियों के नाम पर रखे बताए हैं। ये तीन नीच समझी जाने वाली 'अवधूती', 'चाण्डाली' और 'डोम्बी या बंगालन' हैं। उन्होंने भुसुकपाद को उद्धृत करते हुए उस का अनुवाद किया है–"ऐ भुसुक, तूने चण्डालिनी घरनी को तो अपना लिया, अब आज बंगालिन घरनी भी बना ले ......।"[11]

इन सारे शब्दों का सामाजिक अर्थ क्या है ? बहुत बड़ा सामाजिक प्रश्न है कि तीन वृत्तियों को तीन जातियों की औरतों के नाम से क्यों समझा गया है। यदि ये तीन नाम दिए ही जाने थे तो उस समय नीच समझी जाने वाली जातियों की औरतों के लिए क्यों प्रयुक्त हुए हैं ? ये नाम ठकुरायन, बनैनी और ब्राह्मणी के क्यों नहीं आए ? यदि ये मात्र शब्द हैं, यदि ये मात्र प्रतीक हैं, यदि ये मात्र सांकेतिक अर्थ देते हैं तो ठकुरायन, बनैनी और ब्राह्मणी के शब्दों से क्या आपत्ति थी–अवधूती, चाण्डाली और डोम्बी क्यों ? सच यह है कि दलितों की औरतों का नाम लेना द्विजों से कहीं भी नहीं छूटा है। खुद कबीर के नाम पर चलने वाले बीजक में इस करतूत के दर्शन होते हैं। उस की 147वीं साखी इस प्रकार है–

ई माया है चूहड़ी ओ चूहड़े की जोय।
बाप-पूत अरुझाय के संग न काहू के होय।।[12]

दुर्भाग्य से, डा० हजारी प्रसाद द्विवेदी ने अपने प्रमाण-विचार के बारे में लिखा है–"इस पुस्तक में मैंने बीजक को निस्संकोच प्रमाण रूप में व्यवहार किया है पर स्वयं

बीजक ही इस बात का प्रमाण है कि साखियों को सब से अधिक प्रामाणिक समझना चाहिए .....।"[13]

लगता है, इन सिद्धों ने दलितों को खूब लूटा है। कोई कह सकता है कि सिद्धों में भी कई सिद्ध दलित थे लेकिन उस का उत्तर दिया जा सकता है। जब भी इस देश में कोई नया वाद, धर्म या विचार आता है तो चुम्बक के टुकड़े-टुकड़े कर देने की तरह हर टुकड़े में अपने आप 'नार्थ पोल' और 'साउथ पोल' बन जाते हैं। आज तक किसी को चुम्बक का अलग से केवल नार्थ पोल या केवल साउथ पोल नहीं मिला है। यही हाल इस भारतीय समाज का है। यहाँ यदि द्विज लोग बौद्ध बने हैं तो दलितों ने भी बौद्ध बनने की कोशिश की है, द्विज लोग मुसलमान बने हैं तो दलित लोग भी मुसलमान बने हैं, द्विज लोग ईसाई बने हैं तो दलित लोग भी ईसाई बने हैं। ऐसे ही, यदि द्विज लोग सिद्ध बने हैं तो दलित लोग भी सिद्ध बने हैं, यदि द्विज लोग नाथ बने हैं तो दलित लोग भी नाथ बने हैं और यदि द्विज लोग सन्त बने हैं तो दलित लोग भी सन्त बने हैं। एक-दूसरे की तुलना में यह धर्मान्तरण भले ही प्रशंसनीय माना जाए लेकिन दलित के लिए इस का कोई वास्तविक लाभ नहीं है। वह मुसलमानों में दलित मुसलमान, ईसाइयों में दलित ईसाई, सिक्खों में दलित सिक्ख, बौद्धों में दलित बौद्ध अलग पहचान का है। उत्तर भारत के सिद्ध, नाथ और सन्त साहित्य को इसी दृष्टि से देखा जाना चाहिए। सिद्धों में दलित सिद्ध, नाथों में दलित नाथ तथा सन्तों में दलित सन्त अलग से हैं। वास्तव में, भ्रम केवल सिद्ध और नाथ के सम्प्रदायों का था। सिद्ध, नाथ और सन्त केवल काल के अन्तर हैं, दलित को इस से कुछ खास लेना-देना नहीं है। जैसे हिन्दी साहित्य के एक खास काल को भक्ति काल कह कर दलित को उस काल से हटाया नहीं जा सकता, वही स्थिति सिद्ध काल और नाथ काल की समझी जा सकती है। इस दृष्टि से उत्तर भारत के साहित्य के इतिहास का पुनर्लेखन किया जा सकता है। हर काल और हर विचार में दलित और द्विज एक-दूसरे से गुत्थम-गुत्था होते आ रहे हैं। इन की पहचान करनी किसी के लिए कठिन नहीं होनी चाहिए। हिन्दुओं में यह पहचान सब से ज्यादा स्पष्ट है—दलित और द्विज।

यह डा० द्विवेदी द्वारा कबीर के साथ किया गया घोर अन्याय है कि उन्होंने कबीर को हठयोग से जोड़ा है। उन्होंने लिखा है—"नाथ पंथ की साधना-पद्धति का नाम हठयोग है। कबीर दास को समझने के लिए इस साधना-पद्धति की जानकारी होनी चाहिए। इन के सिद्धान्तानुसार महाकुण्डलिनी नामक एक शक्ति है जो सम्पूर्ण सृष्टि में परिव्याप्त है। व्यष्टि (व्यक्ति) में व्यक्त होने पर इसी शक्ति को कुण्डलिनी कहते हैं। कुण्डलिनी और प्राणशक्ति को ले कर ही जीव मातृ-कुक्षि में प्रवेश करता है।"[14] डा० द्विवेदी कबीर के साथ इस अपराध को करते ही चले जाते हैं जब वे लिखते हैं—"कबीर दास के विद्यार्थी को अच्छी तरह याद रखना चाहिए कि इड़ा या इंगला ही गंगा है, पिंगला ही 'यमुना' है और सुषुम्ना ही 'सरस्वती' है। इन तीनों का जहाँ ब्रह्म रंध्र

में संगम हुआ है, वहीं त्रिवेणी या प्रयाग है। कबीर दास कभी-कभी शिव संहिता आदि हठयोग के ग्रन्थों की भाँति इसी त्रिवेणी में स्नान करने का विधान करते हैं। कबीर की उलटबाँसियों और योगात्मक रूपकों की कुंजी के समान इन सांकेतिक शब्दों को नहीं भूलना चाहिए।"[15] डा० द्विवेदी कबीर के साथ घोर अपराध करते हुए आगे लिखते हैं–"कबीर दास की उलटबाँसियों के विद्यार्थी के कुछ काम की चीज खेचरी मुद्रा है। इस में योगी जीभ को उलट कर कपाल-कुहर में प्रविष्ट करता है ....।"[16] इस से आगे डा० द्विवेदी ने कबीर में कबीर के नाम का कुछ भी नहीं छोड़ा है जब उन्होंने लिखा है–"और सच पूछिए तो वही योगी कुलीन कहलाता है जो नित्य 'गोमांस' का सेवन करता रहता है और ऊपर से अमर वारुणी नामक मदिरा का पान करता रहता है ! और योगी तो कुल-घातक हैं, क्योंकि 'गो' का अर्थ जिह्वा है और उसे उलट कर तालु-देश में ले जाने को ही 'गोमांस-भक्षण' कहते हैं। निस्संदेह यह महापातक को नाश करने वाला है। ऊपर जिस चन्द्रमा से निर्झरित सोम-रस की चर्चा की गई है वही अमर-वारुणी है। इन दो कृत्यों को करने वाला योगी कुलीन नहीं तो क्या है ? सो कबीर दास ने इसी गोमांस के भक्षण न करने वाले योगियों की खबर ली थी और इसी रस को पान करने के लिए अवधू को ललकारा था और स्वयं भी शायद मनोन्मनी अवस्था में रह कर भव की भट्टी में ज्ञान के गुड़ और ध्यान के महुए से इसी महारस को चुआ कर दिया था। गुरु प्रसाद से उन्हें यह अमृत फल का रस मिल गया था।"[17]

तो, यह डा० द्विवेदी द्वारा किया गया कबीर का मूल्यांकन है। कहने को जी चाहता है कि ऐसे साक्ष्यों को प्रमाण मानने के बजाय उन्होंने उन साक्ष्यों को प्रक्षिप्त कह कर झीर-झीर क्यों नहीं कर दिया था ! आखिर, वेदवादी और पुराणवादी अभिलाष दास ने भी इस पद का भावार्थ लिखते समय सब से पहले यह लिखा है–"हे लोगो ! तुम हठयोगियों की बातें इस प्रकार समझो ....।"[18] अभिलाष दास का यह साहस नहीं हुआ कि इस पद को कबीर की अपनी दृष्टि का मान लें लेकिन डा० द्विवेदी ने इस पद को पूर्णतया कबीर से जोड़ दिया है। बड़े दुख के साथ कहना पड़ता है कि डा० द्विवेदी ने कबीर को हठयोग के 'गंगा-यमुना-सरस्वती-त्रिवेणी-कैलास-सूर्य-चन्द्र-गोमांस-भक्षण-वारुणी-पान-सोमरस आदि पारिभाषिक'[19] शब्दों के माध्यम से समझना चाहा है। इन्हीं शब्दों की वजह से उन्होंने कबीर को हिन्दू धर्म से अलग नये धर्म का प्रवर्तक नहीं माना बल्कि हिन्दू धर्म के योग के भीतर ही व्यक्तिवादी घोषित कर दिया है। उन्होंने कबीर को योग की सुरंग में पहुँचा कर बाहर से सुरंग के मुँह पर मोटा पत्थर रख दिया है ताकि कोई कबीर के सच्चे सामाजिक सन्देश की भनक भी न पा सके।

डा० द्विवेदी ने कबीर की साधना को योग मार्ग से सम्मत माना है। उन्होंने लिखा है–"समाधि के विरुद्ध जहाँ कहीं कबीर दास ने कहा है वहाँ 'जड़ समाधि' अर्थ समझना चाहिए। यथाप्रसंग पुस्तक में इस की चर्चा आ गई है। वैसे, कबीर दास जिस सहज-समाधि की बात कहते हैं वह योग मार्ग से असम्मत नहीं है।"[20] निश्चित रूप से

डा० द्विवेदी द्वारा यह कबीर के दर्शन के साथ अर्थ निकालने में पूरी खींचतान की गई है। कबीर की जीवन-चर्या और समाज-साधना से योग का क्या सम्बन्ध बन सकता है ? लेकिन डा० द्विवेदी का उद्देश्य यही है कि कबीर के द्वारा कुत्ते को दुर-दुर करने के बाद भी कुत्ते को उस की पूँछ हिलवा कर उन्हीं के घर पर बैठाना है।

डा० द्विवेदी ने योग और कबीर पर कई अध्याय लिख कर इस प्रकरण का अन्त इन शब्दों में किया है–"योग शास्त्रीय मतों का यह जो ऊपर ब्यौरा दिया गया है उस की सहायता से ही हम कबीर के योगपरक रूपकों और उल्टबासियों का अर्थ समझ सकते हैं। तब प्रश्न हो सकता है कि क्या कबीर दास वही मानते थे जो हठयोगी लोग माना करते थे ? ऊपर हम ने कई बार कहा है कि कबीर दास योगियों के द्वारा प्रभावित तो बहुत हैं, पर वे स्वयं वही नहीं हैं जो योगी हैं। हम यहाँ फिर एक बार कहते हैं कि कबीर दास यौगिक क्रियाओं को भी बाह्य आचार ही मानते थे।"[21] लेकिन मेरा कहना यह है कि जब डा० द्विवेदी कबीर के अध्ययन में इस जगह तक पहुँच गए थे तो फिर वे इसी जगह पर कायम रहते–हटे क्यों हैं ?

डा० द्विवेदी कबीर के बारे में लिखते हैं–"...... कबीर दास बहुत कुछ को अस्वीकार करने का अपार साहस ले कर अवतीर्ण हुए थे।"[22] लेकिन इस अस्वीकार का मतलब कुछ भी नहीं रह जाता जब इसी पैरे में डा० द्विवेदी यह भी लिखते हैं–"वैसे, कबीर दास जिस सहज-समाधि की बात कहते हैं वह योग मार्ग से असम्मत नहीं है।"[23] डा० द्विवेदी को ध्यान रखना चाहिए था कि कबीर बहुत कुछ का नहीं बल्कि योग समेत पूरे हिन्दू धर्म को अस्वीकार करते हैं। यह मानना भी गलत है कि कबीर केवल हिन्दू धर्म की बुराइयों को अस्वीकार करते हैं, वास्तव में कबीर हिन्दू धर्म की तथाकथित बुराइयों और अच्छाइयों समेत पूरे हिन्दू धर्म को अस्वीकार करते हैं। इसलिए यह कह कर सन्तोष नहीं किया जा सकता कि कबीर ने हिन्दू धर्म के पाखण्डों का खण्डन किया है। ऐसा कह कर विद्वान लोग हिन्दू धर्म को बचा कर ले जाना चाहते हैं। इसी रणनीति में डा० द्विवेदी ने लिखा है–"कबीर दास जिस सहज-समाधि की बात कहते हैं वह योग मार्ग से असम्मत नहीं है।"[24] लेकिन दलित चिन्तक इसे दूसरी तरह से लेता है। उस की सोच है कि हिन्दू धर्म से सम्मत या असम्मत–यह प्रश्न ही नहीं उठना चाहिए। यह कोई तुलना नहीं है, यह कोई तर्जुमा नहीं है, यह कोई अनुवाद नहीं है। दलित चिन्तक का कहना है कि कबीर का हिन्दू धर्म में अनुवाद नहीं हो सकता। ऐसा कोई भी प्रयत्न बेकार या दुर्भावनापूर्ण है। दुर्भाग्य से, अन्य ब्राह्मण विद्वानों की तरह डा० द्विवेदी का भी यही भरसक प्रयत्न रहा है कि वे कबीर को वेद और पुराण में अनुवाद कर के ही समझेंगे। वे हर बार कोशिश करते हैं कि कबीर के किस एक शब्द या पंक्ति का किस पुराण के किस अध्याय में किस श्लोक से मेल बैठाया जाए। वास्तव में, यह कबीर को मूल रूप में न पढ़ कर कबीर को संस्कृत में अनुवाद कर के

पढ़ना है। कबीर के अध्ययन में इस शैली को रोका जाना चाहिए क्योंकि इस का कोई फायदा नहीं है और नुकसान बहुत सारे हैं।

ख. तत्त्ववादी न होने की बात

जहाँ डा० द्विवेदी ने कबीर के बारे में ज्यादा गलती की है वह उन के इन शब्दों में है—"यह स्मरण रखना चाहिए कि जब हम शंकर, रामानुज और रामानंद के वेदान्त मत की चर्चा करते हैं तो हमारा मतलब एक पूरे तत्ववाद (फिलासॉफिकल सिस्टम) से होता है किन्तु कबीर की वाणियाँ वह चीज नहीं हैं। वेदान्त-मत को पाँच मोटे विभागों में बाँट लिया जा सकता है : धर्म विज्ञान (थियॉलॉजी), सृष्टि-तत्व (कास्मोलॉजी), अन्तःकरण विज्ञान (साइकोलॉजी), मोक्ष विज्ञान (लिबरेशन) और जन्मान्तर-व्यवस्था। इन में प्रथम और अन्तिम के विषय में तो कबीर दास ने स्पष्ट भाषा में अपना मत व्यक्त किया है पर बाकी तीन के विषय में उन का मत अनुमान-सापेक्ष ही है।"[25] डा० द्विवेदी के इसी लेखन पर मेरी भारी और घोर आपत्ति है। आखिर वे कबीर को समझना कैसे चाह रहे हैं ? हर धर्म और दर्शन का अपना एक खास मिजाज होता है। उसी मिज़ाज में उसे समझना होता है। बाइबल को यदि कोई वेदान्त के माध्यम से समझने की कोशिश करे तो उस के सामने कितनी कठिनाई पेश हो जाएगी इस का सहज अनुमान लगाया जा सकता है। कुरान की आयतों को यदि कोई पुराणों के माध्यम से समझने की जिद करे तो उस की जिद का क्या हश्र होगा—यह सोचना अकल्पनीय नहीं है। ब्राह्मण विद्वान से गलती यह हो रही है कि वह जुलाहे कबीर के दर्शन को वेद, वेदान्त और पुराण के माध्यम से समझना चाहता है। वह इस बात को मानने के लिए तैयार नहीं है कि कबीर का दर्शन ब्राह्मण-दर्शन से उतना ही दूर है जितनी दूर बाइबल और कुरान हैं। तब वह उसे अपनी संस्कृत की शब्दावली में कैसे समझ सकता है ? आखिर, डा० द्विवेदी से यह किस ने कह दिया है कि कबीर को हर हालत में वेदान्त की भाषा में ही समझा जाना है ? कबीर को कबीर की भाषा में समझने की कोशिश क्यों नहीं की जाती ? ऐसी हठधर्मिता के रहते हुए कबीर से जान-पहचान कैसे बढ़ेगी ? कबीर को समझने के लिए डा० द्विवेदी अपनी आँखों से वेदों के, स्मृतियों के, पुराणों के, वेदान्ती और वैष्णव होने के चश्मे क्यों नहीं उतारते ? वे वेदान्त का गज ले कर कबीर के पीछे क्यों पड़े हुए हैं कि इसी से उन की ऊँचाई और नीचाई नापेंगे ? सही बात यह है कि कबीर में और रामानंद में कोई तालमेल नहीं है और इन में कोई तुलना सम्भव नहीं है। ये दोनों दो सामाजिक ध्रुव हैं जो कभी मिलते नहीं हैं। तब क्या यह कहा जाए कि कबीर की दृष्टि में वेदान्त का सारा तत्ववाद ऊल-जलूल और बकवास है ?

हाय-हाय करने को जी चाहता है कि डा० द्विवेदी ने यह क्या कह दिया कि कबीर ने शंकर, रामानुज और रामानंद के वेदान्त मत की जन्मान्तर-व्यवस्था के बारे

में अपना मत स्पष्ट भाषा में व्यक्त किया है। अच्छा होता कि ऐसा कोई निष्कर्ष निकालने से पहले यहाँ वे अपने मत के पक्ष में कोई प्रमाण देते। लेकिन बिना कोई प्रमाण दिए उन्होंने सीधे लिख दिया है–"जो हो, इस विषय में भारतीय दार्शनिकों में प्रायः कोई मतभेद नहीं कि आत्मा नामक एक स्थायी वस्तु है जो बाहरी दृश्यमान जगत के विविध परिवर्तनों के भीतर से गुजरता हुआ सदा एक-रस रहता है। यें सभी पण्डित स्वीकार करते हैं कि जब तक ज्ञान नहीं हो जाता, तब तक यह आत्मा जन्म-कर्म के बन्धन से मुक्त नहीं हो सकता। अब प्रश्न यह है कि यदि यह पुरुष या आत्मा उदासीन है, या दुःख-सुख से परे है, और चित्तस्वरूप है तो जन्म और कर्म के बन्धन में पड़ता कैसे है और मृत्यु के बाद एक जन्म का कर्म-फल दूसरे जन्म में ढो कर ले क्योंकर जाता है ? जो निर्गुण है, उसे आधार बना कर पाप और पुण्य के फल कैसे दूसरे जन्म में पहुँच जाते हैं ? क्योंकि यह तो सभी मानते हैं कि कर्मफल जड़ है, अतः उन में इच्छा नहीं होती, इसलिए यह तो साफ प्रकट है कि वे इच्छापूर्वक आत्मा का पीछा नहीं कर सकते, फिर यह कैसे सम्भव है कि इस जन्म का कर्मफल दूसरे जन्म में मिलता ही हो ? सीधा जवाब यह है कि ईश्वर इस व्यवस्था को इस ढंग से चला रहा है ....।"[26]

यह सीधा उत्तर नहीं है बल्कि दर्शनशास्त्र के क्षेत्र में सब से बड़ी तानाशाही है। खुद डा० द्विवेदी इस उत्तर से सन्तुष्ट हैं लेकिन युक्तिवादी दार्शनिकों के लिए उन्होंने एक दूसरा उत्तर खोजा है। वह उत्तर क्या है ? वे लिखते हैं–"इस प्रश्न का उत्तर देने के लिए शास्त्रकारों ने लिंग-शरीर की बात बताई है। यह तो निश्चित है कि आत्मा एक शरीर से दूसरे में संक्रमित होता है। गीता में भगवान ने कहा है कि जिस प्रकार मनुष्य पुराने वस्त्र को छोड़ कर नया धारण करता है, उसी प्रकार आत्मा जीर्ण शरीर को परित्याग कर नवीन शरीर धारण करता है (गीता 2-22)। इसी प्रकार बृहदारण्यक उपनिषद में बताया गया है कि जोंक जिस प्रकार एक तृण से दूसरे पर जाते समय पहले अपने शरीर का अगला हिस्सा रखती है फिर बाकी हिस्से को खींच लेती है, उसी प्रकार आत्मा पुराने शरीर को छोड़ कर नए शरीर में प्रवेश करता है (बृहदारण्यकोपनिषद 4, 43)।"[27] लेकिन इतना लिख कर डा० द्विवेदी खुद सन्तुष्ट नहीं हैं। वे लिखते हैं "इस से केवल इतना ही जाना जा सकता है कि आत्मा स्वयं ही दूसरे शरीर में प्रवेश करता है, पर उदाहरण से सिद्धान्त निकालना ठीक नहीं, क्योंकि उदाहरण केवल क्रिया में एक अंश के लिए ही प्रयुक्त होता है। उपनिषदों में बार-बार कहा गया है कि आत्मा के साथ सूक्ष्म या लिंग शरीर भी जाता है। बृहदारण्यक में बताया गया है कि यह आत्मा विज्ञान, मन, प्राण, श्रोत, पृथ्वी, जल, वायु, आकाश, तेजस्, अतितेजस्, काम, अकाम, क्रोध, अक्रोध, धर्म और अधर्म इत्यादि सब कुछ ले कर निर्गत होता है। यह जैसा करता है, वैसा फल पाता है (बृहदारण्यक 4, 4, 5)। इस का अर्थ यह हुआ कि आत्मा के साथ ही साथ बुद्धि, मन, प्राण और समस्त धर्माधर्म तथा तन्मात्रगण बँधे होते हैं। सांख्यकारिका में (सांख्य-कारिका 40) करीब-करीब इन सभी बातों को एक शब्द में

'लिंग-शरीर' कहा गया है।"[28] इस के बाद डा० द्विवेदी लिखते हैं—"नाम-रूप का आवरण सर्वत्र एक-सा ही नहीं है। कहीं वह गाढ़ा है, कहीं पतला। इस के भी नाना स्तर हैं। जड़ है, चेतन है, फिर चेतन की भी लाखों योनियाँ हैं।"[29] वे आगे लिखते हैं—"जब मृत्यु के बाद स्थूल देह से आत्मा का विच्छेद हो जाता है, तब भी लिंग-शरीर से उस का छुटकारा नहीं होता। गीता में कहा गया है कि आत्मा उसी प्रकार प्रकृतिस्थ मन और पाँच ज्ञानेन्द्रियों को खींच कर अपने साथ ले जाता है, जिस प्रकार वायु पुष्पादि आश्रय से गंध को (गीता, 15, 7-8)। इस प्रकार शास्त्रकारों का सिद्धान्त है कि मृत्यु के बाद आत्मा के साथ ही साथ एक लिंग-शरीर जाता है, जो समस्त कर्म फलात्मक संस्कारों को साथ ले जाता है।"[30] लेकिन इतनी लम्बी-चौड़ी भाषा ब्योंतने के बाद अन्त में इस विद्वान ब्राह्मण को मजबूर हो कर लिखना पड़ा है—"यह कह सकना कठिन है कि यह जगत कब उत्पन्न हुआ था अर्थात इस नाम-रूपात्मक जड़-जगत की स्थिति कब से है।"[31] अच्छा होता कि यहाँ भी भाषा जारी रखी जाती। कोई पूछने वाला नहीं है, जो चाहे सो कहा जा सकता था। डा० द्विवेदी ने कहा भी है कि यह नाम-रूपात्मक जड़-जगत "अनादि है, इसलिए यह कर्म-प्रवाह भी अनादि है। बृहदारण्यक उपनिषद में नाम और रूप के साथ कर्म की गणना है (बृहदारण्यक 1, 6-1)।"[32]

अन्त में डा० द्विवेदी वह साहित्यिक अपराध कर बैठते हैं जिस से उन्हें एकदम पहचाना जा सकता है। वे कबीर की और हिन्दी साहित्य की बात न कर के एकदम 'हिन्दू साहित्य' की बात कर जाते हैं। वे लिखते हैं—"ऐसा मानने के कारण समूचा हिन्दू-साहित्य ज्ञान को एक विशेष दृष्टिकोण से देखता है। वह यह नहीं मानता कि ज्ञान की प्राप्ति में मनुष्य नित्य अग्रसर होता जा रहा है, उस की दृष्टि से चरम ज्ञान अपने आप में ही है। .... हिन्दू-साहित्य में इसीलिए नित्य नवीन ज्ञान के अनुसंधान के प्रति एक प्रकार की उदासीनता का भाव है। वह उस विद्या को विद्या ही नहीं मानता जो मुक्ति का कारण न हो, जो मनुष्य को कर्म-बंधन से छुटकारा न दिला दे। इस बात ने भी सारे हिन्दू-साहित्य को प्रभावित किया है।"[33] उन्होंने आगे लिखा है—"शास्त्रकारों ने कर्म को समझने के लिए कई प्रकार के भेद किए हैं। मनुस्मृति में कहा गया है ....। शातातप ने सैकड़ों प्रकार के पापों .... का उल्लेख किया है। पुराणों में कर्म विपाक के विषय में बहुत कुछ कहा गया है। गरुड़ पुराण में विस्तृत रूप से अनेक कर्म और तज्जन्य प्राप्य फलों का उल्लेख है। शास्त्रों में साधारणतः तीन प्रकार के कर्म बताए गए हैं ....।"[34] उन्होंने वेदान्त के मायोपाधिक चैतन्य को ईश्वर कहते हुए लिखा है—"इसी भाव को लक्ष्य कर के कबीर दास ने कहा था कि यह रघुनाथ की माया ही है जो शिकार खेलने निकली है और साम्प्रदायिक जालों में फँसा कर मुनि, पीर, जैन, जोगी, जंगम, ब्राह्मण और संन्यासी को मार रही है। स्पष्ट ही प्रतीत होता है कि कबीर दास का यहाँ 'रघुनाथ' से तात्पर्य वेदान्तियों के परब्रह्म

से है। परन्तु कबीर दास के पदों से जान पड़ता है कि उन्होंने 'माया' को 'अविद्या' से अलग कर के नहीं देखा। वेदान्त ग्रन्थों में माया और अविद्या की एकात्मता के पोषक वाक्य बहुत से मिल सकते हैं। सो, माया ही कबीर दास के मत से जीवों को भरमा रही है।"[35] इस प्रकार, डा० द्विवेदी कबीर को हिन्दुओं के वेदान्तियों के रूप में समझना चाह रहे हैं। आगे डा० द्विवेदी बिना सन्देह की कोई गुंजाइश छोड़ सीधे लिख रहे हैं– "कबीर दास ने माया के सम्बन्ध में जो कुछ कहा है वह वस्तुतः वेदान्त द्वारा निर्धारित अर्थ में ही। खूब सम्भव है कि कबीर दास ने भक्ति-सिद्धान्त के साथ ही माया सम्बन्धी उपदेश भी रामानंदाचार्य से ही पाया था, इसीलिए वे बराबर भक्त को माया-जाल से अतीत समझते हैं। यहाँ इतना और कह रखा जाए कि कबीर दास के 'निर्गुण ब्रह्म' में गुण का अर्थ सत्त्व रज आदि गुण हैं, इसलिए 'निर्गुण ब्रह्म' का अर्थ वे निराकार निस्सीम आदि समझते हैं, निर्विषय नहीं।"[36] यूँ, डा० द्विवेदी ने भक्ति का नाम ले कर कबीर को रामानंदी वैष्णव बना दिया है और माया का नाम ले कर उन्हें शांकर वेदान्ती बना दिया है। कहने का मतलब यह है कि कबीर को किसी भी हालत में हिन्दू धर्म से बाहर नहीं निकलने देंगे। आश्चर्य की बात यह है कि उन्होंने अपने इस अध्याय में हिन्दी-साहित्य की बात करते-करते 'हिन्दू-साहित्य' का उल्लेख तीन बार किया है। वे कबीर को अपने हिन्दू-साहित्य में शामिल कर रहे हैं लेकिन कबीर हिन्दू-साहित्य के पिछलग्गू नहीं बल्कि दलित साहित्य के जन्मदाता और पुरोधा हैं। और चूँकि डा० द्विवेदी की लेखनी से 'हिन्दू-साहित्य' का नाम लिखा गया है, इसलिए उस के विरोध में 'दलित-साहित्य' का शब्द अवश्य लिखा जा सकता है।

अन्त में, डा० द्विवेदी ने रामानंद को रामानंद नहीं रहने दिया है जब उन्होंने इस अध्याय 'ब्रह्म और माया' के अन्तिम पैरे में लिखा है–"ऊपर की चर्चा पर से यदि किसी नतीजे तक पहुँचा जा सकता है तो वह यही है कि (1) आचार्य रामानंद ने अपने शिष्यों को किसी वेदान्तिक वाद का बन्धन नहीं लगाया था। वे स्वयं यद्यपि विशिष्टाद्वैतवादी थे पर अद्वैतवादी भक्ति ग्रन्थों को बड़े सम्मान की दृष्टि से देखते थे। उन के लिए भक्ति ही बड़ी चीज थी, फिर चाहे वह निर्गुण की हो या सगुण की, द्वैत-भाव से हो या अद्वैत- भाव से। (2) उन की उपदिष्ट भक्ति भिन्न-भिन्न रुचि, विद्या और संस्कार वाले शिष्यों में नाना रूप में प्रकट हुई।"[37] भला, जब वे कबीर को काशी के विश्वनाथ मन्दिर में नहीं ले जा सके तो उन के पक्ष में डा० द्विवेदी द्वारा सगुण और निगुंण की बात करनी बेमानी है। फिर, रामानंद को रामानंद न रहने देने के लिए वे रामानंद की पुस्तकों या रामानंद के मत से कोई प्रमाण नहीं दे रहे हैं। जिस आनन्द-भाष्य को उन्होंने प्रमाण माना है, उस के बारे में यह पूर्ण रूप से सिद्ध हो गया है कि वह प्रक्षिप्त आनन्द-भाष्य है।

यहाँ तक रामानंद की बात हुई लेकिन आगे उन्होंने कबीर को कबीर नहीं रहने दिया है जब लिखा है–"(3) कबीर दास के पदों से, जैसा कि हम आगे देखेंगे,

एकेश्वरवाद, विशिष्टाद्वैतवाद, अद्वैतवाद, द्वैताद्वैतविलक्षणवाद आदि कई परस्पर विरोधी मतों के समर्थन हो सकते हैं।"[38] कहने का मतलब यह है कि आँख मींच कर किसी भी पद को कबीर का पद मान लिया गया है।

डा० द्विवेदी यह लिखने में बहुत जल्दी कर गए हैं कि कबीर पुराणों पर आक्रमण नहीं कर सके। उन्होंने अपनी पुस्तक 'कबीर' में लिखा है—"कोई पूजा या उत्सव उन की दृष्टि में ज्यादा खटकता था पर पूजा या उत्सव के पीछे छिपा हुआ तत्ववाद प्रायः ही उन की दृष्टि में उपस्थित नहीं होता था। मूर्ति की उपासना उन को बुरी लगती थी पर ऐसा जान पड़ता है कि मूर्ति वाला तत्ववाद उन्हें मालूम ही न था। शायद ही किसी दार्शनिक तत्ववाद या पौराणिक रहस्य-व्याख्या का उल्लेख उन के ग्रन्थ में पाया जाय।"[39] उन्होंने आगे लिखा है—"वेदपाठ, तीर्थस्थान, व्रतोद्यापन, छुआछूत, अवतारोपासना, कर्मकाण्ड इत्यादि सब के विरुद्ध कबीर दास ने लिखा है पर कहीं भी इन की गूढ़ व्याख्याओं को या इन की पृष्ठभूमि के तत्ववाद को उल्लेख योग्य नहीं समझा।"[40] डा० द्विवेदी ने कबीर के द्वारा उठाए गए छुआछूत के प्रश्न का जवाब पण्डित की तरफ से दिया है। उन्होंने यह भी माना है कि पण्डित के 'उस सीधे जवाब को प्रश्नकर्त्ता (कबीर) ने एकदम भुला दिया है।'[41] उन्होंने पण्डित की तरफ से लिखा है—"गलत हो या सही 'पण्डित' यह विश्वास करता है कि छूत उस की सृष्टि नहीं है बल्कि एक अनादि कर्म-प्रवाह का फल है। वह विश्वास करता है कि प्राणिमात्र जन्म-कर्म के एक दुर्वार प्रवाह में बहे जा रहे हैं। अगर उसे सचमुच निरुत्तर करना है तो या तो उसे उस अनादि कर्म प्रवाह की युक्ति के भीतर से समझाना चाहिए या फिर जन्म-कर्म-प्रवाह के इस विश्वास को ही निर्मूल सिद्ध कर देना चाहिए। यह अत्यन्त मोटी-सी बात है।"[42]

आश्चर्य की बात है कि डा० द्विवेदी कबीर पर एक झूठा आरोप लगा कर छोड़ देते हैं कि कबीर ने पुनर्जन्म के सिद्धान्त का खण्डन जड़-मूल से नहीं किया। हुआ यह है कि डा० द्विवेदी ने कबीर को कबीर की दृष्टि से पढ़ा ही नहीं है बल्कि अपने ब्राह्मण होने की पक्षधरता की दृष्टि से देखा है। उन्होंने कबीर के साथ इतना अन्याय किया है कि कबीर को पुनर्जन्म के सिद्धान्त में विश्वास करने वाला तक कहा है। उधर, डा० द्विवेदी ने यह भी लिखा है कि कबीर स्वर्ग-नरक के बारे में सही प्रश्न नहीं कर पाए। उन्होंने लिखा है—"कहना बेकार है कि इस तत्व से पण्डित अपरिचित नहीं है। वह भी जानता है कि यह स्वर्ग और नरक की कल्पना अविद्या की उपज है पर वह कितने ही प्रकार के अधिकारियों के अस्तित्व में विश्वास करता है। उसे निरुत्तर करने के लिए इस अधिकारी-भेद के सिद्धान्तों की ही जड़ खोदनी चाहिए थी।"[43]

अजीब बात है कि डा० द्विवेदी इस मामले में भी कबीर को पण्डित से पिछड़वाना चाहते हैं। कबीर की दुनिया अलग है, कबीर का समाज अलग है और कबीर का धर्म अलग है। वे हिन्दू धर्म से कोई नाता नहीं रखते। इसलिए वे हिन्दू धर्म की शब्दावली में क्यों उलझें और क्यों बोलें ? डा० द्विवेदी को ध्यान रखना चाहिए था कि कबीर हिन्दू

धर्म के अंग नहीं थे जो हिन्दुओं की पोथियों के समाधान देते फिरते। इसलिए पण्डित अपने धर्म में किसी भी अधिकारी-भेद को माने लेकिन कबीर के अपने धर्म में अधिकारी-भेद का कोई सिद्धान्त नहीं है। ब्राह्मण के अधिकारी-भेद के वर्गीकरण को न मान कर उन्होंने ब्राह्मण के चंगुल से बाहर अपने ईश्वर का ज्ञान प्राप्त किया है।

डा० द्विवेदी ने यह माना है कि कबीर को पौराणिक मत का सच्चा ज्ञान नहीं था। उन्होंने लिखा है–"वे (कबीर) यह जानते ही नहीं कि पण्डितों के पास भी तत्व ज्ञान है, मोक्ष और अपवर्ग की व्याख्या है, व्यावहारिक और पारमार्थिक सत्ता पर बहस है, स्थूल और सूक्ष्म की मर्यादा है, कर्म और बंध की धारणा है।"[44] उन्होंने आगे लिखा है–"पौराणिक हिन्दू मत को दूर पर बैठे हुए दर्शक की भाँति ही उन्होंने देखा था। इस बात की उन्होंने कोई परवाह नहीं की कि उस के भीतर भी कोई आध्यात्मिक तत्व है या नहीं।"[45] लेकिन सवाल इस बात का है कि कबीर जब हिन्दू धर्म को अपना धर्म नहीं मानते तो वे बेकार में हिन्दू धर्म से क्यों उलझते फिरें ? ब्राह्मण बेमतलब की लड़ाई लड़ना चाहता है कि आ बैल, मुझे मार। यह जबर्दस्ती है कि मान न मान, मैं तेरा मेहमान। यूँ, डा० द्विवेदी ने यह माना है कि कबीर को हिन्दुओं के पौराणिक मत का अन्दरूनी ज्ञान नहीं था। ऐसे ही, उन्होंने यह भी माना है कि कबीर को इस्लाम का भी अन्दरूनी ज्ञान नहीं था। उन्होंने लिखा है–"परन्तु मुल्ला और काजी को भी वे 'पंडित' के समान ही अदना और हीन वीर्य समझते रहे। ऐसा नहीं जान पड़ता कि उन्होंने मुसलमान धर्म के बाह्याचारों के सिवा उस के किसी अंश की गहरी जानकारी प्राप्त करने की चेष्टा की हो।"[46] लेंकिन मूल प्रश्न यह है कि कबीर से ऐसी अपेक्षा क्यों रखी जा रही है कि उन्हें हिन्दू और मुसलमान दोनों धर्मों का गहरा और अन्दरूनी ज्ञान रखना चाहिए था ? ब्राह्मण कब कुरान को पढ़ता है और मुल्ला कब वेद को कंठस्थ करता है ? लोग केवल अपने ही धर्म का ज्ञान रखा करते हैं। इस में बुराई क्या है यदि कबीर ने इतना कह दिया है–"तुझे बिरानी क्या परी तू अपनी आप निबेर।"[47]

डा० तलवार ने अपने विचार लेख में डा० द्विवेदी को उद्धृत किया है–"वेदपाठ, तीर्थस्थान, व्रतोद्यापन, छुआछूत, अवतारोपासना, कर्मकाण्ड इत्यादि सब के विरुद्ध कबीर दास ने लिखा है, पर कहीं भी इन की गूढ़ व्याख्याओं या इन की पृष्ठभूमि के तत्ववाद को उल्लेखनीय नहीं समझा।"[48] उन्होंने इस विषय को आगे बढ़ाते हुए मेरे बारे में लिखा है–"अगर धर्मवीर को लगता है कि कबीर ने सिद्धान्तों का दार्शनिक और शास्त्रीय विवेचन भी किया है, तो यह उन्हें दिखाना चाहिए।"[49] मेरा कहना यह है कि कबीर के पास तत्ववाद नहीं बल्कि तत्ववाद का भी बाप है जब वे पूछते हैं–"बहुरि हम काहे कू आवहिंगे ?"[50] इस से बड़ा तत्ववाद और क्या हो सकता है कि ब्राह्मण कहते हैं कि पुनर्जन्म होता है और कबीर कहते हैं कि पुनर्जन्म नहीं होता ? विद्वानों को इस से बड़े और किस तत्ववाद की जरूरत पड़ती है ? यही कबीर का सब से बड़ा

तत्ववाद है। इस के सिवा, डा० हजारी प्रसाद द्विवेदी ने ब्राह्मणों के विभिन्न तत्ववादों का जो भाषा-प्रसार बढ़ाया है वह सब गाल-बजाई है। आखिर, वेदान्त के उस लम्बे-चौड़े तत्ववाद का क्या मतलब रह जाता है जब वह अन्त में अनिर्वचनीय हो जाता है ? ऐसे सारे तत्ववाद स्लेट पर निकालने वाले सवाल हैं जो हर बार पानी से पोंछ दिए जाते हैं। ऐसे तत्ववादियों को कबीर मुँहजोर और जबान के लबाड़ी कहते हैं।[51]

लेकिन दर्शनशास्त्र और तत्ववाद को ले कर खुद डा० हजारी प्रसाद द्विवेदी की स्थिति क्या है ? उन्होंने कबीर पर आरोप लगा दिया है कि उन के पास कोई तत्ववाद नहीं है लेकिन खुद डा० द्विवेदी तत्ववाद के कितने जानकार हैं ? डा० द्विवेदी ने कबीर आदि निर्गुण मार्गी सन्तों के बारे में लिखा है–"......... यद्यपि मैंने श्रद्धा के साथ इन की वाणियों को समझने का प्रयास किया है, तथापि मुझे लगता है कि श्रद्धा होने मात्र से कोई उस विषय का अधिकारी व्याख्याता नहीं हो जाता। इसीलिए महान विद्वानों के सामने खड़ा होने में बहुत संकोच हो रहा है।"[52] वे आगे लिखते हैं–"मैं दर्शनशास्त्र का विद्यार्थी नहीं हूँ और सच तो यह है कि इन सहज भक्तों की अनुभवगम्य वाणियाँ सही अर्थों में दर्शन हैं भी नहीं।"[53] उन्होंने ही लिखा है–"यह जानी हुई बात है कि भगवान अलौकिक गुणों के आश्रय हैं और इसीलिए जो बात परस्पर विरोधी दिखती है वह भगवान में संगत हुआ करती है।"[54] यूँ, ब्राह्मण विद्वानों का सारा तत्ववाद इस अनिवर्चनीयता और रहस्य की अन्धेरी गुफा में दुबक कर बैठ जाता है। वह एक भी बात का जवाब देने के लिए तैयार नहीं है। तत्ववाद की पारिभाषिक शब्दावली ईजाद कर के सब से ज्यादा बोलने वाला गुम हो कर बैठ जाता है, हुंकारा तक नहीं भरता, आपराधिक मनोवृत्ति में दड़ साध कर और साँस खींच कर बैठ जाता है।

कबीर के नाम पर उपलब्ध साहित्य में हठयोग और वैष्णव सम्प्रदाय की शब्दावलियों के प्रयोग का क्या अर्थ है ? इस के दो अर्थ हैं–

1. जहाँ कहीं इन शब्दावलियों की प्रशंसा है वहाँ इस का मतलब है कि हठयोगियों और वैष्णवों ने कबीर पंथ में घुसपैठ की है। दोनों तरह के लोग अपनी-अपनी शब्दावलियों को ले कर कबीर पंथ पर कब्जा करने के लिए आगे बढ़े थे। इस का मतलब यह भी है कि जो व्यक्ति कबीर पंथ में आया वह अपने पिछले संस्कारों को त्याग कर नहीं आया। उस के संस्कार और शब्दावली उस से चिपटे रहे। असल में, उन्होंने कबीर के दर्शन को अपनी अलग हठयोग या वैष्णव की शब्दावली में अनुवाद कर के समझा था। वैष्णवों के साथ यह आज तक हो रहा है कि डा० हजारी प्रसाद द्विवेदी कबीर को पुनर्जन्म के सिद्धान्त में विश्वास करने वाला बता रहे हैं।
2. जहाँ-जहाँ हठयोग और वैष्णव शब्दावली का विरोध है वहाँ-वहाँ कबीर की मूल विचारधारा है। इस में कभी-कभी ऐसा हो जाता है कि

उपदेष्टा अपनी बात को शिष्य की शब्दावली का प्रयोग कर के समझाने लगता है। इसे एक उदाहरण से समझा जा सकता है। कोई वैष्णव संस्कारों का व्यक्ति कबीर के पास आता है। वह मोक्ष प्राप्त करने की बात करता है। यदि वह कबीर का विरोधी बन कर आता है तो कबीर उस की शब्दावली का सीधे खण्डन कर देंगे। लेकिन यदि वह कबीर का शिष्य बनने के लिए आता है तो कबीर दो उपाय सोच सकते हैं। पहले उपाय में वे कहेंगे कि मोक्ष कुछ नहीं होता। हो सकता है कि कबीर का ऐसा उत्तर उसे तत्काल समझ में न आए। तब कबीर दूसरा उपाय सोच सकते हैं। दूसरे उपाय में कबीर उस से कहेंगे—"आ, मैं तुझे पल भर में मोक्ष दिलवाता हूँ।" ऐसी स्थिति में 'मोक्ष' शब्द का क्या अर्थ रह जाएगा ? अर्थ वही होगा कि कोई मोक्ष नहीं होता लेकिन इस में वैष्णव शब्दावली का शब्द 'मोक्ष' बचा रह गया है।

इस प्रकार, अन्त में कहा जा सकता है कि कबीर के साहित्य में उपलब्ध हठयोग और वैष्णव सम्प्रदाय की शब्दावलियों की मौजूदगी को इन्हीं अर्थों में लिया जाना चाहिए, न कि उन अर्थों में जिन में डा० हजारी प्रसाद द्विवेदी ने लिया है। कबीर जैसा दिमाग से इतना दुरुस्त आदमी अंधविश्वास को फैलाने वाला नहीं हो सकता जैसा कि परिणाम में डा० द्विवेदी उन्हें सिद्ध कर रहे हैं। भाषा में क्रान्ति ऐसे ही होती है—या तो नए शब्द प्रयोग किए जाते हैं जो काम ज्यादातर मुश्किल होता है या फिर प्रचलित शब्दों को नए अर्थ दे दिए जाते हैं जो काम अपेक्षाकृत सरल होता है। कबीर के नाम पर उपलब्ध साहित्य को समझने का यही सरल मार्ग है।

सन्दर्भ

1. क०ह०प्र०द्वि०, पृष्ठ-80
2. वही, पृष्ठ-80
3. वही, पृष्ठ-80
4. वही, पृष्ठ-81
5. वही, पृष्ठ-81
6. वही, पृष्ठ-81-2
7. वही, पृष्ठ-78
8. वही, पृष्ठ-79
9. वही, पृष्ठ-82-3
10. परम्परा का मूल्यांकन, राम विलास शर्मा, पृष्ठ-77
11. क०ह०प्र०द्वि०, पृष्ठ-78
12. कबीर बीजक, राघव दास विरचित, बाबू बैजनाथ प्रसाद बुक सेलर, राजा दरवाजा वाराणसी-221005, पृष्ठ-517
13. क०ह०प्र०द्वि०, पृष्ठ-18
14. वही, पृष्ठ-44

15. वही, पृष्ठ-45-6
16. वही, पृष्ठ-48
17. वही, पृष्ठ-49-50
18. बीजक, भाग-1, अभिलाष दास, पृष्ठ-692
19. क०ह०प्र०द्वि०, पृष्ठ-51
20. क०ह०प्र०द्वि०, भूमिका, पृष्ठ-5
21. क०ह०प्र०द्वि०, पृष्ठ-93
22. क०ह०प्र०द्वि०, भूमिका, पृष्ठ-5
23. वही, पृष्ठ-5
24. वही, भूमिका, पृष्ठ-5
25. क०ह०प्र०द्वि०, पृष्ठ-98-9
26. वही, पृष्ठ-103
27. वही, पृष्ठ-103
28. वही, पृष्ठ-104
29. वही, पृष्ठ-104
30. वही, पृष्ठ-105
31. वही, पृष्ठ-105-6
32. वही, पृष्ठ-106
33. वही, पृष्ठ-106
34. वही, पृष्ठ-106
35. वही, पृष्ठ-107-8
36. वही, पृष्ठ-109
37. वही, पृष्ठ-109-10
38. वही, पृष्ठ-110
39. वही, पृष्ठ-130
40. वही, पृष्ठ-130
41. वही, पृष्ठ-131
42. वही, पृष्ठ-131
43. वही, पृष्ठ-131
44. वही, पृष्ठ-132
45. वही, पृष्ठ-132
46. वही, पृष्ठ-135
47. बीजक, टीकाकार अभिलाष दास, पृष्ठ-421
48. पल प्रतिपल, अक्टूबर-दिसम्बर, 1997, पृष्ठ-51
49. वही, पृष्ठ-51
50. कबीर समग्र, डा० युगेश्वर, पृष्ठ-580
51. कबीर पंथी शब्दावली, स्वामी युगलानन्द, गंगाविष्णु श्री कृष्ण दास, कल्याण, बम्बई, पृष्ठ-842
52. ह०प्र०द्वि०ग्रं०, खण्ड-6, पृष्ठ-336
53. वही, पृष्ठ-336
54. क०ह०प्र०द्वि०, पृष्ठ-68

अध्याय - 5

राम और निर्गुण

क. राम और राम में अन्तर

ख. निर्गुण और निर्गुण में अन्तर

ग. सब से न्यारे कबीर

क. राम और राम में अन्तर

जो ईश्वर में विश्वास करते हैं उन्हें अपने ईश्वर को कोई नाम देना होता है। कबीर ने भी अपने ईश्वर को एक नाम दिया है। यह नाम 'राम' है। दलित इस नाम से एक लम्बे समय से जुड़े रहे हैं। लेकिन द्विजों ने क्या चालाकी खेली कि उन्होंने अपने नाम 'राम' के नाम पर रखने शुरू कर दिए। परशुराम, रामचन्द्र, बलराम, रामानुज और रामानंद–ऐसे ही नाम हैं। हुआ यहाँ तक है कि उन्होंने दशरथ के बेटे रामचन्द्र को तो सगुण 'ईश्वर' घोषित कर दिया है। ऐसे समय कबीर क्या करें ? क्या वे ईश्वर के अपने राम नाम को छोड़ दें ? कबीर ने ऐसा नहीं किया–उन्होंने दूसरा रास्ता पकड़ा। उन्होंने अन्तर बताया कि उन का राम दशरथ का बेटा रामचन्द्र नहीं है–'दशरथ-सुत तिहुँ लोक बखाना ; राम नामकर मरम है आना।'[1] पर क्या कबीर का यह अन्तर केवल एक ही शब्द को ले कर है ? सच यह है कि दलित और द्विज में सामाजिक और धार्मिक अन्तर होने के कारण यह अन्तर हर शब्द में है। यदि दलित ने द्विज के किसी शब्द का इस्तेमाल किया है तो उस का वही अर्थ नहीं है जो उस का द्विज के पास अर्थ है। ऐसे ही, यदि द्विज ने दलित के किसी शब्द का प्रयोग किया है तो उस का वही अर्थ नहीं है जो उस का दलित के पास अर्थ है। ब्राह्मण की भूख, भूख नहीं है क्योंकि वह भीख माँगने का अधिकार रखता है, ऐसे ही, दलित की अमीरी, अमीरी नहीं है क्योंकि वह उसे कठिन कसाले और परिश्रम के बाद ही प्राप्त होगी। यही अन्तर दर्शनशास्त्र और तत्ववाद के शब्दों को ले कर है। इसलिए शब्द 'निर्गुण', 'सगुण', 'शून्य', 'ब्रह्म', निर्बाण', 'मुक्ति'' दलित और द्विज दोनों के लिए एक ही अर्थ नहीं रखते। राम के बारे में दलित का सपना वैसा ही है जैसा दलित जीवन बिता रहा है–'ढोवै, डले ढोवै, सपने में मेरा राम डले ढोवै।' उस का राम डले ढो कर उस की मदद कर रहा है। उसे राम की मदद की उसी रूप में जरूरत है। इसलिए ज्यादातर

कबीर ने कह दिया है कि किसी शब्द का उन का द्विज के अर्थ से भिन्न खास अर्थ है। यदि वे कहीं ऐसा नहीं कह पाए हैं तो भी उसे इसी अन्तर से समझना चाहिए। लेकिन डा० द्विवेदी अधिकांशतः इस तर्क को समझ नहीं पाए। वे एक-दो बातों को छोड़ कर ज्यादातर कबीर की वाणी का वेद, उपनिषद, स्मृति और पुराणों से मिलान कर के घपला मचा गए हैं। वे कबीर के राम को 'निर्गुण राम'[2] कहते हैं लेकिन यह उन की सही सोच नहीं है। वे दशरथ के बेटे 'सगुण राम' से तुलना करने के कारण कबीर के राम को 'निर्गुण राम' कह रहे हैं जबकि कबीर का राम द्विजों के निर्गुण और सगुण दोनों से परे है। डा० द्विवेदी बेकार में द्विज की दृष्टि से कबीर के राम को समझने के लिए पंचदशी के संस्कृत श्लोकों में और रवीन्द्र नाथ ठाकुर के व्याख्यानों में निर्गुण की उपासना का औचित्य ढूँढ रहे हैं जबकि कबीर का राम उन के लिए उन का लौकिक प्रेम का 'पीव' है। द्विजों के 'सगुण राम' और 'सगुण कृष्ण' का नहीं बल्कि दलितों के लौकिक प्रेम का 'पीव' और लौकिक प्रेम का 'दूल्हा'—यही कबीर का आदर्श है।

डा० तलवार ने मुझ से अपेक्षा रखी है कि मैं डा० द्विवेदी की तरह कुछ सैद्धान्तिक प्रश्नों से जूझूँ। उन्होंने अपने लेख में लिखा है—"धर्मवीर ने लिखा है कि द्विवेदी जी कबीर की भक्ति को शास्त्र-सम्मत सिद्ध करना चाहते हैं। इसे भी देख लिया जाए। द्विवेदी जी ने लिखा कि कबीर के राम 'दशरथ-सुत' नहीं थे। उन के निर्गुण राम और वेदान्तियों के पारिभाषिक 'निर्गुण ब्रह्म' में मौलिक भेद है (पृष्ठ-309)। सवाल उठता है कि क्या ऐसे निर्गुण ब्रह्म की भक्ति हो सकती है ? क्या ऐसा रूपातीत भगवान भक्ति का विषय हो सकता है ? इस सैद्धान्तिक प्रश्न से धर्मवीर नहीं जूझते।"[3] मुझे लगता है कि मैंने ऊपर डा० तलवार के इस सवाल का जवाब दे दिया है। कबीर के राम न तो पुराणों के 'दशरथ सुत' हैं, न वेदान्तियों के 'निर्गुण ब्रह्म' हैं और न डा० द्विवेदी वाले 'निर्गुण राम' हैं बल्कि लौकिक पीव और प्रेम के आश्रय हैं। कबीर ने उस लौकिक पीव की सम्भावना घट-घट में देखी है। उस के लिए पौराणिक या वेदान्ती होने की जरूरत नहीं—और उन से तुलना कर के 'निर्गुण राम' की खोज करने की भी जरूरत नहीं है। असल में, कबीर अपने भगवान की भक्ति नहीं करते बल्कि अपने पीव से अथाह प्रेम करते हैं। इस अथाह प्रेम में निर्दोष सीता को कोई वनवास नहीं है और जारकर्म तथा विवाहेतर सम्बन्धों के लिए कोई स्थान नहीं है जो सगुण भक्ति में रात-दिन घटित हो रहा है।

ख. निर्गुण और निर्गुण में अन्तर

डा० द्विवेदी ने लिखा है—"यह तो सभी स्वीकार करते हैं कि कबीर दास ही निर्गुण मत के आदि प्रतिष्ठाता थे।"[4] लेकिन डा० हजारी प्रसाद द्विवेदी ने अपनी पुस्तक 'कबीर' में जिस निर्गुण राम की खोज की है वह डा० हजारी प्रसाद द्विवेदी का अपना

निर्गुण राम है, कबीर का नहीं। कबीर का निर्गुण राम अवतार ग्रहण नहीं करता जबकि वैष्णवों का निर्गुण राम अवतार ग्रहण करता है। वेदान्त और वैष्णव दर्शन में निर्गुण सगुण का विस्तार और सगुण निर्गुण का अवतार है लेकिन कबीर के यहाँ ऐसी कोई बात नहीं है। कबीर का निर्गुण, सगुण को जानता तक नहीं है जबकि वैष्णवों के निर्गुण राम का काम बिना सगुण बने नहीं चलता। यूँ, डा० द्विवेदी वैष्णवों के निर्गुण राम को कबीर के निर्गुण राम पर थोपना चाहते हैं।

पहले कहा जा चुका है कि कबीर का निर्गुण कभी भी अवतार धारण नहीं करता। वह निर्गुण किसी एक 'दशरथ सुत राम' में या दूसरे 'यशोदा नन्दन कृष्ण' में अवतार नहीं लेता बल्कि संसार के कण-कण में विद्यमान है। तब वह हर मनुष्य में पुरा हुआ और मौजूद है। उसे किसी एक अवतार या चौबीस अवतारों तक सीमित नहीं रखा जा सकता। वह सगुण नहीं है बल्कि हर चीज में पुर कर और विलीन हो कर भी हमेशा निर्गुण है।

जब कबीर के राम 'दशरथ सुत राम' नहीं हैं तो कबीर का निर्गुण भी वेदान्त का 'निर्गुण' नहीं है। डा० हजारी प्रसाद द्विवेदी ने कबीर के जिस 'निर्गुण राम'[5] की खोज की है उस में 'निर्गुण' और 'राम' दोनों हिन्दुओं के निर्गुण और हिन्दुओं के राम से जुदा और बाहर के हैं। डा० द्विवेदी ने कबीर के राम को 'दशरथ सुत राम' से भिन्न जरूर माना है लेकिन निर्गुण को वे वेदान्त के 'निर्गुण' से अलग नहीं मान पाए। यह किसी के सिद्धान्त को आधा-अधूरा मानना हुआ। कबीर के सिद्धान्त को पूरा मानना है तो कबीर के निर्गुण को भी वेदान्त और पुराणों के 'निर्गुण' से बाहर मानना पड़ेगा। यह काम डा० द्विवेदी ने नहीं किया, उलटे उन्होंने इस का बिलकुल उलट काम किया है।

कबीर के निर्गुण का वेदान्त से इसलिए मेल नहीं खाता क्योंकि कबीर पारमार्थिक सत्ता और व्यावहारिक सत्ता के भेद को नहीं मानते। उन का निर्गुण वेदान्त का अनिर्वचनीय नहीं है। वह अभेद है तो पूरा अभेद है और वह अद्वैत है तो पूरा अद्वैत है। उस के अनुसार, ब्राह्मण और चाण्डाल में वर्ण व्यवस्था के आधार पर कोई सामाजिक भेद नहीं है। वहाँ मनुष्य की संभावनाओं में कोई अधिकारी-भेद नहीं है। डा० द्विवेदी ने वेदान्त का अधिकारी-भेद कबीर पर जबरन थोपा है और जब कबीर के राम 'दशरथ सुत राम' नहीं हैं तो उन के कृष्ण भी 'यशोदानन्द कृष्ण' नहीं हैं। हरि, गोविन्द, माधव आदि शब्दों के अर्थ इसी सोच के अधीन जाने जा सकते हैं।

कबीर ने बार-बार कहा है कि उन का हिन्दू धर्म से कोई वास्ता नहीं है। यह उन्होंने इतनी बार कहा है कि कभी-कभी पिष्टपेषण लगने लगता है। लेकिन हिन्दुओं ने क्या किया है ? कबीर की अपने न्यारे होने की अतिवादी की रट के बावजूद उन्हें हिन्दू भक्त सिद्ध करने की चेष्टा की है। इसीलिए कबीर ने शाब्दिक समानताओं का खतरा दूर करने के लिए अपने 'राम' और 'दशरथ सुत राम' में अन्तर किया है। लेकिन

इस अन्तर का प्रसार केवल एक 'राम' शब्द तक नहीं है बल्कि निर्गुण, निराकार, सहज और शून्य तक भी है। कबीर ने यदि इन शब्दों का प्रयोग किया है तो उस से पहले यह भी कह दिया है कि उन के ये शब्द हिन्दुओं और बौद्धों के अर्थों वाले शब्द नहीं हैं। कबीर का हिन्दुओं से, समान शब्दावली होने पर भी, हर बात में अन्तर है। लेकिन हिन्दू उन शब्दों को अपने अर्थ दे कर कबीर के दर्शन को दिशाहीन कर देते हैं। कबीर ने निर्गुण की खोज की है। उन के निर्गुण की यह खोज विशेष है लेकिन ब्राह्मण चिन्तन ने उसे सामान्य बनाने की कोशिश की है। यह तालाब में केंचुआ लगा काँटा फेंक कर पूरी मछली को खींच लेना है। यूँ, ब्राह्मण चिन्तन ने कबीर के दर्शन को विशेष से सामान्य बना कर उसे नष्ट किया है। देखिए, जब कबीर ने निर्गुण चिन्तन की खोज की तो ब्राह्मण चिन्तन ने निर्गुण और सगुण दोनों की खोज कर डाली। सगुण में अपना मत सुरक्षित रखा तथा निर्गुण में जा कर कबीर के दर्शन को मिटाना चाहा। ब्राह्मण चिन्तन का मन सदा सगुण में ही रमा है लेकिन दलित चिन्तन को धोखा देने के लिए निर्गुण का नाम लिया जाता है। सच बात यह है कि कबीर दर्शनशास्त्र के क्षेत्र में हिन्दुओं से बहुत दूर के दार्शनिक हैं। उन का निर्गुण, सगुण के विरोध में ही खड़ा हुआ था। लेकिन ब्राह्मण चिन्तन ने अपनी टाँगें चौड़ा लीं–वह केवल बहस के लिए पारमार्थिक स्तर पर वह निर्गुण की बात करता है और व्यावहारिक स्तर पर केवल सगुण में मग्न रहता है। सूरदास ने सीधे पूछा है–

> निर्गुण कौन देश को बासी ?
>
> . . . .
>
> को है जनक, कौन है जननी, कौन नारि, को दासी ?
>
> कैसो बरन, भेष है कैसो, केहि रस में अभिलाषी ?[6]

इधर, डा० हजारी प्रसाद द्विवेदी तुलसी दास के बारे में लिखते हुए कहते हैं–"प्रसंग आते ही वे राम के सगुण रूप पर जोर देते हैं। कथा में कहीं किसी भक्त से भगवान की भेंट हो गई तो चट उस ने वरदान में मांगा कि हे राम, तुम्हारा यह सगुण रूप ही मेरे मन में बसे, निर्गुण नहीं।"[7]

कबीर का निर्गुण केवल निर्गुण होता है, उस में सगुण की मिलावट नहीं होती। इस के विपरीत, ब्राह्मणों के निर्गुण में सगुण की आधी मिलावट होती है। वैष्णव तुलसी का राम कभी सगुण होता है और कभी निर्गुण बन जाता है लेकिन कबीर का निर्गुण कभी सगुण का रूप अख्तयार नहीं करता। ब्राह्मण अपनी चालाकी में सगुण और निर्गुण दोनों को मानता है जबकि कबीर ईश्वर को केवल निर्गुण के रूप में मानते हैं। तुलसी के सगुण भगवान 'दशरथ सुत राम' कबीर के लिए एक आदमी भर हैं, भगवान नहीं।

कबीर के निर्गुण और ब्राह्मणों के निर्गुण में अन्तर ही अन्तर है। गाय एक है लेकिन कौटिल्य के अनुसार चण्डाल की गाय के दूध में और ब्राह्मण की गाय के दूध

में अन्तर ही अन्तर है। उन्होंने लिखा है–"जैसे चाण्डालों की गाय चाण्डालों के लिए ही दूध देती है, ब्राह्मणों के लिए नहीं।"[8] उन्होंने कुएँ के बारे में भी लिखा है–"जैसे चाण्डालों का कुआँ अकेले उन्हीं के लिए उपयोगी है।"[9] बात सही है कि जब सींवनी एक हैं तो ब्राह्मण से मुसलमान के घर की सींवनी खाई क्यों नहीं जातीं ? तर्क यही है कि जब दलित की गाय ब्राह्मण की गाय से अलग है, जब दलित का कुआँ ब्राह्मण के कुएँ से अलग है और कबीर का राम ब्राह्मणों के 'दशरथ सुत राम' से अलग है तो कबीर का निर्गुण भी वेदान्त के निर्गुण से अलग है।

कबीर और तुलसी की क्या तुलना है ? उत्तर में यही कहा जा सकता है कि इन दोनों में कोई समानता नहीं है। लेकिन डा० द्विवेदी उदाहरण देते समय बार-बार तुलसी को याद कर जाते हैं। बात कबीर की चल रही है और डा० द्विवेदी कबीर के पक्ष में उद्धरण तुलसी का देते हैं–'अगुणहिं-सगुणहिं नहिं कछु भेदा।'[10] लेकिन तुलसी के ये शब्द 'अगुनहिं सगुनहिं नहिं कछु भेदा'[11] एक गैर-जिम्मेदार चिन्तक के शब्द हैं। यदि ऐसा नहीं है तो उन्होंने 'पूजिअ विप्र सील गुन हीना' क्यों लिखा है ? तुलसी के प्रशंसकों और पक्षधरों द्वारा बताया जाए कि उन्होंने 'सूद्र न गुन गन ग्यान प्रवीना' क्यों लिखा है ? यदि अगुण और सगुण में कोई भेद नहीं है तो विप्र और शूद्र में अगुण और सगुण को ले कर भेद क्यों है ? 'अगुनहिं सगुनहिं नहिं कछु भेदा' की पंक्ति का शूद्र को क्या लाभ है ? दर्शनशास्त्र में और समाजशास्त्र में अभेद क्यों नहीं है ? एक उत्तर की तरफ और दूसरा दक्षिण की तरफ क्यों जा रहा है ?

डा० हजारी प्रसाद द्विवेदी ने तुलसी का जिक्र करते हुए लिखा है–"तुलसी दास ने कहा है कि ब्रह्म के दो रूप हैं, अगुण और सगुण। इन में सगुण रूप निर्गुण रूप की अपेक्षा दुर्लभ है। इसलिए सगुण भगवान के सुगम और फिर भी अगम, चरित्रों को सुन कर मुनियों के मन में भी मोह उत्पन्न हो जाता है। वास्तव में सगुण और अगुण या निर्गुण रूप में कोई भेद नहीं। जो भगवान अगुण, अरूप, अलख और अज हैं वही भगवान भक्त के प्रेमवश सगुण रूप धारण करते हैं। जो लोग उन के केवल निर्गुण रूप को मानते हैं वे असल में भगवान के एक अंशमात्र को मानते हैं।"[12] उन्होंने प्रमाण के लिए तुलसी की निम्न कविताएँ भी उद्धृत की हैं–

1. निर्गुण रूप सुलभ अति, सगुण जान नहिं कोइ।
   सुगम अगम नाना चरित, सुनि मुनि-मन भ्रम होइ।।[13]
2. अगुनहिं सगुनहिं नहिं कछु भेदा।
   गावहिं मुनि पुरान बुध बेदा।।
   अगुन अरूप अलख अज जोई।
   भगत प्रेम बस सगुण सो होई।।[14]

लेकिन ध्यान दिया जा सकता है कि कबीर के यहाँ केवल निर्गुण ज्ञान है। कबीर के निर्गुण ज्ञान को तुलसी ने 'अति सुलभ' माना है तथा 'सगुण' को बड़ा कठिन माना है। तुलसी की तरफ से यह एकदम उलटी बात है। लेकिन उन्हें कबीर को नीचा दिखाना है इसलिए अपने सगुण को बड़ी मुश्किल से प्राप्त होने वाला बताया गया है तथा कबीर के निर्गुण को पाने में कोई खास बात नहीं मानी गई है। साथ ही, यह कहना भी तुलसी की एक चालाकी है कि अगुण और सगुण में कोई भेद नहीं है। अगुण और सगुण की एकता की बात तुलसी करें क्योंकि उन्हें एक ब्राह्मण के नाते सब कुछ उलझाना है लेकिन कबीर के यहाँ निर्गुण और सगुण में स्पष्ट भेद है क्योंकि उन्हें एक दलित होने के नाते सब कुछ सुलझाना है। भेद इतना गहरा है कि सगुण भगवान होता ही नहीं है। चूँकि ब्राह्मण चिन्तन ने निर्गुण और सगुण को आपस में गड्डमड्ड कर दिया था तभी कबीर साहित्य का एक महत्त्वपूर्ण शब्द इस प्रकार मिलता है–

> संतौ, धोखा कासूँ कहिए।
> गुँण में निरगुँण निरगुँण मैं गुण है, बाट छॉड़ि क्यूँ बहिए।।
> अजरा अमर कथैं सब कोई, अलख न कथणाँ जाई।
> नाति सरूप बरण नहीं जाकै, घटि घटि रह्यौ समाई।।
> प्यंड ब्रह्मण्ड कथै सब कोई, वाकै आदि अरु अन्त न होई।
> प्यंड ब्रह्मण्ड छाडि जे कथिए, कहै कबीर हरि सोई।।[15]

बात एकदम सही है। यदि तुलसी के अनुसार सगुण और निर्गुण में कोई भेद नहीं है तो शूद्र और अन्त्यज दशरथ सुत राम के मन्दिरों में क्यों नहीं चढ़ सकते थे ? इसलिए कहना यही है कि तुलसी के लिए सगुण और निर्गुण में अन्तर न हो लेकिन जुलाहे कबीर के लिए निर्गुण और सगुण में भेद ही भेद है। उधर, वेदान्त के अनुसार निर्गुण के सगुण होने का मतलब यह है कि वह केवल चौबीस अवतारों में है और उन से बाहर नहीं है। तुलसी के लिए तो वह केवल 'दशरथ सुत राम' में और सूर के लिए तो वह केवल 'यशोदानन्दन कृष्ण' में है। कई के लिए वह केवल 'राधावल्लभ' है। इन के विपरीत, कबीर का निर्गुण सारे चराचर जगत में फैला और समाया हुआ है। मुझे डा० सदानन्द शाही ने यह बात बिलकुल सही समझाई है कि दशरथ सुत राम के रूप में ईश्वर भी ब्राह्मणों का 'प्राईवेट लिमिटेड' बन गया था। कबीर ने ईश्वर का यह 'प्राईवेट लिमिटेड' वाला सगुण रूप समाप्त किया और ईश्वर पर से ब्राह्मणों की इजारेदारी खत्म की। उन्होंने निर्गुण के रूप में ईश्वर को सब का बना दिया और उसे घट-घट में व्याप्त कर दिया।

कबीर अवतारवाद के सख्त विरोधी हैं। उन्होंने अवतार का खण्डन करते हुए लिखा है–

> दस औतार निरंजन कहिए, सो अपना ना होई।
> यह तो अपनी करनी भोगैं, कर्ता और हि कोई।।[16]

डा० द्विवेदी की संकलित 'कबीर-वाणी' के 16वें पद की अन्तिम पंक्ति इस प्रकार है–'धरि देह हरि आपहु झूलैं जो लखहीं दास कबीर।'[17] यह पद और पंक्ति रवीन्द्रनाथ ठाकुर द्वारा मान्य है लेकिन अवतारवाद की बू लिए हुए है जो कबीर की चिन्तन-प्रक्रिया से बाहर है। यह पूर्णतः प्रक्षिप्त है।

डा० द्विवेदी ने कबीर के बारे में यह बेहद अप्रांसगिक बात लिख दी है कि 'वे भगवान के नृसिंहावतार की मानव प्रति मूर्ति थे।'[18] उन्होंने कबीर के नृसिंहावतार होने की पूरी दलील दी है जब लिखा है–"नृसिंह की भाँति वे नाना असम्भव समझी जाने वाली परिस्थितियों के मिलन-बिन्दु पर अवतीर्ण हुए थे।"[19] ऐसी हालत में यही कहा जा सकता है कि जीवन भर अवतारवाद का खण्डन करने वाले कबीर की प्रशंसा में लिखे गए इन शब्दों की पूरी भर्त्सना की जानी चाहिए कि कबीर खुद नृसिंह के रूप में अवतरित हुए थे। यह कबीर की प्रशंसा के लिए बिलकुल गिरी किस्म और निम्न स्तर की भाषा है जिस का प्रयोग डा० द्विवेदी ने अपनी पुस्तक में किया है–"युगावतार की शक्ति और विश्वास ले कर वे पैदा हुए थे।"[20] डा० द्विवेदी को इस बात का ध्यान जरूर रखना चाहिए था कि जिस व्यक्ति की वे अवतार कह कर प्रशंसा कर रहे हैं वह अवतारवाद से कितना जलता है। आखिर, यह डा० द्विवेदी का जले पर नमक ही छिड़कना सिद्ध होता है। व्यक्ति के विचारों के अनुरूप ही उस की प्रशंसा में विशेषण ढूँढे जाने चाहिए क्योंकि हिन्दी भाषा में विशेषणों की कोई कमी नहीं है। यह अच्छा नहीं है कि डा० द्विवेदी ने अपने पौराणिक मन के विशेषण कबीर पर मंढ दिए हैं। ऐसे विशेषणों से कबीर के चिन्तन को बहुत हानि पहुँची है। आखिर, डा० द्विवेदी ने कबीर को नृसिंह का अवतार घोषित करने का लाइसेन्स किस से लिया है ? यह साहित्यिक समीक्षा की कौन-सी तहजीब होगी कि हजरत मोहम्मद साहब के बुत बना कर बेचे जाएँ ? कोई मुसलमान डा० द्विवेदी को हजरत मोहम्मद साहब के बुत नहीं बेचने देगा लेकिन वे अवतार-विरोधी कबीर को नृसिंह का अवतार कहने की बेईमानी जरूर कर गए हैं। हाँ, अवतार-विरोधी कबीर को गाली देने का तरीका यही है कि खुद उन्हें अवतार कह दिया जाए।

ग. सब से न्यारे कबीर

सगुण और निर्गुण के सिद्धान्तों को ले कर कबीर के सम्बन्ध में एक मोटी बात समझी जा सकती है। मोटी बात यह है कि कबीर का ब्राह्मणों के चिन्तन से कोई मेल और सरोकार नहीं है। वे ब्राह्मणों की धार्मिक और दार्शनिक शब्दावली से एकदम दूर खड़े हैं। यूँ, कुल मिला कर पाँच मोटी बातें सामने आती हैं–

1. जब ब्राह्मण राम और कृष्ण का सगुणोपासक बनता है तब कबीर निर्गुण के पक्षधर हो जाते हैं। यह अन्तर सामाजिक अन्तर है। स्पष्ट

कारण यह है कि कबीर को सगुण की उपासना करने का सामाजिक तौर पर अधिकार नहीं था। कबीर को मन्दिर में जाने की अनुमति नहीं थी तथा राम और कृष्ण की मूर्तियों को वे देख नहीं सकते थे। ऐसे समय कबीर अपने मन को निर्गुण में ले जाते हैं। यूँ, निर्गुण दलित की खोज हो जाती है।

2. ब्राह्मण चालाकी खेलता है कि वह निर्गुण का भी उपासक बन जाता है। उस ने जुलाहे कबीर पर पाबन्दी लगा रखी है कि वह ब्राह्मण के सगुण ईश्वर की उपासना नहीं कर सकता लेकिन जुलाहे कबीर ब्राह्मण पर यह पाबन्दी नहीं लगा पाए कि ब्राह्मण निर्गुण की उपासना नहीं कर सकता। यदि ऐसा होता तो बहुत अच्छा होता। लेकिन जब ऐसा नहीं हो सका तो कबीर क्या करते ? उन्होंने ब्राह्मण से अपना अन्तर बरकरार रखने के लिए एक तरीका खोजा। उन्होंने कहा कि मेरा भगवान ब्राह्मण के सगुण और ब्राह्मण के निर्गुण दोनों से परे है। इस बात से डा० द्विवेदी का ब्राह्मण आलोचक परेशान है। कबीर कह रहे हैं कि मैं ब्राह्मण के किसी खेल में शामिल नहीं हूँ। न कबीर ब्राह्मण की तरह के सगुणोपासक हैं और न कबीर ब्राह्मण की तरह के निर्गुणोपासक हैं।

3. फिर कबीर क्या हैं ? क्या वे बौद्धों की तरह के शून्यवादी हैं ? उत्तर है–"बिलकुल नहीं, कबीर शून्यवादी नहीं हैं, वे ईश्वर में विश्वास रखते हैं।" तब कबीर न सगुणवादी हैं, न निर्गुणवादी हैं और न शून्यवादी हैं तो उन के जीवन और दर्शन को कैसे समझा जाए ? उत्तर साफ है कि कबीर को ब्राह्मणों और बौद्धों की पारिभाषिक शब्दावली में न समझा जा कर दलित जुलाहे की पपीहे वाली मीठी भाषा में समझा जाए।

4. ब्राह्मण कबीर को राम और कृष्ण के मन्दिरों पर चढ़ने से जबरन रोक सकता था। यह उस की मर्जी थी क्योंकि उन मन्दिरों पर उस का कब्जा था। लेकिन ब्राह्मण, कबीर को कबीर के मन में जा कर नहीं रोक सकता था कि वह निर्गुण की बात न करे। कबीर ने अपने मन में निर्गुण की भौतिकता खड़ी कर ली थी, उन के मन में ही गंगा और यमुना के लौकिक स्नान हो रहे थे और सारे दलित-तीर्थ उन के शरीर में स्थान पा गए थे।

5. लेकिन एक क्रान्ति और हुई। कबीर का निर्गुण बाहर कैसे प्रकट होता ? ब्राह्मण के सगुण और निर्गुण बाहर प्रकट हैं–उस के पास

वैष्णव और वेदान्ती दोनों हैं। पर क्या कबीर के पास कुछ नहीं है ? कबीर वैष्णव नहीं हैं क्योंकि उस की उन्हें अनुमति नहीं है और कबीर वेदान्ती भी नहीं हैं क्योंकि उस की भी उन्हें अनुमति नहीं है। तब कबीर के पास क्या है ? उत्तर में कबीर के पास सगुण रूप में राम और कृष्ण से भी बड़ी चीज है। यह दूल्हे और दुल्हन के प्रेम की गहरी लौकिक तीव्रता है। कबीर ने पति और पत्नी के लौकिक प्रेम को आदर्श बनाना चाहा है। इस लौकिक उपासना में किस ब्राह्मण की हिम्मत थी कि उन्हें रोक देता क्योंकि दलितों में विवाह रोज हो रहे हैं। ब्राह्मण दलित पर धार्मिक पाबन्दी लगा सका है लेकिन वह दलित की पैदायश पर पाबन्दी नहीं लगा सका। यह उस के बूते में नहीं कि वह खुद ईश्वर हो जाए। फिर राम और कृष्ण की कथाओं को कोई-कोई ही जाने लेकिन दूल्हे और दुल्हन का लौकिक प्रेम हर जीवन की कथा है। यह हर दिल में उमड़ता है। तभी कबीर 'पीव-पीव' डकराते हैं। ऐसे 'पीव' की रोज खोज और प्राप्ति हो रही है। यह घट-घट की तीव्रता है। यूँ, कबीर ब्राह्मण से दोनों मामलों में बाजी मार ले गए हैं। दूल्हे और दुल्हन के लौकिक प्रेम के मुकाबले में राम और कृष्ण की सगुण गाथाएँ फीकी पड़ जाती हैं तथा कबीर के मन के भीतर वाले मन्दिर और तीर्थ के मुकाबले में वेदान्ती ब्राह्मणों का निर्गुण शुष्क हो जाता है। कबीर दोनों मामलों में भरे-पूरे हैं। कबीर निर्गुणी हैं तो मन के भीतर मन्दिर लिए हुए हैं जो वेदान्ती ब्राह्मण के पास बिलकुल नहीं है क्योंकि निर्गुण में उस से मन्दिर छूट जाता है तथा कबीर सगुणी हैं तो दूल्हे और दुल्हन के लौकिक प्रेम में सराबोर हैं जो वैष्णव ब्राह्मण के पास कदापि नहीं है क्योंकि वह राम और कृष्ण की कथात्मक भक्ति में बँधा पड़ा रहता है। वैष्णवों के राम सीता की किसी गलती के बिना सीता को वनवास देते हैं तथा वैष्णवों के कृष्ण राधा से नाजायज सम्बन्ध रखते हैं। पत्नी का ऐसा त्याग तथा अविवाहिता से ऐसी रासलीला कबीर के दूल्हे को पसन्द नहीं है। कबीर का दूल्हा किसी रुक्मणी का हरण नहीं करता और न ही कबीर की दुल्हन किसी राम की सीता बनने को तैयार है।

ऐसे समय, डा० द्विवेदी का ब्राह्मण आलोचक कबीर के सामने औंधा पड़ा हुआ है। उसे कुछ सूझता नहीं है कि वह क्या करे। वे अपनी पूरी बौद्धिक परेशानी में लिखते हैं—"कई बार कबीर दास के आलोचकों ने आश्चर्य प्रकट किया है कि उन्होंने निर्गुण राम की उपासना कैसे बताई।"[21] इस प्रश्न का डा० द्विवेदी ने जिन शब्दों में उत्तर घुमाया है वह देखने की चीज है। वे लिखते हैं—"वेदान्त-ग्रन्थों में ब्रह्म ज्ञान के कई

प्रकार के अधिकारी बताए गए हैं। उत्तम अधिकारी ब्रह्म के चैतन्यमय स्वरूप की उपलब्धि कर के जीते ही जीते मुक्त हो जाता है, अर्थात् ज्ञान प्राप्त होने के बाद यद्यपि उस का शरीर कुछ दिनों तक आहार-निद्रा-आदि विकारों का वशवर्ती रहता है पर वस्तुतः उस का आत्मा छुटकारा पा गया होता है .... आत्मज्ञान (4-5) .... (पंच० 9-20)।"[22] आत्मज्ञान और पंचदशी के विवरण के बाद वे आगे लिखते हैं– "परन्तु बुद्धि की अत्यन्त मंदता के कारण या साधनों के अभाववश जो व्यक्ति उत्तम अधिकारी नहीं हो सकता वह क्या करे ? क्या वह सगुण की ही उपासना करे और 'परम निर्गुण ब्रह्म' की आशा छोड़ दे ? पंचदशी में विद्यारण्य स्वामी ने उत्तर में कहा है कि नहीं ; वह निर्गुण तत्व की उपासना करे।"[23] वे अगला प्रश्न उठा कर खुद उस का उत्तर इन शब्दों में देते हैं–"यदि कहो कि जो वाणी और मन के गोचर है ही नहीं उस की उपासना कैसे हो सकती है, तो उलटे तुम्हीं से प्रश्न किया जा सकता है कि जो वस्तु वाणी और मन के परे है, अर्थात् जिस तक न तो वाणी पहुँच पाती है और न मन, उस का अनुभव भी तो सम्भव नहीं है, उस का जान लेना भी तो सम्भव नहीं दिखता। फिर यदि यह सम्भव है तो उपासना क्यों सम्भव नहीं है ....?"[24] अन्त में निष्कर्ष निकालते हुए डा० द्विवेदी ने अपने निश्चायक शब्दों में लिखा है–"विद्यारण्य स्वामी के कथन में ही कबीर के आलोचकों का उत्तर पाया जा सकता है, क्योंकि उन्होंने अत्यन्त स्पष्ट भाषा में कहा है कि निर्गुण ब्रह्मतत्व की उपासना असम्भव नहीं है (9, 55)।"[25]

देखा जाए कि डा० द्विवेदी के इन लम्बे और लगातार उद्धरणों का क्या मतलब है ? इन का मतलब इस प्रकार रेखांकित किया जा सकता है–

1. कबीर ने निर्गुण राम की उपासना की है।
2. वेदान्त के ग्रन्थों में ब्रह्मज्ञान के कई प्रकार के अधिकारी होते हैं।
3. बेदान्त में सब से उत्तम अधिकारी वह होता है जो निर्गुण ब्रह्म की उपासना नहीं करता।
4. वेदान्त में एक वे लोग होते हैं जिन में बुद्धि की अत्यन्त मन्दता होती है या वे साधनों के अभाववश उत्तम अधिकारी की अवस्था तक नहीं पहुँच पाते।
5. कबीर वेदान्त के अधम कोटि के अधिकारी हैं जो निर्गुण ब्रह्म की उपासना करते हैं।

ऊपर के विश्लेषण से देखा जा सकता है कि यह डा० द्विवेदी की सीधी-सादी बात नहीं है। यह कबीर की बेइज्जती का सवाल है। इस में कबीर को अपने वेदान्त के मुकाबले में नीचे गिराया जा रहा है। यह कबीर का अध्ययन नहीं है बल्कि दलित दर्शन को अधम सिद्ध किया जा रहा है। डा० द्विवेदी कैसे कह सकते हैं कि कबीर बुद्धि

की दृष्टि से अत्यन्त मन्द व्यक्ति थे ? प्रशंसा के नाम पर यह कबीर के साथ कौन-सा व्यवहार किया जा रहा है ? डा० द्विवेदी ने कबीर के लिए कौन-से साधनों के अभाव की बात की है ? लेकिन इस से आगे उन्होंने साम्प्रदायिक पण्डितों की आपत्ति का जवाब देते हुए यह भी लिखा है–"........ कबीर दास के नाम पर प्रचलित पदों और साखियों का सीधा-साधा अर्थ करने पर हम इस नतीजे पर पहुँचते हैं कि निस्संदेह कबीर दास ने आत्म-विचार को बहुमान दिया है पर जो लोग उस के अधिकारी नहीं हैं उन के लिए 'निर्गुण राम' के जपने का उपदेश भी दिया है। निर्गुण राम के जप का अर्थ वही है जो महावाक्यों के चिन्तन का अर्थ है।"[26] यहां डा० द्विवेदी ने माना है कि कबीर तो उच्च ज्ञान के व्यक्ति थे परन्तु उन्होंने कम बुद्धि के लोगों को 'निर्गुण राम' को जपने का उपदेश दिया है। अपनी बात को सिद्ध करने के लिए उन्होंने पुनः पंचदशी के श्लोकों की बात सामने रख दी है। लेकिन यहाँ निम्न सवाल बनते हैं–

1. कबीर के दर्शन को समझने के लिए वेदान्त के ग्रन्थों की क्या जरूरत है ? डा० द्विवेदी ने क्यों कसम खा रखी है कि वे कबीर को वेद, वेदान्त और पुराण से बाहर नहीं समझेंगे ?
2. डा० द्विवेदी ने वेद, वेदान्त और पुराणों में व्याप्त अधिकारी-भेद की ब्राह्मणी बुराई को कबीर के दर्शन में ला कर क्यों फैलाया है ? उन्हें मालूम होना चाहिए कि कबीर ब्राह्मणों के इसी अधिकारी-भेद को समाप्त कर के गए हैं। ब्राह्मण के अनुसार जुलाहा कबीर भगवान का नाम नहीं ले सकता था और कबीर ने इन बन्धनों और बेड़ियों को तोड़ कर खुलेआम अपने राम का नाम लिया है।
3. डा० द्विवेदी ने लिखा है कि कबीर दास के नाम पर प्रचलित पदों और साखियों का सीधा-साधा अर्थ करने पर हम इस नतीजे पर पहुँचते हैं कि निस्संदेह ....। अजीब बात है–एक तरफ डा० द्विवेदी इस बारे में सन्देह करते हैं कि कोई पद या साखी कबीर की है या नहीं, दूसरी तरफ वे इस शंका और संदेह की बुनियाद पर निस्संदेह वाला निष्कर्ष निकाल बैठते हैं। वास्तव में, निस्संदेह और निश्चायक प्रवृत्ति का निष्कर्ष तभी निकाला जाना चाहिए जब पद और साखी सन्देह से परे हों। लेकिन यहाँ सब उलटा हो रहा है। पद और साखी सन्देह के घेरे में हैं और उन के आधार पर निष्कर्ष निस्संदेह के निकाले जा रहे हैं। अच्छा होता कि कबीर पर कोई पुस्तक लिखने से पहले डा० द्विवेदी उपलब्ध आधार सामग्री की जाँच कर लेते। आखिर, उन्होंने प्रक्षिप्त को प्रक्षिप्त क्यों नहीं कहा है ? वे प्रक्षिप्त में से ताना तानने कैसे बैठ गए ?

4. कहना यह है कि यदि कबीर पर उठी हुई किसी शंका का जवाब देने के लिए डा० द्विवेदी को वेदान्त के संस्कृत ग्रन्थों का सहारा लेना पड़ा है तो उतना अंश कबीर के पदों और साखियों में वेदान्तियों ने कबीर पंथ में सेंध मार कर प्रक्षिप्त रच दिया है। ऐसे ही, यदि कबीर को समझने के लिए पुराणों की आवश्यकता अनिवार्य रूप से पड़ती है तो उतना अंश कबीर पंथ में हिन्दू पौराणिकों ने कबीर पंथी बन कर पहुँचा दिया है। ऐसे ही, यदि कबीर की व्याख्या बिना वैष्णव बने नहीं की जा सकती तो इस का मतलब यही है कि वैष्णव बने ब्राह्मण कबीर पंथ में घुस चुके हैं। आखिर, कबीर का संस्कृत की पंचदशी से क्या मतलब जिस की डा० द्विवेदी दुहाई दे रहे हैं ? इसलिए कसौटी यह है कि कबीर के पदों और साखियों में जहाँ-जहाँ वेदान्त दिखता है वहाँ-वहाँ कबीर प्रक्षिप्त हैं, जहाँ-जहाँ पुराण दिखता है वहाँ-वहाँ कबीर के साथ दगा की गई है और जहाँ-जहाँ वैष्णव दिखता है वहाँ-वहाँ कबीर की हत्या की गई है। जिस जगह डा० द्विवेदी को कबीर में वेद, वेदान्त और पुराण दिखते हैं, वही जगह तो कबीर के नाम पर प्रक्षिप्त अंशों को ढूँढने की कसौटी है। लेकिन डा० द्विवेदी ने इस सीधे रास्ते को न पकड़ कर एकदम उलटा रास्ता पकड़ा है। उन्होंने कबीर के पदों और साखियों में उस अंश को कबीर की अक्खड़ता और लापरवाही कहा है जिन का वेद, वेदान्त, पुराण और वैष्णव से मेल नहीं खाता। वे कबीर की उस अक्खड़ता को माफ करवाना चाहते हैं क्योंकि उन के अनुसार वह कबीर ने जानबूझ कर नहीं कहा है बल्कि भूल से और लापरवाही से कह दिया है। उन के अनुसार, वैसा उन्होंने रामानंद के सम्पर्क में न आने से पहले या कमीनी जाति में पैदा होने के कारण संस्कारवश कह दिया था। पर क्या इन में डा० द्विवेदी की एक बात भी सही मानी जा सकती है ? डा० द्विवेदी के कहने का मतलब है कि कबीर तो एकदम हिन्दू धर्म की जी-हजूरी में लगे हुए हैं, बस, समाज की कुछेक बातों में संयम खो बैठे थे।[27] यूँ, डा० द्विवेदी ने कबीर को समझने की सच्ची कसौटी को, हाथ में आने पर भी अपने ब्राह्मण होने के कारण, परे बगेल दिया है। फिर कबीर को पढ़ना-न-पढ़ना सब बेकार है और काला अक्षर भैंस बराबर हो जाता है।

दुःख की बात है कि डा० द्विवेदी ने कबीर के नाम पर प्रक्षिप्त पदों के आधार पर अपने निर्णय निकाले हैं। उन्होंने लिखा है—"कबीर दास ने राम-नाम की अपरम्पार महिमा—वर्णन के प्रसंग में द्विधारहित भाषा में कहा है कि गणिका और अजामिल जैसे अज्ञानी पापी भी पार हो गए।"[28] इस के लिए उन्होंने कबीर ग्रन्थावली के 320वें पद की निम्न दो पंक्तियों को उद्धृत किया है—

अजामेल-गज-गनिका पतित करम कीन्हां।
तेऊ उतरि पार गए रांम-नांम लीन्हां।।[29]

डा० द्विवेदी को ध्यान होना चाहिए था कि अजामिल, गज और गणिका के पार उतरने की भाषा पुराण और वैष्णव की भाषा है। यह कबीर की भाषा नहीं है। यदि इस पद की अगली पंक्ति भी उद्धृत कर दी जाए तो बात एकदम समझ में आ सकती है। अगली पंक्ति इस प्रकार है–

स्वांन सूकर काग कीन्हौ, तऊ लाज न आई।[30]

डा० भगवतस्वरूप मिश्र ने इस पंक्ति का अर्थ किया है–"रे जीव, तुम कुत्ते, सूअर, कौए आदि की अनेक योनियों में भटक आए हो, तब भी तुम्हें लज्जा का अनुभव नहीं होता।"[31] डा० एल०बी० राय अनन्त ने इस पंक्ति का अर्थ इन शब्दों में किया है–"तुम को सावधान करने के लिए हरि ने तुझे कुत्ता, सूअर और काक तक बनाया, किन्तु तुझे लज्जा नहीं आई।"[32] डा० माता प्रसाद गुप्त ने अर्थ किया है–"तुझे (भगवान ने) श्वान, सूअर और काग किया (बनाया), फिर भी तुझे लज्जा नहीं आई (आती है) ?"[33] डा० युगेश्वर ने इस पंक्ति का अर्थ किया है–"तुम्हें प्रभु ने कुत्ता, सूअर और कौआ बनाया (इन में जन्म हुआ) तो भी तुम्हें लज्जा नहीं आई।"[34] कहने का मतलब यह है कि इस पंक्ति से लख चौरासी वाली योनियों के पुनर्जन्म का सिद्धान्त सिद्ध होता है। लेकिन सच यह है कि कबीर पुनर्जन्म में विश्वास नहीं करते। इसलिए यह पद कबीर का नहीं हो सकता। यह पद इसलिए भी कबीर का नहीं हो सकता क्योंकि इस की अन्तिम पंक्ति में लिखा गया है–"जन कबीर गुरु प्रसादि, राँम करि सनेही।"[35] 'जन कबीर' का मतलब ही यह है कि यह पद कबीर का नहीं है। 'गुरु प्रसादि' के प्रयोग से भी यही निष्कर्ष निकलता है।

डा० द्विवेदी ने अपने सिद्धान्त के पक्ष में बीजक की 20वीं रमैनी उद्धृत की है जो इस प्रकार है–

अब कहु राम-नाम अविनासी। हरि तजि जियरा कतहु न जासी।।
उहां जाहु तहां होहु पतंगा। अब जनि जाहु समुझि विष संगा।।
राम-नाम लौ लाय सुलीन्हा। भ्रिंगी कीट समुझि मन दीन्हा।।
भव अति गरुआ दुख-करि भारी। करि जिय जतन जु देखु बिचारी।।
मन की बात है लहरि बिकारा। तुहि नहिं सूझै वार न पारा।।
साखी– इच्छा के भव-सागरै, बोहित राम अधार।
कहै कबीर हरि-सरन गहु, गोबछ-खुर-बिस्तार।।[36]

इस रमैनी को डा० द्विवेदी ने पंचदशी (9/78) से तुलना करने के लिए भी कहा है। अन्त में उन्होंने पूछा है–"राम के इस परम प्रसाद और अनुग्रह की याद दिलाने

वाले पद में क्या यही कहा गया है कि वासना-पंकिल हृदय वाला मंदाधिकारी, –जिसे विशाल भवसमुद्र में आरपार कुछ भी नहीं दिखाई दे रहा, जो चारों ओर तरंगायित विषय-वीचि को देख कर हतबुद्धि हो रहा है, निर्गुण उपासना का पात्र नहीं है ? बल्कि उल्टे इस पद में क्या यह नहीं बताया गया कि अज्ञानपूर्वक ध्यान करने से भी आदमी परम पद पा लेता है ?"[37] लेकिन डा० द्विवेदी के विरोध में उत्तर यही है कि कबीर के दर्शन में कोई आदमी अज्ञानपूर्वक ध्यान करने से सुख नहीं प्राप्त कर सकता। हुआ यह है कि यहाँ डा० द्विवेदी ने अपने ही मत को छोड़ दिया है। वे बीजक के प्रमाण के बारे में लिख चुके हैं–"बीजक में कुछ अंश अवश्य बाद के हैं।"[38] बीजक की रमैनियों के बारे में उन्होंने लिखा है–"रमैनियाँ चौपाई छन्द में लिखी गई हैं। इन में कुछ रमैनियाँ ऐसी हैं जिन के अन्त में एक-एक साखी उद्धृत की गई है। साखी उद्धृत करने का अर्थ यह होता है कि कोई दूसरा आदमी मानो इन रमैनियों को लिख रहा है और इस रमैनी रूप व्याख्या के प्रमाण में कबीर की साखी या गवाही पेश कर रहा है। बहुत थोड़ी-सी रमैनियाँ .... ऐसी हैं जिन के अन्त में साखियाँ नहीं हैं। परन्तु इस प्रकार साखी उद्धृत करने का क्या अर्थ हो सकता है ? इस पुस्तक में मैंने बीजक को निस्संकोच प्रमाण रूप में व्यवहार किया है पर स्वयं बीजक ही इस बात का प्रमाण है कि साखियों को सब से अधिक प्रामाणिक समझना चाहिए, क्योंकि स्वयं बीजक ने ही रमैनियों की प्रामाणिकता के लिए साखियों का हवाला दिया है। इसीलिए कबीर दास के सिद्धान्तों की जानकारी का सब से उत्तम साधन साखियाँ हैं ......।"[39] वास्तव में, यदि डा० द्विवेदी अपने इस कथन पर दृढ़ रहते तो उन्हें फिर 33वीं रमैनी की इस साखी का ध्यान रखना चाहिए था–

रामहि राम पुकारते, जिभ्या परिगौ रौंस।
सूधा जल पीवै नहीं, खोद पिवन की हौंस।।[40]

डा० द्विवेदी ने अपनी पुस्तक 'कबीर' में आगे लिखा है–"साखियों की भाँति बीजक के शब्द भी बहुत प्रामाणिक हैं। बीजक में इन शब्दों की प्रामाणिकता दिखाने के लिए कभी भी साखियाँ नहीं उद्धृत की गईं। इस का अर्थ यह हुआ कि बीजक में शब्द और साखियाँ सब से अधिक प्रामाणिक हैं। वे अपने लिए किसी अन्य प्रमाण की आवश्यकता नहीं रखतीं। इस पुस्तक में मैंने इसीलिए पदों का प्रमाण स्वरूप में यथेच्छ व्यवहार किया है।"[41] यदि ऐसी बात है तो डा० द्विवेदी को अपने तर्क पर स्थिर रहते हुए बीजक के 40वें पद का ध्यान जरूर रखना चाहिए था। इस में लिखा गया है–"राम के कहै जगत गति पावै, खांड कहै मुख मीठा।"[42] इसी में आगे लिखा गया है–

नर के संग सुवा हरि बोलै, हरि परताप न जानै।
जो कबही उड़ि जाय जंगल में तो हरि सुरति न आवै।।
बिन् देखे बिनु अर्स-पर्स बिनु नाम लिए क्या होई।[43]

पूरण साहेब ने इन पंक्तियों का अर्थ किया है–"अरे राम के कहे से संसार की गति होय तो शक्कर के कहे मुँह भी मीठा होगा। जो शक्कर के कहै मुख मीठा न होय, तो राम के कहे से क्या होयगा। .... जैसे नर के संगत से सुवा राम-राम बोलता है ; परन्तु राम कौन ? ये नहीं जानता। फिर जो कधी पिंजरा से उड़ि के जंगल में जायगा, तब राम नाम याद भी नहीं रहने का। ..... इस प्रकार से जो राम-राम कहे से ज्ञान होय, तो अज्ञानी कोई ना रहे। ये अर्थ।"[44] ऐसी स्थिति में डा० द्विवेदी द्वारा कबीर के दर्शन के बारे में यह मान्यता कि उस में अज्ञानपूर्वक ध्यान करने से भी आदमी परम पद पा लेता है, झूठी सिद्ध हो जाती है। तब कबीर के नाम पर 'अब कहु राम-नाग अविनासी' और 'राम-नाम लौ लाय सुलीन्हा' के सारे साक्ष्य प्रक्षिप्त बन कर रह जाते हैं। 'कबीर ग्रन्थावली' के जिरा पद से डा० द्विवेदी ने 'अजामिल गज गनिका' की पौराणिक नामावली ढूँढ कर उद्धृत की है उस की पहली दो पंक्तियाँ इस प्रकार हैं–

मन रे रांम सुमिरि, रांम सुमिरि, रांम सुमिरि भाई।
रांम नांम सुमिरन बिनां बूड़त है अधिकाई।।[45]

साफ तौर पर कहा जा सकता है कि यह प्रक्षिप्त पद है। पूछना यही है कि क्या अज्ञानियों द्वारा राम की ऐसी भक्ति करवाने के लिए डा० द्विवेदी को ज्ञानी कबीर ही मिले थे ? ऐसी मूढ़ उपासना के लिए उन्हें कबीर का पीछा छोड़ देना चाहिए था। मुझे केरल में मेरे एक मित्र ने इस बारे में एक रोचक किस्सा सुनाया। एक ब्राह्मण दूसरे अब्राह्मण से कह रहा था, "मैंने जिन्दगी में इतनी बार राम का नाम लिया है कि उस के बदले में मुझे मरने के बाद मोक्ष जरूर मिलेगा।" अब्राह्मण ने उस से कहा–"शर्त लगा लो, तुम्हें मोक्ष बिलकुल नहीं मिलेगा।" ब्राह्मण ने पूछा–"ऐसा कैसे हो सकता है ?" अब्राह्मण ने कहा–"जब तुम राम का नाम लेते थे तुम्हारे मन में राम का भाव नहीं होता था बल्कि तुम्हें यह ध्यान में रहता था कि यह शब्द अकारान्त का है, पुल्लिंग है, एकवचन का है और प्रथमा विभक्ति का है। राम का नाम लेते समय तुम्हारे सामने राम कभी नहीं रहा।"

डा० द्विवेदी ने अगला महत्त्वपूर्ण सवाल यह उठाया है कि कबीर का 'यह राम या हरि कौन है ?'[46] उन्होंने स्वयं उत्तर दिया है–"इस में तो कोई सन्देह नहीं कि हरि, गोविन्द, राम, केशव, माधव आदि पौराणिक नामों को कबीर दास क्वचित कदाचित ही सगुण अवतार के अर्थ में व्यवहार करते हैं। एकदम नहीं करते, ऐसा नहीं कहा जा सकता। पर जब वे अपने परम उपास्य को इन नामों से पुकारते हैं तो सगुण अवतारों से उन का मतलब नहीं होता।"[47] लेकिन डा० द्विवेदी कबीर के दर्शन में अधिकारी-भेद की अनावश्यक खोज कर के पुनः लिख देते हैं–"..... कबीर दास उत्तम अधिकारी के लिए इस 'आबङ्-मानस-गोचर' परंब्रह्म की उपासना को बहुत महत्त्व नहीं देते।"[48] आगे वे लिखते हैं–"कबीर दास के राम पुराण-प्रतिपादित अवतार नहीं थे, यह निश्चित है।"[49]

लेकिन, अच्छा होता यदि डा० द्विवेदी इतना कह कर रुक जाते कि कबीर के राम पुराण- प्रतिपादित अवतार नहीं थे। यह भी अच्छा रहा जब उन्होंने लिखा–"फिर जो लोग कबीर दास को एकदम उपनिषद का सोलह आना अनुयायी समझते हैं .... वे लोग क्या कहना चाहते हैं, वे ही जानें।"[50] गलती तब होती है जब वे इसी अध्याय में कबीर को उपनिषदों के माध्यम से समझाते हैं। वे लिखते हैं–"इसीलिए उपनिषदों ने इतना जोर दे कर कहा है कि–कोह्येवान्यात् कः प्राण्यात् यदेष आकाश आनन्दो न स्यात्, एष ह्येवानन्दयाति।" –कौन शरीर की चेष्टा करता और कौन जी सकता था, यदि आकाश में वह आनन्द न होता, – वे ही आनन्द के दाता हैं।"[51] इतना ही नहीं, उपनिषदों से उतर कर वे डा० रवीन्द्रनाथ ठाकुर के शब्दों को उद्धृत करते हुए सीधे 'वैष्णव' पर आ गए हैं जब लिखते हैं–"दो इच्छाओं के बीच दूती का कार्य करती है प्रार्थना। यह प्रार्थना-दूती दो इच्छाओं के मध्यवर्ती विच्छेद के ऊपर व्याकुल वेश में खड़ी है। इसीलिए असाधारण साहस के साथ वैष्णव भक्त ने कहा है कि जगत में विचित्र सौन्दर्य के भीतर भगवान की वंशी जो नाना सुरों में बज रही है वह सिर्फ हमारे लिए उन की प्रार्थना है, –हमारे हृदय को वे इसी अनिर्वचनीय संगीत के द्वारा पुकार रहे हैं।"[52] अन्त में, यही कहा जा सकता है कि डा० द्विवेदी को इस बात का ध्यान ही नहीं है कि दलित के कानों में उपनिषदों के, डा० रवीन्द्र नाथ ठाकुर के और वैष्णवों के ये शब्द चुभते हैं। असल में, बीच के पन्नों में कबीर को वेद-पुराण-बाह्य बता कर डा० द्विवेदी ने अन्त के पन्नों में न उन्हें वेद-बाह्य रहने दिया है, न उपनिषद-बाह्य और न पुराण-बाह्य। वे पुनः धोखा दे कर कबीर को बारी-बारी से वेद के, उपनिषद के और पुराण के भीतर ले आते हैं। मेरी दृष्टि में, कबीर को समझने के लिए डा० हजारी प्रसाद द्विवेदी के लिए जरूरी है कि वे इस साखी पर ही अपनी आँख गड़ा देते–

> सुर-नर-मुनिजन औलिया, ए सब वेलै तीर।
> अलह-राम का गम नहीं, तहँ घर किया कबीर।[53]

सन्दर्भ

1. क०ह०प्र०द्वि०, पृष्ठ-117
2. वही, पृष्ठ-111-127
3. पल प्रतिपल, अक्तूबर-दिसम्बर, 1997, पृष्ठ-52
4. ह०प्र०द्वि०ग्रं०, खण्ड-3, पृष्ठ-60
5. क०ह०प्र०द्वि०, पृष्ठ-111-127
6. सन्त रैदास का निर्वर्ण सम्प्रदाय, डा० धर्मवीर, पृष्ठ-31
7. हजारी प्रसाद द्विवेदी ग्रन्थावली, खण्ड-3, पृष्ठ-118
8. कौटिलीयम् अर्थशास्त्रम्, व्याख्याकार वाचस्पति गैरोला, चौखम्बा विद्या भवन, पोस्ट बाक्स नम्बर 69, वाराणसी-221001, तृतीय संस्करण, 1984, पृष्ठ-42
9. वही, पृष्ठ-42
10. क०ह०प्र०द्वि०, पृष्ठ-221

11. कबीर के आलोचक, डा० धर्मवीर, पृष्ठ-36
12. हजारी प्रसाद द्विवेदी ग्रन्थावली, खण्ड-3, पृष्ठ-94-5
13. वही, पृष्ठ-95, पाद टिप्पणी-1
14. वही, पृष्ठ-95, पाद टिप्पणी-2
15. कबीर समग्र, डा० युगेश्वर, पृष्ठ-597
16. क०ह०प्र०द्वि०, पृष्ठ-240
17. वही, पृष्ठ-242
18. वही, पृष्ठ-181
19. वही, पृष्ठ-181-2
20. वही, पृष्ठ-169
21. वही, पृष्ठ-111
22. वही, पृष्ठ-111
23. वही, पृष्ठ-111
24. वही, पृष्ठ-111-2
25. वही, पृष्ठ-112
26. वही, पृष्ठ-113
27. वही, पृष्ठ-169
28. वही, पृष्ठ-115
29. वही, पृष्ठ-115
30. कबीर ग्रन्थावली, भगवत स्वरूप मिश्र, पृष्ठ-456
31. वही, पृष्ठ-457
32. कबीर ग्रन्थावली, डा० एल०बी० राम अनन्त, रीगल बुक डिपो, नई सड़क, दिल्ली-110 006, सर्वोत्तम संस्करण, 1984, पृष्ठ-490
33. कबीर ग्रन्थावली, डा० माता प्रसाद गुप्त, पृष्ठ-337
34. कबीर समग्र, डा० युगेश्वर, पृष्ठ-655
35. कबीर ग्रन्थावली, भगवत स्वरूप मिश्र, पृष्ठ-456
36. क०ह०प्र०द्वि०, फुटनोट 1, पृष्ठ-115
37. वही, पृष्ठ-115
38. वही, पृष्ठ-18
39. वही, पृष्ठ-18
40. बीजक मूल, राघव दास, फर्म—बाबू बैजनाथ प्रसाद बुकसेलर, राजा दरवाजा, वाराणसी-221 001, सन् 1986, पृष्ठ-82
41. क०ह०प्र०द्वि०, पृष्ठ 118
42. मूल बीजक टीका सहित, पूरण साहेब, मै० खेमराज श्री कृष्ण दास, श्री वेंकटेश्वर प्रेस, मुम्बई-4, सन् 1987, पृष्ठ-113
43. वही, पृष्ठ-113
44. मूल बीजक टीका सहित, पूरण साहेब, पृष्ठ-114
45. कबीर ग्रन्थावली, भगवत स्वरूप मिश्र, पृष्ठ-456
46. क०ह०प्र०द्वि०, पृष्ठ-115
47. वही, पृष्ठ-116
48. वही, पृष्ठ-116
49. वही, पृष्ठ-120
50. वही, पृष्ठ-119
51. वही, पृष्ठ-125
52. वही, पृष्ठ-125
53. वही, पृष्ठ-209

अध्याय - 6

कर्मवाद और पुनर्जन्म

क. कर्मवाद और कानून
ख. पुनर्जन्म होता नहीं है
ग. अभिलाष दास का मत
घ. कबीरपंथी ब्राह्मण अभिलाष दास की पूरी बात
ङ. स्वर्ग-नरक मान्य नहीं

क. कर्मवाद और कानून

यह सब से पहले किसी दलित ने कहा होगा कि जो जैसा करता है उसे उस का वैसा फल मिलना चाहिए। यदि कोई आदमी अच्छा काम करता है तो उसे उस का अच्छा फल मिलना चाहिए और यदि कोई आदमी बुरा काम करता है तो उसे उस का बुरा फ़ल मिलना चाहिए। इस से ज्यादा अच्छे न्याय की बात दूसरी नहीं हो सकती। लेकिन ब्राह्मण का चिन्तन क्या था ? उस का चिन्तन था कि यदि दलित अच्छा काम करता है तो उसे उस का अच्छा फल नहीं मिलना चाहिए। दूसरे, उस का यह भी कहना था कि यदि ब्राह्मण बुरा काम करता है तो भी उसे उस का बुरा फल नहीं मिलना चाहिए। कर्मवाद को ले कर इस देश में यही लड़ाई थी। ब्राह्मण ने इस के लिए घोषित किया—'पूजिअ बिप्र सील गुन हीना ; सूद्र न गुन गन ग्यान प्रवीना।'[1] उस ने यह भी सुरक्षा ले ली कि किसी भी अपराध के लिए ब्राह्मण को फाँसी की सजा नहीं दी जाएगी। इतिहास में सब से पहली ज्ञात ब्राह्मण को फाँसी की सजा अंग्रेज शासक वारेन हेस्टिंग्स ने दी थी जिस के विरोध में ब्राह्मणों ने इस देश में बवन्डर मचा दिया था।[2]

ब्राह्मण चिन्तन ने इस मामले में क्या किया ? उस ने दलितों के शब्द को उन के मुख से छीन कर 'कर्म' को 'कर्मवाद' और 'कर्मवाद' को 'पुनर्जन्म' और 'जन्मान्तर' में तब्दील कर दिया। यह शब्दों का सब से बड़ा धोखा था। इस से बड़ी चाल कोई दूसरी नहीं हुई। 'कर्म' के नाम पर 'पुनर्जन्म' का प्रचार हो गया। जन्मातर को चौरासी लाख जीव-जन्तुओं की योनियों में बदल दिया। आदमियों के मन में एक भारी भय भर दिया। लौकिक करनी-भरनी के बजाय पौराणिक करनी-भरनी का वर्णन कर दिया।

लौकिक कर्मवाद के न्याय और कानून को लागू नहीं होने दिया, समता को कभी प्रतिष्ठित नहीं किया और मनुष्य की गरिमा को झीर-झीर कर दिया। इसी लौकिक कर्मवाद की रक्षा में कबीर बबकार कर कहते हैं–

सन्तो, बोले ते जग मारे।
दुन्दुर राजा टीका बैठे, विषहर करै खवासी।
श्वान बापुरा धरिन ढाकनो, बिल्ली घर में दासी।।
कार दुकार कार करि आगे, बैल करे पटवारी।
कहहिं कबीर सुनो हो सन्तो, भैंसे न्याव निबेरी।।[3]

इस पद में कबीर का कहना है कि मेंढक के समान मूर्ख लोग राजा बन बैठे हैं और साँप उन के चमचे बन गए हैं। जिस कुत्ते से पूँछ के नीचे का अपना पिंछोड़ा नहीं ढका जाता वह पूरी धरती को ढकने का दावा कर रहा है। म्याऊँ-म्याऊँ कर के बिल्ली दबे पाँव आ गई है जो घर में रखी सभी चीजों को चट कर जाएगी। भले और बुरे में अन्तर न कर के बैल पटवारी कर रहा है और भैंसे न्यायाधीश बन गए हैं।

डा० द्विवेदी ने 150वें पद में संकलित किया है–

बेद कितेब छाँड़ि देउ पांडे, ई सब मन के भरमा।
कहहिं कबीर सुनहु ओ पान्डे, ई तुम्हरे हैं करमा।।[4]

लेकिन अपने विश्लेषण में डा० द्विवेदी इस लौकिक कर्मवाद को भूल कर कबीर के दर्शन को पारलौकिक पुनर्जन्मवाद में ढकेल देतें हैं। यह एक चालाकी की बात है कि जबकि कबीर पुनर्जन्म के सिद्धान्त का खण्डन करते हैं लेकिन द्विज चिन्तक जन्म और मरण की बात को आगे रख देते हैं। वास्तव में, कबीर ने पुनर्जन्म को भ्रम माना है और जन्म और मरण को भ्रम नहीं माना क्योंकि ये दोनों मनुष्य जीवन की वास्तविकताएँ हैं। अपनी वाणी में कबीर ने जन्मान्तर व्यवस्था का खण्डन किया है लेकिन द्विज चिन्तक अपनी विशेष मानसिकता के कारण उस में जन्म और मरण का खण्डन देखते हैं। यह कबीर के प्रति अन्याय और धोखा है।

ख. पुनर्जन्म होता नहीं है

लगता ऐसा है कि कुछ मामलों में ब्राह्मण को या तो अपनी भाषा समझ में आती है या फिर धुर सीधे चार्वाक की भाषा समझ में आती है। उन मामलों में ब्राह्मण विद्वान कोई अन्य भाषा समझना ही नहीं चाहता। ऐसा ही एक मामला पुनर्जन्म के सिद्धान्त का है। कबीर ने पुनर्जन्म के सिद्धान्त का खण्डन किया है लेकिन खुद डा० द्विवेदी ने यह माना है कि कबीर पुनर्जन्म के सिद्धान्त का मण्डन करते हैं। आखिर, कबीर के दर्शन के साथ इस से बड़ा अपराध क्या होगा कि कहा जा रहा है कि कबीर पुनर्जन्म में विश्वास करते थे ?

कबीर ने चार्वाक की गर्म भाषा नहीं बोली बल्कि इकतारे की धुन पर मुलायम हो कर और गा कर पूछा है–'बहुरि हम काहै कूँ आवहिंगे ?'[5] लेकिन ब्राह्मण विद्वान उन के इस प्रश्न को समझने को तैयार नहीं हैं। वे लिखते ही जा रहे हैं कि कबीर पुनर्जन्म में विश्वास रखते थे। यह विद्वता नहीं बल्कि सच के साथ बेईमानी है। आखिर, वे कबीर के मुख से किस भाषा में सुनना चाहते थे कि कबीर पुनर्जन्म के सिद्धान्त का खण्डन करते हैं ? क्या कबीर को इस बात की सजा दी जा रही है कि उन्होंने पुनर्जन्म के सिद्धान्त का खण्डन चार्वाक की तरह संस्कृत भाषा में नहीं किया है ? क्या ब्राह्मण विद्वानों को कबीर द्वारा पुनर्जन्म के खण्डन की बात तभी समझ में आएगी जब कबीर उन के कान फोड़ कर बोलेंगे ? आखिर, कबीर के बारे में ब्राह्मण विद्वानों द्वारा फैलाई गई इस अफवाह का मतलब क्या है कि "पूर्व जनम हम ब्राह्मण होते, औछे करम तप हीना ?"[6] आखिर कबीर क्या करें–किस भाषा में ब्राह्मण विद्वानों के कानों में घन्टे बजाएँ ?

डा० हजारी प्रसाद द्विवेदी कहते हैं कि कबीर को जाति की समाप्ति के लिए पुनर्जन्म के सिद्धान्त को ही नष्ट कर देना चाहिए था–पर इस पूछने में उन का उद्देश्य क्या है ? यहाँ कुल तीन प्रश्न बनते हैं–

1. क्या कबीर को लोकायती बना कर समाज से अलग-थलग करवाना था ? क्या कबीर को ब्राह्मणवाद के इस कुचक्र में फँस जाना चाहिए था ?
2. क्या यदि पुनर्जन्म का सिद्धान्त मान्य न किया जाए तो जाति का स्वतन्त्र रूप से नाश नहीं किया जा सकता ? क्या पुनर्जन्म और जातिवाद आपस में अन्योन्याश्रित हैं ?
3. क्या सच में कबीर ने पुनर्जन्म के सिद्धान्त को चकनाचूर नहीं किया था ?

डा० द्विवेदी ने लिखा है–"सन् ईस्वी के आरम्भ में ...... जन्मान्तर-व्यवस्था और कर्मफलवाद के सिद्धान्त ने ऐसी जबर्दस्त जड़ जमा ली थी क़ि परवर्ती युग के कवियों और मनीषियों के चित्त में इस जागतिक व्यवस्था के प्रति भूल से भी असन्तोष का आभास नहीं मिलता।"[7] इस कथन का मतलब यही है कि डा० द्विवेदी ने दलित के चिन्तन को नहीं पढ़ा है और कबीर को पढ़ कर भी अनपढ़ा किया है।

डा० द्विवेदी की संकलित 'कबीर-वाणी' के 155वें पद की अन्तिम पंक्ति इस प्रकार है–"कह कबीर सब जग पियारि। यह अपने बलकवै रहै मारि।"[8] इस का अर्थ करते हुए डा० द्विवेदी लिखते हैं–"कबीर कहते हैं कि यह माया समस्त जगत को प्रिय लगती है किन्तु अपने बालकों को ही मार कर जी रही है। क्योंकि जन्म मृत्यु के भवचक्र में पड़े हुए जीव वस्तुतः माया के कारण ही नश्वर शरीर आदि को आत्मा मान

कर नाना प्रकार का क्लेश पाते हैं और बार-बार जन्म-मरण के चक्र में पड़ते हैं। इस प्रकार यह माया अपने ही बालकों को मार रही है।"[9]

तो, यह डा० द्विवेदी का कबीर को समझने का तरीका है कि शब्दों पर न टिक कर अर्थ करने में वे पूरे ब्राह्मण बन गए हैं। बताइए, इस पंक्ति में जन्म-मरण की बात कहाँ से आती है ? इतना कहना पर्याप्त था—"कबीर कहते हैं कि यह एक ऐसी नारी है जो सब को प्यारी लगती है। यह अपने बालकों को मार कर जी रही है।" उदाहरण देना था तो कहा जा सकता था कि लौकिक जगत में ऐसी कई औरतें मिलती हैं जो अपने बच्चों का जीवन बर्बाद कर देती हैं। समाज में हवस की भूखी नारियों की पहचान असम्भव नहीं है। लेकिन नहीं, डा० द्विवेदी के ब्राह्मण विद्वान की सन्तुष्टि तब तक नहीं हो सकती जब तक वे किसी व्याख्या में जन्म-मरण, भवचक्र, माया, शरीर, नश्वर, आत्मा आदि के शब्दों का घालमेल नहीं कर देते। उन्हें हर व्याख्या में अपने झूठ मिलाने हैं। ये शब्द ब्राह्मणों के मानसिक संविधान का 'प्रीएम्ब्ल' हैं। उन्हें इस का छोंक हर पंक्ति में लगाना है। इस झूठी कल्पना के बिना उन की कोई व्याख्या पूरी नहीं होती। यही इन का आध्यात्मिक रस है। तभी डा० द्विवेदी ने लिखा है—"कबीर धर्मगुरु थे। इसलिए उन की वाणियों का आध्यात्मिक रस ही आस्वाद्य होना चाहिए ....।"[10] डा० द्विवेदी दलित चिन्तक को इस पंक्ति का यह अर्थ नहीं लगाने देंगे—"यह एक जार औरत है। यह हर ब्राह्मण को अच्छी लगती है क्योंकि वह इस के साथ रमण करता है। इस औरत को अपने घर और बच्चों की चिन्ता नहीं है। यह किसी एक पति की बन कर नहीं रहती। पति को धोखा देती है और अपने बच्चों को हवस और मूर्खता के चक्कर में पगली हो कर उन्हें मार देती है।" मुझे खूब मालूम है कि ऐसी व्याख्या से हर ब्राह्मण विद्वान बिदक जाएगा क्योंकि तब उस जार औरत के साथ वह जार ब्राह्मण भी पकड़ा जाएगा। तब किसी आध्यात्मिक रस के स्वर्गलोक में नहीं बल्कि इसी लौकिक शहर के किसी होटल लूसिया, होटल अशोक या होटल अकबर में वह ब्राह्मण ऐसी औरत के साथ नंग-धड़ंग अवस्था में रमण करता हुआ रंगे हाथ पकड़ा जाएगा। इसलिए ऐसी व्याख्या को परे हटाने के लिए डा० द्विवेदी ने अपनी पुस्तक में लिखा है—"जो लोग इन बातों से ही कबीर दास की महिमा का विचार करते हैं वे केवल सतह पर ही चक्कर काटते हैं।"[11] लेकिन सब को भरमाने और भुलाने के लिए डा० द्विवेदी तत्काल अगली पंक्ति में लिखते हैं—"कबीर दास एक जबर्दस्त क्रान्तिकारी पुरुष थे।"[12] क्रान्ति क्या रह गई जब आध्यात्मिक रस का नाम ले कर बाकी सामाजिक बातों को फोकट का माल या बाईप्रोडक्ट कह कर फुटबाल की सारी हवा निकाल दी है ? कबीर ने एक भगवान का नाम क्या ले लिया कि इन ब्राह्मण विद्वानों ने समाज पर उन के कुछ कहने के अधिकार को ही छीन लिया है। इन के हिसाब से कबीर अध्यात्म और समाज पर एक साथ नहीं बोल सकते थे। ये उन्हें अध्यात्म में सीमित कर रहे हैं।

ये अपने वर्णाश्रम, छुआछूत और जारकर्म के समाज को कबीर के लिए अनछेड़ बनाए रखना चाहते हैं।

लेकिन क्या डा० हजारी प्रसाद द्विवेदी को सच में पता नहीं है कि कबीर पुनर्जन्म के सिद्धान्त में विश्वास नहीं रखते ? उन्होंने 'कबीर-वाणी' के अपने संकलन में 137वाँ पद इस प्रकार रखा है–

बहुरि नहिं आवना या देस।
जो जो गए बहुरि नहिं आए, पठवत नाहिं संदेस।
सुर-नर-मुनि और पीर औलिया, देवी-देव-गनेस।
धरि धरि जनम सबै भरमे हैं, ब्रह्मा-बिस्नु-महेस।
जोगी जंगम और संन्यासी, दीगम्बर दरबेस।
चुंडित-मुंडित-पंडित लोई, सुर्ग रसातल सेस।
ज्ञानी गुनी चतुर औ कबिना, राजा रंक-नरेस।
कोई रहीम कोई राम बखानै, कोई कहै आदेस।
नाना भेष बनाय सबै मिलि, ढूँढ़ि फिरे चहुँ देस।
कहै कबीर अन्त ना पैहो, बिन सतगुरु उपदेस।[13]

इस पद को स्वीकार कर के वे कैसे लिख सकते हैं कि जन्मान्तर-व्यवस्था "के विषय में तो कबीर दास ने स्पष्ट भाषा में अपना मत व्यक्त किया है ?"[14] क्या उन्होंने इस पद में पुनर्जन्म को स्वीकार किया है ? इस के सिवा डा० द्विवेदी द्वारा संकलित 'कबीर-वाणी' के 149वें पद में यह साखी आई है–

कह कबीर सुन साइयाँ मोर याँहिय देस।
जो गए सो बहुरे ना को कहत सन्देस।।[15]

असल में, 'पुनर्जन्म' और कुछ दूसरे शब्दों को ले कर कबीर के साहित्य में प्रक्षिप्त ढूँढने की कसौटी मिलती है। ऐसा हो सकता है कि एक ही विषय पर कबीर के नाम पर उपलब्ध साहित्य में दो विरोधी विचार मिलते हों। कुछ साखियों या पदों में ऐसे प्रमाण मिल सकते हैं कि कबीर पुनर्जन्म में विश्वास करते हैं और कुछ दूसरी साखियों या पदों में ऐसे प्रमाण मिलते हैं कि कबीर पुनर्जन्म में विश्वास नहीं करते। इन दो बातों में कौन-सी एक बात सही हो सकती है ? उत्तर यह है कि पुनर्जन्म जैसे विषय को ले कर कबीर की दृष्टि में दोनों बातें सही नहीं हो सकतीं। कबीर इस मामले में बुद्ध की तरह मौन नहीं थे। वे खुद को सन्देहवादी और अज्ञातवादी भी नहीं कहते। पुनर्जन्म को ले कर उन का निश्चित मत विकसित हुआ है। इसलिए दो मतों में से केवल एक मत ही सही हो सकता है। उसे जानने की कसौटी क्या है ?

हिन्दुस्तान का आम आदमी ब्राह्मण चिन्तन के कारण पुनर्जन्म को ले कर इतना भयभीत खड़ा है कि उसे लख-चौरासी योनियों के बाहर कुछ नहीं दिखता। यदि कबीर इस लख-चौरासी योनियों के फंदे से डरे हैं तो उन में ज्ञान की प्राप्ति का कुछ खास नहीं रह जाता। फिर वे आम आदमी की तरह ब्राह्मण के सामने डरे खड़े हैं। लेकिन सच यह है कि कबीर ब्राह्मण के सामने डरे नहीं खड़े हैं बल्कि अड़े खड़े हैं। वास्तव में, पुनर्जन्म के सिद्धान्त को कबीर ने भ्रम कहा है। उन्होंने जन्म और मरण को भ्रम नहीं कहा है जो ब्राह्मणों ने उन के दर्शन की ऐसी व्याख्या की है। वे जन्म को भी सच मानते हैं और मरण को भी वास्तविक मानते हैं।

पुनर्जन्म को मानना कबीर के साहित्य की विशेषता नहीं कही जा सकती। ऐसा मानना ब्राह्मणों की तमाम पुस्तकों में भरा पड़ा है। क्या कोई एक लाइन भी ऐसी मिल सकती है जब ब्राह्मणों की किसी पुस्तक में पुनर्जन्म के सिद्धान्त को नकारा गया हो ? लेकिन कबीर के साहित्य में ऐसी पंक्तियों की भरमार मिलती है। तब कबीर की विशेषता और वास्तविकता क्या होगी ? यही होगी कि कबीर पुनर्जन्म में विश्वास नहीं रखते। यह केवल कबीर का ही ओज और कबीर की ही दृष्टि है कि वे विश्वासपूर्वक कह सके हैं कि पुनर्जन्म नहीं होता। मुसलमान घर में जन्म लेने के कारण पुनर्जन्म को न मानना और उस का खण्डन करना उन के लिए आसान भी था। कबीर के साहित्य में प्रक्षिप्त ढूँढने की यह सरलतम कसौटी है। वास्तविकता यह है कि मुझे ब्राह्मणों द्वारा बुझाई गई कबीर की आग में पुनर्जन्म की इसी मनाही की एक चिंगारी मिल गई है। इसी चिंगारी से मेरे लिए पूरे कबीर चमक उठे हैं।

कबीर ने जिस शाश्वत नियम की खोज की है वह इस प्रकार है—

जो आया सो आँथवे, फूल्या सो कुम्हलाइ।
जो चिणियाँ सो ढहि पड़ै, जो आया सो जाइ।।[16]

मतलब यह है कि जो पैदा हुआ है उस का अन्त होता है, जो फलता-फूलता है वह कुम्हलाता है, जो महल चिना जाता है वह एक दिन ढहता है और जो आता है वह जाता भी है। लेकिन पुनर्जन्म के सिद्धान्त में इस का उलटा अर्थ किया जाता है। उस में जिस का अन्त होता है वह पुनः पैदा होता है, जो कुम्हला गया है वह पुनः फले-फूलेगा, जो महल ढह पड़ा है वह पुनः बन खड़ा होगा तथा जो गया है वह पुनः आएगा। कबीर इस दूसरे तर्क को नहीं मानते। डा० द्विवेदी द्वारा संकलित 'कबीर-वाणी' में 154वें पद की निम्न पंक्तियाँ देखी जा सकती हैं--

पांडे, करसी बाद-बिबादं।
या देही बिन सबद न स्वादं।

. . . .

जीवत माटी मूवा भी माटी देखौ ग्यान बिचारी।
अति काली माटी मैं बासा लेटै पाँव पसारी।।[17]

पहली बात, इन पंक्तियों में डा० द्विवेदी को कबीर पुनर्जन्म में विश्वास रखने वाले कैसे दिखते हैं ? ये पंक्तियाँ स्पष्टतः पुनर्जन्म का खण्डन करती हैं। दूसरी बात, जिसे डा० द्विवेदी ने 'अति काली' लिखा है वह कबीर ग्रन्थावली में 'अंति कालि'[18] है। इसलिए 'अति काली माटी में बासा' नहीं बल्कि 'अंति कालि माटी में बासा' पढ़ना चाहिए। 'अंति कालि' 'अन्त काल' है। अन्त का मतलब अन्त है—देहान्त मात्र नहीं। कबीर के धर्म-दर्शन में देहान्त, देहावसान या इहलोक त्यागना नहीं होता बल्कि वह मनुष्य का अन्त काल अर्थात मरण होता है जिस के बाद कोई कहीं नहीं रहता और न कहीं की यात्रा करता है। जबकि कबीर कह रहे हैं कि देह के बिना न शब्द रहता है और न स्वाद रहता है उस समय डा० हजारी प्रसाद द्वारा सांख्यकारिका को उद्‌धृत कर के यह लिखना घोर बेईमानी की बात है कि—"बताया है कि प्रकृति के विकारस्वरूप तेईस तत्त्वों में अन्तिम पाँच तो अत्यन्त स्थूल हैं, बाकी अट्ठारहों तत्व मृत्यु के समय पुरुष के साथ ही साथ निकल जाते हैं।"[19] आखिर, डा० द्विवेदी का कबीर के बारे में यह लिखने का क्या औचित्य है कि जन्मान्तर-व्यवस्था 'के विषय में तो कबीर दास ने स्पष्ट भाषा में अपना मत व्यक्त किया है"[20] ?

डा० द्विवेदी ने 'कबीर ग्रन्थावली' से एक साखी उद्‌धृत की है जो इस प्रकार है—

कबीर नौबत आपणीं, दिन दस लेहु बजाइ।
ए पुर पाटन ए गली, बहुरि न देखै आइ।।[21]

क्या इस साखी को उद्‌धृत करने के बाद डा० द्विवेदी के पास कोई हक रह जाता है कि वे माने कि कबीर पुनर्जन्म में विश्वास रखते थे ? इस सन्दर्भ में कबीर की यह साखी भी अत्यन्त महत्त्वपूर्ण हो जाती है—

काल करै सो आज करु, आज करै सो अब्ब।
पल में परलै होयगी, बहुरि करैगा कब्ब।।[22]

इस सन्दर्भ में डा० हजारी प्रसाद द्विवेदी को अपनी संकलित 'कबीर-वाणी' में इस पद पर भी ध्यान देना चाहिए था—

साधो भाई, जीवत ही करो आसा।
जीवत समझे, जीवत बूझे, जीवत मुक्ति निवासा।
जीवत भरम की फाँस न काटी, मुए मुक्ति की आसा।
तन छूटे जिव मिलन कहत है, सो सब झूठी आसा।।[23]

लेकिन पुनर्जन्म को ले कर कबीर का सच्चा प्रश्न इस पद में आया है—

मन, तू पार उतर कहँ जैहौ ?
आगे पंथी पंथ न कोई, कूच-मुकाम न पैहौ।।

नहिं तहँ नीर, नाव नहिं खेवट, ना गुन खैंचनहारा।
धरती-गगन-कल्प कहु नाहीं, ना कछु वार न पारा।।
नहिं तन, नहिं मन, नहीं अपनपौ सुन्न में सुद्ध न पैहौ।
बलीवान होय बैठो घट में, वाहीं ठौरैं होइहौ।।
बार हि बार बिचार देख मन, अंत कहूँ मत जैहौ।
कहै कबीर सब छाड़ि कलपना, ज्यों के त्यों ठहरैहौ।।[24]

पता नहीं चलता, इस पद की मान्यता के बाद डा० द्विवेदी कबीर को पुनर्जन्म और जन्मान्तर व्यवस्था में मानने वाला कैसे कह सकते हैं ? फिर, कबीर ने मृत्यु का वर्णन किया है–

सहजै रहै समाय सहज में ना कहुँ आय न जावै।
धरै न ध्यान करै नहिं जप-जप राम-रहीम न गावै।।
तीरथ-बरत सकल परित्यागै सुन्न डोर नहिं लावै।
यह धोखा जब समझि परै तब पूजै काहि पुजावै।।
जोग-जुगत में भरम न छूटै जब लग आप न सूझै।
कहै कबीर सोइ सतूगुर पूरा जो कोइ समझै बूझै।।[25]

उधर, बीजक की 67वीं रमैनी कबीर की गाई हुई नहीं हो सकती क्योंकि उस में पुनर्जन्म में विश्वास रखते हुए लिखा गया है–"जो गुरु किंचित निन्दा करई। सूकर श्वान जन्म ते धरई।"[26] इस रमैनी की यह साखी भी प्रक्षिप्त है जिस में लिखा गया है–"लख चौरासी जीव-जन्तु में, भटकि भटकि दुख पाव।"[27]

ग. कबीरपंथी ब्राह्मण अभिलाष दास का मत

डा० हजारी प्रसाद द्विवेदी ने यह लिखा है कि कबीर पुनर्जन्म को मानते थे लेकिन उन्होंने इस का ज्यादा खुलासा नहीं किया। इसलिए यहाँ अच्छा रहेगा यदि एक अन्य ब्राह्मण विद्वान अभिलास दास का, जो कबीर पंथ को ग्रहण कर चुके हैं, मत रख दिया जाए। उन्होंने इस बारे में ज्यादा बात की है।

इस पुस्तक में अभिलाष दास के बारे में कुछ कहने की जरूरत एक अन्य कारण से भी है कि डा० हजारी प्रसाद द्विवेदी ने कबीरपंथ को स्वीकार नहीं किया है जबकि अभिलाष दास कबीरपंथ में बाकायदा दीक्षित हुए हैं। मेरा सोचना यह है कि यदि डा० हजारी प्रसाद द्विवेदी कबीरपंथ को स्वीकार करते तो शायद वे अभिलाष दास की सोच के व्यक्ति होते। तुलना इसलिए की जा सकती है क्योंकि दोनों ब्राह्मण हैं–एक पंथ से बाहर और दूसरे पंथ के भीतर।

कहा जा सकता है कि ब्राह्मण का पुनर्जन्म का विश्वास किसी हालत में नहीं छूटता। कबीरपंथ में आने से पहले अभिलाष दास तुलसीदास के मत के थे लेकिन कबीरपंथ में दीक्षित होने के बाद भी बीजक की साखी संख्या-266 की पुनर्जन्म वाली व्याख्या प्रस्तुत करते हैं। साखी इस प्रकार है–

इतते सब कोई गए, भार लदाय लदाय।
उतते कोई न आइया, जासों पुछिये धाय।।[28]

इस साखी में कबीर ने पुनर्जन्म के सिद्धान्त का पूर्णतया खण्डन किया है। इस तरफ से हर कोई जाता है और उस तरफ से कोई नहीं आता। किसे रोक कर पूछें कि किस कर्म का क्या फल मिला था ? लेकिन ब्राह्मण अभिलाष दास कबीरपंथी बन कर इस साखी की व्याख्या में लिखते हैं–"स्वर्ग तो काल्पनिक है, परन्तु पुनर्जन्म एक वास्तविकता है। पुनर्जन्म सिद्धान्त माने बिना चैतन्य-जगत की स्थिति नहीं समझी जा सकती।"[29] ऐसे समय यही कहा जा सकता है कि ऐसे विद्वान अपने चैतन्य-जगत की स्थिति समझने के लिए कबीरपंथ से बाहर चले जाएँ तो अच्छा है। अपने ब्राह्मणी पंथों में जा कर ये कुछ भी करें लेकिन कबीरपंथ में आ कर इन्हें ऐसा नहीं करना चाहिए। आखिर, अपने पुराने संस्कारों समेत कबीरपंथ में आने का इन का क्या हक है ? अभिलाष दास लिखते हैं–"तालाब, नदी, समुद्र आदि का जल सूर्य की किरण और वायु के सम्पर्क से वाष्प बन कर आकाश में जाता है और ऊपर परमाणु रूप में रहता है। कालान्तर में वही बून्द रूप में बरस कर पुनः तालाब आदि भरता है। वे ही तारे, चाँद, सूर्य घूम-घूम कर रोज आकाश में आते हैं। दिन में चाँद-तारे नहीं दिखते तो इस का यह अर्थ नहीं कि वे नष्ट हो गए। वे ही पुनः रात में दिखते हैं। ये सब नित्य नये बन कर नहीं आते, वे ही रहते हैं।"[30] कबीर की बुद्धि के होने के बजाय द्विज की बुद्धि के ये अभिलाष दास आगे लिखते हैं–"इसी प्रकार वे ही अविनाशी चेतन जीव एक शरीर को छोड़ कर अन्य शरीर धारण करते हैं। न जीव का नाश होता है न जड़ का। जड़ अपने स्वभाव में बरतते हैं और जीव अपने कर्मवश भटकते हैं। जड़ तत्वों का क्रियाशील रहना स्वाभाविक है और जीवों का भटकना कर्मवश सहेतुक है। इसीलिए कर्म-भूमिका रूप नरजन्म में कर्म-संस्कार (विषयासक्ति) नष्ट हो जाने पर जीव गमनागमनरहित अपने आप शान्त हो जाता है।"[31] आगे कोई प्रश्न न पूछ बैठे इसलिए दूसरों को अज्ञानी सिद्ध करते हुए ये विद्वान खुद को ज्ञानी मनवाते हुए लिखते हैं–"यह बात विवेक से गम्य है, किन्तु अत्यन्त सूक्ष्म है। इस ज्ञान के लिए बहुत काल साधना-सत्संग करने की आवश्यकता है। जब एक साधारण अध्यापक की योग्यता-प्राप्ति के लिए 12-14 वर्ष पढ़ना पड़ता है, तब ऐसा सूक्ष्म विषय घन्टों में कैसे समझ लें।"[32] शायद इन विद्वान के कहने का मतलब है कि पुनर्जन्म के सिद्धान्त को इस एक जन्म में नहीं समझा जा सकता बल्कि इस के लिए लख चौरासी योनियों में घूमने की जरूरत है।

अभिलाष दास आगे लिखते हैं–"कोई जन्म से ही प्रतिभावान, कोई प्रतिभाहीन, कोई बहुत पढ़ाने पर भी नहीं पढ़ पाता, कोई थोड़े में बहुत जान लेता है। इसी प्रकार सब के गुण-स्वभाव, भोग, बुद्धि भिन्न-भिन्न हैं। यह इसीलिए है कि जीवों के पूर्वजन्मों के कर्मों की भिन्नता है।"[33] कहने का मतलब यह है कि इन विद्वान ने पहली बात को बदल दिया है। पुनर्जन्म होता है–इस का ये विद्वान उत्तर नहीं दे सकते थे तो अब इन्होंने पाला बदल कर उलटे प्रश्नकर्त्ता पर ही प्रश्न दाग दिया है कि वह सिद्ध करे कि पुनर्जन्म नहीं होता। यह शब्दों की शतरंजी चाल है। प्रत्यक्ष के बजाय अब अनुमान पर आ टिके हैं। ये आगे उदाहरण दे कर तुलना करते हुए लिखते हैं–"खट्टे आम के पेड़ के फल सभी खट्टे और मीठे आम के पेड़ के फल सभी मीठे होते हैं, क्योंकि फल केवल वृक्ष के स्वभावानुसार उसी के ही रूपान्तर हैं। परन्तु एक माता-पिता से अनेक बच्चे होते हैं। उन के स्वभाव माता-पिता जैसे ही सब के नहीं रहते, भिन्न-भिन्न रहते हैं। क्योंकि उन की देह के उत्पन्न होने में केवल माता-पिता के रज-वीर्य ही नहीं कारण हैं, बल्कि उन-उन अविनाशी जीवों के उत्तम-मध्यम कर्म भी कारण हैं।"[34] इस साखी की व्याख्या के अन्त में ये पुनर्जन्मी विद्वान लिखते हैं–"अतएव अगणित अविनाशी चेतन जीवों के कर्म-फल भोग, पुनर्जन्म, बन्ध-मोक्ष सर्वथा विवेक अनुकूल हैं। यहाँ तो किंचित संकेत-मात्र है। इस विषय को ठीक से समझने के लिए अधिक सत्संग, सद्ग्रन्थावलोकन तथा विवेक करने की आवश्यकता है।"[35]

इस तरह, ब्राह्मण विद्वान सब को बेवकूफ बना कर चलते बनते हैं। ऐसे विद्वानों की अपनी कोई जिम्मेदारी नहीं है। न ये भौतिक शास्त्र और रसायन शास्त्र पढ़ेंगे कि वर्षा की बूंद कैसे बनती है, न ये विद्वान वनस्पति शास्त्र पढ़ेंगे कि एक ही पेड़ के खट्टे आमों में उतना अन्तर मौजूद रहता है कि खाने वाला एक ही पेड़ के आमों में से छाँटा करता है कि उन में से उसे कौन-सा ज्यादा अच्छा लगता है। माँ के गर्भ में बच्चे की सुरक्षा के लिए किन-किन चीजों की आवश्यकता है इन्हें प्राणी शास्त्र के इन पहलुओं से कोई सरोकार नहीं है। असल में, ऐसे विद्वानों से ज्यादा झख मारने के बजाय केवल इतना पूछा जाए–"महोदय, आप अपने पिछले जन्म में किस योनि में क्या थे जो इस जन्म में आप को ब्राह्मण कुल मिला है ?" सच बात यह है कि ब्राह्मणों ने हर पंथ में घुस कर हर पंथ को बिगाड़ कर रख दिया है। आखिर, कबीर का सवाल अभिलाष दास से भी है कि "महोदय, जब तुम मरोगे तो पुनर्जन्म के अनुसार किस रूप में आओगे ?" कबीर के सवाल का जवाब आज तक किसी ने नहीं दिया, अच्छा हो, इस बार इस प्रश्न का उत्तर एक अभिलाष दास दे दें क्योंकि उन्होंने तो इस विषय के ज्ञान के लिए अनेक जन्मों के सत्संग और सद्ग्रन्थावलोकन कर रखे हैं। कबीर ने खुद अपने बारे में कहा है -"बहुरि हम काहै कूँ आवहिंगे ?"[36]

पुनर्जन्म के सिद्धान्त को ले कर कबीर की दृष्टि से यही कहा जा सकता है कि पुनर्जन्म का सिद्धान्त इस देश में ब्राह्मणों द्वारा फैलाया गया लोगों के मन में भ्रम है।

इस भ्रम की काट केवल यह अकाद्य सत्य है कि पुनर्जन्म नहीं होता। इस के लिए ज्यादा माथा-पच्ची करने की जरूरत नहीं है जिस में ब्राह्मणवादी चिन्तक उलझाना चाहते हैं। यह कबीर का सीधा सुलझा हुआ रास्ता है कि मृत्यु के बाद आज तक किसी ने लौट कर नहीं बताया कि उस का हाल-चाल क्या है। इस के अलावा, यदि ब्राह्मणों के फैलाए गए भ्रम के अनुसार मनुष्य का सच में पुनर्जन्म होता तो कबीर का या किसी अन्य का कोई ज्ञान उसे काट भी नहीं सकता था। फिर कोई मोक्ष सम्भव नहीं था, फिर पुनर्जन्म से कोई छुटकारा सम्भव नहीं था। लेकिन अब मोक्ष प्राप्ति की जितनी बात ब्राह्मण विद्वान करते हैं, उतना मोक्ष हर किसी को बिना प्रयास किए मिला रहता है। यह कबीर के दर्शन में तिल ओले पहाड़ है। ब्राह्मण कहता है कि पुनर्जन्म होता है, इस के टके से जवाब में दलित को यह कह देना चाहिए कि पुनर्जन्म नहीं होता। इस विषय को ले कर इस से ज्यादा बहस में उलझने की कोई जरूरत नहीं है। कबीर बीजक की इस साखी संख्या-320 में दो टूक बात कह ही गए हैं–

दोहरा कथि कहैं कबीर, प्रतिदिन समय जो देखि।
मुये गए नहिं बहुरे, बहुरि न आवै फेरि।।[37]

व्याख्याकार अभिलाष दास इस साखी की व्याख्या करते हुए लिखते हैं–"सद्‌गुरु कहते हैं कि यह सब का प्रतिदिन का अनुभव है कि आदमी मरता है और जो मरता है वह पुनः लौट कर नहीं आता।"[38] लेकिन इस व्याख्या के तत्काल बाद अभिलाष दास का ब्राह्मणी संस्कार जोर मारता है और वे लिखते हैं–"परन्तु इस बात से कोई यह अर्थ न लगाए कि कबीर साहेब पुनर्जन्म का खण्डन करते हैं। कबीर साहेब पुनर्जन्म के सिद्धान्त को प्रबलता से मानते हैं, जिस के समर्थन में पूरे बीजक में उन के वचन फैले हैं। यहाँ तो केवल इतना ही अर्थ है कि इस संसार में रहने वाले सभी मनुष्य मरते हैं और जो मरता है वह लौट कर पुनः नहीं आता।"[39] वे आगे स्वयं ही परेशान होते हुए लिखते हैं–"यह ठीक है कि पुनर्जन्म सिद्धान्तानुसार जीव पुनः संसार में बारम्बार जन्म धारण करता है, परन्तु उसी रूप में तो वह नहीं आ पाता। राम, कृष्ण, पृथु, वेन, जवाहर, पटेल उसी रूप में कहाँ आ सकें। इस संसार से सब को अचानक जाना पड़ता है। जाने में देर नहीं लगती और जा कर लौटने का प्रश्न ही नहीं उठ सकता ......।"[40] लगता है, यहाँ आ कर अभिलाष दास बीजक की व्याख्या करने में परेशान हो उठे हैं। आखिर, व्याख्या करने में उन्हें बीजक की हर साखी के प्रति ईमानदार रहना चाहिए था लेकिन वे अपने ब्राह्मणी चिन्तन को कबीर के दर्शन पर थोपते जा रहे हैं। कहने का मतलब यह है कि यह मिलावट लिख कर की जा रही है।

बीजक की साखी संख्या 324 और 325 एक साथ इस प्रकार आई हैं–

मरते मरते जग मुवा, मुये न जाना कोय।
ऐसा होय के ना मुवा, जो बहुरि न मरना होय।।

मरते मरते जग मुवा, बहुरि न किया बिचार।
एक सयानी आपनी, परबस मुवा संसार।।[41]

व्याख्या करते हुए अभिलाष दास लिखते हैं–"सद्गुरु कहते हैं, "ऐसा होय के ना मुवा, जो बहुरि न मरना होय।" इस पंक्ति में यह सिद्धान्त निहित है कि जीव वासनावश पुनर्जन्म को प्राप्त होता रहता है, परन्तु वासना का त्याग कर देने पर वह सदा के लिए मुक्त हो जाता है और पुनः जन्म-मरण के बंधनों में नहीं पड़ता। साहेब कहते हैं कि संसार के लोग मरते तो हैं, परन्तु वासना त्याग कर नहीं मरते जिस से उन का बारम्बार जन्मना-मरना बन्द हो जाय, किन्तु वासना बनाए रख कर मरते हैं। इसलिए वे बारम्बार जन्मने-मरने के चक्कर में पड़े रहते हैं।"[42]

आश्चर्य है कि अभिलाष दास ने इन पंक्तियों की ऐसी व्याख्या की है। बीजक की साखी संख्या 320 में कहा गया है कि 'मुये गए, नहिं बहुरे, बहुरि न आए फेरि।'[43] तब साखी संख्या 324 का ऐसा अर्थ कैसे हो जाएगा कि जीव मरने के बाद फिर लौटते हैं ? यदि दोनों साखियाँ एक-दूसरी के अर्थों को काटती हैं तो इन में कोई एक साखी झूठी और प्रक्षिप्त है या इन की सम्यक व्याख्या की जानी चाहिए। लेकिन ऐसा नहीं है कि साखी संख्या 324 की साखी संख्या 320 के अनुसार व्याख्या न की जा सके। सीधी सी व्याख्या है कि ब्राह्मणी दुष्प्रचार ने हिन्दुस्तान के तमाम लोगों के मन में यह भ्रम फैला रखा है कि आदमी मरने के बाद फिर आता है। कबीर ने अपने ज्ञान के द्वारा इस भ्रम का जड़-मूल से नाश किया है। यह काम मुश्किल नहीं है लेकिन ब्राह्मणी अफवाह के कारण इस देश में यह ज्ञान प्राप्त करना बड़ा मुश्किल और दुर्लभ हो गया है। आम जनता में इस का प्रयोग एक मुहावरे की तरह किया जाता है। ऐसी दशा में मरते समय यहाँ के लोग यही विश्वास ले कर मरते हैं कि उस का जाने किस योनि में पुनर्जन्म होगा। जब अर्थी ले कर चलते हैं तब भारत के सन्दर्भ के अभिलाष दास जैसे लोग अनुमान लगाया करते हैं कि अब तो उसे मरे कई घन्टे बीत गए हैं, अब तक तो उस का चिड़िया या भेड़िये या चमार या ब्राह्मण के रूप में जन्म भी हो गया होगा। तभी बीजक की यह साखी कहती है कि इस देश में भ्रम का नाश कर के ऐसा ज्ञान ले कर कोई नहीं मरता कि अब उस का पुनर्जन्म नहीं होगा। यदि मनुष्य ऐसा ज्ञान प्राप्त कर के मरे कि उस का पुनर्जन्म नहीं होगा तो कम-से-कम मरते समय तो शान्ति मिल जाए। लेकिन ब्राह्मणी भ्रम के चक्कर में फँस कर उसे यह शान्ति भी नहीं मिलती।

बीजक के 61वें शब्द में एक पंक्ति इस प्रकार आई है–"कहहिं कबीर पाछे पाछतेहो, या घर से जब वा घर जैहो।"[44] अभिलाष दास ने 'या घर' का अर्थ 'नरतन'[45] तथा 'वा घर' का अर्थ 'पशु आदि खानि'[46] किया है। उन्होंने इस पंक्ति का भावार्थ किया है–"कबीर साहेब कहते हैं कि तुम्हें पीछे पछताना पड़ेगा जब तुम इस शरीर को छोड़ कर अन्य योनियों में जाने की तैयारी करोगे।"[47] व्याख्या में वे पूछते हैं और स्वयं

उत्तर देते हैं–"यह घर क्या है और वह घर क्या है ? कबीर साहेब लोकान्तर में कोई स्वर्ग-नरक नहीं मानते, किन्तु जन्मान्तर मानते हैं। वे यह मानते हैं कि जीव अमर है। वह वासनावश नाना योनियों में भटकता रहता है और जब वह वासना त्याग कर अपने स्वरूप में स्थित हो जाता है तब जन्म-मरण के चक्कर से मुक्त हो जाता है। इस पंक्ति में वे कहते हैं कि यह जीव इस मानव शरीर को पा कर अहंकार और विषयासक्ति में डूबा हुआ है। इस को पीछे पछताना पड़ेगा जब यह शरीर छूट जाएगा और पशु, पक्षी, कृमि-कीटादि योनियों में जा कर अंधकार में भटकेगा।"[48] वे अगला प्रश्न स्वयं उठाते हैं और उत्तर देते हैं–"प्रश्न हो सकता है कि क्या जीव जब अन्य योनियों में जाएगा, तब उसे यह याद रहेगा कि मैं पहले मनुष्य खानि में था और वहाँ मैंने प्रमाद में जीवन बिताया था जिस के फल में मुझे पशु आदि योनियों में आना पड़ा ? याद तो नहीं रहेगा, परन्तु दुख तो भोगना ही पड़ेगा। वस्तुतः पछतावा शरीर छूटते समय होता है। जो संसार के धोखे में जीवन भर पड़ा रहता है उसे जाते समय पछताना होगा ही।"[49]

असल में, यह पुनर्जन्म नहीं है बल्कि पुनर्जन्म का मुहावरा है जो भारतीय समाज में काम करता है। यहाँ पुनर्जन्म का शब्द भाषा का अनिवार्य शब्द बना दिया गया है। जो लोग पुनर्जन्म में विश्वास नहीं करते, समाज से संवाद के लिए, उन के मुख से भी यह शब्द अनायास निकल जाता है। मैंने अपनी पुस्तक 'लोकायती वैष्णव विष्णु प्रभाकर' में इसे अच्छी तरह समझाया है।

फिर, यहाँ बीजक में आए हुए इस शब्द संख्या-61 पर ध्यान दिया जाए। पहली बात, यह शब्द नहीं है। इसे शब्द कह दिया गया है लेकिन इस में शब्द का कोई गुण नहीं है। यह रमैनी है और इसे बीजक के रमैनी भाग में रखा जाना चाहिए था। रमैनी के बारे में यह बहस है कि वह संदिग्ध है। इस शब्द में कोई टेक नहीं है जिसे हर बार गाया जाता है। दूसरी बात, खुद अभिलाष दास मानते हैं कि कबीर लोकान्तर में स्वर्ग और नरक को नहीं मानते। लेकिन यह पूछा जाए कि कबीर स्वर्ग और नरक को क्यों नहीं मानते ? उत्तर साफ है कि मरने के बाद उधर का हाल बताने कोई नहीं आता। लेकिन इसी में कबीर के लिए पुनर्जन्म के सिद्धान्त का भी खण्डन हो जाता है कि मरने के बाद कोई बताने नहीं आता कि उस का अमुक योनि में पुनर्जन्म हुआ है। इसलिए कबीर के दर्शन में मरने के बाद, स्वर्ग-नरक, जन्मान्तर और कयामत–तीनों एक साथ समाप्त हो जाते हैं। रही बात अभिलाष दास की तो यह वही जवाब है कि 'जाट रे जाट, तेरे सिर पर खाट' और 'तेली रे तेली, तेरे सिर पर कोल्हू।' कहने का मतलब यह है कि बोझ तो मरा, वही ढाक के तीन पात, सारहीन।

लेकिन एक जगह अभिलाष दास में छिपा उन का पूरा ब्राह्मण बोल गया है जब वे लिखते हैं–"स्वर्ग और मोक्षलोक की कल्पना तो केवल रूपक हैं, परन्तु उस में छिपी बातें सत्य हैं। जीव जड़ तत्वों से विलक्षण होने से ऊपर है। वह इस शरीर के मिट जाने

पर भी नहीं मिटता। यदि वह वासनाओं के अधीन है तो जैसे उस के अच्छे-बुरे कर्म होंगे वैसे उसे आगे जन्मान्तर में फल मिलेंगे। सत्कर्म करने वाले को कोई भय नहीं है। शरीर छूट जाने के बाद भी उस के लिए सुख का साम्राज्य है। आज अच्छे कर्म करने वाला जन्मान्तर में भी सुखी रहेगा।"[50] लेकिन मूल प्रश्न क्या था ? अभिलाष दास लिखते हैं–"मनुष्य को सब से बड़ा भय और अनिश्चितता यही है कि मर जाने के बाद क्या होगा !"[51] लेकिन कबीर के सामने इस से भी बड़ा प्रश्न यह है कि मनुष्य को इस जीवन में अछूत क्यों बनाया गया है। वास्तव में, मनुष्य को मरने का भय है लेकिन ब्राह्मणों ने उस भय को मरने के बाद का भय बना दिया है। कबीर का काफी समय इस ऊहापोह में गुजरा है। तभी बीजक के 80वें शब्द में लिखा गया है–'आपु जियत लखु, आप ठौर करु, मुये कहाँ घर तेरा।'[52] मरने के बाद कुछ नहीं है इसलिए 'बन्दे, कर ले आप निबेरा।'[53] तभी बीजक में कहा गया है–'यह औसर नहिं चेतहु प्राणी, अन्त कोई नहिं तेरा।'[54] पता नहीं, पुनर्जन्म के सिद्धान्त का मंडन करते समय अभिलाष दास को बीजक की 10वीं साखी की यह दूसरी पंक्ति क्यों याद नहीं आई–'जियरा ऐसा पाहुना, मिले न दूजी बार।'[55]

घ. कबीरपंथी ब्राह्मण अभिलाष दास की पूरी बात

कबीर के दर्शन पर मेरी पहली पुस्तक 'कबीर के आलोचक' में यह अध्ययन कर लिया गया है कि द्विज समीक्षकों ने कबीर के दर्शन की कैसी गत बना दी है। अब एक वर्तमान सन्त अभिलाष दास को ले कर एक दूसरा अध्ययन किया जा सकता है कि उदारवादी ब्राह्मण कबीर पंथ को अखत्यार कर के कबीर के सन्देश के साथ क्या करते हैं। यह अध्याय इसी एक विशेष अध्ययन के लिए समर्पित है।

बीजक की एक महत्त्वपूर्ण साखी इस प्रकार है–

> साँच कहौं तो है नहीं, झूठहि लागु पियारी।
> मो शिर ढारे ढेंकुली, सींचे और कि क्यारि।।[56]

इस साखी की पहली पंक्ति अपनी जगह महत्त्वपूर्ण है लेकिन यहाँ दूसरी पंक्ति को विशेष रूप से लिया जा रहा है। अभिलाष दास ने इस पंक्ति का भावार्थ इस प्रकार किया है–"मेरे सिर पर तो ढेकुली का पानी डालते हैं और दूसरे की क्यारी सींचते हैं। अर्थात लोग मेरा अनुयायी बनते हैं और स्वरूप ज्ञान छोड़ कर नाना कल्पित मतों का पोषण करते हैं।"[57] अभिलाष दास इस पंक्ति की व्याख्या करते हुए लिखते हैं–"इस साखी से पता चलता है कि कबीर साहेब की महानता से कुछ ऐसे लोग भी उन के पास आकर्षित हो कर आ गए थे जो उन के खरे ज्ञान को धारण नहीं कर सके थे, परन्तु उन के प्रति भक्ति-भावना व्यक्त करते थे। वे बनते थे कबीर के अनुयायी, परन्तु कबीर के सत्य को पचा नहीं पाते थे। अतएव वे कबीर का नाम ले कर उन्हीं बातों

का प्रचार करते थे जो अन्य पौराणिक मत वाले करते हैं। उन में शायद नाम का ही परिवर्तन था, काम सब ढोंग-ढकोसलों का ही था। इसी दर्द का प्रकटीकरण यह पंक्ति है "मो सिर ढारे ढेंकुली, सींचे और कि क्यारि।"[58] अभिलाष दास व्याख्या में आगे लिखते हैं–"जब उन के सामने ही उन के अनुयायियों में उन से भिन्न विचार रखने वाले थे तो आज समय के इतने अंतराल में कबीर-अनुयायी कहला कर उन का कबीर से भिन्न विचार रखना सहज बात है।"[59]

कसौटी की यह बात एकदम सही है। लेकिन अच्छी बात यह होगी कि इस कसौटी को खुद अभिलाष दास पर लागू कर के देखा जाए।

अभिलाष दास ने लिखा है–"जो वेद, उपनिषद, स्मृति, महाकाव्यों एवं पुराणों का गहरा ज्ञान नहीं रखता, वह बीजक के हर स्थल का अर्थ नहीं कर सकता।"[60] यह अभिलाष दास का एक महत्त्वपूर्ण वाक्य है। उन्होंने ऐसा लिख कर यह सिद्ध किया है कि कबीर 'के बीजक को कोई एक बार पढ़ जाए तो अपने आप पता चल जाता है कि उन को धर्मशास्त्रों, दर्शन एवं मत-मतान्तरों का कितना गहरा ज्ञान था।'[61] लेकिन इसी वाक्य से एक विरोधी अर्थ का निष्कर्ष निकलता है। सवाल यह है कि कबीर पर रुका जाए या बीजक पर रुका जाए। सही मत यह है कि बीजक को समझने के लिए वेद, उपनिषद, स्मृति, महाकाव्यों एवं पुराणों के गहरे ज्ञान की आवश्यकता हो सकती है। लेकिन कबीर को समझने के लिए वेद, उपनिषद, स्मृति, महाकाव्यों एवं पुराणों के किसी भी ज्ञान की आवश्यकता नहीं है। सच बात यह है कि कबीर वेद-विरोधी, स्मृति-विरोधी और पुराण-विरोधी परम्परा के चिन्तक हैं। ऐसी स्थिति में यह कैसे कहा जा सकता है कि कबीर को समझने के लिए वेद, स्मृति और पुराणों के गहरे ज्ञान की शर्त रखी जाएगी ? उधर, यदि अभिलाष दास की यह बात मानी जाए कि बीजक को समझने के लिए वेद, उपनिषद, स्मृति, महाकाव्यों और पुराणों के गहरे ज्ञान की शर्त अनिवार्य रूप से लागू होती है तो तब यह भी कहना पड़ेगा कि बीजक कबीर की रचना नहीं है। तब यह मानना ही पड़ेगा कि बीजक किसी वेदपाठी ब्राह्मण की रचना होने के साथ-साथ कबीर के दर्शन के साथ की गई एक करतूत भी है।

सोचा जा सकता है कि इस कहने में अभिलाष दास ने केवल एक कमी छोड़ दी है कि यह नहीं कहा है कि बीजक के अर्थों को समझने के लिए किसी को ब्राह्मण भी होना चाहिए। आखिर, कुछ कहने से पहले उन्हें यह बताना चाहिए था कि कबीर ने किस परम्परा के तहत वेद, उपनिषद, स्मृति, महाकाव्यों और पुराणों का गहरा ज्ञान प्राप्त किया होगा। वेदों को क्या कबीर अपने आप पढ़ लेते ? आखिर किस ने कबीर को वेद पढ़ाए थे ? रामानन्द ने कबीर को वेद नहीं पढ़ाए थे क्योंकि खुद अभिलाष दास मानते हैं कि कबीर 'ने केवल लोक-मर्यादा के लिए स्वामी रामानन्द को गुरु रूप में स्वीकारा होगा।'[62] अभिलाष दास ने यह लिखा है कि 'यह भी सर्वमान्य सिद्धान्त है कि कबीर साहेब स्वयं पूर्ण ज्ञानी एवं विवेकसम्पन्न पुरुष थे।'[63] लेकिन इस का

मतलब यह नहीं हो जाता कि कबीर ने बिना पढ़ाए वेद पढ़ लिए थे। ऐसा कहना अफवाह फैलाना हो जाएगा। संसार का कोई भी मनुष्य वेद पढ़ा हुआ पैदा नहीं हो सकता। ब्राह्मण लोग कबीर को ले कर स्वयं वेद की खोज करने तक गए हैं लेकिन कबीर को ऋग्वेद किस ने पढ़ाया था ? स्पष्ट है, ब्राह्मण के सिवा कोई दूसरा व्यक्ति कबीर को वेद नहीं पढ़ा सकता था। पर क्या यह सम्भव था कि छुआछूत की उस काशी की नगरी में शूद्र के हाथ से छुआ हुआ पानी न पीने वाला कोई वेदपाठी ब्राह्मण जुलाहे कबीर को वेद का अध्ययन करवाता ?

सच बात यह है कि कबीर वैदिक और पौराणिक परम्परा के व्यक्ति बिलकुल नहीं थे। उन की परम्परा दूसरी थी जो गणित के हिसाब से वेद-विरोधी और पुराण-विरोधी बैठती है। कबीर अवैदिक परम्परा के व्यक्ति थे। वे दलित परम्परा के व्यक्ति रहे हैं जिस की वेद, पुराण और ब्राह्मण को भनक भी नहीं है। इसलिए कसौटी यही है कि यदि बीजक के कुछ पदों को समझने के लिए वेद, उपनिषद, स्मृति, महाकाव्यों और पुराणों के गहरे ज्ञान की आवश्यकता की दरकार रहती है तो निश्चित रूप से वे पद कबीर के नहीं हैं। कबीर को वेदों, स्मृतियों और पुराणों से क्या लेना-देना था ? कबीर की अपनी महान परम्परा है जो मूल देशी परम्परा है। इस परम्परा में कबीर का वेद-पुराण की परम्परा से झगड़ा तो है लेकिन यह कदापि नहीं कहा जा सकता कि वे वैदिक और पौराणिक परम्परा के व्यक्ति हैं।

पुनः, अभिलाष दास को ले कर असली मुद्दा यह जाना जाए कि वे कबीर को ले कर पुनर्जन्म के बारे में तफसील से क्या सोचते हैं। उन्होंने अपने उपशीर्षक 'पुनर्जन्म और कर्म-फल- भोग' की शुरूआत बेधड़क हो कर इन शब्दों से की है—"सद्गुरु कबीर पुनर्जन्म और कर्म-फल-भोग स्वीकार करते हैं।"[64] वे आगे बीजक के प्रमाण से लिखते हैं—"कर्म-संस्कारों की गति ऐसी विचित्र है कि उस के वश जीव ऊँची-नीची योनियों में तत्काल चला जाता है।"[65] वे लिखते हैं—"........ जीव अपने पूर्व जन्मों के संस्कारों को ले कर जन्म लेते हैं, अतः उन के विशेष संस्कार उन के साथ रहते हैं।"[66] उन्होंने बिना किसी सन्देह और तर्क की गुंजाइश छोड़े दो टूक शब्दों में लिखा है—"...... सद्गुरु कबीर पुनर्जन्म निर्भ्रान्त मानते हैं।"[67]

पुनर्जन्म के सिद्धान्त में विश्वास करना किसी भी द्विज नामधारी ब्राह्मणवादी चिन्तक की आवश्यकता है। किसी भी मत का हो कर वह अपने इस विश्वास को कभी नहीं त्यागता। यही व्यवहार यहाँ अभिलाष दास ने कबीरपंथी बन कर किया है। उसे ऐसा भय लगता है कि पुनर्जन्म के सिद्धान्त में विश्वास न कर के शायद ब्राह्मण इस धरती से विलुप्त हो जाएगा। पुनर्जन्म में विश्वास रख कर वास्तव में ब्राह्मण विद्वान दूसरों को यह समझाना चाहते हैं कि उन्हें श्रेष्ठतम मान लिया जाए। ऐसे झूठे विश्वास के उन्हें फायदे ही फायदे होने हैं। आखिर, बीजक में आई हुई 'विप्रमतीसी' की, 'ब्राह्मण कौन ?' के शीर्षक से, व्याख्या करते हुए अभिलाष दास ने लिखा भी

है–"ब्राह्मण बड़ा प्यारा शब्द है। यह परम आदरणीय है।"[68] उन्होंने अपनी व्याख्या में ब्राह्मणों की प्रशंसा में लिखा है–"कहा जा सकता है कि ब्राह्मणों ने हजारों वर्ष पूर्व से ही एक उच्च संस्कृति और सभ्यता दी, एक विशाल दर्शन तथा विपुल साहित्य दिया, नीति और सदाचार की शिक्षाएँ दीं ; किन्तु कबीर साहेब ने इन पक्षों को नजरअंदाज कर के केवल उन के गलत पक्ष का इस प्रकरण में वर्णन किया।"[69] ब्राह्मणों की प्रशंसा में वे अपने समय तक आते-आते लिखते हैं–"आज भी ब्राह्मण कहे जाने वाले समाज में विनम्र, भक्त, संतसेवी, पाखंड-विरोधी, मानवमात्र में समता भाव रखने वाले, छुआछूत न मानने वाले, वैज्ञानिक दृष्टिकोण एवं तर्क-बुद्धि रखने वाले, विवेकी, विचारक और सदाचारी हैं। इतिहास उठा कर देखा जाए तो पुराकाल से आज तक हर राजनैतिक, सामाजिक, धार्मिक एवं आध्यात्मिक क्रान्ति से ब्राह्मण-समाज के सदस्य पीछे नहीं हैं।"[70]

ऐसा लगता है कि मानो अभिलाष दास ने कबीरपंथियों को ब्राह्मणों की प्रशंसा सिखाने के लिए कबीरपंथ धारण किया है। उन्होंने बीजक की व्याख्या में ब्राह्मणों की प्रशंसा में लिखे गए महाभारत से संस्कृत के 20 श्लोक उद्धृत किए हैं।[71] उन्होंने अपनी इस व्याख्या में धम्मपद से भी ब्राह्मणों की प्रशंसा में लिखे गए तीन पद उद्धृत किए हैं।[72] आश्चर्य है, कबीर ब्राह्मणों को बुरे लोग बताने चले थे लेकिन यहाँ बीजक और अभिलाष दास के माध्यम से पाठकगण ब्राह्मणों की प्रशंसा सुनने के लिए बाध्य हो जाते हैं। व्याख्याकार को ध्यान रखना चाहिए था कि कबीर ने किसी भी काल के ब्राह्मणों को इस समाज के लिए हितकर नहीं माना है। कबीर ब्राह्मणों की मूल पैदायश पर ही चोट करते हैं, वे उन्हें किसी भी काल में अच्छा नहीं कह सकते थे। असल में, यह कबीरपंथी शब्दावली में कबीर के नाम से प्रक्षिप्त और गलत लिखा गया है कि 'कहहिं कबीर सुनो हो सन्तो, कलि के ब्राह्मण खोटा।'[73] यह पंक्ति बीजक के 10वें शब्द में इस प्रकार आई है–"कहहिं कबीर सुनो हो सन्तो, कलिमा ब्राह्मण खोटे।"[74] इस की व्याख्या में अभिलाष दास ने सचेत हो कर लिखा है–"ध्यान रहे, सद्गुरु ने सभी ब्राह्मणों, पण्डितों एवं सभी पांडेय लोगों को कसाई या खोटे नहीं कहा है।"[75] आखिर में अभिलाष दास ने यही कह कर दम लिया है कि 'कबीर साहेब सच्चे पंडितों का आदर करते हैं।'[76] यहाँ कहा जा सकता है कि कबीर से जो अपेक्षा आचार्य राम चन्द्र शुक्ल नहीं खोज पाए उसे अभिलाष दास ने बीजक के प्रमाण से इन शब्दों में खोज निकाला है–"सद्गुरु कबीर पण्डितों का अनादर तो कहीं भी नहीं किए हैं, प्रत्युत आदर किए हैं।"[77]

लेकिन कबीर की क्रान्तिकारी दृष्टि क्या है ? असल में 'कलि के ब्राह्मण खोटे' वाले पद्यांश में ब्राह्मण का बचाव होता है कि केवल कलियुग के ब्राह्मण को खोटे कहा गया है जबकि कबीर की मूल दृष्टि में हर ब्राह्मण हर काल में खोटा पाया गया है। लेकिन अभिलाष दास कुछ और ही मानते हैं। वे मानते हैं–"कहा जाता है नाथपन्थियों

एवं गोरखपन्थियों द्वारा वैष्णव समाज का तर्क-विवाद या शास्त्रार्थ द्वारा दलन किया जा रहा था। श्री कबीर साहेब ने गोरखपन्थियों को अपने तर्कों से पछाड़ कर वैष्णव समाज की रक्षा की।"[78] कहने का मतलब यह है कि चतुर बन कर ब्राह्मण कबीर का अपनी खातिर गलत इस्तेमाल करना चाहते हैं जिसकी कबीर ने ढेंकली वाली साखी में चेतावनी दी है। वास्तव में, कबीर ब्राह्मण और वैष्णव में कोई अन्तर करना नहीं चाहते। वे इन दोनों को एक मानते हैं। आखिर, खुद अभिलाष दास बीजक की इस रमैनी का क्या अर्थ करेंगे कि 'ब्राह्मण वैष्णव एकै जाना।'[79] शायद तभी कबीरपंथ में एक सच्ची आवाज यह उठी है कि 'जानबूझ के पंथ चलत हैं, सुन सुन बिप्र लबार की।'[80] हाँ, कबीर के यहाँ विप्र केवल जबान का लबाड़ी ही है।

अभिलाष दास का उदारवाद बिना तर्क के नहीं है। यह एक पुराना तर्क है जिस का ब्राह्मण सदा फायदा उठाता आ रहा है। अभिलाष दास अपनी पुस्तक 'कबीर पर शुक्ल की और मेरी दृष्टि' में लिखते हैं—"एक बात और कहे बिना यह विषय अधूरा लगता है। निम्न वर्ण कहे जाने वाले के शोषण को ले कर पूरा ब्राह्मण समाज कभी भी दोषी नहीं था। ब्राह्मण समाज के हाथों में सांस्कृतिक, धार्मिक, शासनिक, सामाजिक प्रायः सभी प्रकार की प्रेरक सत्ताएँ थीं और उन्होंने हजारों वर्षों से उन का घोर दुरुपयोग किया था। शूद्र कहे जाने वाले बन्धुओं के लिए उपेक्षा तथा दमनदृष्टि सब से गर्हित रही है। परन्तु सभी ब्राह्मण इस के समर्थक कभी नहीं थे। इस के विरोध में आचार्य वृहस्पति ने भौतिक दृष्टि अपनाई थी। कपिल, कणाद तथा उपनिषद के प्रायः सभी ऋषि इस के विरुद्ध थे। क्षत्रिय राज कुमार महावीर तथा गौतम बुद्ध ने साधु बन कर इस शोषण के विरुद्ध नारा बुलन्द किया था और केवल क्षत्रिय राजकुमार ही नहीं, सारिपुत्र, महामौद्गल्यायन महाकाश्यप आदि अच्छे-अच्छे विद्वान ब्राह्मण उस आन्दोलन में विरक्त बन कर कूद पड़े थे। महावीर स्वामी के दस गणधर शिष्य ब्राह्मण थे जो ब्राह्मणवाद छोड़ कर मानवता के प्रचारक थे। सद्गुरु कबीर द्वारा चलाए गए आन्दोलन में पण्डित सर्वाजीह कबीर साहेब का शिष्यत्व ले कर श्रुति गोपाल साहेब के नाम से प्रसिद्ध हुए, केवल इतना ही नहीं, किन्तु ब्राह्मणवंशीय अनेक विद्वानों एवं तपस्वियों ने इस में शामिल हो कर शोषण के विरुद्ध आवाज बुलन्द की और कर रहे हैं। इधर राजनीति में मोती लाल नेहरू, जवाहर लाल नेहरू से ले कर अगणित ब्राह्मणवंशीय ब्राह्मणशाही के खिलाफ रह कर पूरी मानवता को उठाने का प्रयास किए और कर रहे हैं। आज तथा आगे ब्राह्मणवंशीय युवकों से इस दिशा में ज्यादा आशा की जा सकती है। गर्हित ब्राह्मणों ने अपनी शोषण बुद्धि से भारतीयता एवं हिन्दुत्व को मृतप्राय बना दिया है। आज आवश्यकता यह है कि चाहे किसी का नाम ब्राह्मण हो या क्षत्रिय, वैश्य, शूद्रादि सब एक दूसरे को भाई समझें। जाति के आधार पर बनाया गया छुआछूत का कलंक मिट जाना चाहिए। सभी को सभी उन्नत दिशाओं में बढ़ने के लिए स्वतंत्र अधिकार होना चाहिए। यही लोकधर्म है, यही लोक मर्यादा है।"[81]

यह एक महत्त्वपूर्ण उद्धरण इस रूप में है कि यह तर्क बहुत दिनों से दिया जा रहा है। एक अभिलाष दास की बात नहीं है बल्कि आज तक के सारे उदारवादियों का तर्क यही है। डा० वीर भारत तलवार ने भी मेरे मत का विरोध करते हुए अपने लेख में लिखा है–"हालांकि कुछ एक ब्राह्मणों द्वारा ब्राह्मणी व्यवस्था के खिलाफ विद्रोह करने का सिलसिला बहुत पुराना है जो ईसा पूर्व छठी सदी के अश्वघोष और 12वीं सदी के कन्नड़ बसवेश्वर से ले कर 20वीं सदी के राहुल सांस्कृत्यायन तक आता है। लेकिन डा० धर्मवीर को किसी भी द्विज आलोचक पर विश्वास नहीं कि वह दलित के साथ न्याय करेगा।"[82] संयोग से, अभिलाष दास के इस उपरोक्त उद्धरण में उदारवादियों की सारी बातें आ गई हैं।

लेकिन यह एक उदारवादी ब्राह्मण की तरफ से दी गई गवाही या सफाई है। दलित का पक्ष दूसरा है। इस गवाही पर उस का दृष्टिकोण इस प्रकार विश्लेषित किया जा सकता है–

1. शब्द–'पूरा ब्राह्मण समाज'–में ब्राह्मण समाज को एक पूरा समाज माना गया है। कहने का मतलब यह है कि ब्राह्मण किसी समाज का अंग नहीं है बल्कि अपने आप में एक स्वतंत्र और पूर्ण समाज है।
2. इस पूरे ब्राह्मण समाज में सभी तरह के लोग होते हैं। इस में अच्छे लोग भी होते हैं और बुरे लोग भी होते हैं। इस का मतलब यह है कि ब्राह्मण मात्र अच्छा नहीं होता–अर्थात ब्राह्मण होना किसी समाज का आदर्श नहीं है।
3. इस ब्राह्मण समाज की बाकी हिन्दू समाज से लड़ाई चल रही है। यह इस की रणनीति का हिस्सा है कि यह अपने में से ऐसे लोग पैदा करता है जो संकटकाल में इस की आपद्धर्म के रूप में या उदारवादी के रूप में मदद करते हैं।
4. आपद्धर्म और उदारवाद लड़ाई को उलझाते हैं। ये युद्ध के मैदान में भ्रम और अफवाहें फैलाने का काम करते हैं। ये बात को साफ नहीं होने देते। इस से विरोधियों के मन शंकित हो जाते हैं और उन की दृष्टि पैनी नहीं रह जाती।
5. आपद्धर्म को उदारवाद के रूप में प्रचारित और प्रसारित किया जाता है। जो मन के भीतर मजबूरी, संकट और आपद्धर्म है उसे बाहर उदारवाद, सहिष्णुता और सर्वसंग्रहवाद का मुखौटा पहना दिया जाता है।
6. यह हर युद्ध की शैली होती है कि अपने गुप्तचर विरोधियों के खेमों में पहुँचाए जाएँ। ऐसे गुप्तचरों को बाकायदा प्रशिक्षण दिया जाता है कि वे वहाँ पकड़े न जा सकें और उन पर कभी शक न कियां जा सके।

7. यह अपनी सेना के सिपाहियों को दूसरों की सेना में भेजने की कूटनीति है। यह विरोधियों की पूरी फौज को गलत दिशा देने की चाल होती है। जब कट्टरपंथ के रूप में सामने से न लड़ा जा सके, तब उदारवाद के द्वारा यह विरोधी को भीतर से कमजोर करने का कपट किया जाता है।

8. सोचना यह है कि बुद्ध, महावीर और कबीर के अस्पृश्यता को मिटाने के अभियान सफल क्यों नहीं हुए ? उस का कारण यह है कि इन के द्वारा खड़ी की गई सामाजिक और धार्मिक संस्थाओं में ब्राह्मण प्रवेश कर गए थे। वे चेले बन कर गुरुओं को पटकी दे गए थे।

9. उदाहरण खुद अभिलाष दास ने दिए हैं कि बुद्ध के शिष्य सारिपुत्र, महामौद्गल्यायन और महाकाश्यप ब्राह्मण थे, महावीर के दस गणधर शिष्य ब्राह्मण थे तथा कबीर के शिष्य पण्डित सर्वाजीह, ब्राह्मण थे।

10. क्या बात है कि आज के अभिलाष दास को सारिपुत्र, महामौद्गल्यायन, महाकाश्यप, दस गणधर शिष्य तथा सर्वाजीह ब्राह्मण के रूप में याद आते हैं ? यह याद मिटाई क्यों नहीं गई कि वे लोग ब्राह्मण थे ?

11. ब्राह्मण को अपना इतिहास इस रूप में याद क्यों रहता है कि वह ब्राह्मण था, ब्राह्मण है और ब्राह्मण रहेगा ? ब्राह्मण ही बुरा और ब्राह्मण ही अच्छा क्यों हो जाता है ? जब ब्राह्मण बुरा हो गया है तब वह मिट क्यों नहीं गया है ? वह अच्छे के रूप में क्यों बच जाता है ? तब तो वह कुछ और हो जाना चाहिए था।

12. बौद्ध बन कर भी ब्राह्मणों का अलग इतिहास कायम क्यों है ? तब तो वह बौद्धों का इतिहास हो जाना चाहिए था। क्यों नागार्जुन और दिङ्नाग की पहचान आज तक ब्राह्मण के रूप में कायम है जब वे बौद्ध बन गए थे ? इस याददाश्त में घमण्ड किस बात का है ? कबीर का शिष्यत्व अखत्यार करने के बाद सर्वाजीह का वंश पण्डित और ब्राह्मण के रूप में क्यों चलेगा ? बताना पड़ेगा कि ब्राह्मण का, उस के बुरे होने पर भी, लोप इसलिए नहीं हुआ क्योंकि वह हिन्दुओं से अलग एक स्वतंत्र पूरी कौम है।

13. सच बात यह है कि दलित के लिए ब्राह्मण अच्छा और बुरा नहीं होता बल्कि केवल बुरा होता है। तभी इस से लड़ा भी जा सकता है कि इस की व्यवस्था बुरी है। दलित के लिए यह अपने अच्छे और बुरे दोनों रूपों में घातक है। अच्छे रूप में यह फौज में गुप्तचर और सैनिक के रूप में भीतर से वार करता है। इस रणनीति में यह अपने माँ-बाप,

भाई-बहन, बच्चों और नाती-पोतियों का पूरा बचाव कर जाता है। एक व्यक्ति आता है और विरोधी के पूरे मिशन को गुमराह और धराशायी कर जाता है। इधर से उधर तक के इस पूरे खेल में हर ब्राह्मण साफ बच जाता है।

14. आखिर यह सोचना ही पड़ेगा कि इस देश से छुआछूत खत्म क्यों नहीं हुई ? इस प्रश्न का जवाब देना ही पड़ेगा कि जबकि बौद्ध धर्म में, जैन धर्म में और कबीर पंथ में ब्राह्मण लोग धर्मान्तरित और पबज्जित हुए हैं, फिर भी दलितों और शूद्रों की मुक्ति क्यों नहीं हुई ? लेकिन इस प्रश्न का एकमात्र उत्तर यही है कि इस देश में दलितों और शूद्रों की मुक्ति इसीलिए नहीं हुई क्योंकि बुद्ध के, महावीर के और कबीर के शिष्य ब्राह्मण बन गए थे।

15. बुद्ध इस बात को ले कर चिन्ता में पड़े थे कि नारी को भिक्षुणी के रूप में पबज्जित किया जाए या नहीं लेकिन यदि वे एक बार भी इस बात पर विचार कर लेते कि ब्राह्मण को भिक्षु के रूप में पबज्जित किया जाए या नहीं तो उन के धर्म के लिए ज्यादा हितकर होता। उन्होंने दुख के साथ साँस लेते हुए माना था कि नारी को भिक्षुणी के रूप में पबज्जित करने की अनुमति देने से उन के धर्म की उम्र आधी रह गई है लेकिन उन्हें यह ध्यान ही नहीं रहा कि ब्राह्मण को भिक्षु के रूप में पबज्जा देने के कारण उन के धर्म की हत्या उन के सामने ही हो गई थी। तब उस धर्म की उम्र एक दिन की भी नहीं रह गई थी। नारी को तो उन्होंने बेकार बदनाम किया था। नारी को भिक्षुणी के बजाय गृहस्थ बनाते तो इस देश से उन का धर्म समाप्त नहीं हो सकता था। लेकिन, दुर्भाग्य से वे उलटे गृहस्थ पुरुष और गृहस्थ नारी को भिक्षु और भिक्षुणी बनाने में लग गए थे। यूँ, समाधान के लिए प्रस्तुत किए गए बुद्ध के सारे पहाड़े उलटे थे। इस देश का और समाज का उन की कुछ समझ में ही नहीं आया। ब्राह्मण को शिष्य बना कर क्रिकेट के खेल में वे पहली ही गेंद में क्लीन बोल्ड हो गए थे। हुआ कुछ ऐसा ही कबीर के साथ भी है। शायद मना करते-करते भी ब्राह्मण उन के जबरन शिष्य घोषित हुए हैं। उन्होंने किसी ब्राह्मण को शिष्य न बनाया हो, उस मिजाज में लगता नहीं है कि उन्होंने किसी ब्राह्मण को शिष्य बनाया हो, लेकिन ब्राह्मण ने वैसे ही झूठ फैला दिया होगा कि वे कबीर के शिष्य हैं। कबीर ब्राह्मण से आमने-सामने लड़ रहे हैं लेकिन जबरन कबीर का शिष्य बन कर ब्राह्मण ने पीछे से चोरों की

तरह विकेट कीपर के रूप में उन्हें 'आउट' हुआ दिखा दिया है। यह ब्राह्मण की कबीर के साथ सरासर बेईमानी है जिस में वह चूकता नहीं है।

16. ब्राह्मणों के वेद-पुराण के सर्वसंग्रहवाद में हुआ यह है कि ब्राह्मणों ने हिन्दुस्तान के सारे धर्मों को चलाने का ठेका ले लिया है। पंथ चलाने के लिए ब्राह्मण ठेके पर उपलब्ध हैं। दूसरे शब्दों में, ब्राह्मणों के इस दृष्टिकोण के बारे में कहा जा सकता है कि 'जहाँ देखी तवा-परात, वहीं बिता दी सारी रात।' मूल कारण यह है कि ब्राह्मण का कोई धर्म नहीं है और ब्राह्मण का कोई ईश्वर नहीं है। वेदों और पुराणों के नाम से ब्राह्मण ने धर्म और ईश्वर का व्यापार और इन की तस्करी की है। समय पड़ने पर यह दूसरे धर्मों में ऐसे घुसता है मानो इस के बगैर वह धर्म नहीं चल सकेगा। लेकिन सही बात यह है कि बौद्ध धर्म, जैन धर्म और कबीर पंथ ज्यादा सफल हो सकते थे यदि उन में ब्राह्मणों की घुसपैठ पर विशेष रोक लगाई जाती।

17. ब्राह्मण के इस उदारवाद का एक विशेष पहलू यह है कि यह दूसरे लोगों का नेतृत्व छीनने के लिए आता है। ब्राह्मणों का उदारवाद कभी ब्राह्मणों के कट्टरपंथ से नहीं लड़ा है। काशी के उदारवादी ब्राह्मण काशी के मन्दिर को दलितों के लिए नहीं खुलवाते हैं। इस बात पर वे जोर नहीं देते। यह उन की सोच में कोई मुद्दा नहीं है। हाँ, यदि काशी का जुलाहा कबीर अपने लिए कोई अलग मठ या मन्दिर बनाएगा तो उस में पुरोहितगिरी करने की ब्राह्मण अपनी कोशिश जरूर करेगा। बने-बनाए मकान में यह आराम से रहता है। यह चूहों के बिल में घुस कर उन्हें खाने जैसा है।

18. खुद अभिलाष दास ने इस उद्धरण में जो समाधान सुझाया है उस में ब्राह्मण, क्षत्रिय, वैश्य और शूद्रादि ज्यों के त्यों रहने चाहिए, बस केवल उन में जाति के आधार पर बनाया गया छुआछूत का कलंक मिट जाना चाहिए। लेकिन दलित का समाधान यह नहीं है। उस की सोच यह है कि ब्राह्मण और शूद्र रहे ही क्यों ? मनुष्य समाज के ये नाम और विशेषण मिटा क्यों न दिए जाएँ ? दलित का अगला समाधान यह है कि यदि ये भेद रहने ही हैं तो इन में हर बार शूद्र ही क्यों हारे और हर बार ब्राह्मण ही क्यों जीते ? फिर यह सीधा द्वन्द्व हो जाए—जो जीते सो ठीक। तब यह लड़ाई बराबरी के स्तर पर हो। फिर शूद्र चातुर्वर्ण्य व्यवस्था का अन्तिम चौथा वर्ण क्यों हो, वह ब्राह्मण के आदमी से आदमी हो कर क्यों न लड़े ?

19. कहा जा सकता है कि बौद्ध धर्म में, जैन धर्म में और कबीर धर्म में शिष्य के रूप में ब्राह्मण की उपस्थिति ब्राह्मण की रणनीति और चालाकी है तथा उस में दलित जातियों का नुकसान है। दलित चिन्तक ब्राह्मण से कहना चाहता है कि तू इस देश में मेरे पीछे क्यों पड़ गया है। मेरा पीछा छोड़, और अपनी रोटी कहीं अन्यत्र कमा कर खा। तू मेरे लिए जिन्दा जिन्द क्यों बन गया है ? मैं बेगुनाह हूँ, तू मुझ से क्या सलूक करने बैठ गया है ? मैंने तेरी बेटी और बहू के साथ बदसलूकी नहीं की, मैंने तेरे घर पर जा कर कोई चोरी नहीं की, फिर तेरा मुझ से बैर क्या है ?
20. यदि भारतीय समाज की यह एक विशेषता है कि समय-समय पर दलितों की मदद कई उदारवादी ब्राह्मणों ने की है तो यही विशेषता इस बात का भी सबूत है कि भारतीय समाज से छुआछूत आज तक मिटी नहीं है। तब छुआछूत की निरन्तरता का कारण किसी दूसरी बात में ढूँढने की जरूरत नहीं है।

अभिलाष दास ने अपने मन की स्थिति को अपनी पुस्तक 'कबीर पर शुक्ल की और मेरी दृष्टि' में स्पष्ट किया है। उन्होंने लिखा है–"मैं अपना व्यक्तिगत उदाहरण देना चाहता हूँ। पूर्व आश्रम में हिन्दू समाज मेरा समाज था, वेद-शास्त्र मेरे ईश्वरीय तथा सर्वज्ञ पुरुषों के वचन थे, श्रीराम-श्रीकृष्ण मेरे परमात्मा के अवतार ही नहीं पूर्ण परब्रह्म थे। कुछ समय के बाद सद्गुरु कबीर की रोशनी मिली। उन का बीजक तथा बीजक सहायक ग्रन्थ पढ़े। दूसरी दृष्टि मिल गई। धीरे-धीरे कबीरपंथ में विधिवत दीक्षित हो गया। अब वेद ईश्वर-वचन नहीं, किन्तु मेरे पूर्वजों की मेरे लिए छोड़ी सम्पत्ति है। शास्त्र लेखक भी सर्वज्ञ नहीं, किन्तु ऊँचे दर्जे के मनुष्य थे, ऋषि थे, चिन्तक थे और वे हमारे पूज्य हैं। पहले श्रीराम तथा श्रीकृष्ण को परमात्मा मान कर उन से मिलने के लिए विरह में रोता था। अब यह सब समाप्त हो गया, परन्तु उन के प्रति श्रद्धा घटी नहीं है, और परिपक्व हुई है। हाँ, अब मैं उन को अपने पूज्य पितामह एवं पूर्वज मानता हूँ।"[83] अभिलाष दास ने अपनी इस पुस्तिका में यह भी लिखा है–"वैष्णव समाज जो गोस्वामी जी का पक्षधर है, कबीर साहेब के प्रति श्रद्धा रखता है। उन के बीजक की उस ने टीकाएँ की हैं। ...... वह समझता है कि कबीर साहेब ने वैष्णवता की रक्षा की थी।"[84] अभिलाष दास ने आगे यह भी लिख डाला है–"सिद्धान्त दृष्टि से नहीं, किन्तु लोक तथा व्यवहार की दृष्टि से कबीर साहेब को स्वामी रामानन्द का शिष्य माना ही जाता है।"[85] उन्होंने पाद-टिप्पणी में स्वयं अपने उदाहरण से लिखा है–"इधर कबीरपंथ भी वैष्णव समाज से अपना घरेलू सम्बन्ध रखता है। इन पंक्तियों के लेखक ने स्वयं गोस्वामी जी के पाँच ग्रन्थों पर 'तुलसी पंचामृत', मानस पर 'मानसमणि', गीता पर 'गीतासार' एवं उपनिषदों पर 'उपनिषद सौरभ' लिखे हैं। .... अभी हाल में

वाल्मीकि रामायण, अध्यात्म रामायण तथा मानस का तुलनात्मक अध्ययन करते हुए समस्त कथावस्तु को ले कर 'रामायण-रहस्य' नामक एक बृहत पुस्तक लिखी है। कुछ विचार भिन्न होने से परिवार भिन्न नहीं हो जाएगा।"[86]

यहाँ अभिलाष दास के इन उद्धृत शब्दों का विश्लेषण किया जा सकता है। यह इस प्रकार है–

1. कबीर को पढ़ने के बाद भी वेद-शास्त्रों के लेखकों को अभिलाष दास अपने पूर्वज मानते हैं, लेकिन वेद-शास्त्र के लेखक कबीर जुलाहे के पूर्वज नहीं थे।
2. अभिलाष दास के लिए वेद-शास्त्र पूर्वजों द्वारा छोड़ी गई सम्पत्ति है, लेकिन जुलाहे कबीर के लिए वह सारहीन एवं तथ्यहीन पोथियों का बोझा है।
3. अभिलाष दास के लिए वेद-शास्त्र के लेखक ऊँचे दर्जे के मनुष्य थे लेकिन कबीर के लिए वे संसार में लोगों के बीच घृणा फैलाने वाले बुरे लोग थे।
4. अभिलाष दास की श्रीराम और श्रीकृष्ण के प्रति श्रद्धा कम नहीं हुई है बल्कि और परिपक्व हुई है लेकिन कबीर का राम और कृष्ण के प्रति कोई श्रद्धाभाव बाकी नहीं है।
5. अभिलाष दास कहते हैं कि वैष्णव समाज कबीर के प्रति श्रद्धा रखता है, लेकिन वास्तव में ऐसा कहना वैष्णवों की कथनी और करनी में ही सम्भव है।
6. अभिलाष दास खुद ही कबीरपंथी बन गए हैं और खुद ही तुलसी की प्रशंसा कर रहे हैं। असल में, अभिलाष दास जैसे लोग कबीरपंथ के भीतर प्रच्छन्न वैष्णव बने बैठे हैं। सच्चा कबीरपंथी कभी भी तुलसी की प्रशंसा में पुस्तकें नहीं लिख सकता। यह रास्ता उधर से नहीं जाता।
7. अभिलाष दास की दृष्टि में कबीर और तुलसी एक ही परिवार के लोग हैं लेकिन एक दलित कबीरपंथी इन दोनों को अलग-अलग समाजों के लोग मानता है।
8. अभिलाष दास ने माना है कि सिद्धान्त दृष्टि से रामानन्द को कबीर का गुरु नहीं माना जा सकता लेकिन लोक और व्यवहार की दृष्टि से रामानन्द कबीर के गुरु हैं। लेकिन ऐसा क्यों हुआ कि सच्चे सिद्धान्त के विरुद्ध ऐसे झूठे लोक और व्यवहार में अभिलाष दास ने आग नहीं लगाई ?

एक ब्राह्मण का किसी पंथ में जा कर क्या व्यवहार होता है, इसे अभिलाष दास के आत्म कथन से हू-ब-हू समझा जा सकता है। उन्होंने अपनी पुस्तिका 'कबीर सन्देश' में लिखा है—"एक बार की बात है। डुमरियागंज यहाँ (गोरखपुर) से कोई बहुत दूर नहीं है। वहाँ के एक पूर्व परिचित सज्जन थे। मेरे साधुवेश में आ जाने के दस वर्ष बाद मुझ से मिले। उन्होंने कहा "आप वैदिक हो कर कबीरपंथी कैसे हो गए ? यह तो बड़ा अटपटा लगा।" मैंने कहा 'क्यों अटपटा लगा ?' मैं तो पहले केवल वेदों को अपनी पुस्तकें मानता था और राम-कृष्ण को अपना महान पुरुष तथा हिन्दू समाज को अपना समाज। परन्तु कबीर साहेब को पा कर मेरा विचार फैल गया। वेदों के साथ कुरान, बाइबिल आदि पुस्तकें भी मेरी हो गईं। राम-कृष्ण के साथ-साथ मूसा, ईसा, मुहम्मद, जरथुस्त्र, कन्फ़ूयुशियस, लाओत्जे, बुद्ध, महावीर भी मेरे महापुरुष हो गए। हिन्दू के साथ-साथ ईसाई, यहूदी, मुसलमान, कन्फ़ूयुशियन, बौद्ध, जैन भी मेरे हो गए और मानव-मात्र मेरे हो गए। मैं तो कबीर की शरण में जा कर कुछ खोया नहीं ; किन्तु पाया। मैं छोटे दायरे से बड़े दायरे में चला गया। मैंने राम-कृष्ण को खो नहीं दिया, वेदों को खो नहीं दिया, किन्तु उन के साथ ईसा मूसादि एवं बाइबल-कुरानादि को भी पा गया।"[87]

भूल में नहीं हैं बल्कि एक ब्राह्मण की पृथकता के नाते अभिलाष दास अपने प्राचीन इतिहास के भी सही-सही जानकार हैं। उन्होंने एक ब्राह्मण के नाते लिखा है—"हमारे पूर्वजों का समाज छोटा था ; परन्तु वे शरीरबल, विद्याबल, तपबल, साहित्यबल एवं उच्च संस्कारों के बल से संयुक्त थे। वे अपने को आर्य कहते थे। वे एक अच्छे व्यवस्थापक थे। उन्होंने आगे चल कर वर्ण-व्यवस्था की। उन्होंने अपने आप को ब्राह्मण तथा क्षत्रिय वर्ण में रखा तथा शायद भारत की अन्य आदिम जातियों में से पणियों (व्यापारियों) को वैश्य की संज्ञा दे कर चतुर्वर्णों में तीसरा स्थान दे दिया और शेष आदिवासियों का शूद्र नाम से चौथा वर्ण कायम कर दिया। तब तक उन में उदारता थी और किसी शूद्र वर्ण से आए हुए प्रतिभाशाली एवं तपस्वी पुरुष को ब्राह्मण मान लेते थे ; ऐतरेय महिदास, वेदव्यास आदि के उदाहरण प्रसिद्ध हैं ; किन्तु शूद्र वर्ण में जो नहीं मिलाए जा सकते थे, ऐसे आदिवासियों की भी संख्या भारत में काफी थी और आज भी है। इस प्रकार हमारे यहाँ पूरे भारतवासियों का कोई सामूहिक नाम नहीं था। कोई ब्राह्मण था, कोई क्षत्रिय, कोई वैश्य था और कोई शूद्र, कोई आदिवासी था, तो उन में भी संथाल, उरांव, उरगन आदि।"[88]

कहा जा सकता है कि कबीर के पंथ में आने के बाद भी ब्राह्मण के जातिगत संस्कार नहीं मिटते। ब्राह्मण की मानसिकता ही ऐसी बनी है कि वह सारी दुनिया को चमार और ब्राह्मण की कसौटियों पर उतार कर देखना चाहता है। इस के सिवा कोई दूसरी बात उस की समझ में नहीं आती। अभिलाष दास ने कबीर पंथ में दीक्षित होने के बाद भी अपनी पुस्तक 'कबीर का सच्चा रास्ता' में एक अध्याय का शीर्षक 'चमार

और ब्राह्मण कौन ?'[89] दिया है। इस के लिए उन्होंने बीजक की 139वीं साखी का सहारा लिया है। साखी इस प्रकार है–

बड़े गए बड़ापने, रोम-रोम हंकार।
सतूगुरु के परचै बिना, चारों बरन चमार।।[90]

पहले ही कहा जा सकता है कि बीजक में यह पद कबीर के नाम से प्रक्षिप्त है। यह किसी पहले ब्राह्मण ने ऐसा प्रक्षेप किया है और बाद के ब्राह्मण अभिलाष दास ने इस का भावार्थ किया है–"कितने बड़े कहलाने वाले अपने मिथ्या बड़प्पन के मद में नीचे गिर गए, क्योंकि उन के रोयें-रोयें में अहंकार भरा था। सद्गुरु के द्वारा स्वरूपज्ञान पाए बिना दैहिक बुद्धि रखने वाले चारों वर्ण के लोग चमार हैं, क्योंकि उन की समझ चरम की देह तक है।"[91] इस भावार्थ के बाद अभिलाष दास ने इस साखी की व्याख्या करते हुए लिखा है–"जब तक अविनाशी स्वरूप–राम का बोध नहीं है, जब तक यह माना जाता है कि मैं देह हूँ, तब तक चारों वर्ण के लोग चमार हैं। कबीर देव तीखे वचन कहते हैं "सद्गुरु परचै बिना, चारों बरन चमार।" सारे अहंकारों का मूल देह है, अतः जब तक आदमी जाति, वर्ण आदि का अहंकार करता है, तब तक वह केवल चमार है। जीव एवं आत्मा ब्राह्मण, क्षत्रिय, वैश्य, शूद्र, हिन्दू, मुसलमान, इसाई, जैन, बौद्धादि नहीं है। वह शुद्ध चेतन है। वर्ण, जाति आदि के सारे भेद देह में ही कल्पित किए जाते हैं, इसलिए वर्णादि का अहंकार करने वाले चाम की देह की बुद्धि रखने वाले हैं, इसलिए वे चमार हैं। कबीर साहेब ने एक वर्ण को चमार नहीं कहा। उन्होंने सारे देहाभिमानियों को चमार कहा।"[92] इस से आगे अभिलाष दास ने व्याख्या में जनक की सभा में अष्टावक्र की कहानी को मनोरंजक बताते हुए लिखा है कि ज्ञानियों द्वारा अष्टावक्र के आठों टेढ़े अंगों को देख कर उन के हँसने पर अष्टावक्र ने उन से कहा– "मैं यह सोच कर हँसा कि यह चमारों की मण्डली राजा जनक को ज्ञान देने के लिए बैठी है।" सभा के लोग अष्टावक्र पर क्रुद्ध हो गए कि आप ने हमें चमार क्यों कहा ! अष्टावक्र ने कहा कि जो चाम की बुद्धि रखता हो वह चमार नहीं तो क्या है ! आप लोग मेरे चाम की देह ही को तो देख कर हँस दिए हैं कि यह टेढ़ी-मेढ़ी है।"[93] अभिलाष दास ने अपनी ब्राह्मण बुद्धि के प्रकटीकरण और उस की प्रस्तुति में कोई कमी नहीं छोड़ी है जब उन्होंने इस व्याख्या के अन्त में लिखा है–"अतएव एक मानव जाति में यदि भेद किया जाए तो केवल दो जातियाँ बनती हैं एक चमार और दूसरा ब्राह्मण। जो अपने आप को देह मानता है वह चमार है और जो अपने आप को चेतन आत्मा मानता है वह ब्राह्मण है।"[94] कहने का मतलब यह है कि किसी भी पंथ या धर्म में जाने पर भी ब्राह्मण का काम इन दो शब्दों के बिना नहीं चलता। वह इन शब्दों का प्रयोग करने के लिए अपने संस्कारों के कारण लाचार है।

देखा जाए कि पूरण साहेब ने बीजक की 'चारों बरण चमार' वाली इस साखी की दूसरी पंक्ति की टीका किन शब्दों में की है। वे लिखते हैं–"आखिर 'जगत ही मेरा

स्वरूप' में सिद्धान्त किया, ताते इन गुरुवन के मिथ्या सिद्धान्त जब लग परखने में न आवेंगे तब लग चारों वर्ण चमार, सदा चमड़े में रहेंगे, कछु चमड़े से छूटने के नहीं। जो चमड़े में आसक्त रहै सोई चमार। ये अर्थ।"[95]

लेकिन अभिलाष दास चूहड़ी के बारे में क्या कहते हैं ? प्रमाण पुनः बीजक है। बीजक की यह साखी इस प्रकार है–

ई माया है चूहड़ी, औ चूहड़ों की जोय।
बाप पूत अरुझाय के, संग न काहु के होय।।[96]

बड़े दुख के साथ कहना पड़ता है कि अभिलाष दास ने इस साखी का शीर्षक भी 'माया ही भंगिनि है' रखा है। उन्होंने इस का भावार्थ इन शब्दों में किया है–"टट्टी साफ करने वाले भंगी या भंगिनी नहीं हैं। वे तो पवित्र मानव हैं। भंगिनी तो यह माया है और यह मलिन मनरूपी भंगी की जोरू है। यह जीव और मन को परस्पर उलझा कर किसी के साथ में नहीं होती।"[97] यहाँ अभिलाष दास इस साखी की व्याख्या करने के बजाय किसी गुनाह का बचाव ज्यादा करते हैं। वे लिखते हैं–"सद्गुरु कहते हैं कि माया भंगिनी है, मैली है, गंदगी से भरी है और 'चूहड़ों की जोय' है। विषयासक्त मन चूहड़ है, भंगी है, मैला है, गंदा है। माया उसी की जोरू है।"[98] वे लिखते हैं–"कोई टट्टी साफ करने से गंदा नहीं होता, किन्तु सफाई न रखने से गंदा होता है। इधर भंगी कहे जाने वाले बन्धुओं का भी जीवन-स्तर सुधरा है, तो वे भी साफ-सुथरे दिखने लगे हैं। ब्राह्मण, क्षत्रिय नामधारी भी जो अर्थ और शिक्षा से वंचित हैं, उन का जीवन-स्तर स्वच्छ नहीं है।"[99] वे पुनः 139वीं साखी की याद दिलाते हुए लिखते हैं–"........ वैज्ञानिक तथा मानवता का दृष्टिकोण रखने वाले कबीर देव की भाषा में देहाभिमानी मन चमार है तथा माया एवं विकारों में लिप्त मन भंगी है। चाम कमाना तथा टट्टी साफ करना तो समाज का रचनात्मक एवं पवित्र काम है। वस्तुतः देहाभिमानी तथा मलिन मन वाला होना चमार और भंगी होना है।"[100] यहाँ देखा जा सकता है कि अभिलाष दास ने चमार और भंगी के सन्दर्भ में किस खूबसूरती से वैज्ञानिक और मानवता के शब्दों को कलंकित कर दिया है।

साखी की दूसरी पंक्ति की व्याख्या करते हुए अभिलाष दास आगे लिखते हैं– " 'बाप पूत अरुझाय के, संग न काहु के होय' (में) बाप जीव है और मन जीव-द्वारा निर्मित होने से मानो जीव का पुत्र है। .... बाप-पूत का अर्थ समस्त मनुष्य भी किया जा सकता है, क्योंकि बाप-पूत के भीतर ही पूरा मानव समाज होता है।"[101] यहाँ पुनः देखा जा सकता है कि अभिलाष दास सच से बचे-बचे फिर रहे हैं। सच यह है कि यह साखी निश्चित रूप से कबीर की नहीं है लेकिन ऐसा कहने के बजाय वे शब्दों के अर्थों की तोड़-मरोड़ कर रहे हैं। लेकिन कबीर की न होने पर भी और कबीर के विरोधी-दर्शन की होने पर भी यह साखी बेहद महत्त्वपूर्ण है। यह साखी तत्कालीन

समाज की व्यवस्था का पता देती है। लेकिन यह पता आधा ही है क्योंकि यह चूहड़ी की तरफ से न लिखी जा कर उस के जमीदार की तरफ सें लिखी गई है। असल में, जमीदार और जमीदार का बेटा–दोनों चूहड़ी को अवैध रूप से रखैल बना कर रख रहे हैं। लेकिन उस से न ही जमीदार शादी करने को तैयार है और न ही जमीदार का बेटा। शिकायत खुद चूहड़ी को होनी चाहिए थी कि बाप-बेटे दोनों उस का अलग-अलग यौन-शोषण कर रहे हैं पर उसे विवाह का सम्मान देने को उन में से कोई भी राजी और तैयार नहीं है। लेकिन, चूँकि साखी जमीदार की तरफ से लिखी गई है इसलिए कहा गया है कि चूहड़ी छलना है जो न जमीदार के प्रति वफादार है और न जमीदार के बेटे के प्रति वफादार है। साखीकार के अनुसार उलटे वह बाप-पूत दोनों को धोखे में रख रही है। लेकिन जाना जा सकता है कि पूरण साहेब ने 'ई माया है चूहड़ी' वाली साखी की 'टीका गुरुमुख' किन शब्दों में लिखी है। उन्होंने लिखा है–"ई माया कहिए काया, सो चूहड़ी, हलालखोरिन जो सदा नर्क में भरी रहती है। औ जो काया का खाविन्द है जीव सो काया में आसक्त रहता है, सो भी चूहड़े हलालखोर ; योन विषयन में बाप पूत आदि सकल जीवन को अरुझाया, काहू के संग भई नहीं, आखिर को छूट गई। ये अर्थ।"[102]

इस व्याख्या में ब्राह्मण अभिलाष दास ने क्या किया है ? जो उन्होंने कबीर के साथ किया है, वह इस प्रकार है–

1. कबीर को कबीर दास के बजाय 'कबीर देव' बनाया है। यह ऐसा हुआ है मानो उन्होंने कबीर का अपनी संस्कृत भाषा में अनुवाद कर लिया है।
2. साखी को मन का चोर बताते हुए तीखे वचन वाली माना है। यह तीखा वचन ब्राह्मण के लिए नहीं बल्कि 'चमार' के लिए माना गया है।
3. पूरे समाज को ब्राह्मण और चमार के दो बड़े भागों में बाँट कर रखा गया है।
4. इस बँटवारे में ब्राह्मण को पूजनीय और चमार को घृणित माना गया है।
5. आत्मा में वर्ण और जाति के भेद को नकार कर देह में इस भेद को पूरी प्रतिष्ठा दी गई है।
6. चूहड़ी की छलना के रूप में जग कर बुराई की गई है।
7. कबीरपंथी बन कर भी ब्राह्मण अपनी मानसिकता में वही रहा है जो वह कबीरपंथी बनने से पहले जातिवादी और घमण्डी था।

अन्त में इस प्रकरण को ले कर यही पूछा जाना चाहिए कि क्या हिन्दुस्तान के सारे ब्राह्मण मर गए थे जो कबीर के नाम से चमार और चूहड़ी की बुराई करवाई जा

रही है। आखिर, बीजक में जातीय घृणा की इस बकवास का मतलब क्या है ? क्या ब्राह्मणों के लिए ऐसे कुकृत्य के लिए एक कबीर की ही जरूरत थी ? क्या कबीर ने स्वयं अछूत होते हुए भी चमार और चूहड़ी के बारे में ऐसी फब्तियाँ कसी हैं ? यह तो वक्त की मार है कि अभिलाष दास को चूहड़ी के बारे में सफाई देनी पड़ी है कि वह पवित्र काम करती है। इस पंक्ति की टीका करने में राघव दास ने अपने मन की पूरी भड़ास निकाल दी है जब उन्होंने लिखा है–"ई माया प्रत्यक्ष नरक वाहिनी भंगिनी है और इस के प्रिय नरक वाही भंगियों की ई चूहड़ी स्त्री है और ई हलाल खोरिन चूहड़ी माया ऐसी हरामजादी है, कि अपने बाप ब्रह्म और पूत जीव, ईश्वर सब ही को अपने प्रपंच फाँस में फँसा लेती है और संग किसी के भी नहीं जाती है।"[103]

अभिलाष दास की दृष्टि में ब्राह्मण और दलित का एक अन्तर और स्पष्ट होता है। उन्होंने अपनी पुस्तक 'कबीर का सच्चा रास्ता' में लिखा है–"जिस समय वर्ण-व्यवस्था की गई होगी, हो सकता है उस समय वह स्वस्थ, कल्याणप्रद तथा जनहितकारी रही हो।"[104] अभिलाष दास को पता होना चाहिए कि शूद्र ने इस वर्ण-व्यवस्था का हर युग में विरोध किया है। खुद त्रेता के युग में इस के विरोध में शम्बूक रामचन्द्र से अपना शीश तथा द्वापर में एकलव्य द्रोण से अपना अँगूठा कटवा रहे हैं। वास्तव में, यह केवल ब्राह्मण के ही मुख से सुना जा सकता है कि वर्ण-व्यवस्था कभी लाभप्रद भी रही होगी। शूद्र के मुँह से ऐसा कदापि नहीं सुना जा सकेगा। किसी भी समय की और किसी भी रूप की वर्ण-व्यवस्था की प्रशंसा करने में शूद्र की जीभ जलती है। कोई ब्राह्मण शूद्र के पाले में खड़ा हो कर देखे तो कि शूद्र को चौथा वर्ण मानने पर उसे कैसा अनुभव होता है। इसलिए, इस प्रसंग में यही कहा जा सकता है कि चमार और चूहड़ी को गाली ही देनी थी तो ब्राह्मण अभिलाष दास को तुलसी दास के मत से ही चिपके रहना चाहिए था। फिर उन्हें तुलसी दास को छोड़ कर कबीरपंथ में आने की क्या खास जरूरत थी ? तुलसी दास के यहाँ ये गालियाँ पूरी खुल कर दी जा सकतीं हैं। असल में, इन साखियों को बीजक में जोड़ने वाला भी कोई ब्राह्मण रहा होगा और अब व्याख्या का काम अभिलाष दास के हाथों में आ गया है। सो, शंका करने के बजाय, एक अंधविश्वासी की तरह उन्होंने यह अपना काम पूरा कर दिखाया है।

पूछा जा सकता है कि जबकि कबीर की ब्राह्मण से सीधी लड़ाई चल रही है तब ब्राह्मणों का अभिलाष दास के रूप में यह पैरोकार कौन है। यह कबीर के धर्म को भ्रमित करने क्यों आया है ? यह ब्राह्मणों की फौज का आदमी कबीर की फौज का कमाण्डर कैसे बन गया है ? यह घुसपैठ क्यों है ? यदि अभिलाष दास के लिए वेद, उपनिषद, स्मृति, महाकाव्य और पुराण पूजनीय ग्रन्थ हैं तो ये कबीर के पास क्या करने आए हैं ? अपने धर्मग्रन्थों का मोह न त्यागने के बाद भी ये दूसरों के खेमे में क्यों आए हैं ? यह विष्णु की औलाद बलि की औलाद के साथ कौन-सा नया छल करने

जा रही है ? जब ये वेद और स्मृतियों से सन्तुष्ट हैं तो वेद और स्मृतियों के खेमे में क्यों नहीं हैं ? क्या वेद और स्मृतियों के मानने वालों का अकाल पड़ गया है ? ये क्यों सिद्ध करते हैं कि कबीर वैदिक और पौराणिक मत के थे ? ये कबीर को हराने उन के घर में क्यों आए हैं ? कबीरपंथ की रणनीति में ऐसे खुले घुसपैठियों पर रोक क्यों नहीं है ? जब लड़ाई है तो लड़ाई को साफ क्यों नहीं होने देते ? ये ब्राह्मण के खेमे में रहते हुए दलितों का भला करने की क्यों नहीं सोचते ? ये पाला क्यों बदलते हैं ? ये कबीर की फौज को बहकाते क्यों हैं कि कबीर पण्डितों का आदर करते थे ? फिर कबीर की लड़ाई किस से है ? फिर कबीर में दमखम क्या है ?

सच बात यह है कि कबीर ब्राह्मणों के केवल ढोंग से ही नहीं लड़ रहे थे बल्कि ब्राह्मणों के जातीय स्वार्थ से भी लड़ रहे थे। ढोंग से लड़ाई पहली है पर आखरी लड़ाई ढोंग के नीचे छिपे स्वार्थ से है। ढोंग मुखौटा है पर लड़ाई ब्राह्मण के असली चेहरे से भी है। लड़ाई आवरण और विक्षेप दोनों से है। ब्राह्मण की चालाकी यह है कि वह दूसरे लोगों को अपने ढोंग से लड़वाता रहता है। इसे मुखौटों की लड़ाई और मायावी लड़ाई कहा जा सकता है। लेकिन कबीर की लड़ाई ब्राह्मण के मुखौटों को उतारने के बाद भी जारी है। वास्तव में, कबीर की लड़ाई अंधविश्वास, ढोंग, पाखण्ड और मुखौटों के आगे तक की है।

ढोंग का मतलब है कि विरोधी की फौज को गुमराह किया जा रहा है। जो कूटनीति में अफवाह है वह धर्मनीति में ढोंग है। ढोंग की क्रिया ब्राह्मण की भूल और अंधविश्वास नहीं है बल्कि उस की युद्धनीति का एक बड़ा हथियार और हिस्सा है। लेकिन कबीर इस अंधविश्वास को दूर कर के चुप नहीं बैठ गए हैं। उन के साथी गुरु रैदास ने ढोंग मिटाने के बाद अगली वास्तविक लड़ाई का बिगुल यह कह कर बजाया है—

> ऐसा चाहो राज मैं जहाँ मिले सबन को अन्न।
> छोट बड़ो सब सम बसै रैदास रहे प्रसन्न।।[105]

इस की व्याख्या में डा० राम अवध शास्त्री लिखते हैं—"इस पद के आधार पर उन्हें 'समाजवादी समाज की कामना' का प्रथम प्रस्तोता माना जा सकता है। राजशाही के उस जमाने में ऐसे राज की कामना सन्त रविदास ही कर सकते थे।"[106]

बताया जा सकता है कि अभिलाष दास कबीर की लड़ाई के पहले दौर के हारे हुए ब्राह्मण हैं। असल में, ये कबीर के कैदी हैं लेकिन कबीर की फौज के कमाण्डर बन गए हैं। ये ढोंग के स्तर पर पकड़े हुए विरोधी हैं लेकिन असली विरोधी स्वार्थ के स्तर पर पकड़े जाने शेष हैं। इसे मार्क्स ने वर्गहित कहा है जो इस देश में जातिहित और वर्णहित है। कबीर ने अपने सांई से ठीक माँगा है—

> सांई इतना दीजिए जितना कुटुम समाय।
> ता मैं भूखा ना रहूँ, साधु न भूखा जाए।।[107]

कबीर की अपने कुटुम्ब से कोई लड़ाई नहीं है। वे अपने कुटुम्ब को पालना चाहते हैं। वे अपने कुटुम्ब के लिए परमात्मा से उतना धन-माल चाहते हैं जितना युग के अनुरूप पर्याप्त हो। कुटुम्ब की खुशहाली के बाद वे थोड़ा सरप्लस धन इसलिए भी चाहते हैं कि उसे साधु की सेवा के रूप में अगले ज्ञान-ध्यान के लिए खर्च किया जा सके। इस में बड़ी अच्छी बात यह है कि उन्होंने राजाओं और ब्राह्मणों को दाता नहीं माना। उन्होंने राजाओं और ब्राह्मणों से कुछ नहीं मांगा। अन्न का दाता भगवान है, व्यवस्था में उस का केवल बँटवारा होता है। जब परमात्मा ने अच्छी वर्षा से और मजदूर के उद्यम से खूब धन-धान्य पैदा किया है तो व्यवस्था में गलत बँटवारे के कारण कबीर का कुटुम्ब भूखा क्यों मर जाएगा ? जब ईश्वर ने धरती पर इतना दिया है तो कबीर के कुटुम्ब के हिस्से का अन्न कोई राजा या ब्राह्मण छीनता क्यों है ? कबीर अपने कुटुम्ब के उस हिस्से के अन्न को छीनने नहीं दे रहे हैं। जब वे जुलाहे के रूप में दूसरों के लिए कपड़ा बुनते हैं तो भूखे क्यों रहेंगे ? जब खेती खूब अच्छी हुई है, जब कोई अकाल नहीं पड़ा है, तब कबीर का कुटुम्ब कपड़ा बुनने की कठिन मेहनत करने के बाद भूख से त्राहि-त्राहि क्यों करेगा ?

हुआ यह है कि अभिलाष दास तथा ऐसे अन्य द्विज घुसपैठियों ने कबीर पंथ में आ कर कबीर की लड़ाई को पूर्णतया रोक दिया है। इसे प्रशासन की भाषा में कार्रवाई को ठण्डे बस्ते में डाल देना कहते हैं। इन का काम कबीर के लौकिक शब्दों की आध्यात्मिक व्याख्या करना रह गया है। लेकिन कबीर की बात दूसरी थी। वे अध्यात्म का लाभ लोक कल्याण के लिए उठाते थे। अभिलाष दास अध्यात्म के लिए लोक कल्याण को तिलांजलि दे रहे हैं। ये गृहस्थ को ही नकार रहे हैं। अभिलाष दास लिखते हैं–"इतना तो तय है कि जो स्त्री या पुरुष मुमुंक्षु हैं, उन के लिए पति या पत्नी की अनुकूलता फाँसी एवं विष के तुल्य है।"[108] कमाल यह है कि अभिलाष दास ने कबीर को गृहस्थ ही नहीं माना है, और जब उन्हें गृहस्थ नहीं माना है तो उन्हें जुलाहे का काम करने वाला भी नहीं माना है। वे लिखते हैं–"कबीर पंथ का मूल स्थान काशी का कबीरचौरा तथा देश-विदेश में फैले हुए हजारों मठ इस के साक्षी हैं कि कबीर साहेब विरक्त संत थे। कबीर पंथ की किसी भी शाखा से यह सूत्र नहीं मिलता है कि वे गृहस्थ थे ; अपितु सब जगह से यही प्रमाण मिलता है कि वे त्यागी सन्त थे।"[109] अभिलाष दास ने यहाँ तक लिख दिया है–"बीजक में लोई, कमाल, कमाली, धनियां, रमजनियां आदि किसी की भी चर्चा नहीं है। बीजक का ज्ञान वैराग्य-वर्द्धक है; क्योंकि वह वैराग्यवान सद्गुरु कबीर के मुख से निकला है। यह नहीं भूलना चाहिए कि कबीर विरक्त सन्त थे।"[110]

यहाँ कहा जा सकता है कि अभिलाष दास सरीखे द्विज उदारवादी अपने मुमुक्षुत्व को कहीं भी जा कर प्राप्त कर लें लेकिन कबीर की ब्राह्मण से लड़ाई एक जुलाहे की

है। कबीर लोक से ले कर अध्यात्म तक एक ही लड़ाई लड़ते रहे हैं कि वे इस वर्ण-व्यवस्था में एक जुलाहे हैं। क्या अपने मुमुक्षुत्व की शान्ति के लिए द्विज उदारवादियों को ब्राह्मणों के मठों और मन्दिरों की कमी पड़ गई है जो उन्होंने कबीर और रैदास के चौराहों पर धावा बोल दिया है ? इस दृष्टि से शूद्रों के प्राचीन इतिहास का वर्णन करते हुए राम शरण शर्मा ने अपनी पुस्तक 'शूद्रों का प्राचीन इतिहास' में लिखा है–"परन्तु सुधारवादी सम्प्रदायों को अधिक महत्त्व देना ठीक न होगा। शासक वर्गों ने वैष्णव धर्म का उपयोग वर्णभेद मूलक समाज-व्यवस्था के मूलाधार को बनाए रखने के लिए ही किया था। वैश्य, स्त्रियाँ और शूद्र जन्मतः अधम माने जाते थे। कहा गया है कि द्विजों की सेवा करना और विष्णु की भक्ति करना इन दोनों के सिवा शूद्र के उद्धार का कोई अन्य उपाय नहीं है। .... जान पड़ता है कि ब्राह्मणवादी आदर्श ने निम्न वर्णों के लोगों के बीच भी इस मत में आस्था उत्पन्न कर दी थी। ...... निम्न वर्गों के लोगों में जो ऐसा विश्वास था, इस से अधिकांश लोगों के मन में यह जिज्ञासा कभी नहीं उठ सकी कि उन की दुरवस्था के मानवकृत कारण क्या हैं।"[111] इस में शूद्र की स्थिति केवल इस रूप में बदली थी कि 'द्विजशुश्रूणां धर्मः भक्तितोमयि'[112] अर्थात उसे भक्ति के बाद भी वर्ण कर्म के अनुसार द्विजों की सेवा करनी थी।

अभिलाष दास ने अपनी पुस्तकों में अन्य लोगों के लिए अपशब्दों का भी इस्तेमाल किया है। वे लिखते हैं–"जीवन पर्यन्त काशी में रह कर एक परम सन्त कबीर मरने के लिए सुदूर मगहर में क्यों गए ? इस प्रश्न का उत्तर ही यह 103वाँ शब्द है। परन्तु इन उच्च भावों को न समझ कर साधारण लोग ही नहीं, विद्वान कहलाने वाले लोग भी अन्यथा बकते हैं, तो कौन किस का मुख पकड़ लेगा।"[113] एक अन्य स्थल पर वे लिखते हैं–"उक्त कथा गंवारों की गढ़ी हुई है, परन्तु शहरी और विद्वान कहे जाने वाले लोग इस विषय में गंवारों से भी गंवार बन जाते हैं।"[114]

अभिलाष दास के लिए बीजक का 108वाँ शब्द बहुत परेशानी भरा है। उन्होंने इस का शीर्षक 'अपरिपक्व साधक का मनोभाव' दिया है। शब्द की पहली तीन पंक्तियाँ उन के लिए सिरदर्द बन गई हैं। ये पंक्तियाँ इस प्रकार हैं–

अब हम भैलि बहुरि जलमीना। पूर्वल जन्म तप का मद कीन्हा।।
तहिया मैं अछलेउँ मन बैरागी। तजलेउँ मैं लोग कुटुम राम लागी।।
तजलेउँ मैं काशी मति भई भोरी। प्राणनाथ कहु का गति मोरी।।[115]

इन पंक्तियों का अर्थ है–"मैं पूर्वजन्म में तपस्वी था, इस अहंकार में पड़ कर अब मैं पुनः जल के बिना तड़पती हुई मछली के समान शान्ति से दूर हो गया हूँ। तब मेरा मन वैरागी था और मैंने राम के लिए कुटुम्ब के लोग तज दिए थे। लेकिन मेरी मति मारी गई कि मैंने काशी को छोड़ दिया, हे प्राणनाथ, अब मेरी क्या दशा होगी ?" अभिलाष दास ने इस शब्द की व्याख्या में दो बातें कहीं हैं–

1. "कबीर जैसे उच्चतम स्थिति प्राप्त पुरुष की व्याख्या करने के लिए कम-से-कम उच्चतम ख्याल तो होने ही चाहिए। अपनी मंचीय कविता तथा अखबारी विवेचन-छाप से कबीर जैसे स्थितप्रज्ञ पर कुछ नहीं लिखना चाहिए और न बोलना चाहिए।"[116]
2. "इस 108वें शब्द का भाव किसी अपरिपक्व सगुणोपासक की कल्पना है– ...... जिस का चित्रण सद्गुरु ने बड़े मार्मिक ढंग से किया है। कबीर साहेब के पास अनेक प्रकार के लोग आते थे और ऐसे अनेक अवसर पड़ते थे जब उन के मानसिक बिम्बों को ले कर कबीर साहेब के कंठ से कविता निकल पड़ती थी। अतएव यह पूरा 108वाँ शब्द किसी अपरिपक्व साधक के मनोभाव का चित्रण है।"[117]

मुख्य बात यह है कि अभिलाष दास इस शब्द को प्रक्षिप्त मान कर भी प्रक्षिप्त नहीं कह पा रहे हैं। वास्तव में, कबीर ने कोई कथात्मक महाकाव्य नहीं लिखा है कि वे अपने प्रत्येक पात्र का चरित्र चित्रण कर रहे हैं। शब्द और साखी की विधा की विशेषता यही है कि कवि अपनी बात कहता है। सो, बीजक में कोई कथा नहीं चल रही है। तब ऐसी अवस्था में कबीर किसी दूसरे के मनोभाव का चित्रण क्यों करने बैठेंगे ? आखिर जो कबीर यह मानते हैं कि 'बहुरि हम काहै कूँ आवहिंगे'[118], क्या वे यह गा सकते हैं–'पूर्वल जन्म तप का मद कीन्हा'[119] और 'तहिया मैं अछलेउँ मन बैरागी'[120] ? जो कबीर मगहर में जा कर अपना शरीर त्याग करते हैं क्या उन्हें यह पश्चात्ताप सता रहा होगा कि उन्होंने मोक्ष की नगरी काशी का त्याग क्यों कर दिया ? सच बात यह है कि यह रमैनी है और शब्द नहीं है।

वैसे, अभिलाष दास एक मामले में डा० हजारी प्रसाद द्विवेदी के मुकाबले में बहुत ईमानदार हो कर उभरे हैं। जो डा० हजारी प्रसाद द्विवेदी नहीं कह पाए उस सच्चाई को अभिलाष दास कह गए हैं। हुआ यों है कि किसी को लिखे अपने एक पत्र में अभिलाष दास को इस बात का अहसास है कि उन के कबीरपंथी होने में कुछ कमी रह सकती है। पत्र में स्वीकारते हुए वे लिखते हैं–"आप चार-पाँच पीढ़ियों से कबीरपंथी हैं और साहित्यकार भी, अतः आप शुरू से ही ज्यादा निष्पक्ष मीमांसा कर सके। मैंने जहाँ जन्म लिया, वह परिवार अज्ञातकाल से वैदिक सनातनधर्मी है। मैंने स्वयं अपनी अठारह वर्ष की उम्र तक श्रीराम और श्रीकृष्ण को परमात्मा मान कर उन की उपासना की है। उन से मिलने के लिए आंसू बहाए हैं। अतः मेरा कबीरपंथी होने पर भी कुछ ज्यादा आग्रह उन के लिए रह गया हो, तो आश्चर्य नहीं।"[121] फिर भी, विद्वान अभिलाष दास से यही कहा जाना है कि आप को कबीर का जीवन-दर्शन नहीं मानना है तो मत मानिए लेकिन अपने मानने के लिए उन के जीवन-दर्शन को मत बिगाड़िए। आप संन्यासी हैं तो कबीर को संन्यासी सिद्ध मत कीजिए और आप पुनर्जन्म में विश्वास रखते हैं तो कबीर को पुनर्जन्म में विश्वास रखने वाले मत कहिए।

यही डा० हजारी प्रसाद द्विवेदी से अनुरोध है कि आप को कबीर की प्रशंसा नहीं करनी है तो मत कीजिए लेकिन कबीर की प्रशंसा करने के लिए उन के साहित्य को प्रक्षिप्त मत कीजिए। आप वैष्णव हैं तो वैष्णव रहिए लेकिन इस के लिए कबीर को वैष्णव मत कहिए।

ङ. स्वर्ग-नरक मान्य नहीं

डा० हजारी प्रसाद द्विवेदी की भाषा का तार्किक परीक्षण किया जा सकता है। उन्होंने कविवर रवीन्द्रनाथ ठाकुर के बारे में लिखा है—"मुझे स्वर्गीय कविवर रवीन्द्रनाथ ठाकुर से भी इस पुस्तक के लिखने में बहुत प्रेरणा मिली है और उन की कविताओं और लेखों को पढ़ कर कबीर के भावों को समझने में बड़ी सहायता मिली है। मेरा यह परम दुर्भाग्य है कि पुस्तक प्रेस में जाने के पहले ही वे इहलोक त्याग कर गए।"[122] यहाँ मेरा कहना यह है कि यह वैष्णव डा० हजारी प्रसाद द्विवेदी की भाषा है, कबीरपंथी डा० हजारी प्रसाद द्विवेदी की भाषा नहीं है।

विशेष विश्लेषण की दृष्टि से इस में दो बातें आपत्तिजनक हैं। पहली शब्द 'स्वर्गीय' के प्रयोग की तथा दूसरी 'वे इहलोक त्याग कर गए' के वाक्य के प्रयोग की है। इन दोनों बातों का कोई यह अर्थ लगाएगा कि रवीन्द्रनाथ ठाकुर इस लोक को छोड़ कर परलोक के स्वर्ग में चले गए हैं। भाषा के प्रयोग की दृष्टि से इस का अर्थ यह नहीं लगाया जा सकता कि 'रवीन्द्रनाथ ठाकुर मर गए हैं।' हिन्दी में इस बात को कहने के कई तरीके और सलीके हैं—'रवीन्द्रनाथ ठाकुर मर गए हैं', 'रवीन्द्रनाथ ठाकुर गुजर गए हैं', 'रवीन्द्रनाथ ठाकुर का इन्तकाल हो गया है'—लेकिन पुनर्जन्म और स्वर्ग-नरक में विश्वास करने वाले संस्कृत के विद्वान हिन्दी में हिन्दी के इन प्रयोगों का इस्तेमाल नहीं करेंगे। वे अपनी संस्कृत की परम्परा में यही लिखेंगे—वे इहलोक त्याग कर गए और स्वर्ग लोग में पहुँच गए। लेकिन कबीर मानते हैं कि कोई स्वर्ग और नरक नहीं है। आवागमन और स्वर्ग नरक मनुष्य की कल्पना है जिस के अनुकूल वस्तु-जगत में कुछ भी नहीं है। इसलिए कबीर को समझने के लिए पहले ब्राह्मण अपनी भाषा का आमूलचूल संस्कार करे—तभी कबीर को समझने की संभावना बनती है। 'स्वर्गीय' और 'वे इहलोक त्याग कर गए' के शब्दों और वाक्यों से कबीर का दर्शन समझ में आने वाला नहीं है। दलित समाज में इन शब्दों का प्रयोग नहीं होता। वहाँ 'स्वर्गीय' की जगह औरतें अपने पति के लिए 'मरणहारे' का प्रयोग करती हैं—'मरणहारा मुझे कहा करता था', 'मरणहारे ने मुझे कभी दुख नहीं दिया', 'मरणहारे ने अपनी चलते भतेरा किया' आदि।

मैंने मलयालम भाषा में अंग्रेजी के 'लेट' (मृत) शब्द के लिए शब्द पूछा तो गिनती बड़ी हो गई। मुझे बताया गया कि जनता की आम बोलचाल की भाषा में दो

शब्दों का प्रयोग ज्यादातर होता है। वे दो शब्द 'मरिच्चुपोया' और 'मरणप्पेट्टा' के हैं। इन दोनों में सीधे 'मरण' का प्रयोग है जिस का हिन्दी में अनुवाद 'मरणहारा' है। लेकिन मलयालम के साहित्य में जिन कृत्रिम शब्दों के प्रयोग मिलते हैं वे 'परेतनाया', 'यशश्शरीनाया', 'निर्यातनाया', 'मृतशरीरनाया', 'दिवंगतनाया', 'स्वर्गस्थानाया', 'इहलोक वासंवेडिञ्ञा', 'परलोक प्रापिच्चा', 'निर्वाणम् प्रापिच्चा', मोक्षम् प्रापिच्चा', 'ईश्वरनिल लयिच्चा' और 'नितान्तनिद्रायिलाण्ड' के हैं। ये हिन्दू और बौद्ध शब्दावली के शब्द हैं लेकिन ईसाई लोग 'कालम् चेयतु' शब्द का प्रयोग करते हैं। ट्रावनकोर का राज परिवार 'नाड़ु नींगीय' तथा कोचीन का राज परिवार 'तीप्पेट्टा' के शब्दों का इस्तेमाल करते हैं। 'नाड़ु नींगीय' का मतलब धरती को समर्पित तथा 'तीप्पेट्टा' का मतलब अग्नि को समर्पित है। 'कालम् चेयतु' का मतलब इन्तकाल है। यूँ, हर शब्द के साथ एक वातावरण जुड़ा हुआ है लेकिन सामान्य बोलचाल की भाषा में 'मरिच्चुपोया' और 'मरणप्पेट्टा' के शब्दों का ही प्रयोग होता है जो सही प्रयोग है।

डा० द्विवेदी द्वारा संकलित 'कबीर-वाणी' में 156वें पद की कुछ पंक्तियाँ इस प्रकार हैं—

> चलन चलन सब को कहत है, नाँ जानौं बैकुंठ कहाँ है।
> जोजन एक प्रमिति नहिं जानैं, बातनि ही बैकुंठ बखानैं।।
>
> . . . .
>
> कहें-सुनें कैसैं पतिअइए, जब लग तहाँ आप नहिं जइए।।
> कहै कबीर यहु कहिए काहि, साध संगति बैकुंठहिं आहि।।[123]

ऐसी स्थिति में डा० द्विवेदी द्वारा रवीन्द्रनाथ ठाकुर को स्वर्गीय कहना कहाँ तक उचित है ? इस का मतलब यही हुआ कि कबीर को पढ़ कर भी नहीं पढ़ा। डा० द्विवेदी अपनी भाषा में हामी भर रहे हैं कि रवीन्द्रनाथ ठाकुर इहलोक त्याग कर स्वर्ग लोक में चले गए हैं—अर्थात वे मरे नहीं हैं। इसलिए खुद डा० हजारी प्रसाद द्विवेदी पर कबीर की यह पंक्ति लागू होती है कि 'बातनि ही बैकुंठ बखानै।' कबीर पूछते हैं कि जब तक कोई आदमी खुद बैकुंठ में नहीं गया है तब तक वह किसी के कहे-सुने का विश्वास क्यों करता है। तभी कबीर अन्त में कहते हैं—'ए ब्राह्मण, बस, साध-संगति ही सब कुछ है। मेरे सामने स्वर्ग-नरक की फालतू बात मत कर, सुन कर जी जलता है।'

सन्दर्भ

1. कबीर के आलोचक, डा० धर्मवीर, पृष्ठ-36
2. वारेन हेस्टिंग्स का मुकदमा एक महा अभियोग, वारेन हेस्टिंग्स
3. बीजक, टीकाकार अभिलाष दास, पृष्ठ-249
4. क०ह०प्र०द्वि०, पृष्ठ-318

5. कबीर समग्र, डा० युगेश्वर, पृष्ठ-580
6. कबीर ग्रन्थावली, सम्पादक डा० श्याम सुन्दर दास, नागरी प्रचारिणी सभा, वाराणसी, सातवाँ संस्करण, संवत 2016, पृष्ठ-19
7. ह०प्र०द्वि०ग्रं०, खण्ड-3, पृष्ठ-136-7
8. क०ह०प्र०द्वि०, पृष्ठ-321
9. वही, पृष्ठ-321
10. वही, पृष्ठ-216
11. वही, पृष्ठ-221-2
12. वही, पृष्ठ-222
13. वही, पृष्ठ-312
14. वही, पृष्ठ-98-9
15. वही, पृष्ठ-317
16. वही, पृष्ठ-356
17. वही, पृष्ठ-320
18. कबीर ग्रन्थावली, भगवत स्वरूप मिश्र, पद-249, पृष्ठ-401 ; कबीर समग्र, डा० युगेश्वर, पृष्ठ-626
19. क०ह०प्र०द्वि०, पृष्ठ-104
20. वही, पृष्ठ-98-9
21. वही, पृष्ठ-204
22. कबीर समग्र, डा० युगेश्वर, पृष्ठ-471
23. क०ह०प्र०द्वि०, पृष्ठ-232
24. वही, पृष्ठ-250-51
25. वही, पृष्ठ-358
26. बीजक, भाग-1, व्याख्याकार अभिलाष दास, पृष्ठ-280
27. वही, पृष्ठ-280
28. बीजक, भाग-2, व्याख्याकार अभिलाष दास, पृष्ठ-1523
29. वही, पृष्ठ-1524
30. वही, पृष्ठ-1524
31. वही, पृष्ठ-1524
32. वही, पृष्ठ-1524
33. वही, पृष्ठ-1524
34. वही, पृष्ठ-1524-5
35. वही, पृष्ठ-1525
36. कबीर समग्र, डा० युगेश्वर, पृष्ठ-580
37. कबीर, भाग-2, व्याख्याकार अभिलाष दास, पृष्ठ-1602
38. वही, पृष्ठ-1602
39. वही, पृष्ठ-1602
40. वही, पृष्ठ-1603
41. वही, पृष्ठ-1610
42. वही, पृष्ठ-1612
43. वही, पृष्ठ-1602
44. बीजक, भाग-1, व्याख्याकार अभिलाष दास, पृष्ठ-612
45. वही, पृष्ठ-612
46. वही, पृष्ठ-612
47. वही, पृष्ठ-612
48. वही, पृष्ठ-615-16
49. वही, पृष्ठ-616
50. वही, पृष्ठ-683
51. वही, पृष्ठ-683
52. वही, पृष्ठ-681
53. वही, पृष्ठ-681
54. वही, पृष्ठ-681

55. बीजक, टीकाकार अभिलाष दास, पृष्ठ-378
56. बीजक, भाग-2, व्याख्याकार अभिलाष दास, पृष्ठ-1536
57. वही, पृष्ठ-1536
58. वही, पृष्ठ-1537
59. वही, पृष्ठ-1537
60. कबीर दर्शन, अभिलाष दास, पृष्ठ-119
61. वही, पृष्ठ-119
62. कबीर जीवनी, अभिलाष दास, पृष्ठ-31
63. वही, पृष्ठ-31
64. कबीर दर्शन, अभिलाष दास, पृष्ठ-226
65. वही, पृष्ठ-226
66. वही, पृष्ठ-409
67. बीजक, टीकाकार अभिलाष दास, पृष्ठ-109
68. बीजक, भाग-2, व्याख्याकार अभिलाष दास, पृष्ठ-933
69. वही, पृष्ठ-948
70. वही, पृष्ठ-948
71. वही, पृष्ठ-933-36
72. वही, पृष्ठ-937
73. कबीरपंथी शब्दावली, पृष्ठ-903
74. बीजक, भाग-1, व्याख्याकार अभिलाष दास, पृष्ठ-404
75. वही, पृष्ठ-405
76. वही, पृष्ठ-405
77. बीजक, टीकाकार अभिलाष दास, पृष्ठ-139
78. वही, पृष्ठ-139
79. बीजक, भाग-1, व्याख्याकार अभिलाष दास, पृष्ठ-76
80. कबीरपंथी शब्दावली, पृष्ठ-853
81. कबीर पर शुक्ल की और मेरी दृष्टि, अभिलाष दास, पृष्ठ-67
82. पल प्रतिपल, अक्टूबर-दिसम्बर, 1997, पृष्ठ-57
83. कबीर पर शुक्ल की और मेरी दृष्टि, अभिलाष दास, तीसरी बार, 1996, पृष्ठ-60
84. वही, पृष्ठ-66
85. वही, पृष्ठ-66
86. वही, पृष्ठ-66
87. कबीर सन्देश, अभिलाष दास, चौथी बार, 1996, पृष्ठ-26-7
88. हिन्दू कौन ?, अभिलाष दास, दूसरी बार, 1994, पृष्ठ-4-5
89. कबीर का सच्चा रास्ता, अभिलाष दास, कबीर पारख संस्थान, प्रीतम नगर, सुलेम सराय, इलाहाबाद-211 001, पहली बार, 1997, पृष्ठ-105
90. वही, पृष्ठ-105
91. वही, पृष्ठ-105
92. वही, पृष्ठ-107
93. वही, पृष्ठ-107-8

94. वही, पृष्ठ-108

95. मूल बीजक, टीका सहित, पूरण साहेब, पृष्ठ-455

96. बीजक, भाग-2, व्याख्याकार अभिलाष दास, पृष्ठ-1354

97. वही, पृष्ठ-1354

98. वही, पृष्ठ-1355

99. वही, पृष्ठ-1355

100. वही, पृष्ठ-1355-6

101. वही, पृष्ठ-1356

102. मूल बीजक, टीका सहित, पूरण साहेब, पृष्ठ-459

103. कबीर बीजक, राघव दास, पृष्ठ-517

104. कबीर का सच्चा रास्ता, अभिलाष दास, पृष्ठ-43

105. सन्दर्भ और समीक्षा, डा० राम अवध शास्त्री, कंचन पब्लिकेशनस, 4-डी-50, लाजपत नगर, नई दिल्ली-110074, प्रथम संस्करण, 1988, पृष्ठ-13

106. वही, पृष्ठ-13

107. कबीर समग्र, डा० युगेश्वर, पृष्ठ-463

108. बीजक, भाग 2, व्याख्याकार अभिलाष दास, पृष्ठ-1350-51

109. कबीर दर्शन, अभिलाष दास, पृष्ठ-41

110. वही, पृष्ठ-42

111. शूद्रों का प्राचीन इतिहास, राम शरण शर्मा, पृष्ठ-256

112. शूद्रों का प्राचीन इतिहास, राम शरण शर्मा, पृष्ठ-277 पर आश्वमेधिक पर्व (सदर्न एडिशन आफ दि महाभारत), 118 : 15-16 से उद्धृत।

113. बीजक, भाग-1, व्याख्याकार अभिलाष दास, पृष्ठ-776

114. वही, पृष्ठ-777

115. वही, पृष्ठ-794

116. वही, पृष्ठ-795

117. वही, पृष्ठ-795-6

118. कबीर समग्र, डा० युगेश्वर, पृष्ठ-588

119. बीजक, भाग-1, व्याख्याकार अभिलाष दास, पृष्ठ-794

120. वही, पृष्ठ-794

121. पत्रावली, अभिलाष दास, पारख प्रकाशक कबीर संस्थान, प्रीतम नगर, सुलेम सराय, इलाहाबाद, प्रथम आवृत्ति, सन् 1995, पृष्ठ-217

122. क०ह०प्र०द्वि०, पृष्ठ-21

123. वही, पृष्ठ 322

सन्दर्भ साहित्य

I. हिन्दी पुस्तकें :

1. अकबर, राहुल सांकृत्यायन, किताब महल, 15 थार्नहिल रोड, इलाहाबाद, संस्करण, 1991
2. अनामदास का पोथा, हजारी प्रसाद द्विवेदी, राजकमल प्रकाशन प्राइवेट लिमिटेड, 8, नेताजी सुभाष मार्ग, नई दिल्ली-110002, पेपर बैक्स, पहला संस्करण, 1984
3. अनामदास का पोथा अथ रैक्व-आख्यान, हजारी प्रसाद द्विवेदी, राजकमल प्रकाशन प्राइवेट लिमिटेड, 8, नेताजी सुभाष मार्ग, नई दिल्ली-110002, संस्करण द्वितीय आवृत्ति, 1979
4. अशोक के फूल, हजारी प्रसाद द्विवेदी, सस्ता साहित्य मण्डल, नई दिल्ली, चौथी बार, 1955
5. आधुनिक गद्य की विविध विधाएँ, डा० उदयभानु सिंह, वाणी प्रकाशन, 21-ए, दरियागंज, नई दिल्ली-110002, संस्करण, 1996
6. एकादशोपनिषद, डा० सत्यव्रत सिद्धान्तालंकार, चन्द्रावती लखनपाल ट्रस्ट सोसायटी, 4/24, आसफ अली रोड, नई दिल्ली-110002, चतुर्थ संशोधित संस्करण, 1983
7. कबीर, आचार्य हजारी प्रसाद द्विवेदी, राजकमल प्रकाशन प्रा०लि०, 1-बी, नेता जी सुभाष मार्ग, नई दिल्ली-110002, छात्र संस्करण पुनर्मुद्रित, 1995
8. कबीर, हजारी प्रसाद द्विवेदी, हिन्दी ग्रन्थ रत्नाकर कार्यालय, मुम्बई-4, तृतीय परिवर्द्धित संस्करण, 1950 ई०
9. कबीर और कबीर पंथ, डा० केदार नाथ द्विवेदी, हिन्दी साहित्य सम्मेलन, प्रयाग, प्रथम संस्करण, सन् 1965
10. कबीर काव्य कोश, डा० वासुदेव सिंह, विश्वविद्यालय प्रकाशन, विशालाक्षी भवन, चौक, वाराणसी-221001, प्रथम संस्करण, 1987
11. कबीर का सच्चा रास्ता, अभिलाष दास, कबीर पारख संस्थान, प्रीतम नगर, सुलेम सराय, इलाहाबाद-211001, पहली बार, सन् 1997
12. कबीर के आलोचक, डा० धर्मवीर, वाणी प्रकाशन, 21-ए, दरियागंज, नई दिल्ली-110002, द्वितीय संस्करण, 1998 ई०

13. कबीर ग्रन्थावली, डा० एल०बी० राम अनन्त, रीगल बुक डिपो, नई सड़क, दिल्ली-110006, सर्वोत्तम संस्करण, 1984

14. कबीर ग्रन्थावली, डा० पारसनाथ तिवारी, राका प्रकाशन, 40-ए, मोती लाल नेहरू रोड, इलाहाबाद-211002, पुनर्मुद्रित संस्करण, 1989

15. कबीर ग्रन्थावली, संजीवनी व्याख्या सहित, सम्पादक एवं भाष्यकार डा० भगवत स्वरूप मिश्र, विनोद प्रकाशन मन्दिर, हास्पिटल रोड, आगरा-3, तृतीय संस्करण, 1977

16. कबीर ग्रन्थावली, डा० माता प्रसाद गुप्त, साहित्य भवन प्रा०लि०, 93, जीरो रोड, इलाहाबाद-211003, संस्करण, 1996

17. कबीर ग्रन्थावली, सम्पादक डा० श्याम सुन्दर दास, नागरी प्रचारिणी सभा, वाराणसी, सातवाँ संस्करण, सम्वत् 2016

18. कबीर ग्रन्थावली, सम्पादक डा० श्याम सुन्दर दास, नागरी प्रचारिणी सभा, वाराणसी, 16वाँ संस्करण, सम्वत् 2045

19. कबीर ग्रन्थावली, पुष्प पाल सिंह, अशोक प्रकाशन, नई सड़क, दिल्ली-110006, नवम संस्करण, 1990

20. कबीर : जीवन और दर्शन, उर्वशी सूरती, लोक भारती प्रकाशन, 15-ए, महात्मा गांधी मार्ग, इलाहाबाद-1, प्रथम संस्करण, 1980

21. कबीर जीवनी, अभिलाष दास, कबीर पारख संस्थान, प्रीतम नगर, सुलेम सराय, इलाहाबाद-211001, तीसरी बार, 1997

22. कबीर दर्शन, अभिलाष दास, पारख प्रकाशन कबीर संस्थान, प्रीतम नगर, सुलेम सराय, इलाहाबाद-211001, तीसरी बार, 1997

23. कबीर पर शुक्ल की और मेरी दृष्टि, अभिलाष दास, पारख प्रकाशन कबीर संस्थान, प्रीतम नगर, इलाहाबाद-211001, तीसरी बार, 1997

24. कबीरपंथी शब्दावली, स्वामी श्री युगलानन्द विहारी, गंगा विष्णु श्री कृष्ण दास, लक्ष्मी वेंकटेश्वर स्टीम प्रेस, कल्याण मुम्बई, संस्करण, 1982

25. कबीर बीजक, राघवदास, फर्म बाबू बैजनाथ प्रसाद बुकसेलर, राजा दरवाजा, वाराणसी-221001, संस्करण, 1986

26. कबीर बीजक, डा० शुकदेव सिंह, नीलाभ प्रकाशन, 5, खुसरो रोड, इलाहाबाद, प्रथम संस्करण, 1972

27. कबीर मन्शूर, स्वामी श्री परमानन्द, अनुवादक पं० माधवाचार्य, मै० खेमराज श्री कृष्ण दास, लक्ष्मी वेंकटेश्वर स्टीम प्रेस, बम्बई-400004, संस्करण 1988

28. कबीर वचनावली, अयोध्या सिंह उपाध्याय, काशी नागरी प्रचारिणी सभा, आठवाँ संस्करण, सम्वत् 1996

29. कबीर सन्देश, अभिलाष दास, पारख प्रकाशन कबीर संस्थान, प्रीतम नगर, सुलेम सराय, इलाहाबाद-211001

30. कबीर समग्र, सम्पादक और लेखक प्रो० युगेश्वर, हिन्दी प्रचारक संस्थान, पो०बा० 1106, पिशाच मोचन, वाराणसी-221010, द्वितीय संस्करण 1995

31. कबीर साहित्य की प्रासंगिकता, सम्पादक विवेक दास, कबीर वाणी प्रकाशन केन्द्र, कबीर चौरा मठ, वाराणसी-1

32. कौटिलीयम् अर्थशास्त्रम्, व्याख्याकार वाचस्पति गैरोला, चौखम्बा विद्या भवन, पो०बा० नम्बर 69, वाराणसी-221001, तृतीय संस्करण, 1984

33. गीतांजली, रवीन्द्र नाथ ठाकुर, अनुगायक हंस कुमार तिवारी, मानसरोवर प्रकाशन, सम्वत 2018

34. तवारीख-ए-शेरशाही, लेखक अब्बास शरवानी, अनुवादक राजाराम अग्रवाल, उत्तर प्रदेश हिन्दी संस्थान, राजर्षि पुरुषोत्तम दास टन्डन हिन्दी भवन, महात्मा गांधी मार्ग, लखनऊ, प्रथम संस्करण, 1983

35. नागपुर का धम्मोपदेश, बोधिसत्व बाबा साहेब डा० अम्बेडकर, भारतीय बौद्ध महासभा, दिल्ली प्रदेश, बुद्ध विहार, अम्बेडकर भवन, नई दिल्ली-110055, संस्करण अप्रैल, 1997

36. पत्रावली, अभिलाष दास, पारख प्रकाशन कबीर संस्थान, प्रीतम नगर, सुलेम सराय, इलाहाबाद, प्रथम आवृत्ति 1995

37. परम्परा का मूल्यांकन, राम विलास शर्मा, राज कमल प्रकाशन प्राइवेट लिमिटेड, 8, नेता जी सुभाष मार्ग, नई दिल्ली-110 002, प्रथम संस्करण, 1981

38. पिछड़ा वर्ग आयोग की रिपोर्ट, भाग एक, भारत सरकार, 1980

39. पंचग्रन्थी, राम रहस साहेब, टीकाकार अभिलाष दास, पारख प्रकाशक कबीर संस्थान, प्रीतम नगर, इलाहाबाद-211001, दूसरी बार, 1991

40. बीजक, टीकाकार अभिलाष दास, पारख प्रकाशक कबीर संस्थान, प्रीतम नगर, इलाहाबाद-211001, परिशोधित एवं परिसीमित पंचम संस्करण, ईस्वी 1993

41. बीजक, खण्ड-1, व्याख्याकार अभिलाष दास, कबीर पारख संस्थान, प्रीतम नगर, सुलेम सराय, इलाहाबाद-211001, परिशोधित एवं परिवर्द्धित सातवीं बार, 1997 ई०

42. बीजक, खण्ड-2, व्याख्याकार अभिलाष दास, कबीर पारख संस्थान, प्रीतम नगर, सुलेम सराय, इलाहाबाद-211001, परिशोधित एवं परिवर्द्धित छठी बार, 1995 ई०

43. बाबा साहेब डा० अम्बेडकर : सम्पूर्ण वाङ्मय, खण्ड-1, प्रकाशन विभाग, सूचना और प्रसारण मंत्रालय, भारत सरकार, सुपर बाजार दूसरी मंजिल, कनाट सर्कस, नई दिल्ली-110001, संस्करण अप्रैल, 1993

44. भगवान बुद्ध और उन का धर्म, डा० भीमराव रामजी अम्बेडकर, अनुवादक भदन्त आनन्द कौसल्यायन, भारतीय बौद्ध शिक्षा परिषद, श्रावस्ती, बलरामपुर, उत्तर प्रदेश, द्वितीय संस्करण, 1970

45. भारतीय संविधान सभा के वाद-विवाद की सरकारी रिपोर्ट, खण्ड 7 क, पुस्तक संख्या 3, लोकसभा सचिवालय, नई दिल्ली, प्रथम पुनर्मुद्रण 1994

46. भारत का संविधान, प्रकाशन नियंत्रक भारत सरकार, सिविल लाइन्स, दिल्ली-110054, प्राधिकृत पाठ का चौथा संस्करण, 1996

47. भारत में जाति प्रथा : स्वरूप, कर्म और उत्पत्ति, जे०एच० हटन, अनुवादक मंगल नाथ सिंह, मोती लाल बनारसी दास, बंगलो रोड, जवाहर नगर, दिल्ली-110007, प्रथम हिन्दी संस्करण, 1983

48. मध्यकालीन हिन्दी काव्य भाषा, डा० राम स्वरूप चतुर्वेदी, लोक भारती प्रकाशन, 15-ए, महात्मा गांधी मार्ग, इलाहाबाद-1, प्रथम संस्करण, 1974

49. मनोविश्लेषण : सिगमण्ड फ्रायड, अनुवादक देवेन्द्र कुमार वेदालंकार, राजपाल एण्ड सन्ज, कश्मीरी गेट, दिल्ली-110006, संस्करण, 1991

50. मानक हिन्दी कोश, पहला खण्ड, सम्पादक रामचन्द्र वर्मा, हिन्दी साहित्य सम्मेलन, प्रयाग, प्रथम संस्करण, सम्वत 2019

51. मूल बीजक टीका सहित, पूरण साहेब, मै० खेमराज श्री कृष्ण दास, श्री वेंकटेश्वर प्रेस, बम्बई-4, संस्करण 1987

52. मार्क्सवाद और रामराज्य, श्री स्वामी करपात्री जी महाराज, गीता प्रेस, गोरखपुर, तृतीय संस्करण, सम्वत 2023

53. राग-विराग : महाकवि निराला की सर्वश्रेष्ठ कविताओं का संकलन, सम्पादक राम विलास शर्मा, लोक भारती प्रकाशन, 15-ए, महात्मा गांधी मार्ग, इलाहाबाद-1, सप्तम संस्करण 1981

54. वारेन हेस्टिंग्स का मुकदमा : एक महा अभियोग, वारेन हेस्टिंग्स, अनुवादक आदर्श हिन्दी पुस्तकालय, 492, मालवीय नगर, इलाहाबाद-3, प्रथम संस्करण, 1966

55. वेदान्त दर्शन, स्वामी श्री भगवदाचार्य, राज नगर सोसाइटी, अहमदाबाद-7, दिनांक 28.8.1963

56. वैदिक सिद्धान्त अर्थात कतिपय वैदिक सिद्धान्तों पर निबन्ध संग्रह, प्रकाशक, श्री नारायण स्वामी श्री मद्दयानन्द जन्म शताब्दी सभा, मथुरा, संस्करण, सन् 1925

57. शूद्रों का प्राचीन इतिहास, राम शरण शर्मा, राजकमल प्रकाशन, 1-बी, नेता जी सुभाष मार्ग, नई दिल्ली-110002, पेपर बैक संस्करण, पुनरावृत्ति, 1997

58. श्रीभाष्यम्, रामानुज विरचित, हिन्दी व्याख्या वडुवूर राँस० रंगनाथ आचार्य, 17/1, जानकी राम पिल्लै स्ट्रीट, मद्रास-33, प्रथम आवृत्ति, 1976

59. सन्दर्भ और समीक्षा, डा० राम अवध शास्त्री, कंचन पब्लिकेशन्स, 4-डी-50, लाजपत नगर, नई दिल्ली-110 074, प्रथम संस्करण, 1998

60. संस्कृति के चार अध्याय, रामधारी सिंह दिनकर, 32 उदयाचल, आर्य कुमार रोड, पटना-4, तृतीय संस्करण, सितम्बर, 1962

61. सत्य कबीर की साखी, सम्पादक युगलानन्द, वेंकटेश्वर प्रेस, बम्बई, संस्करण सन् 1990

62. सन्त कबीर, राम कुमार वर्मा, साहित्य भवन लिमिटेड, इलाहाबाद, प्रथम बार, 1943

63. सन्त रैदास का निर्वर्ण सम्प्रदाय, डा० धर्मवीर, शेष साहित्य प्रकाशन, 30/64, गली नं० 8, विश्वास नगर, शाहदरा-110032, पहला संस्करण, 1990

64. सुदामा चरित, नरोत्तम दास कृत, सम्पादक फूल चन्द जैन, विनोद पुस्तक मन्दिर, आगरा-3, षष्ठ संस्करण, 1966

65. हजारी प्रसाद द्विवेदी ग्रन्थावली, पहला खण्ड, सम्पादक मुकुल द्विवेदी, राजकमल प्रकाशन प्राइवेट लिमिटेड, 1-बी, नेताजी सुभाष मार्ग, नई दिल्ली-110002, दूसरा संस्करण, 1998

66. हजारी प्रसाद द्विवेदी ग्रन्थावली, खण्ड-3, राजकमल प्रकाशन प्राइवेट लिमिटेड, 8, नेता जी सुभाष मार्ग, नई दिल्ली-110002, प्रथम संस्करण, अगस्त, 1981

67. हजारी प्रसाद द्विवेदी ग्रन्थावली, खण्ड-4, राजकमल प्रकाशन प्राइवेट लिमिटेड, 8, नेता जी सुभाष मार्ग, नई दिल्ली-110002, प्रथम संस्करण, अगस्त, 1981

68. हजारी प्रसाद द्विवेदी ग्रन्थावली, चौथा खण्ड, सम्पादक मुकुल द्विवेदी,

राजकमल प्रकाशक प्राइवेट लिमिटेड, 1-बी, नेता जी सुभाष मार्ग, नई दिल्ली-110002, दूसरा संस्करण, 1998

69. हजारी प्रसाद द्विवेदी ग्रन्थावली, खण्ड-5, राजकमल प्रकाशन प्राइवेट लिमिटेड, 8, नेता जी सुभाष मार्ग, नई दिल्ली-110002, प्रथम संस्करण, अगस्त, 1981

70. हजारी प्रसाद द्विवेदी ग्रन्थावली, खण्ड-6, राजकमल प्रकाशन प्राइवेट लिमिटेड, 8, नेता जी सुभाष मार्ग, नई दिल्ली-110002, प्रथम संस्करण, अगस्त, 1981

71. हजारी प्रसाद द्विवेदी ग्रन्थावली, ग्यारहवाँ खण्ड, सम्पादक मुकुल द्विवेदी, राजकमल प्रकाशन प्राइवेट लिमिटेड, 1-बी, नेता जी सुभाष मार्ग, नई दिल्ली-110002, दूसरा संस्करण, 1998

72. हिन्दी की आत्मा, डा० धर्मवीर, समता प्रकाशन, 30/64, गली नम्बर 8, विश्वास नगर, शाहदरा, दिल्ली-110032, पहला संस्करण, 1989

73. हिन्दी गीतांजलि, रवीन्द्रनाथ ठाकुर, रूपान्तर श्रीदत्त शास्त्री, राजस्थान बुक डिपो, नई सड़क, देहली, द्वितीय संस्करण

74. हिन्दी विश्व कोश, खण्ड-21, सम्पादक नगेन्द्र नाथ वसु, बी०आर० पब्लिशिंग कार्पोरेशन, 461, विवेकानन्द नगर, दिल्ली-110052, रिप्रिन्ट, 1986

75. हिन्दी विश्व कोश, खण्ड-23, सम्पादक नगेन्द्र नाथ वसु, बी०आर० पब्लिशिंग कार्पोरेशन, 461, विवेकानन्द नगर, दिल्ली-110052, रिप्रिन्ट, 1986

76. हिन्दी शब्द सागर, दसवाँ भाग, मूल सम्पादक, श्याम सुन्दर दास, नागरी प्रचारिणी सभा, काशी, संस्करण, 1973

77. हिन्दी साहित्य का अतीत, प्रथम भाग, आचार्य विश्वनाथ प्रसाद मिश्र, वाणी प्रकाशन, 21-ए, दरियागंज, नई दिल्ली-110002, सम्वत 2016

78. हिन्दी साहित्य का अतीत, दूसरा भाग, आचार्य विश्वनाथ प्रसाद मिश्र, वाणी प्रकाशन, 21-ए, दरियागंज, नई दिल्ली-110002, सम्वत 2036

79. हिन्दी साहित्य का इतिहास, रामचन्द्र शुक्ल, दूसरा संस्करण

80. हिन्दी साहित्य का इतिहास-दर्शन, डा० आनन्द नारायण शर्मा, अनुपम प्रकाशन, पटना-800004, प्रथम संस्करण, 1987

81. हिन्दी साहित्यकार : एक अलबम—चालीस दिवंगत साहित्यकारों के रंगीन चित्र, संकलन, योगेन्द्र दत्त शर्मा, निदेशक, प्रकाशन विभाग, भारत सरकार, पटियाला हाउस, नई दिल्ली-110001, प्रकाशन वर्ष, 1994

82. हिन्दी साहित्य का वैज्ञानिक इतिहास, द्वितीय खण्ड, गणपति चन्द्र गुप्त. लोक भारती प्रकाशन, 15-ए, महात्मा गांधी मार्ग, इलाहाबाद-1, संशोधित संस्करण, 1989

83. हिन्दू कौन ?, अभिलाष दास, पारख प्रकाशक कबीर संस्थान, प्रीतम नगर, इलाहाबाद-211001, दूसरी बार, 1994

84. हिन्दू विधि, सेन्ट्रल लॉ पब्लिकेशन्स, इलाहाबाद

85. हिन्दू संस्कृति अंक, चौबीसवें वर्ष का विशेषांक, कल्याण कार्यालय, पो० गीता प्रेस, गोरखपुर, द्वितीय संस्करण, सम्वत 2050

II. English Books :

1. Dr. Baba Sabeh Ambedkar : Writings and Speeches, Volume 2, Edited by Vasant Moon, Education Department, Government of Maharashtra, Bombay-400 032, Edition 1982.
2. The English Writings of Rabindranath Tagore, Volume One, Edited by Sisir Kumar Das, Sahitya Academy, Rabindra Bhavan, 35 Ferozeshah Road, New Delhi-110001, Edition 1994.
3. The English Writings of Rabindranath Tagore, Volume Three, Sahitya Academy, Rabindra Bhavan, 35, Ferozeshah Road, New Delhi-110001, Edition 1996.
4. The Framing of India's Constitution : Select Documents, Vol. II, The Indian Institute of Public Administration, New Delhi. First Published, 1967.
5. Kabir and the Kabirpanth, G.H. Westcott, Munshiram Manoharlal Publishers Pvt. Ltd., Post Box 5715, 54 Rani Jhansi Road, New Delhi-110055, Second Revised Edition 1986.
6. Nationalism, Rabindra Nath Tagore, Rupa & Co., 15, Bankim Chatterjee Street, Calcutta-700073, Paperback Edition 1992.
7. Religious and Intellectual History of the Muslims in Akbar's Reign with Special Reference to Abul Fazal, Saiyid Athar Abbas Rizvi, Munshiram Manoharlal Publishers Pvt. Ltd., Post Box 5715, 54 Rani Jhansi Road, New Delhi-110055, First Edition 1975.
8. Sanskrit—English Dictionary, Sir Monier Monier - Williams, Moti Lal Banarsidass, 41, U-A, Bungalow Road, Jawahar Nagar, Delhi-110007, Reprint, 1993.

III. 'कबीर के आलोचक' पर लेख और प्रतिक्रियाएँ :

1. अपने युग की जलती मशाल थे कबीर, शक्ति त्रिवेदी, कुबेर टाइम्स, नई दिल्ली, 1998
2. आखेटधर्मी आलोचना का समर्थ प्रतिपक्ष 'कबीर के आलोचक', प्रो० भवदेव पाण्डेय, वर्तमान साहित्य, जनवरी '99, पृष्ठ-59-62
3. आज की जरूरत, डा० योगेन्द्र, हंस, जून, 1998, पृष्ठ-9
4. 21वीं सदी के कबीर डा० धर्मवीर, श्यौराज सिंह बेचैन, राष्ट्रीय सहारा, नई दिल्ली, 5 नवम्बर, 1998
5. उत्तर आधुनिक समाज में साहित्य और उस का वास्तविक पाठक, देवेन्द्र चौबे, हंस, अक्तूबर, 1998, पृष्ठ-38-40
6. उन का कहना है, डा० नामवर सिंह, नवभारत टाइम्स, नई दिल्ली, दिनांक 16 अप्रैल, 1998
7. एक 'कुजात' कवि की प्रशंसा में ...., राजेन्द्र यादव, हंस, अप्रैल, 1998
8. कब पूरा होगा समतामूलक समाज का सपना, डा० श्यौराज सिंह बेचैन, राष्ट्रीय सहारा, 2 सितम्बर, 1998
9. कबीर का दुख, डा० नामवर सिंह, जनसत्ता, नई दिल्ली, 27 जून, 1999
10. 'कबीर के आलोचक' पर गोष्ठी, युद्धरत आम आदमी, अक्टूबर-दिसम्बर, 1998, पृष्ठ-55-60
11. कबीर के आलोचकों पर दलितवादी दृष्टि, चंचल चौहान, हिन्दुस्तान, नई दिल्ली, 26 अक्तूबर, 1997
12. कबीर पर कब्जे की लड़ाई, वीर भारत तलवार, पल प्रतिपल, आधार प्रकाशन प्राइवेट लिमिटेड, एच०सी०एफ०, 267, सेक्टर-16, पंचकूला-134113, हरियाणा, अक्तूबर-दिसम्बर, 1997, पृष्ठ-44-57
13. कबीरवादियों पर शक की एक नजर, राज किशोर, राष्ट्रीय सहारा, हस्तक्षेप, शनिवार, 27 जून, 1998
14. कमी किस बात की है 'कबीर के आलोचक' में, श्यौराज सिंह बेचैन, समय सरोकार, अप्रैल, 1998, पृष्ठ-30-38
15. कमी किस बात की है 'कबीर के आलोचक' में, श्यौराज सिंह बेचैन, समय सरोकार, मई, 1998, पृष्ठ-27-28

16. कवि कबीर की खोज, पुरुषोत्तम अग्रवाल, कथादेश, नवम्बर, 1998, पृष्ठ-53-58
17. कहै कबीर सुनो भई साधो ...., पुरुषोत्तम अग्रवाल, राष्ट्रीय सहारा, 20 सितम्बर, 1998
18. डा० हजारी प्रसाद द्विवेदी : सूर्य पर पूरा ग्रहण, सन्दर्भ प्रकाशन जगत, दिसम्बर 1998–जनवरी 1999, 21-ए, दरियागंज, नई दिल्ली-110 002, पृष्ठ-5 और पृष्ठ-16
19. तू मेरी पीठ खुजा मैं तेरी, प्रमोद सिंह, दलित हितैशी, फरवरी, 1999, सी-1/98, जनता फ्लैट, रोहिणी, सेक्टर-5, नई दिल्ली-110 085
20. दलित विमर्श और हिन्दी आलोचना, डा० धर्मवीर, राष्ट्रीय सहारा, नई दिल्ली, 8 नवम्बर, 1998
21. दलित विमर्श की किताब है 'कबीर के आलोचक', कार्यालय संवाददाता, हिन्दुस्तान, नई दिल्ली, 6 अक्तूबर, 1998
22. दलित विमर्श की पुस्तक : 'कबीर के आलोचक', प्रस्तुति अंगद तिवारी, कल के लिए, दिसम्बर 1998, अनुभूति प्लानिंग कालोनी, बहराइच, उत्तर प्रदेश-271801, पृष्ठ-67-8
23. दलित साहित्य की अवधारणा, वीर भारत तलवार, इण्डियन इंस्टिट्यूट आफ एडवांस स्टडी, राष्ट्रपति निवास, शिमला में पठित व बाद में पत्रिकाओं में प्रकाशित लेख
24. परिक्रमा : हिन्दी साहित्य 1998 : औरों के बहाने, भारत भारद्वाज, हंस, फरवरी 1999, पृष्ठ-97
25. दहत, डा० धर्मवीर और कँवल भारती, हस्तक्षेप, राष्ट्रीय सहारा, नई दिल्ली, 18 जुलाई, 1998
26. बात बोलेगी, लीलाधर मण्डलोई, वर्तमान साहित्य, जनवरी 1999, पृष्ठ-51
27. मीडिया में दलितों की भागीदारी का सवाल, श्यौराज सिंह बेचैन, राष्ट्रीय सहारा, नई दिल्ली, 8 अक्तूबर, 1998
28. राजनीति का सब से ज्यादा बुरा प्रभाव हिन्दी आलोचना पर पड़ा, नगेन्द्र, जनसत्ता, मुम्बई, 11.06.1999
29. संतो, पांडे निपुन कसाई ; वैदिक-पौराणिक वैचारिक सांचे की व्यर्थता पर एक टिप्पणी, मुरली मनोहर प्रसाद सिंह, हंस, अप्रैल, 1998, पृष्ठ-88-90
30. सत्ता-समीकरणों के सांस्कृतिक रक्षा-कवच, राजेन्द्र यादव, हंस, फरवरी 1999, पृष्ठ-4

31. सिमटता संसार, देवेन्द्र चौबे, आजकल, जनवरी, 1998, पृष्ठ-13
32. हिन्दू और मुसलमानों में टकराव नहीं चाहते थे कबीर, राष्ट्रीय सहारा, नई दिल्ली, 21 अगस्त, 1998

IV. हिन्दी वाद-निर्णय :

1. के०सी० वसन्त कुमार और एक अन्य बनाम कर्नाटक राज्य : (1985) 4 उम०नि०प० : 670
2. गौतम कुन्दू बनाम पश्चिमी बंगाल राज्य और एक अन्य : (1994) 3 उम०नि०प० : 141

V. English Cases :

1. Sarla Vs. Mahendra Kumar : 1989 Cri. L.J. : 730 (Rajasthan)
2. Supreme Court : 1995 (7) SCALE

VI. अन्य पत्रिकाएँ :

1. जनसत्ता, 27 जून, 1999, संस्करण, नई दिल्ली
2. नया पथ, जनवरी, 1998
3. नवभारत टाइम्स, ताकि सनद रहे, नामवर सिंह, मुम्बई संस्करण, 14 जुलाई, 1999
4. भाषा : कबीर विशेषांक, मई-जून, 1998, केन्द्रीय हिन्दी निदेशालय, भारत सरकार, पश्चिमी खण्ड-VII, राम कृष्ण पुरम, नई दिल्ली 110066
5. वर्तमान साहित्य, अनहद गरजै, सम्पादकीय, जून, 1999, 'यतेन्द्र सागर', प्रथम तल 1-2, मुकुन्द नगर, हापुड़ रोड, गाजियाबाद, उत्तर प्रदेश-201001
6. संग्रथन, मार्च 1990, हिन्दी विद्यापीठ, आम्बुज तिलासम रोड, तिरुवनन्तपुरम-695001
7. वही, जून, 1990
8. वही, अक्तूबर, 1990
9. हिन्दुस्तान, द्विवेदी जी के कबीर, विश्वनाथ त्रिपाठी, संस्करण नई दिल्ली, 19 अगस्त, 1999